김민주의
트렌드로 읽는 세계사

김민주의 트렌드로 읽는 세계사

1판 1쇄 발행 2018. 9. 28.
1판 2쇄 발행 2019. 1. 26.

지은이 김민주

발행인 고세규
편집 이혜민 | 디자인 홍세연 | 그래픽 203X디자인스튜디오
발행처 김영사

등록 1979년 5월 17일 (제406-2003-036호)
주소 경기도 파주시 문발로 197(문발동) 우편번호 10881
전화 마케팅부 031)955-3100, 편집부 031)955-3200, 팩스 031)955-3111

값은 뒤표지에 있습니다.
ISBN 978-89-349-8338-5 03900

홈페이지 www.gimmyoung.com   블로그 blog.naver.com/gybook
페이스북 facebook.com/gybooks   이메일 bestbook@gimmyoung.com

좋은 독자가 좋은 책을 만듭니다.
김영사는 독자 여러분의 의견에 항상 귀 기울이고 있습니다.

이 도서의 국립중앙도서관 출판예정도서목록(CIP)은 서지정보유통지원시스템 홈페이지
(http://seoji.nl.go.kr)와 국가자료공동목록시스템(http://www.nl.go.kr/kolisnet)에서
이용하실 수 있습니다.(CIP제어번호 : CIP2018028846)

김민주의

트렌드로 읽는 세계사

빅뱅부터 2030년까지 스토리와 그래픽으로 만나는 인류의 역사

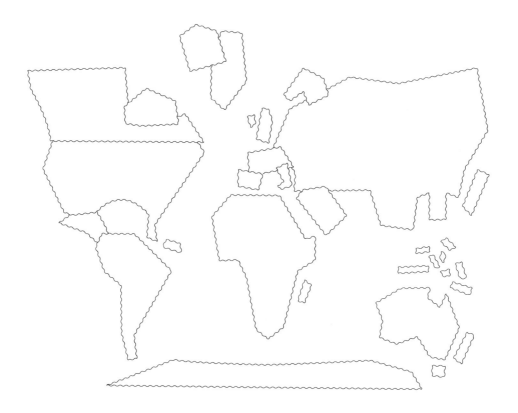

TREND · WORLD · HISTORY

김영사

CONTENTS

PART 3 고대시대 · 기원전 500~서기 800년

PART 4 중세시대 · 800~1430년

PART 7 현대시대 · 1910~1990년

PART 8 동시대 · 1990~2030년

시공간을 종횡무진 넘나드는
세계사 여행

우디 앨런의 영화 〈미드나잇 인 파리〉처럼 흥미로운 시공간 여행을

2011년 6월 나는 딸의 졸업식에 참석하기 위해 미국 캘리포니아주 패서디나에 갔다. 과거에 66번 도로로 유명했던 콜로라도 대로를 포함해 카페, 레스토랑, 부티크, 서점 등 아기자기한 상점들로 빼곡한 골목길을 산책하다가 어느 영화관을 스쳐 지나갔다. 그 영화관에서는 마침 우디 앨런이 감독한 영화 〈미드나잇 인 파리〉를 상영하고 있었다.

　　이 영화에서 작가로 나오는 길 펜더는 결혼을 앞두고 약혼녀, 예비 장인 부부와 함께 파리에 여행을 온다. 그런데 가고 싶은 곳과 취향이 서로 달라 두 사람 사이가 점차 벌어지기 시작한다. 펜더가 술에 약간 취해 혼자서 골목길을 걷는데 밤 12시에 종이 울리면서 고풍스러운 푸조 자동차 한 대가 슬며시 다가온다. 차를 타고 놀러 가자는 탑승객의 말을 듣고 엉겁결에 그 차에 올라탄 펜더. 그 차는 다름 아닌 '시간 여행' 차였다.

　　주인공을 태운 차는 시간을 거슬러 순식간에 1920년대의 파리로 간다. 어느 카페에서 당시 베스트셀러 작가 스콧 피츠제럴드와 그의 부인인 패셔니스타 젤다, 어니스트 헤밍웨이, 파블로 피카소, 거트루드 스타인, 살바도르 달리, 조르주 브라크를 만나고 피카소의 매력적인 뮤즈인 아드리아나도 만난다. 화려한 과거를 좋아한다는 공통점을 지닌 펜더와 아드리아나는 길에서 오손도손 이야기를 나누다가 마침 다가온 '시간 여행' 마차에 함께 올라탄다. 그들은 19세기 말과 20세기 초의 벨 에포크 Belle époque 시대로 훌쩍 건너가 유명한 막심 레스토랑에서 화가 폴 고갱, 에드가 드가, 툴루즈 로트레크를 만나는 행운을 누린다. 흥미로운 사실은, 막상 그 시대에 사는 드가와 고갱은 15~16세기 르네상스 시기를 이상적인 시대로 바라본다는 점이다. 이처럼 파리에 흠뻑 빠진 우리의 주인공 펜더는 2010년대 현재로 다시 돌아와 약혼녀에게 즉각 파혼을 통보하고 혼자서 파리 생활을 유유자적 즐기려 발동을 건다.

내가 쓴 이 세계사책은 전체적으로 시대 순서를 따르기는 하지만 이 영화처럼 이 시대 저 시대, 이곳저곳을 옮겨 다닌다. 이른바 시공간 세계사 여행이다. 그것도 멋진 스토리 그래픽과 함께.

역사를 보는 다양한 관점

넓은 의미의 역사에는 여러 갈래가 있다. 우주사, 지구사, 세계사, 선사, 역사가 바로 그것이다. 우주사는 138억 년 전 우주가 순식간에 탄생한 빅뱅 이후를 말하고, 지구사는 지구가 생긴 46억 년 전 이후로, 온갖 미생물, 식물, 동물, 인류가 등장한다. 세계사는 인류가 탄생한 이후로, 벌써 200만 년이나 되었다. 세계사 중 6,000년 전 문자가 생기기 이전은 모두 선사시대이고, 그 이후는 역사시대이다. 물론 문자로 기록을 남기기 전이라도 인간이 남긴 벽화, 석물, 집터는 여기저기 많다. 만약 미래를 예측하며 스토리를 전개하는 미래사未來史가 있다면 향후 인류와 인공지능 간에 벌어지는 치열한 경쟁과 처절한 투쟁의 역사를 다룰 것이다.

역사를 보는 관점은 다양하다. 요즘 유행하는 빅데이터 접근방식과 비슷하게, 인간이 오랜 기간 축적한 지식을 총동원하여 우주 초기의 빅뱅부터 현재까지를 분석하는 빅히스토리 방식이 있다. 이제 역사학자는 서양사, 동양사, 한국사만 공부해서는 안 된다. 물리학, 생물학, 지질학, 기후학, 환경학, 공학, 건축학, 해양학, 고고학, 인류학, 문화학, 도시학, 정치학, 사회학, 경제학을 포함하여 폭넓게 공부해야 한다. 폴리매스Polymath, 즉 심도 있으면서 박식한 존재가 되지 않고서는 진정한 역사학자가 될 수 없다.

어떤 사람은 빼곡한 글자에 함몰되지 않고 단지 그림만으로 세계사를 멋지게 풀어놓기도 한다. 이탈리아의 코믹북 작가이자 아티스트인 마우릴리오 '밀로' 마나라Maurilio 'Milo' Manara는 섹스, 부, 전쟁이라는 세 가지 관점에서 세계사를 조망했다. 그가 19금 차원의 도발적이지만 멋지게 그린 23컷 만화로 구성한 〈인류의 역사History of Humanity〉를 보면 세계사를 아주 순식간에 재미있게 파악할 수 있다. 그는 사람들이 섹스를 더 많이 하기 위해 여성의 환심을 사려고 부 축적에 집착하고, 부를 획득하기 위해 무모하게 전쟁을 일으킨다고 보았다. 섹스, 부, 전쟁이라는 세 가지 키워드를 중심으로 텍스트 하나 없이 아예 그래픽만으로 독특하고 통찰력 있게 세계사를 서술한 것이다. 만화의 놀라운 파워이다. 밀로 마나라 덕분에 만화는 재미, 흥미, 지식을 넘어 역사, 철학, 사상의 경지에 올랐다.

이 책의 주안점

나는 이 책을 쓸 때 이런 포인트를 유념했다.

우선, 언급하고자 하는 사건을 모두 질문 형태로 표시하고 답변 형태로 서술했다. 그래야 문제점이 확실하게 보이기 때문이다. 어찌 보면 인문학의 핵심은 방만한 지식이 아니라 적절한 질문에 있다. 내가 던진 질문 외에 역사상 궁금했던 다른 질문을 직접 던져보기 바란다. 이 책에서 나는 겨우 100여 개의 질문만 던졌지만 실제로는 천여 개 아니, 만여 개의 질문을 계속 생각해왔다. 독자 여러분도 세계사에 관련된 여러 질문을 계속 던져보기 바란다.

둘째, 어느 한 나라의 사건으로 그치는 질문은 가능하면 줄이고 다른 나라에 미치는 파급효과가 큰 사건에 주목했다. 즉 세계사적으로 비중이 큰 사건을 주로 취급했다. 그리고 과거의 역사적 사건이 현재와 어떤 관련이 있는지도 주목했다. 특히 한국과 어떤 연계성이 있는지 감안했다. 각 글을 읽으면서 현재의 한국에 어떤 시사점을 던지는지 곰곰이 생각해보면 좋겠다.

셋째, 세계사 하면 서양사 중심으로 쓰는 경향이 있는데 이 책은 동서양의 균형을 의식했다. 특히 근대, 현대에 올수록 서양을 중시하는 현상이 많은데 그런 불균형이 나타나지 않도록 노력했다. 그리고 지구사 관점에서 쓰려고 노력했다. 좀 더 욕심을 내서 빅히스토리 관점에서 쓰려고 했다. 여러분도 각 글에 적혀 있는 내용 외에 새로운 시각의 내용으로 어떤 것이 있는지 더 생각해보기 바란다.

넷째, 단순히 글자에 그치지 않고 그래픽을 포함한 스토리 그래픽으로 나타낼 수 있도록 했다. 이 책에 나와 있는 스토리 그래픽이 아니라 다른 방식으로 표현하면 얼마나 더 효과적일지도 곰곰이 생각해보면 좋겠다. 인포그래픽, 스토리 그래픽은 갈수록 중요하다. 각 글과 그래픽을 더욱 압축하여 A4 한 페이지 분량의 인포그래픽으로 만들어보기를 추천한다.

다섯째, 역사 사건을 서술하면서 함께 보면 좋을 다큐멘터리나 영화도 간간이 소개했다. 때로는 글자나 그래픽만으로는 충분치 못하고 동영상을 봐야 더욱 생생하게 현실을 느낄 수 있다. 요즘에는 특정 사건을 다룬 다큐멘터리 형태의 동영상도 많이 나와 있으니 함께 보기를 적극 추천한다. 훨씬 많은 영화를 소개하고 싶었으나 자제했다. 독자 여러분은 각 글에 해당되는 영화가 있는지 생각해보거나 검색하여 감상하길 바란다. 관련된 영화를 찾으려고 검색해보는 재미도 쏠쏠하다. 전혀 뜻밖의 정보를 얻기도 한다.

마지막으로, 각 글을 마무리하면서 해당 글과 관련하여 생각해보면 좋을 짤막한 질문을 던졌다. 독자 여러분이 스스로 생각하거나 다른 자료를 조사하여 나름대로의 답을 찾아보았으면 한다. 어떤 정답이 있는 것은 아니다. 역사에 대해 궁금한 점을 계속 질문으로 만들어 틈틈이 해답을 찾아보는 것이 가장 좋다.

시대 구분

이 책은 여덟 개의 시대로 나뉜다. 과거일수록 시대의 기간을 길게 하고, 최근으로 올수록 짧게 잡았다. 앞으로 다가올 2030년 세계의 모습도 궁금했기에 2030년을 기준으로 삼아 역순으로 40, 80, 160, 320, 640, 1,280, 2,560년 전으로 2배수씩 거슬러 올라갔다. 그랬더니 각각 기원전 3050년, 기원전 490년, 790년, 1430년, 1750년, 1910년, 1990년이 나왔다. 이렇게 도출된 시기는 각각 세계사에 있어서 매우 의미 있는 해와 많이 겹친다는 것을 발견했다.

첫 번째 우주사, 지구사, 세계사, 선사시대는 빅뱅으로 우주가 탄생한 138억 년 전부터 수메르 지역에서 청동기 문명이 시작된 기원전 3000년 경까지이다.

두 번째 역사시대는 기원전 3000년부터 기원전 500년까지이다. 싯다르타가 부처가 되어 불교를 일으킨 시기가 기원전 527년이고, 로마공화정이 시작된 시기가 기원전 509년이다. 중국에서 제자백가가, 그리스에서 자연철학이 싹을 틔운 시기이기도 하다.

세 번째 고대시대는 기원전 500년부터 서기 800년까지이다. 바이킹이 영국 해안을 처음 공격한 때가 793년이고 샤를마뉴대제가 서로마제국의 황제로 등극한 때가 800년이다.

네 번째 중세시대는 800년부터 1430년까지이다. 명나라 정화의 원정이 이때 마무리되었고 비잔틴제국도 멸망을 앞두고 있었다.

다섯 번째 근세시대는 1430년부터 1750년까지이다. 1750년 무렵은 중국이 최전성기를 구가하고 있었고 유럽에서는 산업화와 민주화를 위한 준비가 착착 진행되고 있었다.

여섯 번째 근대시대는 1750년부터 1910년까지이다. 1910년대에 제1차 세계대전과 러시아혁명이 일어나 유럽을 대혼란에 빠뜨렸다.

일곱 번째 현대시대는 1910년부터 1990년까지이다. 1989년에 독일의 베를린장벽이 무너졌고 1991년에 소련이 붕괴하여 공산주의가 몰락했다.

《김민주의 트렌드로 읽는 세계사》의 시대 구분	
선사시대	빅뱅~기원전 3000년
역사시대	기원전 3000~기원전 500년
고대시대	기원전 500~서기 800년
중세시대	800~1430년
근세시대	1430~1750년
근대시대	1750~1910년
현대시대	1910~1990년
동시대	1990~2030년

여덟 번째 동시대는 1990년부터 2030년까지이다. 기술·경제적으로는 인터넷 혁명이 시작되어 4차 산업혁명이 본격화하는 시기이다. 정치적으로는 미국의 신자유주의적 자본주의가 시작되고 중국의 급부상으로 새로운 회색 자본주의가 도전하는 시기이다.

정리하자면, 기원전 3000년, 기원전 500년, 800년, 1430년, 1750년, 1910년, 1990년, 2030년을 시대를 구분하는 연도로 삼아 선사, 역사, 고대, 중세, 근세, 근대, 현대, 동시대 등 여덟 시대로 나누었다.

에필로그에서는 향후 2030년의 세계가 어떻게 될 것인지를 간략히 묘사했다.

감사의 말씀

이 책을 쓰는 데 도움을 주신 분이 정말 너무 많다. 아마도 내가 평생 알았던 분과 현재 만나는 분 모두 해당될 것이다. 너무 많아서 모두에게 인사를 전하는 대신에 딱 한 분에게만 감사를 표시하고자 한다.

이 책을 마무리할 즈음에 사회풍자 소설《동물 농장》《1984》로 익히 잘 알려져 있는 조지 오웰이 1946년에 쓴 짧은 에세이,《나는 왜 쓰는가Why I Write》를 보게 되었다. 그는 자신이 글을 쓰는 동기로 크게 네 가지를 들었다.

첫째는 순전한 이기심이다. 똑똑해 보이고 싶은, 사람들의 이야깃거리가 되고 싶은, 사후에 기억되고 싶은, 그리고 어린 시절 자신을 푸대접한 어른들에게 앙갚음하고 싶은 욕구이다.

둘째는 미학적 열정이다. 외부 세계의 아름다움에 대한, 또는 낱말과 그것의 적절한 배열이 갖는 묘미를 느끼고 자신이 체감한 바를 사람들과 나누고자 하는 욕구이다.

셋째는 역사적 충동이다. 사물을 있는 그대로 보고, 진실을 알아내고, 그것을 후세에 전달하려는 욕구이다.

넷째는 정치적 목적이다. 다른 사람의 생각을 바꾸면서 세상을 자신이 생각하는 특정 방향으로 밀고 가려는 욕구를 말한다.

이 네 가지를 나에게 적용해보면, 첫 번째 이기심의 동기는 너무나 당연하다. 두 번째 미학적 동기는 멋진 스토리 그래픽을 많은 사람과 공유하고자 하는 욕구라는 면에서 비슷하다. 세 번째 역사적 동기는 이 책이 역사책이니 너무나 당연하다. 네 번째 정치적 동기는 아주 노골적으로 드러내지는 않았지만 글에서 보이는 논조, 스토리, 사례, 인물, 행간의 의미에서 다 찾을 수 있다. 내가 이 책을 쓴 이유가 조지 오웰이 책을 쓰는 이유와 상당히 닮았다. 그래서 나는 이《김민주의 트렌드로 읽는 세계사》책을 조지 오웰에게 바친다.

2018년 가을
김민주 씀

TREND·W🌀RLD·HISTORY

PART

1

선사시대

기원전 3000년 이전

추리소설가 에드거 앨런 포,
19세기에 이미
빅뱅이론을 썼다고?

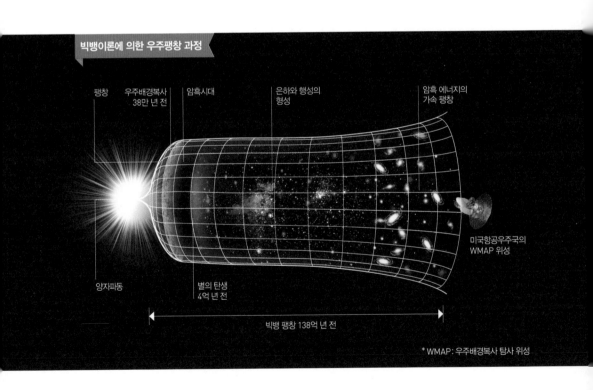

빅뱅이론에 의한 우주팽창 과정

팽창　　우주배경복사　암흑시대　　　　　은하와 행성의　　　　　　암흑 에너지의
　　　　38만 년 전　　　　　　　　　　형성　　　　　　　　　　가속 팽창

미국항공우주국의
WMAP 위성

양자파동　　　　　별의 탄생
　　　　　　　　4억 년 전

빅뱅 팽창 138억 년 전

* WMAP: 우주배경복사 탐사 위성

'빅뱅 Big Bang !' 이제는 여러모로 우리에게 매우 친숙한 단어이다. 원래는 우주 탄생의 비밀을 밝히려던 천체물리학 용어로 등장했다. 우주는 지금으로부터 138억 년 전에 아주 작은 점 하나로부터 시작하여 대폭발을 거치며 찰나에 광대한 우주로 급팽창했다는 것이 빅뱅이론의 핵심이다. 우주 탄생 직후에 10의 33제곱 분의 1($1/10^{33}$)초라는 찰나 동안 우주는 10의 20제곱(10^{20}) 배 이상으로 팽창했다고 빅뱅이론가들은 주장하고 있다. 물론 그 이후에도 우주는 팽창을 거듭하고 있다. 우주가 앞으로 가속 팽창할지, 현재 규모로 머물지, 아니면 점 하나로 다시 수축될지에 대해 다양한 견해가 있다. 현재 천체물리 이론가들 사이에서는 우주가 계속적으로 가속 팽창할 것으로 보는 견해가 지배적이다.

그런데 흥미롭게도 빅뱅이라는 용어는 빅뱅현상을 부정하는 과학자에 의해 만들어졌다. 영국 물리학자 프레드 호일은 우주는 어느 시점에서든 거의 같은 상태라는 정상우주론을 주장하는 과학자였다. 그런데 벨기에 물리학자 조르주 르메트르가 우주는 급작스럽게 팽창했다고 주장하자, 프레드 호일이 1949년 BBC 라디오 방송에 출연하여 르메트르의 이론을 '빅뱅 아이디어'라고 비꼬아 언급한 바 있다. 찬성자가 아니라 반대자에 의해 빅뱅이론의 이름이 정해진 셈이다. 이후, 우주배경복사가 실제로 발견되어 프레드 호일의 정상우주론은 전면 부정되고 말았다.

정상우주론이 뭔가 이상하다며 의문을 던진 사람으로는 일찍이 1823년 독일 천문학자 하인리히 올베르스가 있었다. 우주가 팽창도 수축도 하지 않고 가만히 있다면 밤하늘이 그렇게 어두울 수 없다는 주장이었다. 이런 주장은 '올베르스의 역설 Olbers' paradox'이라 불리는데 때로는 '어두운 밤하늘 역설'이라 말하기도 한다. 이러한 역설을 풀기 위해 도전장을 던진 사람이 흥미롭게도 에드거 앨런 포였다.

우리는 19세기 미국의 위대한 추리소설가 에드거 앨런 포를 잘 안다. 〈어셔가의 몰락〉〈검은 고양이〉〈리게아의 무덤〉〈붉은 죽음의 가면〉〈갈

까마귀〉〈애너벨 리〉와 같은 작품의 저자로 유명하다. 하지만 그가 다른 천문학자들에 비해 훨씬 이른 1848년에 우주의 생성 과정을 다룬 자신만의 빅뱅이론을 산문시prose poem 형태로 썼다는 사실은 잘 알려져 있지 않다. 프레드 호일이 빅뱅이라는 말을 만든 때가 1949년이니 무려 100여 년 전의 일이다. 사실 그는 소설가로 유명했지만, 개인적으로 우주론과 암호학에 대한 관심이 지대했다.

에드거 앨런 포는 상습적인 알코올 과다 섭취로 사망하기 1년 전인 1848년 뉴욕 도서관 협회에서 '우주진화론'이라는 제목으로 2시간 강의를 한 적이 있었다. 그는 자신의 강의 내용을 산문시 형태로 정리해《유레카》라는 제목의 책을 발간했다. 책의 정식 이름은 'Eureka: A Prose Poem(유레카: 산문시)'이고 부제는 'An Essay on the Material and Spiritual Universe(물질과 영적 우주에 대한 에세이)'였다. 그는 이 글을 독일의 위대한 자연과학자이자 탐험가였던 알렉산더 폰 훔볼트에게 헌정했다. 에드거 앨런 포는 자신의 책을 과학책이 아니라 문학작품으로 보았다. 그는 순수한 직관에 입각해 이 책을 썼다면서 평생의 걸작이라 치켜세웠고 이듬해 죽을 때까지 자신의 우주론이 맞다고 주장했다.

우주 생성의 원리를 다룬 이 책은 당시 비평가들 사이에서 터무니없다며 거의 인정받지 못했다. 하지만 나중에 과학계에서 빅뱅이론이 정설로 받아들여지면서 에드거 앨런 포의 놀라운 통찰력에 모두 혀를 내둘렀다. 우주가 한 점에서 시작하여 갑자기 팽창한 다음에 피크에 도달한 후 다시 한

점으로 수축된다는 것이 에드거 앨런 포의 핵심 주장이다. 물론 실제로는 현재까지 우주는 열심히 팽창하고 있다.

에드거 앨런 포가 어디서 이런 영감을 받았는지는 알 수 없지만 자신이 드디어 발견했다는 의미로 책 제목을 '유레카'로 정한 것이다. 에드거 앨런 포는 이 책이 당장은 별로 주목을 받지 못하고 내팽개쳐질 것이라고 이미 예상한 듯하다. 그래도 자신이 죽은 후에 언젠가는 세인의 주목을 받게 될 것이라고 내다봤다. 그의 예측처럼 한참 후에 대폭발 우주론, 즉 빅뱅이론이 정식 제기되어 이제는 통설로 자리 잡았다. 그의 주장처럼 우주가 결국 한 점으로 수축될지를 검증하기는 요원하다.

에드거 앨런 포의 《유레카》 원본은 웹사이트 www.eapoe.org/works/editions/eurekac.htm에 있고 《유레카》 전용 웹사이트는 www.poe-eureka.com이다.

──── THINK

갈릴레오 갈릴레이는 "신은 수학이라는 언어로 우주라는 책을 썼다"라고 말한 바 있다. 그동안 수학과 과학의 발전으로 현재의 우주 그리고 아주 오랜 우주의 역사를 파헤쳤다. 아직도 우주의 비밀은 많다. 우리와 우리의 후손이 기필코 해내야 할 작업이다.

지구 말고 우주 다른 곳으로
이사 가게 되는 날이 올까?

최근 들어 세계 여행을 떠나는 사람들이 무척 많이 늘었다. 처음에는 미국, 유럽의 도시를 많이 찾는다. 유럽에서도 서유럽, 남유럽, 동유럽 먼저, 나중에는 북유럽으로도 떠난다. 미국을 가더라도 처음에는 동부나 서부를 찾다가 점차 중부, 남부에 가고 그다음에는 자동차를 운전하고 미국 대륙 횡단 여행이나 종단 여행을 간다. 아시아라면 처음에는 일본, 중국, 동남아시아를 가다가 점차 네팔의 히말라야, 중앙아시아의 비단길, 시베리아 횡단철도를 타고서 미지의 세계로 향한다. 중앙아시아의 광활한 타클라마칸사막에 갔다고 생각해보자. 뜨거운 열사에 오랜 시간 노출되어 고생하며 가다가 오아시스를 만났다고 해보자. 얼마나 기쁜가? 물이 있기 때문에 사람이 살기에 적합한 생태계가 우주의 아주 일부나마 형성된 것이다.

　　우주에 가보았던 유진 서넌은 '지구는 우주의 오아시스'라는 말을 한 적 있다. 틀린 말이 아니다. 태양계에는 태양에 제일 가까운 수성을 비롯하여 금성, 지구, 화성, 목성, 토성, 천왕성, 해왕성 등 여러 위성이 있지만 오직 지구만 생명체가 살기에 적합하다. 태양에서 너무 가까워도 안 되고 너무 멀어서도 안 되는 것이다. 지구는 여러 면에서 생명체가 살기에 최적의 조건인 골디락스 조건을 갖춘 셈이다. 즉, 태양으로부터 거리, 행성 질량, 암석, 물, 대기압, 대기 구성이 생명체가 살기에 적절하다.

지구상의 생명체가 살아가기에 적합한 환경을 지닌 우주 공간의 범위를 '생명체 거주가능 영역habitable zone' 혹은 골디락스 영역이라 부른다. 우리가 이런 곳에 관심을 갖는 이유는 지구가 위기에 처하면 사람들이 이 영역에 있는 행성이나 위성으로 이주해야 하기 때문이다. 미국과 유럽을 비롯한 우주 선진국들은 우주 망원경을 탑재한 우주선을 발사하여 정밀조사를 하고 있다. 미국항공우주국NASA은 2009년에 케플러 우주 망원경을 발사했고, 유럽우주국ESA은 2015년에 다윈 우주 망원경을 발사했다. 지구에서 20광년 떨어져 있는 적색 왜성인 글리제Gliese 581 주위를 돌고 있는 여러 행성 중에 지구

골디락스 영역에 있는 지구와 글리제 581d

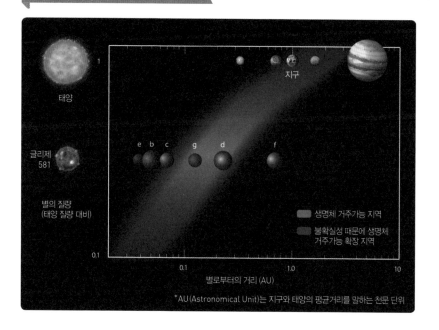

보다 일곱 배 크기의 글리제 581d가 거주가능 후보로 올라 있다. 앞의 그림에서 청색 띠는 골디락스 영역을 보여주는데 지구와 글리제 581d가 여기에 위치하고 있다.

생명체 거주가능 영역은 골디락스 영역, 그린벨트, 생태권이라고도 부른다. 골디락스goldilocks라는 말은 어디에서 나왔을까? 영국 전래동화인 〈골디락스와 곰 세 마리〉에서 그 어원을 찾을 수 있다.

어느 날 엄마 곰이 맛있는 수프를 끓였어요. 그러나 그 수프는 너무 뜨거워서 곰 가족은 수프가 식을 때까지 외출하기로 했답니다.

곰 가족이 나간 사이에, 골디락스라는 소녀가 우연히 곰의 오두막을 발견했어요. 골디락스는 세 개의 수프 그릇을 발견하고는 하나씩 차례로 맛보았어요. 아빠 곰의 수프는 너무 뜨거웠고, 엄마 곰의 수프는 너무 식어 있었지요. 아기 곰의 수프가 적당히 식어 있다는 것을 알고 골디락스는 아기 곰의 수프를 몽땅 먹어버렸어요.

수프를 맛있게 먹은 골디락스는 쉬고 싶어졌어요. 마침 의자도 세 개 있었어요. 하지만 아빠 곰의 의자는 너무 크고 흔들리지 않아 불편했고, 엄마 곰의 의자는 너무 흔들려 불편했답니다. 골디락스는 아기 곰의 의자가 마음에 쏙 들었어요. 하지만 골디락스가 의자에 앉자마자, 의자는 무게를 견디지 못해 부서지고 말았답니다.

방으로 가자 세 개의 침대가 있었어요. 침대를 보자 골디락스는 잠을 자고 싶어졌어요. 이번에도 세 개의 침대 중 아기 곰의 침대가 가장 적당했고, 골디락스는 아기 곰의 침대에서 깜박 잠이 들었습니다.

골디락스가 잠을 자는 사이, 곰 가족은 집으로 돌아와 깜짝 놀랐답니다. 누군가 수프에 손을 댄 거예요. 심지어는 아기 곰의 수프까지 몽땅 먹어버렸지요. 게다가 아기 곰의 의자가 부서져 있지 않겠어요. 놀란 곰들이 침대로 가보니, 골디락스가 쿨쿨 잠을 자고 있었지요.

얼마 뒤 골디락스가 눈을 뜨자, 세 마리의 곰이 자신을 물끄러미 바라보고 있는 것이 아니겠어요. 세상에나! 깜짝 놀란 골디락스는 벌떡 일어나 멀리 도망가버렸답니다.

이 이야기는 어린 시절 누구나 한번쯤 들어봤음 직한 오래된 동화이다. 우리나라에서는 〈곰 세 마리〉로 더욱 유명한 이 영국 전래동화의 원제는 《골디락스와 곰 세 마리Goldilocks and the Three Bears》로, 로버트 사우디의 1837년 작품이다. '골디락스'는 금발 머리를 의미하는데, 이 중에 '락스locks'는 묶은 머리카락을 뜻한다.

골디락스는 생명체가 살기에 적합한 공간이라는 의미의

적당한 온도의 수프를 좋아하는 골디락스 소녀

골디락스 영역, 골디락스 조건에 사용된다. 골디락스 지대에 위치한 행성으로는 인간이 사는 지구 외에 글리제 581d와 글리제 876의 일부 행성, 글리제 667Cc, 케플러 186f, 케플러 452b, 케플러 22b가 해당한다. 처녀자리 70b는 한때 골디락스로 부각되었으나 추가조사 결과 생명체가 살기에는 지나치게 뜨거운 것으로 밝혀져 후보에서 탈락되었다.

───── THINK

칼 세이건은 "이 광대한 우주 속에 만약 우리밖에 존재하지 않는다면 엄청난 공간 낭비일 것이다"라고 말한 바 있다. 더구나 우리가 살고 있는 골디락스 행성인 지구가 현재처럼 쾌적한 상태로 계속 유지된 다는 보장은 없다. 그래서 새로운 골디락스 행성을 찾으려는 노력은 계속되어야 한다.

여섯 개의 대륙은 원래
하나였다?

우리가 살고 있는 지구의 표면은 오대양 육대주로 구성되어 있다. 지금은 교통수단과 인프라가 잘 발달되어 있어서 지리적 거리나 육지, 해양 구분이 큰 장애로 작용하지 않지만 과거에는 이런 지리적 요인이 인류 이동은 물론이고 문명, 국가, 사람들의 문화적 특성을 결정짓곤 했다.

그런데 알고 보면 우리가 발을 딛고 있는 대륙은 매일 조금씩 변하는 중이다. 아주 과거에 유럽과 아프리카 사이의 지중해는 바다가 아니었다. 지브롤터해협이 육지로 서로 연결되어 있어서 지중해는 지대가 낮은 저지대였을 뿐이다. 그러다가 지브롤터해협이 수압에 의해 뚫리면서 바닷물이 유입되어 유럽과 아프리카가 분리된다. 아시아와 아메리카의 북쪽 끝도 과거에는 육지로 연결되어 있었는데 점차 분리되어 베링해협이 생겼다. 인도는 과거에 아프리카 서안에 붙어 있었고 남극대륙과도 붙어 있었다. 아주 먼 과거에는 육대주가 모두 함께 붙어 있는 판게아pangea라는 초대륙이 있었다.

각 대륙의 빙하 흔적을 보면 대륙 이동과정을 추적할 수 있다. 아프리카, 인도, 오세아니아, 남아메리카 남부를 보면 모두 빙하 흔적이 있는데 이 부분은 모두가 과거에 남극대륙과 붙어 있었다는 증거이다. 여러 대륙의 고생물 화석을 비교해봐도 서로 일치된다. 예를 들면 아프리카 서부에서 발견된 화석이 남아메리카 동부의 화석과 비슷하다.

초대륙이 여러 대륙으로 나뉜 것을 처음으로 설명한 사람은 독일의 알프레드 베게너였다. 1912년 《대륙과 해양의 기원》이라는 책에서 그는 대륙이 지구 내부의 핵에 붙어 있는 것이 아니라 바다 위에 떠다니는 부빙처럼 움직여서 육대주가 형성되었다는 대륙이동설을 주장한다.

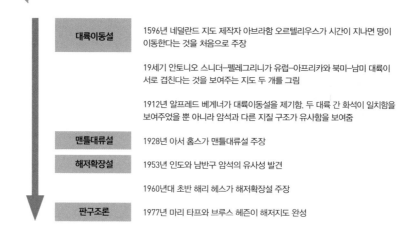

물론 대륙이 이동했다는 주장은 신대륙 발견 이후 세계지도를 만든 지도 제작자들에 의해 먼저 제기되었다. 1596년 네덜란드 지도 제작자인 아브라함 오르텔리우스가 대륙이동설을 처음 제기했다. 1858년 프랑스 지리학자 안토니오 스니더-펠레그리니는 북미와 유럽 탄광지대에 나오는 식물 화석이 유사하다며 북미-남미와 유럽-아프리카 대륙 해안의 유사성을 두 개의 지도로 보여주었다. 그 후 남미 동부에서 발견된 화석이 아프리카 서부의 화석과 유사하다는 증거도 나왔다.

　　그러던 차에 1912년 알프레드 베게너가 아프리카와 남미 간 화석의 유사성뿐만 아니라 암석과 지질층의 유사성도 입증해 보였다. 대륙은 상대적으로 밀도가 낮은 화강암질로 되어 있어서 밀도가 높은 현무암질의 해양지각 위를 떠다닐 수 있다고 주장했다. 히말라야산맥도 아프리카에서 떨어져 나간 인도 대륙이 유라시아 대륙으로 흘러가 부딪히면서 습곡현상에 의해 형성되었을 것이라 주장했다. 하지만 당시 베게너의 주장에 대한 반응은 시큰둥했는데 대륙을 이동하는 힘이 과연 무엇인지를 제대로 설명하지 못했기 때문이었다. 또 천문학자이자 운석학자였던 베게너가 학계로부터 지질학자로서의 전문성을 인정받지 못한 것도 한 이유였다.

　　1928년 영국 지질학자인 아서 홈스는 지구 내부의 맨틀이 위아래로 움직이면서 맨틀 위에 얹혀 있는 대륙이 함께 이동할 수 있다는 맨틀대류설을 주장한다. 베게너가 설명하지 못한 대륙이동의 힘 부분을 메꿔준 것이다. 1950년대 들어 인도의 암석이 남반구의 암석과 동일하다는 지질학적 증거가 나오면서 히말라야산맥에 대한 베게너의 설명이 탄력을 받았다.

　　또한 해저산맥이 발견된 이후 1960년대 초반에 해리 헤스가 음파로 수중 목표의 방위 및 거리를 알아내는 소나sonar 장비를 이용해 대양의 해저가 점차 벌어지고 있다는 사실을 입증했다. 이른바 해저확장설이다. 특히 1977년 들어 마리 타프와 브루스 헤즌이 해저지도를 완성하면서 판구조론이 정립된다. 베게너의 대륙이동설이 맨틀대류설, 해저확장설을 거쳐 판구조론으로 최종 이론화된 것이다. 무엇이든 처음에는 추측성의 '설'로 시작하지만 증거로 뒷받침되면 확실한 '이론'으로 정립된다.

　　판구조론에 따르면 지구 내부의 가장 바깥 부분은 암석권과 그 아래의 연약권으로 이루어져 있다. 식어서 굳어진 암석권은 최상부의 맨틀로서 지각을 구성한다. 암석권 아래의 연약권은 점성이 있는 맨틀로 가해지는 힘에 의해 계속 움직인다. 암석권은 여러 판으로 구성되어 있어서 대륙을 형성

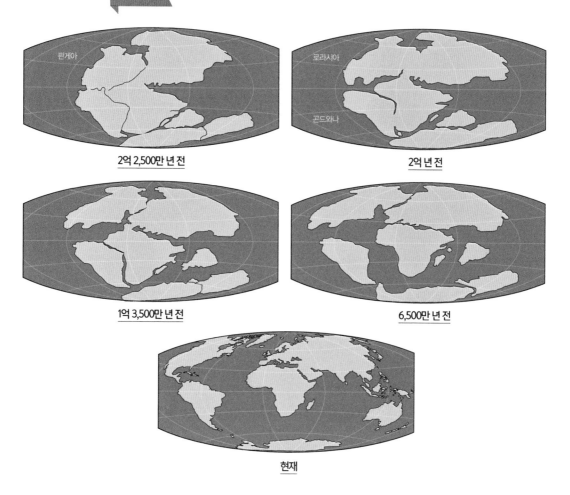

대륙이동설

2억 2,500만 년 전

2억 년 전

1억 3,500만 년 전

6,500만 년 전

현재

하고 판들이 서로 충돌하며 지진과 화산활동이 벌어진다고 본다.

크기로 보면 유라시아 판이 가장 크고, 그다음으로 북아메리카 판, 태평양 판, 아프리카 판, 남극 판, 남아메리카 판, 오스트레일리아 판 순서이다. 나스카 판, 인도 판, 필리핀 판, 아라비아 판, 스코샤 판, 카리브 판, 코코스 판, 후안데푸카 판은 상대적으로 작다. 현재 일본 지역과 해역은 유라시아 판, 북아메리카 판, 태평양 판, 필리핀 판이 모두 만나고 있어 어느 지역보다

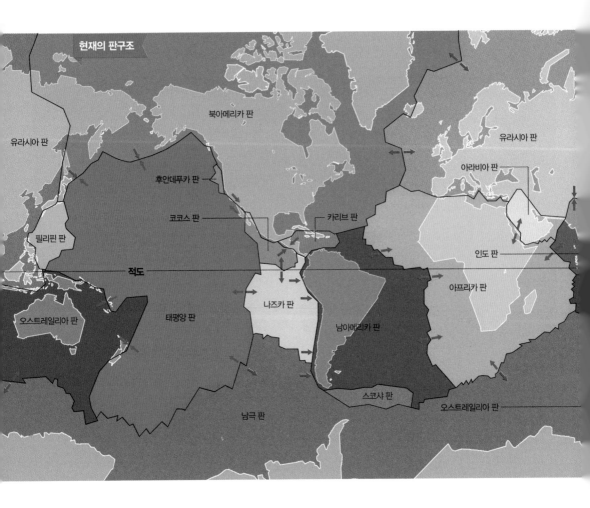

현재의 판구조

북아메리카 판

유라시아 판

유라시아 판

아라비아 판

후안데푸카 판

코코스 판

카리브 판

필리핀 판

인도 판

적도

아프리카 판

오스트레일리아 판

나즈카 판

태평양 판

남아메리카 판

스코샤 판

오스트레일리아 판

남극 판

지진, 해일, 화산 발생 가능성이 커서 위험하다. 판구조론은 1970년대 후반 지질학자들에 의해 완전히 받아들여지는 이론으로 정립된다. 지질학의 판구조론은 화학의 주기율표, 생물학의 유전 코드, 물리학의 양자역학에 비견되는 혁명적인 과학이론이다.

  판구조론의 예측에 따르면 앞으로 대서양은 더욱 넓어지고 태평양은 줄어든다. 그린란드에서는 땅이 점차 갈라지고 있고, 오세아니아도 점차 북쪽으로 이동하여 마침내 동아시아에 붙게 될 것이다. 하지만 이런 대륙의 재편성은 정말 아주 먼 훗날의 이야기이다. 당장은 지진, 해일, 화산을 걱정해야 하며 이로 인해 환경난민이 대거 발생하면 지구에 대혼란이 야기될 수 있다. 한국에서도 양산 지구대가 있는 경주 지역과 지구대에서 약간 떨어진 포항 지역에서 지진이 발생했다. 최근 들어서는 자연지진 외에 핵실험과 지열발전에 따른 인공지진 발생도 거론되고 있다.

THINK

옳다고 추정되는 가정으로 어떤 현상을 설명하는 것을 가설이라 한다. 이런 가설이 여럿 모이고 더욱 확실한 증거가 쌓여 이론으로 정립된다. 가설과 이론은 호기심과 관찰에서 비롯된다. 우리 자신을 둘러싼 주변의 모든 것에 왕성한 호기심을 가지고 예리하게 관찰해보자.

최초의 인류가
살았던 지역은?

최초의 인류는 동아프리카 지역의 적도 부근에서 생겨났다. 동아프리카에는 커다란 지구대가 있는데 이것은 대륙 지각판에 발생한 거대한 균열 때문에 생겼다. 현재 아프리카의 대균열 지구대Great African Rift Valley는 에티오피아의 홍해에서 시작해 케냐, 탄자니아, 모잠비크로 이어진다. 자이르와 잠비아로 이어지는 곁가지 균열도 있다. 길이가 무려 6,400킬로미터나 된다. 이스라엘부터 시작하면 9,600킬로미터에 이른다. 해안가의 평평한 초원지대는 해발고도 400미터에서 1,200미터에 이르는 내륙의 고원지대로 이어진다. 고원지대의 온도는 인간에게 가장 자연스러운 섭씨 26.5도 내외로 유지되고 있다. 아프리카 대륙의 동부지역은 언젠가 인도양 방향으로 떨어져 나갈 것이다.

무려 2,000만 년에 걸쳐 이 동아프리카 지구대를 따라 지각활동이 활발하게 이루어졌다. 화산이 폭발하고 고원이 솟아나고 저지대가 붕괴되어 계곡이 만들어졌으며 그 계곡을 따라 물이 흘러 아프리카 대륙에서 가장 큰 호수들이 생겨났다. 모든 종류의 기후가 한 대륙에서 존재했고, 열대 밀림 대신에 넓은 삼림이 들어섰고 다시 사바나로 대체되었다. 지역에 따라 강우량이 달랐고 지형적 장애물이 생겨나 여러 동물 집단이 분리되었다. 결국 동아프리카 지구대는 동식물의 진화를 관찰할 수 있는 최적의 실험지가 되었다.

인류의 탄생지인 동아프리카

아프리카

나일강

빅토리아호

탕가니카호

올두바이협곡

인도양

오스트랄로피테쿠스

— 단층선
-- 동아프리카 대균열 지구대
▲ 화석 인류의 출토지
● 구석기시대의 유적

동아프리카 지구대의 풍경을 보면 삼림과 초원 그리고 열대초원인 사바나로 이루어져 있고 간혹 산맥이 자리 잡고 있다. 우기에는 빗물이 푸른 풀과 나무와 열매를 맺는 식물에 물을 공급한다. 건기에는 고원지대가 말라 버리기 때문에 번개로 불이 나기도 하지만, 비가 오면 식물이 다시 살아난다.

사바나는 쾌적한 온도와 풍부한 과일, 견과류, 사냥감을 제공하는 생명의 온상이다. 지금도 빅토리아호 남부와 탕가니카호 동부에 있는 세렝게티평원은 동물의 천국이다.

하지만 이 지역에도 변화는 있었다. 지진과 수시로 변하는 강우량 때문이었다. 지구가 빙하기로 접어들었을 때 사바나 지역은 차갑고 건조해졌으며 초지는 사라졌다. 간빙기 동안에 사바나는 습해지고 뜨거워져 열대우림이 들어서기도 했다.

기후는 진화의 가장 중요한 요인이다. 점차 인간으로 변하던 호미니드들은 엄청난 기후변화에 적응해야만 했다. 만약 기후가 변하지 않아 특정한 유전자 집단이 열대지역의 극심한 추위나 더위 같은 외부 압력에 노출되지 않았다면 인간은 탄생하지 않았을지도 모른다.

현재 호미니드 중에 가장 오래된 것은 오스트랄로피테쿠스猿人, ape-men이다. 오스트랄로피테쿠스 화석 중 우리에게 가장 많이 알려진 것은 아마 루시Lucy일 것이다. 1974년에 에티오피아의 하다르 근처에서 미국 고생물학자 도널드 요한슨에 의해 발굴되었다. 화석 발굴 당시 발굴단이 듣고 있던 노래가 비틀스의 〈다이아몬드와 함께 하늘나라에 있는 루시Lucy in the Sky with Diamonds〉여서 화석의 이름을 루시로 지었다. 물론 이 화석은 여성이었다.

발굴된 부분은 신체 전체의 40퍼센트에 불과했지만 연대를 추정한 결과, 320만 년 전 것으로 추정되었다. 키는 약 1.1미터였고 몸무게는 30킬로그램 이하였으며 나이는 20세 정도였다. 뤼크 베송의 2014년 영화 〈루시〉에서 스칼릿 조핸슨의 배역 이름이 루시인데 영화에서 원인 루시의 모습도 잠깐 나온다.

루시의 골반은 현대 여성과 비슷했지만 얼굴은 침팬지와 비슷했다. 골반을 보면 알 수 있듯이, 루시는 두 발로 걸었다. 당시의 인류학자들은 인간이 두 발로 먼저 걸었는지 아니면 대용량의 두뇌가 먼저 발달했는지에 대해 치열하게 논쟁을 벌이고 있었다. 루시의 발견으로 대용량의 두뇌가 발달하기 전에 두 발로 걸었다는 견해가 이겼다. 즉 루시의 골격을 보면, 일부 대형 유인원들이 나무에서 살 때 지니던 회전운동을 할 수 있는 팔과 어깨를 유지한 채 나무에서 내려와 직립 자세를 발전시켰고, 나중에 뇌가 커지기 시작했음을 알 수 있다.

오스트랄로피테쿠스가 두 발로 걸었다는 것을 확실하게 보여주는 발자국도 발견되었다. 1970년대 후반에 영국의 메리 리키가 탄자니아의 라에톨리에서 발견한 화석으로, 세 명의 오스트랄로피테쿠스가 만든 발자국이었다. 세 명 중 두 명은 나란히 걷고 있고, 다른 한 명은 앞서 간 두 명을 따라 걷고 있는 모습이었다. 아마도 그들은 비가 약간 내려 뜨거운 화산재가 축축해졌을 때 그 위를 걸었는데, 화산재가 마르면서 그 안에 있던 석회가 단단해졌을 것이다. 360만 년 전의 발자국 모습이다.

루시와 라에톨리 발자국 외에도 오스트랄로피테쿠스 화석은 아프리카의 여러 지역에서 더 많이 발견되었다. 1992년에 에티오피아의 아파르afar 계곡에서 440만 년 전의 것으로 추정되는 화석이 발견되었는데 오스트랄로피테쿠스 가운데 가장 오래된 화석이다. 1995년에는 케냐 북부의 투르카나 호수 지방에서 발견된 오스트랄로피테쿠스 아나멘시스anamensis는 420만 년 전 것으로 밝혀졌다.

또 1995년에 대지구대의 서쪽에 있는 차드에서 오스트랄로피테쿠스 바렐가잘리bahrelghazali가 발견되었는데 350만~300만 년 전의 것으로 보인다. 1998년에도 남아프리카에서 좀 더 완전한 형태의 화석이 발굴되었으며 350만~250만 년 전 것으로 추정된다. 이를 통해 오스트랄로피테쿠스는 아프리카 대지구대의 동쪽인 에티오피아, 케냐, 서쪽인 차드, 남쪽인 남아프리카에 이르기까지 광범위한 지역에 퍼져 살았음을 알 수 있다.

오스트랄로피테쿠스는 키가 1~1.5미터이고, 머리는 침팬지 크기로 뇌는 작고 코는 컸었다. 현대 침팬지의 뇌 크기는 300~400시시인데 오스트랄로피테쿠스는 380~450시시였다. 현대 인간의 뇌는 훨씬 커 1,350시시 정도이다. 오스트랄로피테쿠스라는 이름은 남방의 원숭이라는 뜻이다.

인간은 왜 동물에 비해 몸에 털이 적을까?

사람은 다른 포유류나 영장류에 비해 몸에 털이 훨씬 적다. 왜 그럴까? 다양한 해석이 나와 있다.

'벌거벗은 유인원' 가설에 따르면 인간은 생식기와 젖가슴이 더 잘 보이도록 털이 없다. 커진 생식기와 젖가슴이 진화에 중요한 역할을 담당했다고 하더라도 '민몸'이 된 것은 두 발로 일어서서 걷게 된 이후이므로, 애당초 '민몸'이 되었던 연유와는 상관이 없다.

또 다른 해석으로 '물속의 유인원' 가설이 있다. 인류가 물속에서 기원하였기 때문에 고래나 하마 같은 물속 포유류처럼 '민몸'이 되었을 것이라는 가설이다. 하지만 이 또한 설득력이 부족하다.

더 설득력 있는 '사냥' 가설도 있다. 인류가 아프리카에 살았을 때 동물 사냥을 하려면 사자와 경쟁을 해야 했다. 사자는 인간에 비해 덩치도 훨씬 크고 힘이 셌다. 그런데 사자는 털이 많아서 뜨거운 대낮에 활발하게 사냥에 나설 수 없다. 영양을 사냥하려면 빠른 속도로 달려야 하는데 털 때문에 체온을 발산할 수 없었던 것이다. 그래서 털을 가진 짐승들은 주로 초저녁과 아침에 총력을 기울여 사냥에 나선다. 따라서 인간은 살아남기 위해 다른 맹수들이 사냥을 하지 않는 시간대인 대낮에 사냥을 해야 했다. 우연히 돌연변이로 털이 없는 '민몸'의 사람이 생겨났는데 이 사람은 몸 전체에 퍼져 있는 땀샘을 통해 땀을 체외로 배출하여 올라간 체온을 식힐 수 있었다. 그래서 사람은 대낮에 마음대로 사냥을 할 수 있었고 피하지방을 늘릴 수 있었다는 것이다.

하지만 우리 몸의 일부에는 아직도 털이 있다. 왜 그런 걸까? 운동할 때 땀을 내보내는 샘분비땀샘에서는 냄새가 나지 않는다. 반면에 겨드랑이, 사타구니에는 특유한 냄새를 발산하는 땀을 내는 부분분비땀샘이 있는데 이런 땀은 암내를 내어 짝짓기에 중요한 역할을 하므로 이 주위에는 털이 남아 냄새를 계속 발산시킨다.

땀이 많이 배출되면 그만큼 물을 계속 보충해야만 했으므로 사람들은 물가에 거주했다. 초기 인류의 화석 상당수가 물가에서 출토되었는데 바로 이런 이유 때문이다.

그런데 털이 없으면 문제가 생긴다. 햇빛을 직접 쪼이면서 피부암도 생기고 돌연변이도 유발한다. 따라서 피부를 자외선으로부터 보호하기 위해 특수한 세포에서 멜라닌 색소가 생산된다. 그래서 인간의 피부는 검어진다. 멜라닌 색소의 생산을 담당하는 유전자는 1990년대에 처음 발견되었다.

인간은 '민몸'이라는 돌연변이에 검은 피부라는 돌연변이가 추가로 발생하고서야 어떤 생명체도 무시 못 할 사냥꾼으로 등장한다.

—— THINK

돌연변이는 변하는 환경에 적응할 때 다양성을 제공하므로 매우 중요하다. 앞으로 인류의 생존에 결정적으로 어떤 돌연변이가 필요할지 생각해보자.

호모에렉투스, 호모하빌리스,
호모사피엔스…
이름도 어려운 이들의 차이는?

인간을 의미하는 '호모^{homo}'라는 말은 호모하빌리스^{Homo habilis}에 처음 붙었다. 앞서 언급한 오스트랄로피테쿠스와는 분명히 다른 면이 있기 때문이다. 1959년 영국의 메리 리키와 루이스 리키 부부는 아프리카 탄자니아의 올두바이협곡에서 오스트랄로피테쿠스 보이세이^{Boisei}라는 머리뼈를 발견했다. 1년 뒤에는 리키 부부의 아들인 조녀선이 올두바이협곡에서 기존 것보다 진화된 형태의 머리뼈 조각과 손뼈를 발견했다.

    이 머리뼈를 가진 사람은 뇌 용량이 640~800시시로 오스트랄로피테쿠스의 뇌보다 45퍼센트나 컸고 어금니도 작았다. 이들은 식물을 주로 먹었던 오스트랄로피테쿠스와는 달리 고기도 잘 먹었다. 올두바이협곡 퇴적물에서 석기가 많이 발견되었는데 이들은 나무뿌리를 캐거나 단단한 열매를 으깨고 죽은 동물을 자르는 데 이 석기를 사용했다. 두 개의 돌을 부딪쳐 한쪽 면을 날카롭게 만든 석기였다. 이들은 손을 이용해 석기를 도구와 무기로 개량해서 생활했기 때문에 호모하빌리스라는 이름이 붙여졌다. 이처럼 손의 사용과 머리의 발달은 밀접하게 연결되어 있다. 더구나 석기를 이용해 고기를 잘라 먹었으므로 단백질이 풍부해져 힘도 강해지고 머리는 더욱 발달했다. 호모하빌리스의 뼈는 오스트랄로피테쿠스와 비슷하게 동아프리카와 남아프리카에서 주로 발견되었다.

플라이오세에서 홍적세로 넘어가는 시기에 새로운 호미닌의 종이 등장했다. 바로 호모에렉투스(혹은 호모에르가스터)였다. 1984년 케냐의 나리오코토메에서 대단히 잘 보존된 에렉투스 화석이 발견되었는데, 이 화석은 투르카나 보이Turkana Boy라 불린다. 투르카나 보이는 청년기에 죽었음에도 불구하고 키가 150센티미터, 뇌 용량은 880시시에 달했다. 머리뼈가 둥그스름하고 두꺼워졌고 치아는 더욱 작아졌다. 호모에렉투스의 가장 큰 특징은 등을 곧게 펴고 걸었다는 점이다. 사실 그 전의 사람도 등을 펴고 걸었기 때문에 호모에렉투스가 최초의 직립원인은 아니었지만 가장 먼저 발견되었기 때문에 그렇게 이름 붙여졌다. 이처럼 호모에렉투스의 신체적 조건은 호모하

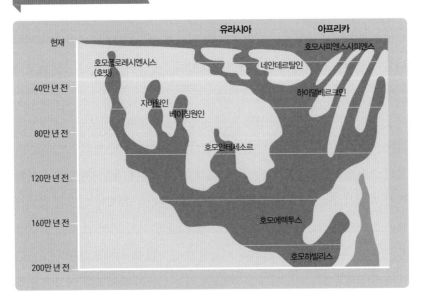

호모하빌리스와 호모에렉투스

빌리스에 비해 우월했다.

호모에렉투스가 도구를 만드는 솜씨는 더욱 세련되었다. 이들은 150만 년 전부터 기존의 올두바이 초퍼chopper 도구보다 뛰어난 아슐리안 주먹도끼를 만들었다. 원석의 여러 면을 가공하여 두 개의 날을 갖는 배 모양의 도끼도 만들었고, 때로는 뼈로 된 망치로 다듬어 도끼를 더 날카롭게 만들었다.

호모에렉투스의 가장 큰 특징은 불을 사용하기 시작했다는 점이다. 벼락이 떨어진 숲에서 뜨거운 불길이 타오르는 것을 보고 처음에는 두려워했지만 나뭇가지에 붙은 불로 야생동물을 쫓아내고 동굴에서 지내거나 고기를 구워 먹어보면서 불의 이점을 깨달았다. 호모에렉투스는 자연의 도움 없이도 부싯돌을 부딪치거나 마른 나뭇가지를 빨리 문지르면 불을 지필 수 있다는 것도 알게 되었다. 필요하면 언제든지 불을 피울 수 있었기 때문에 이들은 좀 더 안전한 동굴에서 살기 시작했다.

불의 용도는 다양했다. 우선 동물을 쫓아내는 데 매우 효과적이었고, 고기를 익힐 수 있었기 때문에 질긴 날고기를 오랫동안 씹을 필요가 없었다. 그래서 턱뼈가 점점 줄어들었고, 그만큼 뇌가 커질 수 있었다. 더구나 이들은 후두가 발달해서 '우우' 짖지 않고 간단한 말로 의사소통을 할 수 있었다. 일반적으로 포유동물의 후두 끝은 목구멍의 높은 쪽에 달려 있어 후두 중앙의 성대에서 만들어낸 소리가 코로 그냥 빠져나가 버려 입에서 소리를 조절하기 힘들다. 반면에 사람의 후두 끝은 낮게 위치해 성대에서 만든 소리가 혀와 이, 입술을 거치면서 변화를 일으켜 다양한 음성을 낼 수 있다. 사람의 후두가 아래로 내려온 이유는 직립보행 때문이기도 하고 씹는 기능이 퇴화했기 때문이기도 하다.

이처럼 불의 사용은 턱뼈를 줄이고 뇌를 늘리고 후두 위치를 낮추면서 인간의 의사소통 능력을 크게 개선했다. 무엇보다도 불이 생기면서 인간이 저녁에 활동할 수 있는 시간은 늘어났다. 자동차에 시동을 걸면 가솔린에 불이 붙는 점화, 즉 ignition의 어원은 불의 신, 아그니^{agni}에서 비롯되었다.

호모에렉투스는 호모하빌리스에 비해 키와 뇌 용량 등 여러모로 우월했기 때문에 호모하빌리스를 비롯한 다른 호미닌 종들을 대체하기 시작했다. 특히 이들은 추운 날씨에도 견디는 능력이 있어 처음으로 아프리카를 벗어나 지금의 인도네시아와 중국으로까지 진출했다. 하지만 나중에 언급할 호모사피엔스사피엔스와는 달리 유라시아 북구의 추운 지역이나 바다 건너 파푸아뉴기니 호주까지는 진출하지 못했다.

1891년 인도네시아 자바섬에서 호모에렉투스의 화석이 발견되었고, 1926년 베이징에서도 화석이 발견되었다. 베이징 남서쪽 저우커우덴의 석회암 지대에서 호모에렉투스의 치아가 발견된 후 3년간의 탐사 끝에 머리뼈도 발견되었다. 50만 년 된 베이징 원인의 정식 이름은 호모에렉투스페키넨시스라고 하는데 머리뼈가 매우 두껍고 옆모습은 평평하다. 이마는 작은 편이고 입안이 넓으며 송곳니와 어금니가 크다. 호모에렉투스는 유럽으로도 건너갔다. 1907년 독일 하이델베르크에 있는 마우어의 모래층에서 발견된 사람의 턱뼈는 60만 년 전의 것으로 확인되었으며 호모하이델베르겐시스라는 이름이 붙여졌다.

===== THINK

프랑스와 캐나다 합작영화 〈불을 찾아서〉(1981년, 장 자크 아노 감독)는 8만 년 전에 인간이 불을 만들어 내고 확산하는 과정을 흥미롭게 보여준다. 다른 동물들과는 달리 아무 데서나 원하는 대로 불을 지펴 자유자재로 사용하는 능력은 인간 진화에 크게 기여했다. 횃불, 초롱불, 촛불, 등잔불, 가스불, 연탄불, 전깃불, 원자로불 외에 앞으로 또 어떤 새로운 불이 나오리라고 보는가?

구석기시대 유럽·아프리카인이
아시아인보다 우월하다고?

과거 시기를 구분할 때 구석기, 신석기, 청동기, 철기시대로 나누곤 한다. 언제부터 이렇게 분류하기 시작했을까? 덴마크의 크리스티안 톰센은 1816년에 처음으로 고고학의 시대를 구분했다. 그는 인류 역사를 인간이 사용한 도구에 따라 석기, 청동기, 철기시대로 구분했다. 그러다가 영국의 존 러벅이 석기시대를 다시 둘로 나누었는데, 자연의 돌을 깨뜨려서 만든 뗀석기(타제석기)를 사용한 시대를 구석기시대라 부르고, 돌을 갈아서 정교하게 만든 간석기(마제석기)를 사용한 시대를 신석기시대라 불렀다.

구석기시대는 최초의 인류가 살던 시기로 300만 년 전부터 1만 년 전까지의 상당히 오랜 기간을 말한다. 이 당시 사람들은 돌, 뿔, 나무를 망치로 이용해 돌을 깨뜨려 석기를 만들고 나무를 자르거나 동물을 사냥할 때 사용했다. 또 구석기시대에는 불을 발견하여 추위와 맹수로부터 자신을 보호했다. 뗀석기는 몸돌을 직접 가공한 몸돌석기와 몸돌에서 떼어내어 잔손질을 한 격지석기로 나눌 수 있다. 대체로 찍개나 주먹도끼는 몸돌석기이고 긁개, 밀개, 자르개, 톱날은 격지석기이다. 지역마다 석기의 형태가 달랐는데, 주먹도끼 문화 전통hand-ax tradition은 서구, 아프리카, 중동 지역에서, 찍개 문화 전통chopper tradition은 동아시아, 남태평양, 발칸반도에서 주로 나타났다. 정교한 주먹도끼인 아슐리안 석기는 150만 년 전에 호모에렉투스가 만든 것이다.

한국에 파견된 미군 병사 그렉 보엔이 1978년에 경기도 한탄강 유원지에 놀러 갔다. 길을 걷던 중 땅에 박혀 있던 무언가가 자신의 발에 걸리자 유심히 보았다. 그 돌이 범

상치 않다는 것을 직감하고, 이 석기를 학계에 알린다. 그는 미국 대학 학부에서 고고학을 전공했기 때문에 그 돌의 가치를 제대로 알아본 것이다. 서울대 김원용 교수와 영남대 정영화 교수가 17차례에 걸쳐 발굴조사를 한 결과 30만 년 된 아슐리안 석기라는 사실을 밝혀낸다. 이 석기는 1979년 국가사적 제268호로 지정된다. 연천 한탄강 변의 용암대지 위에 퇴적되어 있는 두터운 점토층에서도 다량의 구석기 유물이 출토되는데 모두 8,500여 점에 이른다. 전곡리 유적을 비롯하여 한탄강, 임진강 지역은 구석기 문화 연구에 있어서 매우 중요하다. 그렉 보엔은 나중에 한국 여성과 결혼한다.

석기는 돌로 만든 도구이다. 인류가 일부러 돌의 겉면에 타격을 가해 자신이 원하는 모양대로 외부 형태를 변형시킨 것을 말한다. 석기 중에 최초로 만들어진 것은 찍개였다. 찍개는 돌감의 한쪽 면, 특히 윗부분에 타격을 가해 칼날같이 날카로운 날이 만들어진 석기이다. 반면에 아슐리안 주먹도끼는 돌감의 윗부분뿐만 아니라 양쪽 면의 박편을 제거하여 더 날카로운 날이 많다. 고운 석재를 가지고 석기의 전체 면을 정밀하게 가공하여 날을 좌우대칭으로 다듬었다. 찍개보다 진일보한 아슐리안 주먹도끼는 열매 채집, 사냥, 가죽 벗기기를 할 때 자르거나, 찍거나, 베는 등 모든 용도에 쓰여서 고고학자들은 만능 석기라고 부른다. 이 주먹도끼는 프랑스의 생타슐St. Acheul 유적에서 처음 발견되어 아슐리안이란 이름을 얻게 된다.

당시만 하더라도 미국 고고학자 할람 모비우스가 제창한 모비우스 학설이 지배적이었다. 정교한 아슐리안 주먹도끼의 출토 여부에 따라 세계 구석기 문화를 아프리카·유럽과 동아시아로 양분하는 학설이었다. 손재주가 좋아 정교한 아슐리안 석기를 광범위하게 사용했던 서구가 그렇지 못했던 동아시아보다 우월하다는 논리로까지 진전되었을 정도이다. 하지만 이 모비우스 학설은 전곡리에서 아슐리안 석기가 출토되면서 그만 설득력을 잃고 말았다. 사실 전곡리의 아슐리안 주먹도끼는 부근의 돌 소재가 화강암이라 석회암이 많은 유럽의 도끼처럼 부드럽지는 않고 다소 거칠게 만들어졌다. 전곡리에서는 주먹도끼 외에도 잘 다듬은 찍개와 여러 면 석기, 긁개 등이 다양하게 출토되었다. 아슐리안 주먹도끼가 동아시아에서 많이 발견되지 않는 이유는 사람들이 비슷한 기능을 하는 도구를 대나무로 얼마든지 만들어 사용했기 때문이라는 주장이 상당히 설득력 있다. 대나무로 만들어진 도구는 시간이 지나면 없어지므로 지금에 와서 그 존재를 알 수 없을 뿐이다. 하나의 잣대만으로 특정 지역이 우월하다고 억지 주장을 하는 데에는 한계가 있다. 우리나라에서 발굴된 구석기 초기 유적지는 전곡리 외에도 많다.

- 함북 웅기군 굴포리(1960년대 초)
- 충남 공주시 석장리(1964년)
- 평양시 상원군 검은 모루 동굴(1966년)
- 제주 빌레못 동굴(1973년)
- 충북 청원군 두루봉 동굴(1976년)

───── THINK

알베르트 아인슈타인은 이런 말을 한 적이 있다. "제3차 세계대전 때에는 어떤 무기를 가지고 싸울지 모르겠지만, 제4차 세계대전 때에는 나무 스틱과 돌을 가지고 싸우게 될 것이다." 제3차 세계대전 후를 대비하여 돌을 능숙하게 다루는 방법을 미리 터득하는 것은 어떨는지.

06

네안데르탈인의 몰락,
뭉치면 살고
흩어지면 죽는다?

호모에렉투스에 이어 호모사피엔스가 드디어 등장했다. 호모네안데르탈렌시스(혹은 호모사피엔스네안데르탈렌시스), 간단히 네안데르탈인은 주로 유럽 대부분과 지중해 연안, 아시아 일부에서 발견되었다. 1856년 독일 뒤셀도르프 근처의 네안데르 계곡, 즉 네안데르탈에서 뼛조각이 처음 발견되었는데 40만년 전에 나타난 것으로 추정하고 있다.

네안데르탈인은 현생인류에 비해 허리가 약간 구부정해 키가 다소 작지만 두뇌 용량은 1,500시시로 더 컸다. 네안데르탈인은 추운 기후 조건에 적응하느라 팔과 다리가 짧아 땅딸막하면서도 체격이 다부졌다. 머리뼈의 뒷부분이 넓고 납작했고 눈두덩이 툭 튀어나왔다. 또한 치아가 크고 입이 앞으로 돌출해 있다. 네안데르탈인은 지적 능력도 갖추어 도구를 잘 만들었고 사냥 솜씨도 훌륭했다. 이들은 '덫'도 만들어 동물을 잡는 데 잘 활용했고 채소, 과일, 견과류도 먹었지만 주로 육식을 했다. 최근 들어 구석기^{paleo, 팔레오} 다이어트가 유행한 적이 있었는데 이 다이어트 식단은 채식을 배제하며 주로 육식으로 구성된다. 네안데르탈인 하면 우리는 대개 미개한 이미지를 연상하지만 실제로는 훨씬 스마트했다.

7만 년 전에서 1만 년 전까지 빙하가 북반구를 뒤덮었던 시기를 뷔름 빙하기라 한다. 이 뷔름 빙하기 초기만 하더라도 네안데르탈인들은 유럽 전역에 널리 퍼져 살았다. 이들은 추울 때에는 동굴로 들어가 생활했고, 날씨가 온화해지면 사냥을 하면서 집단으로 거주했다. 또 매머드 뼈를 쌓아 집을 만들어서 살았다.

사람이 죽으면 시체를 땅에 묻었다. 붉은 흙을 시체 위에 뿌리고 여러 생활도구나 들국화, 엉겅퀴 같은 꽃을 함께 묻기도 했다. 이런 매장방식 때문에 현대 학자들이 그들의 유골을 온전하게 발굴하기가 쉬웠다. 그들은 자신들이 죽은 다음의 세계에 대해서도 생각했다.

우리가 잘 알고 있듯이 4만 년 전까지만 해도 네안데르탈인은 유럽을 지배하고 있었다. 하지만 아프리카에서 시작된 현생인류 호모사피엔스사피엔스, 즉 크로마뇽인이 유럽으로 들어오면서 네안데르탈인은 점차 밀려나 3만 5,000년 전이 되면 역사에서 완전히 사라지고 만다. 도대체 네안데르탈인은 크로마뇽인에 비해 어떤 점이 부족했을까?

네안데르탈인은 상대적으로 몸집이 커서 영양분, 특히 육류 섭취량이 많았는데 기후 악화로 먹이를 찾지 못해 체력이 약해져 채식도 하는 크로마뇽인과의 전쟁에서 졌다는 설이 있다. 크로마뇽인은 손재주가 좋아 바늘로 옷을 제대로 만들어 입었으나 네안데르탈인은 짐승 가죽을 대충 입어 추위를 견디지 못했을 것이라는 설도 있다. 또 예술을 이용한 상징을 만들어 단합과 소통을 서로 원활하게 했던 크로마뇽인에 비해 네안데르탈인은 그런 상징 조작 능력이 부족해 경쟁에서 졌다는 설도 유력하다. 이처럼 네안데르탈인의 몰락에 대해 여러 해석이 있지만 최근 들어 일부 경제학자들은 크로마뇽인의 분업과 교역, 협력을 거론하고 있다. 크로마뇽인들은 능력에 따라 할 일을 서로 나누었다. 숙련된 사냥꾼들은 수렵에 전념하고, 사냥은 잘 못해도 무엇을 만드는 데 재주가 있는 사람은 집에서 무기, 도구, 옷을 만들었다. 그런 다음 사냥꾼과 기능공이 서로 필요한 것을 교환하여 크로마뇽인은 동물을 더 많이 잡고 고기를 더 많이 먹어 건강이 좋아져 인구가 늘어났다. 하지만 전체 동물의 수가 제한되어 있기 때문에 동물을 적게 잡을 수밖에 없었던 네안데르탈인은 고기를 적게 먹어 결국 멸종된 것이다. 이처럼 각자 능력에 따라 분업하여 생산을 극대화한 후에 교역과 협력을 했던 크로마뇽인은 전체적인 생산성을 높여 세상을 지배했다. 상당히 경제학적인 분석이다.

네안데르탈인은 3만 5,000년 전에 지구상에서 사라졌지만 둘은 5,000년에 걸쳐 같은 지역에 거주했다. 일부 연구에서는 우리 현생인류(크로마뇽인)와의 교합에 의해 네안데르탈인의 DNA가 남아 있다고 주장한다. 네안데르탈인과 현생인류의 교배를 통해 유전자가 전해졌다는 이야기이다. 현생인류와 침팬지의 DNA는 98.8퍼센트 같은데 현생인류와 네안데르탈인은 99.7퍼센트 같다. 그러나 양자 간의 교배 여부는 아직 확실치는 않다.

크로마뇽인들은 지브롤터해협을 건너 이베리아에 정착했다. 이들이 바로 이베리아족으로 크로마뇽인의 후예이다. 이들의 이동 경로에 대해서는 두 가지 견해가 있다. 동지중해에서 유럽 대륙을 거쳐 들어왔다는 견해가 있고, 북아프리카에서 곧바로 건너와 이베리아반도에 정착했다는 견해도 있다. 현재는 후자가 더 타당성이 큰 것으로 보고 있다. 이베리아인은 원래 피부가 검었다고 한다. 이들은 이베리아반도는 물론이고 피레네산맥을 넘어 프랑스 지역까지 진출했다. 현재 대서양 비스케이만에 거주하고 있는 바스크Basque족이 바로 그들이며, 프랑스 남서부 대서양 연안인 아키텐 지역에도 아직 살고 있다.

또 일부 크로마뇽인들은 지금의 영국인 브리튼섬에도 진출하여 브리튼족과 픽트Pict족을 형성하여 토착민으로 자리 잡는다. 섬 이름이 브리튼이 된 이유는 페니키아인들이 나중에 주석을 찾기 위해 이 섬에 왔을 때 몸에 문신을 많이 한 토착민들을 발견했기 때문이다. 그리스어에서 문신에 해당하는 단어를 본떠 브리튼이라 불렀다.

　　　　지금 현재 지구에 살고 있는 현생인류가 어디서 기원했는지에 대해서는 두 가지 의견이 있다. 아프리카 기원설과 다지역 기원설이 바로 그것이다. 아프리카 기원설은 아프리카에서 진화한 현생인류 조상이 10만~20만 년 전 세계 곳곳으로 이동해 이미 정착해 살고 있던 다른 인류를 대체했다는 가설이다. 그리고 다지역 기원설은 100만~200만 년 전에 아프리카를 떠난 호모에렉투스가 유럽과 아시아 각 지역에 자리 잡은 후 각자 독립적인 현생인류로 진화했다는 가설이다. 아프리카 기원설이 주류 이론이지만 다지역 기원설도 완전히 배제할 수는 없다.

──── THINK

크로마뇽인 같은 현생인류는 분업과 협업을 통해 다른 인류와 동물을 제압했다. 혼자는 약하지만 합치면 강하다는 것을 일찍 터득한 것이다. 협업을 잘하기 위해 구성원 간 소통을 원활하게 했고 상징 조작을 통해 브랜딩과 리더십을 강화했다. 물론 지금도 브랜딩과 리더십은 여전히 중요하다.

선사시대에도 예술활동이 있었을까?

변호사이자 아마추어 고고학자인 마르셀리노 산즈 데 사우투올라와 여덟 살 딸인 마리아가 집안의 대지에 있는 동굴을 탐사하다가 천장과 동굴 벽에 그려진 그림을 발견했다. 1879년 에스파냐 북부 칸타브리아 지방의 산탄데르 서쪽 30킬로미터 지점에서였다. 이 동굴에서 동물 그림을 처음 발견한 사람은 램프를 들고 들어간 그의 딸이었다. 이 알타미라의 동굴벽화는 자연 염료로 그려진 들소 그림이 너무 뛰어나 당시 고고학 전문가들로부터 사기라며 조롱을 듣고 고소도 당했다. 하지만 20년이 지나 남부 프랑스에서 다른 동굴의 벽화들이 발견되면서 진짜로 밝혀졌다. 지금으로부터 1만 8,500년~1만 4,000년 전 것으로 추정되고 있는데 산사태로 동굴 입구가 막혔기 때문에 벽화 상태가 매우 잘 보존되어 있었다.

이 동굴벽화 발견을 배경으로 한 영화 〈파인딩 알타미라〉가 2016년 개봉되었는데 감독은 휴 허드슨이고, 안토니오 반데라스가 주연을 맡았다. 프랑스의 쇼베 동굴 탐사와 벽화 연구 과정을 보여주는 다큐멘터리 영화 〈잊힌 꿈의 동굴〉도 있다.

동굴벽화를 그린 사람을 우리는 이베리아인으로 보고 있다. 에스파냐 북부와 프랑스 남서부에 동굴벽화가 매우 많이 산재해 있는데, 프랑스 남서부 도르도뉴의 라스코 동굴벽화가 대표적이다. 1940년 18세의 마르셀 라비다가 발견한 이 벽화는 현존하는 회화작품 중 가장 오래된 구석기시대 동굴벽화라는 평가를 얻고 있다. 그런데 이들은 왜 동굴벽화를 그렇게 많이 그렸을까? 여러 가지 이유가 있었을 것이

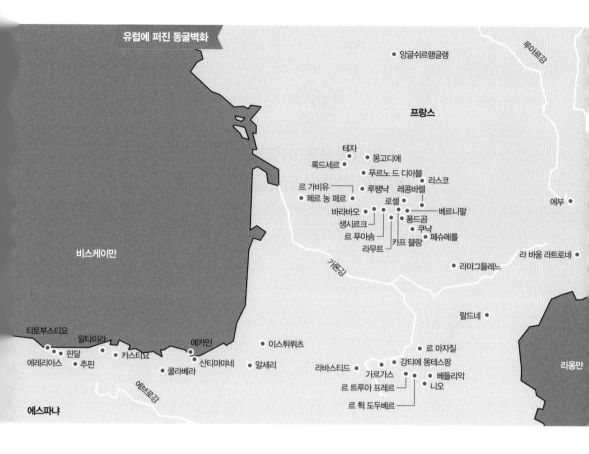

유럽에 퍼진 동굴벽화

루아르강

앙글쉬르랭글랭 •

프랑스

테자
록드세르 •   • 몽고디에
          • 푸르노 드 디아블
르 가비유   • 루팽낙   • 레콩바렐
• 페르 농 페르   로셀 •
바라바오 •   • 라스코
생시르크 •   • 퐁드곰   • 베르니팔
르 푸아송   카프 블랑 • 쿠냑   • 페슈메를
          라무트   • 라마그들레느
에부 •
비스케이만   기론강
                              라바 라트로네 •
                              랄드네 •
                                                  리옹만
티토부스티요   에카인   르 마자질 •
알타미라 •   • 이스튀뤼츠   강티에 몽테스팡 •
핀달 •   카스티요 •   라바스티드 • 가르가스 •   베들리악 •
에레리아스 • 추핀 • 산티마마녜 • 알세리 •   르 트루아 프레르 — 니오 •
쿨라베라 •
          에브로강   르 튁 도두베르 —
에스파냐

다. 여유 시간에 함께 그림 그리는 재미있는 놀이였을 수도 있고 수렵에 대비한 협동 전략 익히기나 투창 적중률을 높이기 위한 훈련이거나 사냥감의 기운을 빼앗기를 기원하는 행위였을 수도 있다. 이처럼 벽화 미술활동은 단지 여유 시간을 보내거나 자신의 그림 재주를 남에게 뽐내는 데 그치지 않고 실질적이고 구체적인 목적을 위한 집단행위였다. 미술은 예나 지금이나 소비행위이자 생산행위인 것이다.

===⟶ THINK

동굴벽화가 보여주듯 예술은 창의적인 생산행위이다. 이처럼 예술 외에도 인류 문명과 문화에 기여한 '술'로 끝나는 두 글자 단어는 매우 많다. 미술, 요술, 마술, 주술, 역술, 무술, 기술, 전술, 화술, 의술 등등 또 무엇이 있을까?

야생동물은 어떻게
인간의 가축이 되었을까?

요즘 사람들은 재산, 소득, 일도 중시하지만 여가시간, 행복도 매우 중요하게 여긴다. 인류는 1만 2,000년 전 빙하기가 끝날 무렵에, 수렵채집 시대에서 농경목축 시대로 점차 접어들었다. 그런데 사람들은 어떤 시대에 더 행복했을까? 수렵채집 시대에는 항상 이동하면서 먹을 것과 잘 곳을 찾아야 했지만 기후만 어느 정도 좋다면 노동시간을 적게 들이고서도 먹을 것을 쉽게 찾을 수 있었다. 이때에는 많은 것을 소유할 필요가 없었다. 이동하기에 거추장스러웠기 때문이다. 한곳에 정착한 사람들은 곡물을 재배하고 가축을 키우느라 하루 종일 많은 일을 해야 했고 아이도 많이 낳고 육아하느라 정신이 없었다. 더구나 가진 것이 많아지면서 약탈자에게 재산과 목숨을 잃는 경우도 허다했다. 그래서 수렵채취 시대일 때 사람의 행복도가 농경목축 시대에 비해 높았다는 인류학자들의 지적이 있다. 생각해보면 그리 틀린 이야기는 아닌 것 같다.

하지만 기후 온난화로 곡물재배가 쉬워지면서 사람들은 노동시간이 늘어나더라도 식량을 더 안정적으로 얻을 수 있는 농경목축 생활로 접어든다. 즉 행복도는 다소 떨어지더라도 개인적 안정과 집단의 덩치는 커졌다.

곡물생산이 노력 없이 갑자기 늘어난 것은 아니었다. 인류학자들은 남자들이 사냥을 하느라 밖을 쏘다닐 때 여자들이 야생의 풀을 채취했던 것으로 보고 있다. 여자들은 주위의 여러 풀을 자세히 관찰하여 수확할 것이 많은 종을 골라 집 인근에서 집중적으로 재배했다. 터키 남부에서는 1만 2,000년 전의 야생밀 흔적이 발견되었는데 여자들이 밀의 생산량을 늘리기 위해 여러 종의 밀을 작물화하기 시작했다는 것을 알 수 있다. 씨가 이삭에 붙어 쉽게 수확할 수 있으며 낱알이 더 크고 많이 열리는 종을 만든 것이다. 에머밀이 바로 그런 경우인데 이란 동부의 메소포타미아 지역에서 에머밀의 흔적이 발견된 바 있다. 지역에 따라 기후와 토양에 맞게 보리, 콩, 옥수수, 벼, 고구마, 감자도 재배되기 시작했다. 현재 세계 곡물생산 순위를 보면 옥수수가 가장 많이 재배되고 있으며, 밀과 벼가 그 뒤를 잇고 있다.

농경문화의 확산

농경과 목축 연대	지역	주요 작물	주요 가축
1만 2,000~4,000년 전	서남아시아	밀, 보리, 렌즈콩	양, 염소, 소, 돼지
1만~6,000년 전	중국	벼, 기장, 대두	당나귀, 말, 낙타
7,000~4,000년 전	중앙아메리카	옥수수, 콩, 스쿼시	돼지, 닭, 물소
5,000~4,000년 전	남아메리카	감자, 고구마, 카사바	라마, 알파카
5,000~3,000년 전	아프리카 사하라 이남	수수, 기장, 벼	
불명확	동남아시아	토란, 사탕수수, 얌, 벼	돼지, 닭

인간은 곡물재배 외에도 양, 염소, 소, 돼지, 개, 당나귀 등 야생동물 가축화에도 성공한다. 야생동물이 가축이 되려면 어떤 조건이 필요할까? 왜 또 다른 야생동물은 사람들의 피나는 노력에도 불구하고 가축이 되지 않았

을까?

　　진화생물학자 재러드 다이아몬드는 자신의 책《총, 균, 쇠》에서 야생동물이 가축화되기 위해서는 여러 조건을 갖춰야 한다고 주장했다. 첫째, 동물의 식성이 너무 좋아서는 안 되고, 특정 먹이를 너무 선호해서도 안 된다. 사람이 동물 먹을 것을 구하기 어렵기 때문이다. 둘째, 가축은 빨리 성장해야 사육할 가치가 있다. 예를 들어 고릴라는 성장에 오랜 시간이 필요한 동물이어서 가축이 되지 못했다. 셋째, 가축은 야생상태가 아니라 감금상태에서도 번식을 잘할 수 있어야 한다. 치타처럼 빠르고 활동력이 왕성한 동물은 불가능하다. 넷째, 회색곰처럼 사람을 해칠 정도로 너무 포악해서는 안 된다. 다섯째, 가젤처럼 인간에게 지나치게 겁을 먹는 동물은 사람과 어울려 살 수 없다. 여섯째, 같은 동물끼리 위계적 질서를 지키고, 서로 무리 지어 다닐 수 있어야 한다. 동물도 사회성이 있어야 가축이 될 수 있는 것이다. 이처럼 여섯 가지 조건을 모두 충족해야 가축이 될 수 있고, 그중 하나라도 충족되지 않으면 야생동물로 살아갈 수밖에 없다.

　　인간이 동물과 다른 점은 바로 적응력이다. 아주 옛날에 인간과 동물은 서로 먹고 먹히는 관계였다. 그러다가 인간이 동물보다 우위에 서는 데 결정적인 역할을 한 것은, 바로 불이었다. 불은 인간에게 빛과 열을 선물했고 요리를 가능하게 했다. 빛 때문에 동물은 인간에게 함부로 접근할 수 없었고 인간은 훨씬 안전해졌다. 불로 동물을 익혀 먹을 수 있게 되면서 치아를 덜 쓰고 위장의 부담을 줄여 그만큼 에너지가 남아 뇌가 발달할 수 있었다. 더구나 지능과 손재주를 지닌 인간은 덫을 만들어 동물을 쉽게 포획할 수 있었다.

　　그러던 중 먹이가 부족한 늑대가 인간이 남긴 음식을 먹게 되었다. 늑대가 점차 개로 가축화된 것이다. 더구나 늑대는 후각이 뛰어나고 뛰는 능력도 뛰어나 인간이 다른 동물을 사냥할 때 훌륭한 조합을 이루었다. 늑대 외에도 다른 동물들이 점차 가축화되면서 인간의 파워는 더욱 세졌다.

　　인간은 가축으로부터 가죽과 털을 얻어 추위로부터 자신을 보호할 수 있었다. 또 가축이 내놓는 분뇨는 인간의 농작물 재배에 투입되어 작물의 수확량을 늘리는 데에도 기여했다. 소 같은 일부 가축은 인간 대신 밭과 논을 갈아서 인간보다 훨씬 많은 노동력을 제공했다.

동물은 때로 사람의 무기가 되기도 했다. 중앙아시아 사람들은 말을 가축화하면서 속도를 얻었다. 전쟁을 할 때 말을 타면 압도적인 우위를 점할 수 있었다. 151리터의 물을 마시고 17일간이나 걸을 수 있는 낙타는 건조한 사막에서 무척 유용한 동물이다. 낙타 덕분에 인간은 사막을 건너 서로 교류하고 물품을 교역하는 것이 가능해졌다. 몽골인에게는 다섯 가지 중요한 가축이 있었는데, 말, 양, 소, 염소 그리고 낙타였다.

가축이 인간에게 항상 도움이 되기만 한 것은 아니다. 가축을 키우기 전에는 인간에게 질병이 드물었지만 가축과 살면서 동물의 미생물이 인간에게 옮겨져 질병이 많아졌다. 매독, 결핵, 천연두, 독감이 모두 그런 병이다. 하지만 이후 과학의 발전으로 인간은 질병 퇴치를 위해 동물을 연구하기 시작했다. 그래서 개로부터 인슐린을, 소의 우두로부터 천연두 백신을, 쥐로부터 암 치료약을 구했다. 또 돼지로부터 화상환자의 피부도 이식받았다. 이처럼 인간은 동물로부터 옷, 식량, 농경수단, 교통수단, 자원을 얻었고 또한 질병과 이를 치료할 약도 얻었다.

===== THINK

인간과 동물의 관계는 과거에 서로 경쟁하는 경합재였다가 이제는 서로 도움을 주는 보완재로 성격이 많이 바뀌었다. 과거에는 수평적인 관계였다가 이제는 인간이 우위에 있는 수직적인 관계로 바뀌었다. 하지만 반전의 가능성은 얼마든지 있다. 동물이 인간에게 어떤 위협 요인으로 다가올지 다각도로 생각해보자.

비주류이지만
고고한 바스크인은
어떤 역사를 가지고 있을까?

프랑스와 에스파냐 사이에는 피레네산맥이 가로막고 있다. 이 산맥의 서쪽 지역은 바스크 지역이라 불린다. 이 지역에 사는 바스크인의 언어나 문화, 유전자는 유럽의 다른 지역 사람들과 상당히 다르다. 특히 바스크인의 언어는 유럽에서 가장 오래된 언어로, 인도유럽어족의 언어와는 상당히 다르다. 빅토르 위고는 "바스크 언어가 곧 국가이다"라는 말도 한 적이 있다. 그들만의 독특한 오랜 문화 전통으로 민족주의가 강한 바스크 사람들은 예전에도 그랬지만 지금도 독립을 원하고 있다.

대다수 유럽인이 사용하는 인도유럽어가 주류라면, 헝가리어, 핀란드어, 에스토니아어, 사미어, 바스크어는 인도유럽어에 속하지 않은 비주류이다. 이 비주류어는 거의 우랄어로 묶을 수 있는데 바스크어는 다른 언어와의 연관성을 찾기가 매우 어렵다. 그래서 바스크어를 유럽의 고립 언어라고 한다. 유전적으로 보더라도 마찬가지이다. 바스크인의 혈액형을 보면 O형, Rh-형이 매우 많은 데 비해 B형은 전혀 없다. 두개골의 형질을 봐도 아주 다르다. 그래서 학자들은 인도유럽어를 쓰는 사람들이 유럽에 들어오기 전에 바스크인들이 이미 살고 있었다고 믿고 있다. 켈트족, 라틴족, 게르만족, 무슬림 등이 한 번씩 휩쓸고 지나갔지만 바스크인은 이에 아랑곳하지 않고 수천 년에 걸쳐 고유의 언어와 문화를 지켜왔다.

허버트 G. 웰스는 캅카스족을 아리안족, 셈족, 함족, 이베리아족(지중해족)으로 구분했는데, 이베리아족 중에서 가장 순수한 족이 바스크족이라고 했다. 그리고 바스크족이 크로마뇽의 후예라고 언급했다. 인구 유전학자인 루카 카발리-스포르자는 1994년에 펴낸 《인간 유전자의 역사와 지리학 The History and Geography of Human Genes》에서 바스크인이 크로마뇽의 후예라는 가설을 입증하는 증거가 많다고 언급한 바 있다. 어떤 사람들은 바스크인을 초기 현생인류의 '살아 있는 화석 living fossils'이라고 표현하기도 한다. 마지막으로 흥미로운 사실은 에스파냐에서는 한국을 Corea라고 쓰는 데 비해, 바스크인은 Korea라고 쓴다.

프랑스어와 영어로는 바스크 Basque, 에스파냐어로는 바스코 Vasco, 포르투갈어와 프랑스 남서부의 가스코뉴어로는 바스쿠 Basco라고 말한다. 하지만 막상 바스크인들은 자신들이 사는 지역을 에우스카디 Euskadi라고 부른다. 사용하는 언어는 에우스카라 Euskara, 그들 자신은 스스로를 에우스칼두나크 Euskaldunak라고 부른다.

현재 바스크인들이 거주하는 지역은 크게 세 지역으로 나뉜다. 에스파냐 지역에는 바스크 자치주, 나바라 자치주가 있고 프랑스 지역에는 라부르, 바스나바르, 술이 있다. 서쪽의 바스크 자치주가 나바라 자치주에 비해 바스크 정체성이 훨씬 짙다. 두 자치주 모두 바스크어와 에스파냐어(카스티야어)를 공용어로 사용하고 있지만 언어 사용 비율은 많이 다르다. 나바라 자치주에서는 10퍼센트만이 바스크어를 사용하지만, 바스크 자치주의 기푸스코아에서는 절반에 가까운 사람들이 바스크어를 사용한다. 바스크 자치주의 비스카야에서는 20퍼센트, 남부 아라바에서는 10퍼센트가 바스크어를 사용

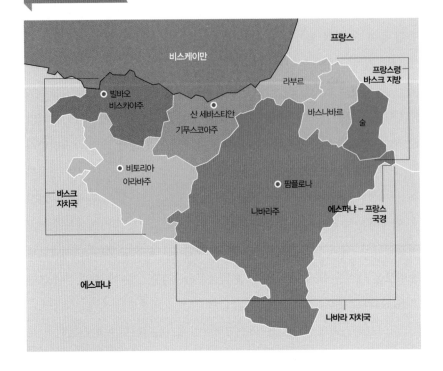

한다. 기푸스코아의 대표 도시는 산 세바스티안, 비스카야의 대표 도시는 빌바오, 아라바의 대표 도시는 비토리아이다. 나바라 자치주의 대표 도시는 팜플로나이다.

바스크인들은 이슬람의 줄기찬 공세에도 불구하고 10세기에 나바라Navarra 왕국을 세웠다. 그 후 점차 인근 카스티야의 지배하에 들어가기는 했지만 오랫동안 자치권을 유지했다. 바스크인은 에스파냐 국왕들이 카탈루냐 지방에서 반란을 진압할 때 지원을 많이 해주었기 때문에 그 대가로 더 많은 자유를 보장받았다. 하지만 20세기 들어 중앙집권을 강압적으로 밀어붙였던 프랑코 정권 당시 바스크어 사용 금지, 투옥, 고문 등 심한 탄압이 있었고 바스크인은 이에 맞서 저항했다. 1959년에 무장투쟁 단체인 ETAEuskadi Ta Askatasuna, 바스크 조국과 자유를 결성하여 에스파냐 정부 요인을 타깃으로 하는 테러도 불사하며 독립투쟁을 벌여왔다. 하지만 ETA는 2011년 들어 무장투쟁을 종식하겠다고 선언했고, 대신 바타수나(바스크어로 '단결'을 의미) 정당을 설립해 제도권 안으로 들어왔다.

여전히 ETA는 과거에 바스크인들이 살았던 에스파냐의 바스크 자치주, 나바라 자치주 그리고 프랑스의 바스크 지방을 합쳐 독립을 추진하고 있다. 에스파냐의 국민당은 바스크에 대해 매우 비판적이고 사회노동당은 우호적이다. 프랑스는 바스크 독립을 에스파냐 내부의 문제로 치부하며 선을 긋고 있다.

바스크인은 9세기부터 고래를 잡는 포경산업에 종사했기 때문에 항해술이 뛰어났다. 비스케이만에서의 고래 포획 수가 줄어들자 아이슬란드나 북아메리카의 뉴펀들랜드까지 진출했다. 그래서 바스크인들은 콜럼버스보다 100년이나 200년 먼저 아메리카 대륙에 도달했다는 주장이 있다. 또 마젤란이 죽은 후 그의 뜻을 받들어 세계 일주에 성공한 후안 세바스티안 엘카노 역시 바스크인이었다. 바스크인들은 에스파냐 무적함대에 들어가 많은 활약을 했는데, 바스크 출신 포경선원들이 특히 많이 고용되었다.

바스크인들은 가톨릭 포교에 매우 적극적이었다. 예수회를 창설한 이그나티우스 로욜라와 그의 동지이자 선교사인 프란시스코 사비에르는 둘 다 바스크인이었다. 군인 출신 가톨릭 수도사인 이그나티우스 로욜라는 1534년 예수회라는 가톨릭 수도회를 창설했다. 예수회는 전통적인 수도회가 내세우는 청빈, 순결, 순종 외에 교황이 구원과 믿음의 전파를 위해 내리는 명령을 지체 없이 실행에 옮기는 것을 중시한다. 이처럼 바스크인은 포르투갈과 에스파냐의 황금시대를 열고 가톨릭을 전 세계에 확산하는 데 큰 역할을 했다.

바스크인은 독립심이 강하고 근면하여 지금도 에스파냐 전체에 비해 1인당 소득이 상당히 높고 실업률이 낮은 편이다. 19세기 말 산업혁명 시기에는 영국 자본이 많이 유입되어 조선, 철강 등 중공업과 금융업이 발달했다. 최근 들어와서는 산업구조도 바뀌어 정보와 서비스산업이 발전하고 있다. 프리메라리가의 공식 스폰서인 BBVA 은행, 세계 최대의 협동조합 복합체인 몬드라곤Mondragon, 이베르드롤라Iberdrola의 본사가 빌바오에 위치한다. 2017년 현재 몬드라곤은 111개의 협동조합, 120개 자회사 등을 합쳐 총 255개 사업체를 거느리고 있다.

바스크인은 에스파냐와 프랑스 지역뿐만 아니라 세계 각지에 퍼져 있다. 17세기와 18세기에 특히 칠레 지역으로 많이 이주하여 당시 칠레에 이민 온 사람들의 45퍼센트가 바스크인이었다. 현재 칠레에는 250만 명의 바스크인이 살고 있다. 미국에서는 캘리포니아에 많이 거주하는데 샌와킨 계곡(베이커즈필드, 프레즈노, 스톡턴)과 샌 버나디노 카운티에 많이 살고 있다. 아르헨티나 출신의 혁명가 체 게바라, 남미 국가의 국부로 추앙받는 시몬 볼리바르도 모두 바스크 출신이다. 이처럼 크로마뇽의 후예인 이베리아인 중에 가장 순수한 바스크인은 그들의 독특한 유전자, 언어, 문화를 유지하며 세계사에 기여하고 있다.

—— THINK

현재 지구상에는 바스크인처럼 독특한 유전자, 언어, 문화를 오랜 기간 유지하는 사람들이 있다. 어떤 소수민족들이 있고 어떤 특성을 지니고 있는지 비교해보자.

09

언어에도
족보가 있다?

전 세계 76억 명이 사용하는 언어는 여러 어족으로 나눌 수 있다. 인도유럽어족, 중국티베트어족, 니제르콩고어족, 아프로아시아어족, 오스트로네시아어족, 드라비다어족이 대표적이다. 이 중에 전체의 절반 정도, 더 정확히 말하자면 46퍼센트가 사용하는 언어가 인도유럽어족이다. 대다수 유럽인과 인도, 이란, 아메리카, 오세아니아인들이 여기에 해당한다.

　　17세기 네덜란드 언어학자들은 라틴어, 그리스어, 고대 페르시아어, 현대 유럽 언어들 사이의 유사성을 발견했는데 이들 언어가 모두 스키타이족의 언어에서 나왔다고 생각했다. 18세기 말 들어 영국 언어학자 윌리엄 존스는 인도의 산스크리트어가 라틴어에 속하며 그리스어와도 밀접하다는 것을 알아냈다. 1813년 영국의 언어학자 토머스 영은 인도유럽어족이라는 용어를 처음 사용했다.

　　인도유럽어족의 기원에 대해서는 두 가지 설이 있다. 기원전 6000년~기원전 4000년에 카스피해 북쪽의 쿠르간 유목전사들의 이주에 의해 인도

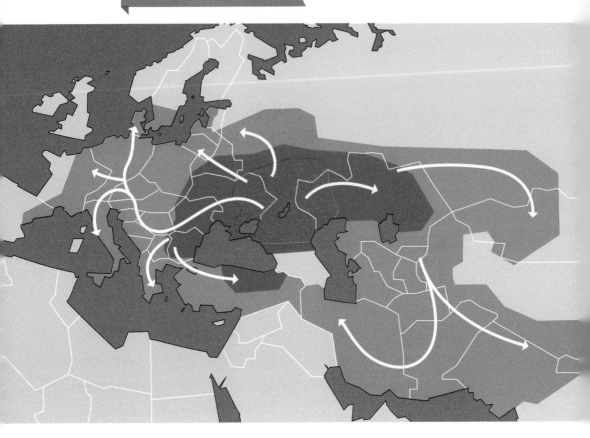

유럽어가 전파되었다는 쿠르간 가설과, 기원전 7500년~기원전 6000년 지금 터키에 해당되는 아나톨리아에서 농경민들의 이주에 의해 언어가 전파되었다는 아나톨리아 가설이 있다. 쿠르간 가설은 유목전사 가설 혹은 전쟁 가설이라고 하고, 아나톨리아 가설은 정주농부 가설 혹은 평화 가설이라고도 한다. 현재는 쿠르간 가설이 더 받아들여지고 있다. 인도유럽어족에는 인도이란어, 게르만어, 이탈리아어, 슬라브어, 발트어, 그리스어, 켈트어, 알바니아어, 아르메니아어 등 여러 갈래가 있다.

　　이렇게 어족이 많다 보니 어족끼리 서로 충돌하기 마련이다. 충돌하는 국가는 어디일까? 켈트어와 게르만어가 충돌하는 국가는 영국이다. 라틴어와 게르만어가 충돌하는 국가는 벨기에와 스위스이다. 그리고 게르만어와 슬라브어가 충돌하는 국가는 체코와 폴란드이다. 그리스어와 슬라브어가 충돌하는 국가는 마케도니아이다.

인도유럽어족을 다르게는 아리안족Aryan race이라 말하기도 한다. 아리안이라는 단어는 산스크리트어로 '존경받는, 고귀한'이라는 의미를 지닌다. 아리안족이라는 말은 처음에 종족 언어적인 분류였는데 시간이 지나면서 인도인, 이란인, 유럽인 등 인도유럽어족 전체를 의미하는 말로 용도가 바뀌었다. 더구나 19세기 후반 들어 유럽을 중심으로 인종우월주의자들이 아리안족을 다른 종족에 비해 우월한 종족으로 인식하면서 상황은 심각하게 변질된다.

1920년에 출간된 허버트 G. 웰스의 세 권으로 된 《세계사 대계The Outline of History》를 통해 아리안족 개념이 널리 퍼졌으며, 이는 히틀러의 나치즘으로도 비화된다. 나치 민족주의자인 한스 귄터는 인도유럽어족을 노르딕, 디나릭, 지중해, 알파인, 이스트발틱 등 다섯 종류로 나누면서 이 중에 노르딕을 가장 순수한 민족으로 보았다.

히틀러의 친위대인 SS Schutzstaffel의 수장 하인리히 히믈러는 SS 대원을 뽑을 때 그들이 아리안 지배인종이라는 사실을 보여주도록 요구했다. 그리고 유대인, 사제, 동성애자, 공산주의자, 집시, 반체제주의자들을 체포 구금하여 강제수용소로 보냈다. 당의 상징인 갈고리 십자 모양의 하켄크로이츠는 1920년에 처음 채택되었다. 당 깃발의 붉은색과 흑색은 '피와 대지Blut und Boden'를 상징한다. 붉은색, 검은색, 하얀색의 편성은 구독일제국 국기에 사용되었는데, 현재의 국기에 없는 하얀색은 프로이센의 깃발을 나타낸다. 히틀러는 빨간색을 사회적 이념으로, 하얀색을 민족주의적 이념으로, 하켄크로이츠를 고대 힌두교 이념으로 증폭시켰다. 이 모두가 아리안족의 승리를 위해서 싸우자는 메시지였다.

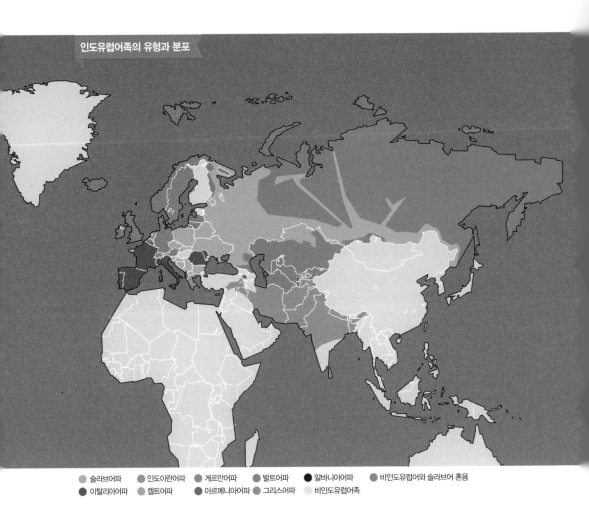

● 슬라브어파   ● 인도이란어파   ● 게르만어파   ● 발트어파   ● 알바니아어파   ● 비인도유럽어와 슬라브어 혼용
● 이탈리아어파   ● 켈트어파   ● 아르메니아어파   ● 그리스어파   ● 비인도유럽어족

　　국가사회주의독일노동당은 약자로 NSDAP엔에스데아페라고 하는데 일
명 나치라고 불린다. 1919년부터 1945년까지 존재했던 독일 정당이다. 제1차
세계대전 후 맺어진 베르사유조약에 강력히 반대하면서 안톤 드렉슬러가 나
치의 초대 대표를 맡았다. 히틀러는 1920년에 뮌헨 맥줏집에서 열린 당대회
에 우연히 참석해 자신의 의견을 말한 것을 계기로 당 위원이 되어 1921년부
터 1945년까지 당 대표를 맡아 장기집권을 한다.

　　나치는 당의 중점정책으로 민족주의, 반유대주의, 반공주의, 전체주의, 군국주의를 내세운다. 이른바 아리아인, 게르만인, 독일인 우월주의도 주장한다. 당의 정책은 25개조 강령에 잘 드러나 있다. 나치는 나치당 사람에게 금발의 여인들과 아이를 많이 낳도록 유도하기도 했는데 순수한 아리아인들이 세계를 지배하기를 원했기 때문이다.

　　최근 들어서는 백인 우월주의를 주장하는 네오나치가 등장했다. 서유럽 사람들이 주도하여 웨스턴제국Western Imperium을 형성하자는 것이다. 이들은 원자탄으로 무장하고 우주 탐험을 하며 유전자조작으로 갈락티카Galactics라는 최고의 종족을 만들어야 한다고 주장한다. 이들의 선휠sun wheel 심벌을 보면 원 안에 십자가가 들어가 있다. 이와 모양이 비슷한 셀틱 크로스celtic cross도 심벌로 인기이다.

―――▶ THINK

원래 종족 언어 분류를 위해 시작된 아리안족 개념은 나치와 같은 종족 우월주의자들의 왜곡에 의해 인류에 큰 재앙을 가져다주었다. 이처럼 원래 의도와는 달리 나중에 크게 왜곡되어 어두운 역사를 초래한 경우를 찾아보자.

TREND·WORLD·HISTORY

PART

2

역사시대

기원전 3000~기원전 500년

인류 최초의 문명은
어떤 모습이었을까?

역사시대와 선사시대를 구분할 때 가장 중요한 것이 문자사용 여부이다. 메소포타미아 지역에 살던 수메르인들이 사용한 쐐기 모양의 설형문자가 인류 최초의 문자였다. 돌을 도구로 사용하던 신석기시대 이후에 금속도 함께 사용하곤 했는데 이런 금석병용 시기에는 구리를 사용했다. 이후 구리와 주석으로 합금을 만들어 청동이라고 했다. 무른 구리와 달리 훨씬 단단한 청동으로는 농기구나 무기도 만들 수 있었다. 문자와 농기구, 무기를 가진 사람들이 서로 모여 강가에 살면서 체계적인 공동체로 도시국가를 세운다. 문자는 문화, 금속은 경제, 도시국가는 정치로서, 이 셋이 모여 여러 곳에 고대문명을 형성한다.

고대문명은 메소포타미아, 나일, 인더스, 황허에서 형성되었는데 메소포타미아문명이 가장 이르다. 고대 그리스어로 '메소'는 중간을 의미하고 '포타미아'는 강을 의미한다. 유프라테스강과 티그리스강 사이의 메소포타미아는 현재의 이라크 지역에 해당된다.

신석기시대	하섹(Hassex), 사쿠라(Saqurra), 할라프(Halaf) 문화
금석병용시대	우바이드기(Ubaid period): 기원전 5900~기원전 4000년 우루크기(Uruk period): 기원전 4000~기원전 3100년
초기 청동기시대	옘뎃 나섹기(Jemdet Nasex Period): 기원전 3100~기원전 2900년 초기 왕조 도시기: 기원전 2900~기원전 2350년 아카드제국: 기원전 2350~기원전 2150년 우르 제3왕조(수메르 르네상스 또는 신수메르기): 기원전 2150~기원전 2000년
중기 청동기시대	아시리아 초기 왕국: 기원전 2000~기원전 1800년 고대 바빌로니아: 기원전 1800~기원전 1700년
후기 청동기시대	카시트왕조, 아시리아 중기 왕조: 기원전 1600~기원전 1200년
철기시대	신히타이트: 기원전 1100~기원전 700년 신아시리아제국: 기원전 1000~기원전 700년 신바빌로니아제국: 기원전 700~기원전 600년 페르시아제국 아케메네스왕조: 기원전 600~기원전 400년

이 지역에는 기원전 7000년경 신석기시대부터 사람들이 모여 살기 시작하여, 금석병용 시기에 유프라테스강 하류의 우바이드(기원전 5900~기원전 4000년), 우루크(기원전 4000~기원전 3000년) 지역에 사람들이 많이 거주했다. 19세기에 고고학자들은 도시국가 우루크를 다스렸던 왕인 길가메시가 쓴 《길가메시 서사시》를 발견했다. 이 작품은 생명, 죽음, 사랑, 투쟁 등 인간의 본질적인 문제를 두루 다루고 있다. 여기에서 그다지 멀지 않은 도시국가 우르^{Ur}는 기원전 3000년경에 촌락에서 도시로 발전하여 기원전 2600년경에 큰 도시로 성장했다. 우리는 도시화를 영어로 urbanization이라 하는데 이는 '우르처럼 만들다'라는 뜻이다. 도시화는 바로 문명화였다. 우르 유적지에서 발견된 두루마리 목조품 '우르의 스탠더드'를 보면 사제, 병사, 농민, 노예 등 온갖 계급의 사람들이 묘사되어 있다.

우바이드, 우루크, 우르는 모두 메소포타미아의 남쪽 하류에 있었는데 이 지역을 수메르Sumer라 불렀다. 수메르문명이 가장 융성했던 때는 기원전 2900~기원전 2000년으로 이 시기는 다시 세 시기로 나뉜다. 기원전 2900~기원전 2350년은 초기 왕조시대, 기원전 2350~기원전 2150년은 아카드왕조 시대, 기원전 2150~기원전 2000년은 우르 제3왕조 시대이다. 이 시기는 모두 초기 청동기시대에 해당한다.

특히 아카드왕조는 메소포타미아 하류 쪽이 아니라 중류에 위치한 키시에서 시작하여 인접 도시들을 차례차례 정복해 아카드에 수도를 세워 인류 최초의 제국을 형성했다. 유프라테스강 변의 아카드는 현재 이라크의 수도인 티그리스강 변의 바그다드에서 남서쪽으로 50킬로미터 떨어진 지점으로 추정되고 있다. 아카드제국은 사르곤 왕이 40년 동안 통치하면서 남쪽으로는 페르시아만, 북쪽으로는 동지중해에 이르렀다. 우리가 말하는 초승달 지역을 모두 한 나라로 통일한 것이다. 궁병대弓兵隊 중심의 강력한 군대와, 도로망, 우편통신망, 중앙집권적 정치제도가 있었으므로 이런 제국을 유지하는 것이 가능했다. 아들이 집권한 시기에 잠시 혼란상태에 빠졌지만 손자인 나람신의 56년 통치기간 동안에 다시 안정을 되찾았다.

아카드인들은 수메르인에게서 배운 설형문자로 아카드어를 점토판에 써서 후대에 문화를 전달했다. 니네베에서 출토된 청동제 두부상은 사르곤 왕을 형상화한 것으로 보이며, 수사에서 발견된 나람신 왕의 전승비 또한 유명하다. 아카드제국은 멸망 후 다시 우르 시기로 넘어갔다가 아시리아, 바빌로니아, 히타이트를 거쳐 키루스가 지배하던 페르시아의 아케메네스왕조로 패권이 넘어간다. 이때가 기원전 600년이다.

바빌로니아는 고대 바빌로니아, 카시트왕조, 신바빌로니아의 세 시기로 구분된다. 고대 바빌로니아 시기에 함무라비 왕은 기원전 1792~기원전 1750년에 재위하면서 아카드와 수메르를 모두 통일하고 북쪽의 아시리아도 병합하여 거대한 통일왕조를 이룩한다. 그는 통일왕조의 안정과 질서를 영원히 이어가기 위해 함무라비법전을 만든다. 이 법전은 지름 61센티미터, 높이 2.2미터의 검은 돌에 새겨졌다. 이 돌비석은 1901년 수사에서 발견되었는데 나중에 바빌론을 정복한 페르시아인들이 이것을 수사로 옮겨놓았기 때문이다. 현재는 파리 루브르박물관에 전시되어 있다. 함무라비 왕은 인류 최초의 성문 법전의 공포 목적을 이렇게 남겼다.

"정의를 온 나라에 빛내기 위해, 나쁜 자를 멸망시키기 위해, 강자가 약자를 억누르지 못하게 하기 위해, 과부와 고아가 먹을 것이 부족하지 않기 위해, 평민이 악덕 관리로부터 피해받지 않기 위해."

═══ THINK

인류 최초의 4대 문명 중에 메소포타미아문명이 가장 이르다. 그렇게 된 배경을 다시 한 번 정리해보기 바란다.

02

비도 잘 안 오는데
나일강은 왜
오히려 범람할까?

이집트 하면 무엇이 연상되는가? 피라미드, 스핑크스, 미라, 오벨리스크, 수에즈운하, 아스완댐이 떠오르는가? 아니면 파라오, 상형문자와 로제타석, 람세스 2세와 모세, 투탕카멘의 저주, 클레오파트라, 나세르, 무바라크가 생각나는가? 도시로는 카이로, 멤피스, 알렉산드리아, 룩소르가 생각날지도 모르겠다. 하지만 이집트에서 가장 중요한 것은 나일강이다. 나일강이 없었더라면 고대 이집트문명이 도저히 만들어질 수 없었기 때문이다. 한마디로 말해 이집트는 나일강의 선물이다.

　　이집트 지역은 겨울을 제외하고는 비가 거의 오지 않는다. 비가 오더라도 조금 올 뿐이다. 하지만 계절과 관계없이 나일강에는 풍부한 수량의 물이 항상 흐른다. 나일강의 상류지대는 열대지역이어서 호우가 잦기 때문에 6,853킬로미터의 나일강을 따라 강물이 흐른다. 우간다, 케냐, 탄자니아에 걸쳐 있는 빅토리아호에서 시작되는 백나일White Nile이 본류이고, 에티오피아고원의 타나호에서 시작되는 청나일Blue Nile은 지류이다. 백나일과 청나일은 수단의 하르툼에서 합류하고 이집트의 카이로에서 삼각주로 흩어진다. 사막에서는 오아시스가 띄엄띄엄 있지만 나일강은 아주 긴 오아시스를 형성하여 사람들이 이곳에 몰리지 않을 수 없다. 현재도 좁은 나일강 계곡과 하구의 삼각주에 사람들이 많이 몰려 있다. 이집트 전체 인구의 99퍼센트가 국토 5.5퍼센트에 집중되어 있다.

백나일과 청나일의 나일강

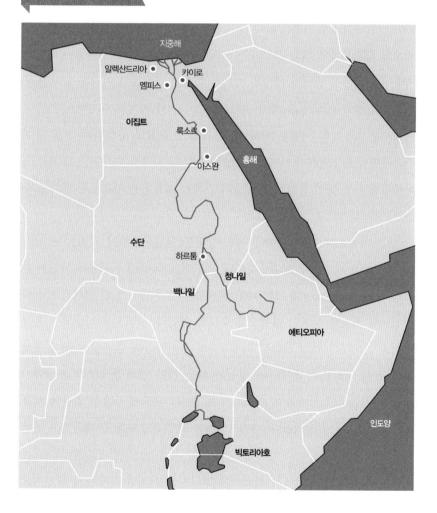

지구의 빙하기에는 나일강 계곡에 사람들이 몰려들지 않았다. 빙하기가 끝나면서 북아프리카의 건조화가 시작되자 물이 풍부한 나일강 변으로 사람들이 모여들었다. 처음에는 강가로 몰려드는 동물들을 사냥하여 먹곤 했다. 정착기간이 길어지면서 나일강이 범람하며 생긴 습지에 농작물이 무성하게 자라는 것을 알게 된다. 나일강에 거주하는 사람들이 크게 늘자 일부 지도자들은 치수사업을 하면서 광대한 경작지를 일구어낸다. 치수를 하는 과정에서 측량술, 기하학, 천문학, 역법 같은 지식을 쌓게 되었음은 물론이다. 식량생산이 크게 늘어 잉여 생산물이 생기자 일하지 않아도 되는 지도층이 생겨나고 생활필수품 외에 장식품을 만들고 자연현상을 분석하고 현실세계와 사후세계에 대해 생각하는 철학이 발달하게 된다. 사후에는 영혼이 저승에 머문다고 믿었기 때문에 시체를 미라로 만들었고 미라를 안치한 무덤을 보호하기 위해 탑을 쌓기 시작하는데 갈수록 커져서 피라미드가 된다. 이집트문명은 특히 거대한 피라미드와 엄청난 분묘로 유명한데, 그중 고대 건축가였던 임호테프가 디자인한 조세르왕조의 계단식 피라미드, 스핑크스, 아부심벨 사원 등이 유명하다. 예술과 건축을 성문화한 이집트의 벽화는 주로 기록을 목적으로 그려졌다.

이집트의 왕은 권한이 매우 강력한 전제군주로서 파라오^{Pharaoh}라 불린다. 파라오는 큰 집이라는 뜻이다. 기원전 3000년경 이집트를 통일한 최초의 왕은 메네스였는데 그는 나일 골짜기에 자리 잡고 있던 상이집트와 하이집트의 가운데 지역인 멤피스를 수도로 삼았다. 그리고 파라오의 이름과 업적을 기록하기 위해 상형문자를 사용하기 시작한다. 문자는 인체와 인체의 각 부분 그리고 사람의 동작, 동물과 식물, 지형, 천체 등 갖가지 모양에서 나왔다. 기본적인 문자의 수는 700여 개였는데 나중에 두음의 활용에 의해서 24개 알파벳이 정해진다. 이집트인들은 태양력도 만들고 태음력도 만들어냈다.

열대우림 지역에서 시작되는 백나일은 나일강의 수량을 안정적으로 확보한다. 나일강 전체 유량의 16퍼센트를 제공한다. 에티오피아고원에서 시작되는 청나일은 유량이 훨씬 많아 84퍼센트를 제공하는데, 계절에 따라 유량의 변화가 심하다. 에티오피아고원의 겨울철 강우와 더불어 봄철 들어 눈이 녹으면 유량이 크게 늘어난다. 과거에는 매년 정기적으로 나일강 하류에 강물이 넘쳐흐르는 범람이 일어났다. 물길이 하류로 가면서 범람 시기도 늦춰지는데 하르툼은 4월, 카이로는 그로부터 6개월이 지난 10월에 범람이 일어나곤 했다. 지역에 따라 수위가 달라지면서 홍수기, 파종기, 갈수기로 나뉘고 이러한 시기 변화는 매우 규칙적이었다. 홍수 조절과 관개용수 확보 목적으로 1902년에 나일강 상류의 아스완 지역에 아스완댐, 1970년에 아스완하이댐이 준공되면서 인공호수 나세르호가 만들어진다. 이로 인해 나일강의 유량 변화가 안정되어 이제는 홍수가 자주 일어나지 않는다.

강물을 따라 상류의 토양이 아래로 흘러오면 범람 시 강 주위에 비옥한 충적토를 형성한다. 인근 사막지대의 토양은 척박한 황적색을 띠었는데, 나일강 주변의 토양은 비옥한 검은색을 띠었다. 예전에 이집트 사람들이 스스로를 지칭하는 말이었던 '케메트'는 검다는 뜻의 켐 ^{kem} 에서 유래된 말로 비옥한 흑토를 뜻한다. 반대로 척박한 붉은 땅인 데슈레트 ^{deshret} 는 나중에 사막을 의미하는 영어 단어 desert가 되었다.

나일강은 식수원, 농업용수 역할도 했지만 고속도로 역할도 톡톡히 했다. 강은 남에서 북으로 흐르는데 바람은 북에서 남으로 불어 물의 흐름이 완만했다. 농작물이나 물품을 운송하기 위해 배를 띄워 나일강을 운송로로 사용했다. 이집트에는 숲이 거의 없어서 처음에는 나일강 가에 흔히 자라는 파피루스(갈대 비슷한 풀)를 엮어 엉성한 배를 만들었다. 그러다가 시나이반도에서 목재를 들여와 배를 만들었고 나중에는 페니키아에서 수입해 온 레바논 삼목으로 크고 고급스러운 배를 만들었다. 삼각돛을 단 소형 펠루카가 오랫동안 나일강의 주요 운송수단이었다.

고대 이집트시대 (기원전 3000~기원전 341년)	상고시대(기원전 3200~기원전 2700년) 고왕국시대(기원전 2700~기원전 2270년) 제1 중간기 중왕국시대 제2 중간기 신왕국시대
그리스·로마시대 (기원전 332~서기 641년)	마케도니아왕조(기원전 332~기원전 305년) 프톨레마이오스왕조(기원전 305~기원전 30년) 로마제국 통치기(기원전 30~서기 395년) 비잔티움 통치기(395~641년)
이슬람시대 (641~1798년)	이슬람 속주(641~868년) 독립왕조 툴룬왕조(868~905년) 이크시드왕조(936~969년) 파티마왕조(969~1171년) 아이유브왕조(1171~1250년) 맘루크왕조(1250~1517년) 오스만제국 통치기(1517~1798년)
현대 이집트시대 (1798년~)	나폴레옹 점령기(1798~1801년) 오스만제국 치하 무함마드 알리 통치기(1805~1822년) 영국 보호 통치기(1822~1922년) 무함마드 알리왕조(1922~1952년) 이집트아랍공화국(1953년~)

━━━ THINK

"이집트는 나일강의 선물이다"라는 말을 많이 한다. 이집트의 기후 조건하에서 나일강이 없었다면 이집트문명은 형성되지 않았을 것이라는 의미이다. 이 말이 현재 이집트에도 여전히 해당되는지 생각해보자.

중국 고대문명은
왜 양쯔강이 아닌
황허강에서 시작되었을까?

중국에는 이런 말이 있다. "중국의 100년을 보려면 상하이, 600년을 보려면 베이징, 3,000년을 보려면 시안, 그리고 5,000년을 보려면 허난을 가봐야 한다."

중국의 역대 왕조에서 상하이는 정치적 수도였던 적이 한 번도 없지만 현대 중국 경제의 수도로는 손색이 없다. 베이징은 현재 중국의 수도일 뿐 아니라 명, 청의 수도였다. 일찍이 내륙 쪽의 시안은 한, 수, 당의 수도였다.

그러면 허난은 어디인가? 황허강의 남쪽에 있다고 하여 허난河南이다. 5,000년의 유구한 역사를 자랑하는 중국에서는 시대별 대표 문화재가 잘 보존돼 학술적, 문화적 가치가 높은 도시를 꼽아 중국 8대 고도古都라 부른다. 정저우, 뤄양, 안양, 카이펑, 시안, 베이징, 난징, 항저우가 바로 그곳이다. 그런데 이 중 네 군데(정저우, 뤄양, 안양, 카이펑)가 바로 허난성에 있다.

황허와 웨이허, 뤄허 등 세 강이 합류하여 평원으로 펼쳐 나오는 곳에 위치한 허난은 중국 고대문명인 황허문명의 발상지이다. 이른바 중원中原

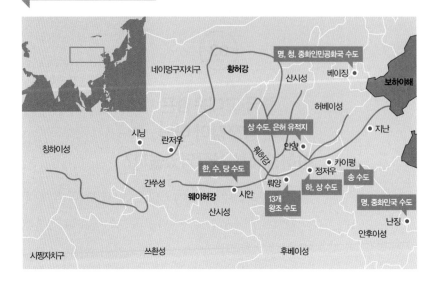

땅이다. 정저우는 중국 최초의 국가였던 하나라와 상나라의 수도였다. 뤄양은 하나라를 비롯하여 총 13개 왕조가 1,500여 년 동안 도읍으로 삼았던 곳으로, 중국의 전통종교인 도교의 발상지, 불교 최초 도입지, 유학의 발원지, 룽먼석굴 소재지이기도 하다. 뤄양 남쪽의 룽먼석굴은 중국 신석기시대 유적지로 유네스코 세계문화유산으로 등재되어 있다. 허난성에서 황허강 북쪽에 위치한 안양은 룽산 문화의 유적지이자 상나라 수도, 은허의 유적지이다. 또 중국 오악五嶽 중 가운데에 위치한 쑹산산嵩山山도 있고 산 아래에는 인도에서 온 달마대사가 선종을 창시한 샤오린샤(소림사)가 있다. 중국의 100대 성씨 가운데 78개 성씨가 허난에 뿌리를 두고 있거나 이곳과 관련이 있다. 한마디로 허난은 중국 역사가 시작한 중원 문화의 발상지이다.

　　일찍이 황허강 중하류 지역에는 신석기 문화가 생겨났다. 기원전 5000~기원전 3000년경 황허강 중류 지역에는 양사오(仰韶, 앙소) 문화가 생겼는데, 1921년에 양사오촌에서 색깔 있는 토기가 발굴되어 채도문화라고 불린다. 양사오 문화에 이어 기원전 3000~기원전 1700년 무렵에는 황허강 중하류 유역에 룽산(龍山, 용산) 문화가 번영했다. 1929년 산둥성 룽산에서 처음으로 유적이 발굴되었는데, 신석기시대 후기 문화로 흑도가 발달하여 흑도문화라고도 한다. 허난에 있는 중원 룽산 문화 외에 웨이허 연안의 산시 룽산 문화, 황허강 하류의 산둥 룽산 문화도 있었다.

세계에서 가장 긴 강은 6,992킬로미터의 아마존강이다. 이어서 6,853킬로미터의 나일강, 6,300킬로미터의 양쯔강, 6,210킬로미터의 미시시피강 그리고 5,464킬로미터의 황허강이 뒤를 따른다. 이처럼 세계에서 가장 긴 강 두 개가 중국 서부의 먼 산맥에서 발원하여 저지대인 중원을 굽이 굽이 흘러 각각 보하이만과 황해로 빠져나간다. 세계의 큰 고대문명 대부분이 물이 많은 큰 강의 유역에서 발달하는데 이 두 강 부근에 문명이 생기지 않았다면 오히려 이상할 것이다.

그런데 황허강, 양쯔강 중에서 고대문명은 황허에서 먼저 시작되었다. 왜 그랬을까? 중앙아시아 사막으로부터 편서풍을 타고 온 흙먼지 때문에, 그리고 중류에서 황토고원을 거치면서 웨이허, 뤄허 같은 지류를 통해 토사가 유입되어 강물이 누렇기도 하고 깨끗지가 않은데도 말이다. 그 이유는 한마디로 말해 황허강 주변의 땅이 더 비옥했기 때문이다. 반면에 양쯔강 지역은 고온다습하고 초목도 무성하여 철기시대 이전에는 개간조차 어려웠다. 누런 황토는 잿빛이 나는 황색의 석영이나 장석 같은 미립의 퇴적으로 빗물 속의 석회질을 모아 땅이 비옥하고 부드러워서 농경생활에 아주 적합했다. 황토는 황허강의 중하류에 와서 퇴적되는데 황토는 양분, 통기성, 투수성이 뛰어나 물만 풍부하면 비옥한 농지가 될 수 있었다. 물과 비옥한 토지가 있으니 사람들이 강 주변에 몰려들어 취락을 형성해 사는 것은 자연스러운 현상이었다. 그리고 황토가 퇴적되어 강바닥이 상승해 정기적으로 강이 범람했는데 이는 농토의 생산력을 높여주는 한편, 사람들을 동원하여 물을 관리하는 치수의 필요성도 높여주었다. 즉 국가가 필요해진 것이다.

일반적으로 바다는 파란색이라고 하지만 주위 환경 때문에 바다의 색깔은 조금씩 다르다. 바다 중에 아예 색깔이 들어간 이름으로는 황해 외에도 흑해, 홍해, 백해가 있다.

——— THINK

"중국의 100년을 보려면 상하이, 600년을 보려면 베이징, 3,000년을 보려면 시안, 그리고 5,000년을 보려면 허난을 가봐야 한다"라는 말에 중국의 다른 도시와 연도를 집어넣어 보기 바란다. 그리고 우리나라의 역사 도시에도 어울리는 문장을 만들어보자.

Tip

중국은 왜 자꾸 역사를 고칠까?

나라마다 정체성을 강화하기 위해 역사를 수정하려는 노력을 기울이고 있다. 중화인민 공화국은 공인 역사서를 발행하는 중화서국中華書局을 중심으로 2005년부터 2015년 까지 '국사수정공정國史修訂工程'을 벌여왔다. 전설의 황제黃帝부터 명나라까지의 정사 인 《24사史》와 청나라 역사인 《청사고淸史稿》를 합친 중국의 공인 정사인 《25사史》를 전면 수정·보완한 것이다. 공정은 프로젝트라는 의미이다.

이와 함께 중국은 2003년부터 중화문명탐원공정中華文明探源工程을 추진하고 있다. 뿌 리 찾기 운동인데, 이른바 요하공정이다. 중국 동북부 요하 지역의 역사와 현황을 조사 하여 황허문명보다 빠른 요하문명을 중화문명의 뿌리로 규정하고 있다. 중화문명탐원 공정이 중국의 시간적 영토를 확장시키려는 작업이라면, 동북·서남·서북공정은 공간 적 영토를 넓히려는 작업이다.

중국이 동북공정, 서남공정(티베트), 서북공정(위구르족) 등의 역사공정에서 기본으로 삼 은 논리는 통일적 다민족국가론이다. 현재 중국 땅에 있는(혹은 과거에 지금의 중국 땅에 있었던) 모든 민족은 광의의 중국인에 속하며, 그들의 역사 또한 중국의 역사와 직결된 다는 것이다.

중국은 하상주단대공정夏商周斷代工程도 완료하였다. 중국의 삼대 고대사인 하나라, 상 나라, 주나라에 대한 연구작업이다. 이는 제9차 5개년 계획의 공정 중 하나로, 구체적 인 연대가 판명되지 않은 고대 중국의 삼대에 대하여 천문, 고고학, 문헌학을 총동원하

여 구체적인 연대를 확정하였다. 200여 명의 전문가가 참여했고 1996년에 시작되어 2000년에 결과가 발표되었다. 공정이 시작되기 이전에는, 문헌자료로 알려져 있는 주나라의 공화 원년(기원전 841년)이 중국사에서 확정적으로 알려진 가장 오래된 연대였다. 발표 결과물은 다음과 같다.

기원전 2070년경, 하나라 건국

기원전 1600년경, 하나라가 상나라로 교체

기원전 1300년경, 상나라 왕 반경盤庚이 수도를 은허로 천도

기원전 1046년, 상나라를 대신하여 주나라 건국

상나라 왕 반경으로부터 제신帝辛까지의 대체적인 연대를 확정

주나라 왕의 재위 연대를 구체적으로 확정

국가적 규모의 연구로서 시작한 하상주 연표인데, 이는 중화인민공화국의 국가주의 고양 목적과 연관되어 있음을 부인할 수 없다.

───── THINK

중국은 21세기 들어 자국의 역사를 재정립하려는 국사수정공정을 벌여왔다. 동북공정, 서남공정, 서북공정 등 역사공정에서 중국의 기본 논리인 통일적 다민족국가론에 따르면, 중국 영토에 있었던 한국 동포의 역사는 모두 중국사에 포함된다. 이런 중국의 논리에 대해 어떻게 생각하는가?

카스트제도는
어떻게 생겨났을까?

우리가 인도라고 부르는 나라의 이름은 인더스강에서 비롯되었다. 인더스강의 옛 이름은 '신두'였다. 과거 이 강 유역에서 번성했던 인더스문명이 서아시아의 메소포타미아 지역에 처음 알려졌는데 기원전 5세기에 페르시아인들은 이 신두를 '힌두'라고 불렀다. 알렉산드로스가 페르시아의 아케메네스왕조를 무너뜨리고 이 지역에 침입했을 때 큰 강의 흐름을 보고 산스크리트어로 '강'을 의미하는 '힌두hindu'를 따와 그 강을 '인더스'라고 이름 붙였다는 말도 있다. 그때부터 인더스강 부근의 지역은 '인도'라고 불리게 된다. 그런데 인더스강은 현재 파키스탄에 속해 있다.

인더스문명이 처음 개화되었던 때는 기원전 25세기 무렵이었다. 당시 청동기문명은 모헨조다로, 하라파 등지에서 이루어졌는데 문명 건설자는 인도에서 발원한 드라비다족으로 추정하고 있다. 1920년대에 발굴된 이 유적은 매우 잘 계획된 도시였으며 인구 2만 5,000~5만 명이 거주했으리라 추정된다. 성곽이 흙벽돌로 쌓여 있고 도로도 넓게 포장되어 있었다. 놀라운 점은 상하수도, 공중목욕탕, 수세식 화장실도 갖추어져 있고, 개인 집마다 벽돌로 쌓은 우물이 있었다는 것이다. 상형문자 비슷한 문자를 사용하고 수준 높은 청동기도 사용하면서 농경과 목축생활을 했다. 또 바닷길로 멀리 메소포타미아 지방과 교역도 했던 것으로 밝혀지고 있다.

기원전 25세기 이후부터 기원전 15세기까지 1,000년 동안 드라비다족의 인더스문명이 번성했으나 이후 사라진다. 도시가 필요로 하는 대량의 벽돌을 구워내려고 강 유역의 나무를 너무 남벌한 탓에 홍수가 거듭 일어나 문명이 붕괴했다는 주장이 있다. 또 기원전 15세기 무렵부터 시작된 공격적인 유목민 아리안족의 침입 때문이라는 주장도 있다. 둘 다 설득력 있는 주장이다. 인도유럽어족인 아리안족은 신체도 더 건장하고 무기도 월등했기 때문에 평화롭게 농경생활을 하면서 무기도 없던 선주민을 쉽게 제압할 수 있었다. 과거에는 아리안족 침입 주장을 더 중시했으나 최근 들어서는 환경변화에 더 무게가 실리고 있다.

아리안족은 기원전 1000년 무렵 철기문명을 가지고 갠지스강 유역으로도 진출한다. 인더스강보다는 갠지스강에 물이 훨씬 풍부하기 때문이다. 갠지스강은 힌디어로 '강가Ganga'라고 불리는데 지금도 힌두교도에게 가장 성스러운 곳이다. 힌두교도들은 태어나 갠지스강에서 세례를 받고, 숨을 거둔 후에는 화장돼 이 강에 뿌려지기를 희망한다. 그래서 이곳은 매일매일 몸을 씻고 정화하려는 사람들로 늘 붐빈다.

드라비다족은 처음에는 갠지스강 유역으로 밀려나가다 남쪽의 데칸고원 쪽으로 더 밀리게 된다. 현재에도 드라비다족은 인도아대륙의 남쪽에 거주하는데 2억 1,700만 명으로 추산되고 있다. 유전적으로 조사를 해보면 북서부 인도인과는 확연히 다름을 알 수 있다. 타밀족도 드라비다족의 일부이다.

앞서 말했듯이 아리안이라는 말은 산스크리트어로 '고귀한 사람'이라는 뜻이다. 아마도 기존 인도인들에 비해 자신들이 우월함을 과시하기 위한 표현일 것이다. 아리아인이 처음 인도에 들어왔을 때 그들의 계급으로는 무사, 사제, 평민만 있었고 그 계급 차이가 아주 심하지 않았다. 사제보다는 무사의 위상이 더 높았는데 나중에 사제의 위상이 더 높아졌다. 그리고 기존 선주민을 노예로 삼아 하층계급으로 만들었다. 그래서 바르나라는 계급구조가 정착된다. 바르나는 산스크리트어로 '색깔'을 의미하는데 바르나를 구분하는 기준으로 피부색이 중요했음을 말해준다.

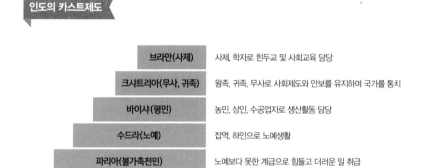

인도의 카스트제도

브라만(사제)	사제, 학자로 힌두교 및 사회교육 담당
크샤트리아(무사, 귀족)	왕족, 귀족, 무사로 사회제도와 안보를 유지하며 국가를 통치
바이샤(평민)	농민, 상인, 수공업자로 생산활동 담당
수드라(노예)	잡역, 하인으로 노예생활
파리아(불가촉천민)	노예보다 못한 계급으로 힘들고 더러운 일 취급

제사를 담당하는 브라만, 군사·정치를 담당하는 크샤트리아, 농업·공업·상업을 하면서 납세의무가 있는 평민으로 바이샤가 있다. 그리고 제일 아래에 정복당한 민족으로 잡역과 하인 일을 하는 노예였던 수드라가 있다. 브라만은 절대적인 진리를 뜻하는 '브라흐마'에서, 크샤트리아는 권력을 뜻하는 '크샤트라'에서, 바이샤는 인민을 뜻하는 '비슈'에서 나왔다. 이런 계급제도를 합리화하기 위해 네 계급이 사람의 머리, 팔, 배와 넓적다리, 발에 해당된다고 설명하기도 한다.

브라만은 자신이 믿는 신을 찬양하는 기도문 형식의 시집을 만들었는데 이것이 《리그베다》이다. 《리그베다》에는 하늘, 대기, 땅에 존재하는 33신이 등장한다. 인도인들이 매우 중시하는 물의 신이자 우주의 지배자인 '바루나', 태양의 신인 '수리야'도 있다. 신에게 자신의 소망을 전해주는 불의 신 '아그니', 악마를 무찔러 승리를 가져다주는 폭풍우와 전쟁의 신 '인드라'도 있다.

다른 문화권에서는 제사장이 정치적 지배자에 예속되곤 하는데 인 더스문명에서는 브라만 계급이 제사의식의 중요성을 크게 강조하면서 최상 위계급이 되었다. 제사의식이 신의 힘을 이끌어내는 중재 수단을 넘어서 우주 만물을 마음대로 움직일 수 있는 힘을 가졌다는 제사 만능주의가 퍼졌기 때문이다. 이처럼 브라만이 우주의 창조주와 동일시되면서 브라만교가 만들어진다.

브라만은 현재는 과거의 결과인 동시에 미래의 원인으로 작용한다는 업業과 절대적인 진리를 깨달을 때까지 수레바퀴가 굴러가듯 계속 새로운 세상에 재탄생한다는 윤회개념을 강조했다. 이는 현실의 신분차별을 자신의 탓으로 돌리게 하고 지금 자신의 의무를 충실히 이행한다면 내세에서 더 나은 삶을 살 수 있다는 믿음을 가지게 함으로써 바르나제도를 강화하는 데 기여했다.

인도인들이 바르나라고 부르는 계급구조를 우리는 카스트제도caste system라 부른다. 16세기 포르투갈 상인들이 인도에 와서 이런 사회제도를 목격하고 포르투갈어로 '가문' '혈통'을 뜻하는 '까스타casta'를 적용하면서 이 표현이 전 세계적으로 퍼지게 된다. 인도인들은 바르나 외에 산스크리트어로 출생을 의미하는 '자티Jati'의 지배를 받는다. 이들은 특정 지역에 집단으로 거주하며 자티 집단 내에서 결혼하여 대장장이나 직조공 같은 특정 직업을 세습한다. 자티 간에는 엄격하게 상위 위계가 존재한다. 자티는 현재 인도 전체에 2,000~3,000개에 이른다. 카스트제도에서 밑바닥인 수드라 계급 아래에는 불가촉천민층Pariah도 있는데 이는 접촉할 수 없는 천민이라는 의미로, 가장 힘들고 더러운 일을 도맡아 한다.

브라만이 최상층에 있는 카스트제도는 사회적으로 큰 문제를 일으킨다. 전사계급인 크샤트리아도 브라만에 대해 불만을 느끼고, 상공업으로 돈을 많이 번 바이샤들의 불만도 거세진다. 우선 기원전 7세기에 일부 개혁적인 브라만들 사이에서 개혁 움직임이 일어난다. 《우파니샤드》가 바로 그것인데 엄격한 제사의식이 우주 만물의 질서를 구현한다는 브라만교의 교리를 거부하고 모든 이의 앎 속에 진리가 있으니 누구든 명상, 사색을 통해 해탈에 이를 수 있다고 주장한다. 즉 브라만의 도움 없이도 구원이 가능하다는 것을 인정한 셈이다. 《우파니샤드》는 산스크리트어로 '스승과 제자가 가까이 앉는 것'을 의미하는데 스승과 제자가 대화를 통해 우주의 근본원리를 탐구하는 철학적 내용을 담고 있다. 《우파니샤드》의 핵심은 우주의 본체인 브라만[梵]과 개인의 본질인 아트만[我]이 하나라는 범아일체 사상이다.

브라만의 지나친 권위주의와 엄격한 신분차별을 비판하며 평등을 외치는 브라만교에 대한 본격적인 반발은 브라만 계급이 아닌 외부인들에 의해 불교와 자이나교로 나타난다. 이들은 개인의 수행과 윤리적 실천을 통해 누구라도 해탈에 이를 수 있다고 주장한다. 불교는 크샤트리아 계급 출신의 석가모니에 의해, 자이나교는 마하비라에 의해 만들어진다. 싯다르타는 기원전 527년에 부처가 되고, 마하비라는 기원전 500년 자이나교를 창시한다. 자이나교는 '번뇌를 정복한 자의 가르침'이라는 의미이며, 바르다마나라는 인물이 고행 끝에 깨달음을 얻어 위대한 자, 즉 '마하비라'로 불린다. 그는 인간이 해탈에 이르기 위해서는 고통을 견디는 것과 함께 윤리를 실천하는 삶이 필요하다고 주장했다.

═══ THINK

21세기가 끝나는 2100년에 세계 최대 경제대국은 어느 나라일 것으로 예측하는가? 미국도, 중국도 아닌 인도를 꼽는 예측이 많이 나와 있다. 근거 중 하나에는 카스트제도의 붕괴가 있다. 왜 그렇다고 생각하는가?

철기를 가장 먼저
사용한 사람들은?

우리는 청동기문명 이후에 철기문명이 시작되었다는 것을 잘 알고 있다. 구리와 주석의 합금인 청동은 돌에 비해 가벼우나 철에 비해 그리 단단하지는 않았다. 청동은 구리의 녹는 온도가 섭씨 1,030도로 비교적 낮았기 때문에 만들기가 쉬웠다. 그러나 주석의 매장량이 많지 않아 청동은 널리 확산될 수 없었다. 반면에 철은 녹는 온도가 섭씨 1,560도로 높아 만들기는 어려웠으나 경도가 강하고 여러 지역에 걸쳐 매장량이 많아 점차 생산이 확산되었다.

인류가 어떻게 철을 사용하게 되었는가에 대해서는 몇 가지 가설이 있다. 첫째는 채광착오설이다. 사람들이 청동의 원료인 황동석을 채굴하다가 색깔이 비슷한 적철광을 잘못 채굴하여 제련하다 철을 발견했다는 설이다. 둘째는 산불설이다. 지표에 존재하는 철광석이 산불에 녹아 사람들이 철의 존재를 알았다는 것이다. 셋째는 운석설인데, 하늘에서 떨어진 운석에서 철을 발견했다는 것이다. 물론 채광착오설이 가장 그럴듯하다.

철기를 가장 먼저 사용한 사람들은 지금의 터키 아나톨리아고원에 살던 히타이트족이었다. 아나톨리아는 소아시아라는 의미로 기원전 6000년 경부터 밀농사를 시작한 곳이기도 하다. 이들은 쇠와 불순물이 섞여 있는 스펀지 형태의 덩어리를 두드려 단철을 만들어 사용했다. 원래는 바람을 일으키는 풀무가 있어야 용광로의 온도를 높일 수 있다. 하지만 히타이트족이 살던 아나톨리아고원, 특히 수도인 하투샤 부근 황야에서는 강렬한 바람이 자주 불어 온도를 높일 수 있었다. 바람의 신이 히타이트인에게 최고의 신으로 숭앙받은 이유도 바로 여기에 있다. 당시 이들의 야금기술은 지구상에서 독보적이었다. 거주지역에 철광석이 풍부했기 때문에 가능한 일이었다. 히타이트인들은 뛰어난 채광기술을 토대로 은, 구리, 납 등 다른 금속도 채굴하여 주변 국가와의 무역을 통해 부를 쌓았다.

히타이트는 철로 만든 칼도 휘둘렀지만 최고의 무기는 철기로 만든 이륜전차였다. 이집트의 람세스 2세도 말이 끄는 이륜전차를 무서워했다고 한다. 바큇살은 여섯 개였다. 이 전차에는 세 명이 탔는데 한 사람은 말을 몰고, 다른 사람은 활을 쏘고, 마지막 사람은 칼을 휘두르는 식으로 역할 분담을 했다. 히타이트가 이런 차별화된 철제무기로 주변 국가를 쉽게 정복할 수 있었음은 물론이다.

이들이 전쟁을 하는 이유는 포로를 획득하기 위해서였다. 그래서 피정복민의 종교를 그대로 받아들이다 보니 '천千신의 나라'로 불렸다. 법도 처벌 목적이 아니라 보상 중심이었다. 예를 들어 어떤 사람이 다른 사람의 집을 불태웠다면 가해자가 피해자에게 집을 지어주라고 판결을 내렸다. 이런 포용적인 국가정책과 철제무기 및 전차에 힘입어 히타이트는 전성기를 맞는다. 최대 전성기는 수필률리우마 1세(기원전 1344~기원전 1322년 재위)와 무르실리 2세(기원전 1321~기원전 1295년 재위)가 왕으로 재위했던 기원전 14세기 전반이었다.

후세 사람들이 히타이트의 존재를 알게 된 것은 20세기에 들어오면서이다. 이집트 문서 보관소에서 히타이트의 존재를 어렴풋이 알게 되면서 독일인들이 히타이트 유적 발굴에 나섰다. 1893~1894년에 생트르가 아나톨리아고원에서 하투샤 유적을 찾아 나서기 시작했다. 1906년 독일인 빙클러가 대신전, 성채를 발굴하였고, 왕실 기록 문서고에서 히타이트나 아카드어로 쓰인 점토판 문서를 2만 개 이상 출토한다. 1925년에는 호로즈니가, 1948년 이후에는 터키 고고학자인 외즈귀치가 유적을 더욱 많이 발굴하였다. 하투샤는 히타이트제국의 수도로서 현재는 터키의 수도인 앙카라에서 동쪽으로 200킬로미터 떨어진 조용한 시골마을 보아즈칼레가 바로 그곳이며, 1986년 유네스코 세계문화유산으로 지정되었다. 이 하투샤 유적은 사자 모양의 도시 성문 석조물인 라이온 게이트로 유명하다. 터키의 수도인 앙카라의 아나톨리아문명 박물관에 가면 히타이트에 대해 더욱 많이 알 수 있다.

기원전 2000년경 인도유럽어족의 본거지였던 흑해와 카스피해 북부에서 아나톨리아반도로 들어온 히타이트인은 중부 아나톨리아를 점차 통일하여 기원전 1650년에 하투실리 1세가 해발 1,250미터에 위치한 하투샤를 수도로 정한다. 구약성서를 보면 헷^{Heth}족이 나오는데 이들이 바로 히타이트인이다. 다윗왕의 아내이자 솔로몬의 어머니인 밧세바가 헷족이다. 하지만 정작 히타이트인들은 자신을 하티^{Hatti}인이라 말했다.

히타이트의 무르실리 1세는 기원전 1530년 바빌로니아를 멸망시키고 수필률리우마 1세 때는 최대 영토를 차지하게 된다. 이때 히타이트제국은 아나톨리아반도의 대부분, 남쪽으로는 시리아 북부, 동쪽으로는 메소포타미아 북부까지 차지하여 이집트와 국경을 맞닿으며 서로 패권을 다툰다.

기원전 1286년 무와탈리 2세는 이집트의 람세스 2세와 카데시^{Kadesh}에서 전투를 치러 이집트를 격퇴한다. 이집트의 신전에는 이집트 승리라고 기록되어 있지만 실제로는 히타이트의 승리였다. 람세스 2세는 전투 초기에 이미 이집트군의 절반을 궤멸당했기 때문이다. 이로부터 17년이 지난 기원전 1269년에 하투실리 3세는 이집트의 람세스 2세와 평화협정을 체결한다. 지금으로부터 3,000여 년 전에 살던 사람들이 외교문서를 작성했다니 쉽게

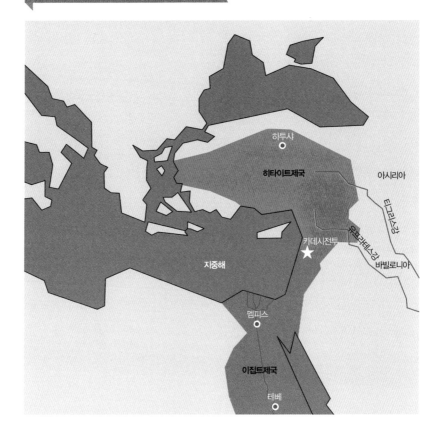

하투샤

히타이트제국

아시리아

티그리스강

유프라테스강

카데시전투

지중해

바빌로니아

멤피스

이집트제국

테베

이해되지 않는다. 그런 의미에서 인류 최초의 평화협정 외교문서로 가치가 매우 높다. 하투실리 3세의 딸이 람세스 2세와 결혼하면서 우호관계가 더욱 돈독해져 두 나라 간의 대규모 충돌은 더 이상 없었다.

하지만 기원전 1178년 히타이트제국은 갑자기 사라지고 만다. 그리스계 해상민족의 침입으로 멸망했다는 설도 있고 왕위를 둘러싼 내분으로 멸망했다는 설도 있다. 하투샤 성곽 유적을 조사한 탐사 결과를 보면 하투샤는 외부 공격에 의한 무기로 무너진 것이 아니라 화재로 붕괴되었음을 알 수 있다. 멸망 후 잔존세력은 남쪽의 시리아로 이주해 신히타이트Neo-Hittite 왕국

을 세운다. 이 국가는 기원전 717년까지 존속하다가 아시리아에 의해 정복
당한다.

특정 금속을 처음으로 광범위하게 사용하는 민족은 해당 시기에 군사적 측면을 비롯하여 절대적 우위
를 점하곤 했다. 철기문명을 처음 도입한 히타이트족이 바로 그랬다. 그 이후 새로운 금속의 등장으로
우위를 점했던 경우로 또 무엇이 있는가?

로마와 세 번이나 싸운 카르타고는 어떻게 생겨났을까?

중동에 레반트^{Levant}라는 지역이 있다. 북쪽으로 토로스산맥, 서쪽으로 지중해, 남쪽으로 아라비아사막, 동쪽으로 북서 이라크를 경계로 하는 지역을 가리킨다. 시리아, 레바논, 이스라엘, 팔레스타인, 요르단이 해당된다. 라틴어로 '해가 뜬다'를 의미하는 '레바레^{levare}'에서 유래한 단어로 동쪽 나라를 의미한다. 지중해를 끼고 있기 때문에 무역거점이 많아 레반트 지역 사람들은 해상력이 무척 강했다.

고대에 레반트 지역의 대표세력은 페니키아였다. 셈족이었던 페니키아인들은 기원전 1200~기원전 700년경 지금의 레바논, 시리아, 이스라엘 북부에 주로 거주하면서 크게 영향력을 끼쳤다. 페니키아인들은 티레를 핵심 도시로 하여 인근의 시돈, 비블로스, 시미라, 아라두스, 사렙타와 함께 페니키아문명을 형성했다. 이들은 갤리선을 만들어 지중해 멀리 북아프리카, 시칠리아, 에스파냐 지역까지 진출해 해상무역을 했다. 더구나 이들이 사용한 페니키아 알파벳 문자는 그리스, 에트루리아, 로마 문자를 만드는 데에도 크게 기여한다. '페니키아'라는 단어는 라틴어 푸니쿠스punicus, 그리스어 포이닉스phoinix에서 왔는데 '심홍색purple, 뿔고동'을 의미했다. 뿔고동의 껍데기를 원료로 한 심홍색 옷을 페니키아인들이 즐겨 입었기 때문이었을 것이다. 실제로 티레는 값비싼 보라색 염료인 티리언퍼플Tyrian Purple의 산지로 유명했다.

　　페니키아의 핵심지역은 지금의 레바논이다. 레바논은 '하얗다'는 의미인데 지중해에서 바라보면 산맥 정상 부분에 쌓인 흰 눈이 보이기 때문이었다. 산에 우거진 삼나무는 건축자재로 나무를 많이 필요로 하던 이집트에 의해 지중해를 거쳐 운송되었다. 그래서 페니키아는 부를 많이 축적할 수 있었다. 레바논 국기의 중앙에는 아직도 삼나무가 떡 버티고 있다.

　　기원전 1200년 이전까지만 하더라도 페니키아 지역은 히타이트나 이집트의 지배를 받았으나 철기문명을 지닌 해양민족들이 침입하면서 페니키아 지역에는 독립적인 도시국가 연맹이 형성된다. 기원전 1200~기원전 800년에 전성기를 구가했다. 전성기 초기에는 비블로스가 강성했으나 히람 1세 치세인 기원전 969년부터 티레가 주요 도시가 되었고, 시돈이 점차 강해진다. 페니키아인들은 조선기술, 항해술, 과학기술, 상업술, 알파벳을 보유하고 있어 지중해 전역으로 확장해나간다. 크레타섬에 살았던 제우스 신도 페니키아의 에우로페 공주를 납치해 가서 미노아문명을 만든다. 항해술이 뛰어났던 페니키아인들은 당시 이미 아프리카 대륙을 완전히 일주했을 것이라는 추측도 나오고 있다.

　　페니키아인들은 기원전 800년경 지금의 튀니지에 해당되는 곳에 카르타고라는 식민지를 건설한다. 카르타고는 페니키아어로 '카르트 하다쉬트'를 음역한 것이다. '새로운 도시'라는 뜻이다. 페니키아에서 정치적으로 밀린 공주가 튀니지 지역에 와서 디도(혹은 엘리사) 여왕이 되면서 카르타고를 만들었다. 처음에는 티레를 포함하여 레반트 본국이 강했으나, 기원전 539년 페르시아의 키루스에 함락되고, 그 후 알렉산드로스 왕에게 완전히 멸망하고 만다. 그래서 지중해의 중간지역에 위치하며 전략적으로 중요했던

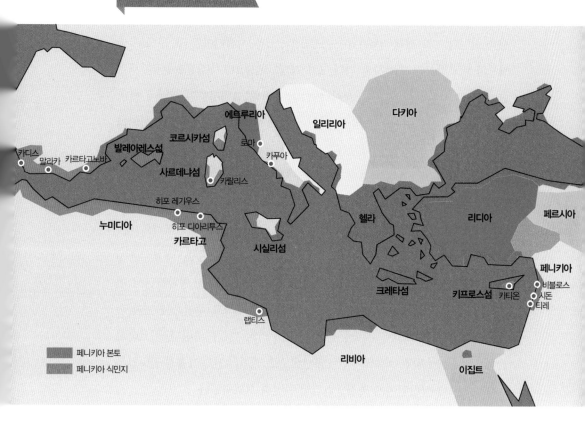

무역거점인 카르타고가 오히려 페니키아인들의 맹주가 된다. 또한 카르타고 는 노예를 대규모로 투입하며 생산량을 크게 늘리는 과학적인 플랜테이션 농법도 개발해 농업이 크게 신장되었다. 카르타고는 북아프리카 해안, 이베 리아반도 그리고 시칠리아, 사르데냐, 코르시카도 지배한다. 시칠리아는 페 니키아어로 '농민의 땅', 사르데냐는 '발자국', 몰타는 '피난지', 리스본은 '평 온한 작은 만', 에스파냐는 '들토끼가 많은 땅'이라는 뜻이다. 코르시카는 페 니키아어로 '반도'에 해당되는데 이는 실제와 달라서 왜 그렇게 이름이 지어 졌는지는 아직 미지수이다.

카르타고는 처음에 그리스의 서부 지중해 식민지와 경합을 벌였으나, 점차 대상자가 로마로 바뀐다. 카르타고는 로마와 세 번에 걸쳐 포에니전쟁을 벌인다. 1차 전쟁(기원전 264~기원전 241년)은 시칠리아를 주 무대로 싸웠으나 카르타고가 패배하고 만다. 2차 전쟁(기원전 218~기원전 202년)에서는 한니발이 알프스산맥을 넘어 로마 본토를 공략해 절체절명의 위기에 빠뜨린다. 하지만 로마 장군 스키피오 아프리카누스가 카르타고 본국과 이베리아 식민지를 공략함에 따라 카르타고는 결국 패배하고 만다. 이 전쟁으로 카르타고는 서부 지중해의 제해권과 이권을 로마에 빼앗기고 막대한 배상금을 로마에 물어주어야 했다. 이후 로마와 사실상 군신관계에 있던 카르타고가 로마의 허락 없이 로마의 동맹국인 누미디아 왕국을 침범하자 로마의 대(大)카토가 원로원을 부추겨 3차 포에니전쟁을 일으킨다. 3차 전쟁(기원전 149~기원전 146년)에서는 로마가 카르타고 항구를 봉쇄하고 본성을 공략하면서 철저하게 패배시킨다. 로마인은 카르타고 도시를 함락하고 주민을 완전히 축출했으며, 도시를 불태우고 소금을 뿌려 황무지로 만들어버린다. 카르타고는 그 이후 다시 약간 회복하지만 439년에 게르만족의 반달인에게 점령당하고, 698년에는 아랍인에게 파괴당하면서 완전히 쇠퇴하였다.

카르타고는 현재 세계문화유산 목록에 등재되어 있다. 로마가 카르타고를 완전히 파괴했기 때문에 고대 카르타고인의 묘지와 카르타고 항구의 유적만 남아 있다. 대신 로마 식민지시대에 만들어진 원형극장과 공중욕탕의 유적이 오히려 남아 있을 뿐이다. 카르타고는 현재 튀니지의 수도인 튀니스에서 매우 가까운데 철도역, 공항 이름에 그 이름이 남아 있다(카르타고-한니발역, 튀니스-카르타고 국제공항). 현재 인구는 2만 명을 겨우 넘는다.

===== THINK

레반트 지역에서 성장한 페니키아인들은 지중해를 무대로 광범위하게 해상세력을 떨치며 활동했다. 페니키아인들이 현재 아시아, 유럽, 아프리카에 어떤 문화유산을 남겼는지 알아보자.

4대 문명에 속하지 않는
유럽문명은 어떻게 생겨났을까?

우리 인류의 4대 문명 하면 메소포타미아문명, 이집트문명, 인더스문명, 황허문명을 거론하는데 그 어느 것도 유럽에 속한 것은 없다. 이 중에 메소포타미아문명과 이집트문명의 영향을 받아 생긴 에게문명과 그 후속인 그리스문명이 유럽문명의 요람이 되었다. 본격적인 그리스문명이 생기기 전에 청동기 문화의 에게문명이 나타난다. 에게문명은 크레타섬의 미노아문명, 펠로폰네소스반도와 트로이를 비롯한 그리스 본토의 미케네문명으로 이루어진다. 크레타섬의 미노스 궁전 유적은 1900년 영국 고고학자인 아서 에반스에 의해 발굴되었고, 소아시아의 트로이 성채 유적은 1870년 독일의 하인리히 슐리만에 의해 발굴되었다.

크레타는 현재 그리스의 섬으로 가장 남쪽에 위치하고 있다. 그리스섬 중에 가장 크고 지중해 전체에서도 시칠리아, 사르데냐, 사이프러스, 코르시카에 이어 다섯 번째로 크다. 크레타섬에서 생긴 미노아문명은 기원전 2700년부터 기원전 1400년까지 번성한 유럽 최초의 문명이다.

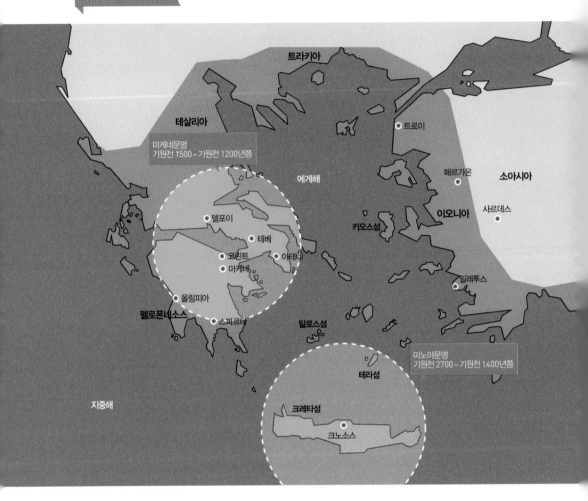

미노아문명은 기원전 1700년 무렵 강력한 왕권하에서 전성기를 구가했는데 수도였던 크노소스의 화려한 미노스 궁전과 프레스코화, 도자기가 그 증거이다. 이러한 번성은 에게해뿐만 아니라 지중해 각지와의 해상무역 그리고 올리브와 포도 같은 농업을 통해 축적된 부의 산물이었다. 그러나 미노아문명은 기원전 1628년 에게해 인근의 테라섬에서 화산이 폭발해 쓰나미가 몰아닥쳐 폐허가 되고 만다. 아름답기로 유명해 관광객이 많이 몰리는 산토리니섬이 바로 예전의 테라섬이다. 기원전 1500년경 그리스 본토 미케네인의 침입으로 완전히 몰락했다는 것이 현재까지의 정설이다.

그리스인은 기원전 2000년경부터 남하하여 그리스 본토에 자리 잡고 원주민과 섞여 본토와 펠로폰네소스반도에 여러 작은 도시국가를 건설한다. 이 중에 미케네는 여러 왕국 중 가장 강력하여 이 지역의 문명을 미케네 문명이라 부른다. 호메로스의《일리아드》에서 보듯이 전사 성격이 강한 미케네의 아가멤논이 소아시아의 트로이까지 흡수해 더욱 강력해진다. 하지만 미케네문명은 북부의 철기문명을 가진 호전적인 도리아인의 침입으로 기원전 1100년 무렵 멸망하고 그리스는 그 후 300여 년간의 암흑시대를 맞게 된다.

그리스인들은 발칸반도와 소아시아 연안의 분지 및 협소한 평야에서 올리브 재배를 확대하며 기원전 8세기경부터 인구 수백에서 수천에 이르는 소규모 도시, 즉 폴리스를 1,000여 개 이상 구축해나간다. 폴리스의 중심에는 성채에 해당되는 아크로폴리스와 사람들이 모여 토론을 하는 아고라 광장이 있었다. 그리스인들은 각기 떨어진 폴리스에서 살지만 자신들을 헬레네스^{Hellenes}, 자신들이 살고 있는 지역을 헬라스^{Hellas}라 부르면서 정체성을 유지했다. 헬레네스인들은 기원전 776년 이후 4년마다 한 번씩 여름에 제우스를 모시는 성지 올림피아에서 5일 동안 경기를 열었는데 이것이 올림픽의 전신이다. 그리스인들은 헬라어를 쓰지 않아 자신들과 의사소통이 되지 않는 외지인들을 바르바로이^{Barbaroe}라고 불렀는데 이는 나중에 야만인^{barbarian}이라는 의미로 변질된다. 사실 헬레네스인들을 그리스인이라고 부른 사람은 후대 로마인들이었다.

그리스인들은 조국의 의미를 자신들이 살고 있는 폴리스에 국한했다. 그래서 이들은 로마인들처럼 커다란 제국을 건설한다는 원대한 꿈은 키우지 못했지만, 지방자치제라는 자유의 전통을 물려줄 수 있었다.

아테네의 경우를 보면 처음에는 세 명의 귀족이 집정관으로 권력을 쥐고 있었으나 부유해진 시민이 무기를 구입하여 중장보병으로 폴리스 방위의 일익을 담당하면서 귀족들에게 정치 참여를 요구한다. 기원전 6세기 초 집정관 클레이스테네스는 귀족과 평민의 차이를 없애면서 시민이 권리와 의무로 정치를 하는 직접 민주정치(데모크라시)를 시작한다. 반대로 스파르타는 선주민인 아카이아인을 정복하여 폴리스를 운영했기 때문에 귀족과 평민을 확실히 구별하는 사회체제를 만든다. 스파르타는 시민의 아들이 일곱 살이 되면 엄격한 집단교육을 받게 해 전사로 키웠기 때문에 그리스 폴리스 중에 최강의 육군을 보유하게 된다.

어떤 나라가 융성해지려면 내부역량을 잘 발휘하는 것도 중요하지만 외부 공격을 얼마나 잘 버텨내는지도 매우 중요하다. 중동의 강자 페르시아는 기원전 5세기에 페르시아전쟁(기원전 492~기원전 448년)을 일으켜 그리스를 세 번(기원전 492년 1차 전쟁, 기원전 490년 2차 마라톤전쟁, 기원전 480년 3차 살라미스해전)이나 공격한다. 하지만 그리스는 아테네를 중심으로 페르시아를 격퇴한다. 아테네는 페르시아의 재차 침공에 대비하여 200여 개 폴리스를 묶어 델로스동맹을 맺고 페리클레스를 중심으로 전성기를 구가한다. 아테네의 패권과 번영을 시샘하던 스파르타는 펠로폰네소스동맹을 맺어 전쟁을 일으킨다. 페르시아전쟁이 외적과의 전쟁이었다면 펠로폰네소스전쟁(기원전 431~기원전 404년)은 내전이었다. 결과는 스파르타의 승리였다. 그리스는 치열한 내전으로 인력과 자원이 고갈되고 선동정치가들이 날뛰면서 결국 북방의 마케도니아 필립 2세와의 카이로네이아전투에서 패해 기원전 338년 정복당하고 만다. 필립 2세의 아들인 알렉산드로스는 기원전 330년 페르시아 제국도 멸망시키고 대제국을 건설했지만 사후 여러 왕국으로 분열되어 헬레니즘시대(기원전 330~기원전 30년)를 맞게 된다.

역사가 헤로도토스는 책《역사》를 통해 페르시아전쟁을 분석했고, 투키디데스는《펠로폰네소스전쟁사》를 통해 펠로폰네소스전쟁을 객관적으로 치밀하게 분석했다. 그래서 헤로도토스는 역사의 아버지, 투키디데스는 역사학의 아버지라 불린다. 그리스에서는 소크라테스-플라톤-아리스토텔레스로 이어지는 철학이 만들어진다. 또 자연철학에서는 탈레스가, 수학에서는 피타고라스가, 의학에서는 히포크라테스가, 수사학에서는 프로타고라스 같은 소피스트가 한 시대를 풍미했다. 이처럼 그리스가 역사학, 논리학, 형이상학, 수학, 자연학, 윤리학, 정치학, 수사학, 시학 등 매우 많은 학문의 요람이 된 것은 지식 체계화에 탁월한 그리스인들의 선구적 기여가 매우 컸기 때문이다.

그리스가 세력을 키워나가고 있을 기원전 7세기에 이탈리아반도 중부의 티베르강 유역에는 도시국가 로마가 세워진다. 농업국으로 시작한 로마에서는 기원전 5세기부터 대토지 소유자인 귀족과 중장보병으로 활약한 평민 사이에 치열한 다툼이 벌어져 기원전 3세기 초 두 계층은 법률상 평등하게 된다. 로마인들은 그러한 국가 형태를 '레스푸블리카^{res publica}(공적인 일이라는 의미)'라 불렀는데 여기에서 'republic(공화국)'이라는 말이 나왔다.

===== THINK

그리스문명의 요람인 크레타섬은 예전이나 지금이나 자연환경이 좋아 풍요롭기로 유명하다. 크레타섬 출신의 작가 니코스 카잔차키스는 자신의 소설 《그리스인 조르바》에서 조르바는 이성의 방해를 받지 않고 흙과 물과 동물과 하느님과 함께 살았다고 표현하기도 했다. 크레타섬의 자연환경이 얼마나 좋은지 이 섬으로 직접 여행을 가보자. 혹시 여행을 못 간다면 앤서니 퀸 주연의 영화 〈그리스인 조르바〉를 보자. 크레타섬의 최대 농작물은 올리브이다.

그리스철학의 시작은 소크라테스가 아니다?

우리는 흔히 그리스철학이 소크라테스로부터 시작했다고 알고 있다. 하지만 그렇지 않다. 소크라테스는 기원전 4세기에 아테네에서 활동했지만 이보다 200여 년 전인 기원전 6세기에 에게해 동쪽의 이오니아의 밀레투스에서 자연철학자들이 처음 등장했다. 탈레스, 아낙시만드로스, 아낙시메네스가 바로 밀레투스학파(혹은 이오니아학파)인데, 소크라테스 이전 철학자pre-socratics라고도 불린다.

세 사상가는 모두 근동학문을 바탕으로 삼았지만, 그리스인답게 그것을 제각기 자기 식으로 소화했다. 특히 이들은 천체가 신들이라는 기존의 통념을 거부하고 자신이 자연에서 관찰한 것을 토대로 하여 논리적인 설명을 시도했다.

에페소스 출신의 헤라클레토스는 세상을 정체된 것으로 보지 않고 생성과 변화라는 관점에서 보았다. 만물은 끊임없이 변한다는 것이다. 탈레스의 제자였던 아낙시만드로스는 물, 불, 공기, 흙의 네 가지 물질이 결합하여 만물이 생겨난다고 주장했다. 사모스섬 출신의 피타고라스는 탈레스와 아낙시만드로스의 제자로 현실을 이해할 수 있는 규칙을 수에서 찾았다. 콜로혼의 크세노파네스는 트라키아인이 푸른 눈과 붉은 머리카락을 갖고 있는 신을 믿었던 반면, 에티오피아인은 그들의 신을 검은 피부에 곱슬머리 모습으로 그린다고 지적했다. 그는 인간이 그들의 형상대로 신을 만드는 것이지 그 반대는 아니라고 주장했다. 크세노파네스는 만일 소가 말을 할 줄 알고 물건을 만들 줄 안다면 소와 같은 신을 우상으로 만들어 기도할 것이라고 결론지었다. 이런 상대주의는 당대에는 생소한 것이었지만, 그 후 그리스철학에서 하나의 뚜렷한 흐름으로 자리 잡았다.

이처럼 종교적 믿음과 철학적 사고 간의 괴리 확대는 서양 철학사에서 획기적인 발전이었다. 하지만 당시에 철학은 소수를 위한 지적 유희였을 뿐 일반적인 그리스인들의 놀이는 아니었다. 철학이 인간과 신의 관계에 관심을 돌리자 폴리스의 가장 진보적인 시민들마저 기겁을 했다. 경건치 못한 시도를 위협으로 받아들인 것이다.

밀레투스의 이오니아 사상혁명은 오래가지 못했다. 기원전 560년경 리디아의 크로이소스 왕이 밀레투스를 비롯하여 이오니아 지역의 그리스 도시국가를 정복했고, 기원전 546년에는 페르시아의 키루스 왕이 리디아를 정복하면서 이오니아 전체가 페르시아 지배에 들어갔기 때문이다.

─── THINK

밀레투스 출신의 탈레스는 만물의 근원을 묻는 서양 철학의 아버지로 일컬어진다. 기원전 585년의 일식을 예언해 맞힌 것으로 유명한 그는 밤에 별을 보며 걷다가 막상 자신 앞의 우물을 보지 못하고 빠진 적이 있다. 혹시 독자 여러분도 무엇에 몰입하다가 터무니없는 실수를 저지른 적은 없는지 생각해보기 바란다.

인류 최초의 유일신 종교는
유대교가 아니다?

유대교가 유일신을 믿은 최초의 종교라고 많이 알고 있다. 하지만 그렇지 않다. 최초의 유일신 종교는 조로아스터교이다. 조로아스터교는 창조, 정의, 질서의 유일신 아후라 마즈다 Ahura Masda를 섬긴다. 아후라는 '신', 마즈다는 '지혜'를 의미한다. 이원론적 일신교인 조로아스터교는 인간세계를 선과 악, 광명과 어둠이 서로 영원히 대결하는 싸움의 장으로 보았다. 하지만 둘이 완전히 동등한 것은 아니고 마지막에 세상의 모든 악은 심판받게 된다. 악과 어둠이 선과 광명에게 결국 패배하는 것이다. 이 과정에서 인간은 적극적인 자유의지로 단순히 믿는 것에 그치지 않고 악에 맞서서 투쟁할 것을 주문한다.

조로아스터교는 고대 신화의 여러 신들을 모두 받아들였으므로 신은 여럿 있지만 결국 궁극적인 만물의 주신은 오직 아후라 마즈다이다. 조로아스터교의 다른 신들은 유일신인 아후라 마즈다를 돕는 보조적인 신이다. 기독교의 천사들을 생각하면 이해하기 쉽다. 조로아스터교는 시간이 지나면서 유대교, 기독교, 이슬람교에 많은 영향을 끼친다. 예를 들면 천사, 사탄, 사후세계, 부활, 최후의 심판, 구세주의 교리는 모두 조로아스터교에서 나와 유대교의 주요 교리가 되었다.

이 종교는 자라수슈트라에 의해 세워졌다. 자라수슈트라는 원래 낙타를 잘 치는 사람을 의미하는데 당시 사제계급이 유목민 출신임을 알 수 있다. 자라수슈트라는 고대 페르시아어에 해당되는 아베스타어로 자라투스트라가 되었고 이것이 바로 독일어 차라투스트라가 되었다. 니체는《차라투스트라는 이렇게 말했다》를 저술했다. 그리스어로는 조로아스터이고 이 발음이 현대 영어가 되었다. 조로아스터교는 불을 숭상한다고 하여 한자로 번역되면서는 배화교로 알려졌다. 하지만 이들은 불을 숭상하는 것이 아니라 필수적으로 해야 하는 하루 다섯 번의 예식에 쓰이는 성스러운 불을 소중히 하는 것뿐이다. 영원히 꺼지지 않는 신전의 불을 보며 예배를 드린다.

기원전 1500년경 지금의 아프가니스탄에 해당되는 중동의 박트리아에서 시작된 조로아스터교는 동부 이란을 중심으로 이란계 종족들에게 전파되었다. 조로아스터교를 추종하는 메디아와 아케메네스왕조가 서아시아의 패권을 쥐면서 급성장했다. 특히 기원전 600년경 아케메네스왕조의 키루스 2세와 다리우스 1세의 역할이 컸으며 기원전 5세기에는 그리스에까지 퍼졌다. 그 후 헬레니즘이 퍼지면서 잠시 위축되기도 했지만 사산조페르시아가 들어서며 조로아스터교 경전인《아베스타Avestā》를 집대성하여 국교로 만든다. 페르시아 왕들은 자신들이 최고의 신으로부터 권력을 부여받아 세상을 다스린다고 주장하면서 왕의 무덤을 비롯한 주요 신전 등에 반드시 아후라 마즈다를 조각하도록 했다. 조로아스터교를 제국지배를 위한 국가권력 강화와 사회통합 수단으로 활용한 것이다. 조로아스터교에 기독교와 불교의 요소가 융합되어 마니교도 생겨났다.

하지만 7세기 전반 무함마드에 의해 이슬람의 정복이 시작되면서 사산조페르시아가 망하고 조로아스터교는 급속히 쇠퇴한다. 조로아스터교는 인도 서부 구자라트와 뭄바이로 피란 간 사람들에 의해 파르시parsi파가 되었고, 중국으로 피란 간 사람들에 의해서는 배화교 혹은 명교로 알려진다. 유대교의 주류 종파 중 하나인 바리새파도 페르시아persia의 유대 발음에서 나온 것으로 이란계의 조로아스터교를 의미한다.

현재 전 세계적으로 조로아스터교는 20만 명의 신자를 보유하고 있다. 가장 많이 분포한 인도는 중부 야즈드 지역을 중심으로 8만 명의 신자가 있다. 파르시인들은 주로 상업에 종사하여 상당한 부를 축적하는 경우가 많은데 현재 인도 최대 재벌 그룹인 타타그룹의 타타 가문이 파르시이다. 록밴드 퀸의 보컬인 프레디 머큐리도 파르시이고 조로아스터교 신자였다. 최근 들어서는 이라크 쿠르드족 사이에 민족주의 영향으로 이슬람에서 개종한 조로아스터교 신자들이 크게 늘어나고 있다.

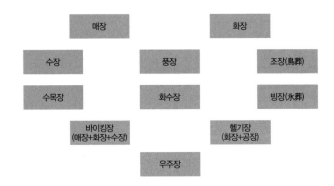

다양한 장례방법

매장		화장
수장	풍장	조장(鳥葬)
수목장	화수장	빙장(氷葬)
바이킹장(매장+화장+수장)		헬기장(화장+공장)
	우주장	

조로아스터교는 불을 중시하지만 시신을 불에 태우는 화장이나 땅에 묻는 매장을 기피하고 새에게 넘겨주는 조장鳥葬 문화를 선호한다. 사람의 영혼은 영원하지만 육체가 땅에 묻히면 썩어 흙, 물, 불 등을 오염시킨다는 자연숭배사상 때문이다. 죽은 자의 육체는 독수리의 밥이 되고 영혼은 하늘로 올라간다. 새는 인간의 영혼을 하늘로 운반하는 매개체이며 영물이다. 새

가 시신의 살을 쪼아 먹게 한 후 뼈만 추려서 상자에 보관한다. 이란 야즈드의 낮은 구릉에는 벽돌로 쌓은 제단인 침묵의 탑이 있는데 이곳에서 조로아스터교 전통에 따라 조장이 행해진다.

—— THINK

예전에는 다신교가 많았지만 지금은 일신교가 압도적이다. 일반적으로 일신교가 더 진화된 종교라고 말하는데 왜 그런지 생각해보기 바란다.

Tip

로마 이전 이탈리아반도의 강자는 누구일까?

이탈리아가 지중해에 있는 것은 누구나 잘 안다. 하지만 이탈리아 지도를 더 들여다보면 이탈리아반도가 네 바다에 둘러싸여 있다는 것을 알게 된다. 동쪽의 아드리아해, 남쪽의 이오니아해, 서쪽의 티레니아해, 북서쪽의 리구리아해가 바로 그것이다. 바다 이름은 모두 역사적으로 관련되어 있다. 코르시카섬, 사르데냐섬, 시칠리아섬 그리고 이탈리아반도에 둘러싸여 있는 티레니아해는 로마가 이탈리아반도를 본격 장악하기 전에 강자로 군림하던 에트루리아와 관련이 있다. 티레니아Tyrrhénïa는 에트루리아의 라틴어 표현이다. 하지만 에트루리아인들은 자신의 땅을 라스나Rasna라고 불렀고, 로마인들은 나중에 토스카나Toscana라고 불렀다.

에트루리아는 이탈리아 중부의 테베레강과 아르노강 사이의 지역에 생긴 국가이다. 에트루리아인이 과연 어디에서 왔느냐에 대해 여러 설이 있지만 멀리 소아시아의 리디아에서 왔다는 헤로도토스의 설이 가장 강력하다. 에트루리아어는 아직도 제대로 해독되지 못하고 있는데 인도유럽어족은 아니다. 이 지역의 12개 도시들이 연맹을 맺어 에트루리아를 결성했는데 기원전 750년경의 에트루리아 지역은 현재 토스카나, 라치오, 움브리아에 해당된다. 기원전 500년이 되면 남쪽으로는 라틴 지역, 북쪽으로는 포강 지역까지 진출하여 이탈리아반도의 상당 부분을 차지한다. 남부 이탈리아의 그리스 식민지(마그나 그라이키아)와 만나면서 시칠리아나 마실리아의 그리스 도시들과 무역경쟁을 벌이며 에트루리아는 자연스럽게 카르타고와 동

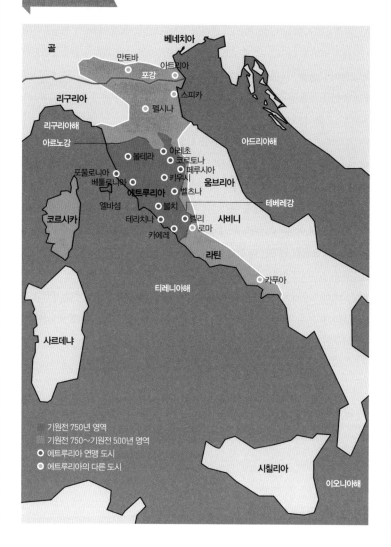

에트루리아의 영토

골
베네치아
만토바
아트리아
포강
스피카
리구리아
펠시나
리구리아해
아르노강
아드리아해
볼테라
아레초
코르토나
푸풀로니아
페루시아
베톨루니아
키우시
움브리아
에트루리아
벨츠나
테베레강
엘바섬
불치
코르시카
테라치나
벨리
사비니
카에레
로마
라틴
카푸아
티레니아해
사르데냐
기원전 750년 영역
기원전 750~기원전 500년 영역
○ 에트루리아 연맹 도시
◑ 에트루리아의 다른 도시
시칠리아
이오니아해

맹을 맺는다. 기원전 4세기에는 북쪽에서 켈트인들이 내려와 포강 지역을 빼앗는다.
기원전 600년경 로마도 점령하지만 기원전 264년경 에트루리아의 핵심도시인 볼시니
Volsinii가 로마에 의해 함락되면서 멸망한다. 로마는 기원전 753년에 라틴족에 의해 건

설되어 기원전 509년에 왕정을 폐지하고 그 이후부터 450여 년간 공화정을 유지한다. 로마는 에트루리아의 지배를 받기는 하지만 이 과정에서 많은 것을 배우게 된다. 우선 농촌지역이 도시로 탈바꿈하게 되고 로마의 간선도로인 신성로Via Sacra 건설도 이때 시작된다. 로마에 하수구 기능을 하도록 커다란 웅덩이ditch를 파서 포럼을 만드는데 이 포럼이 나중에 가서는 집회장소로 사용된다. 로마는 아치형 건축을 에트루리아로 부터 배웠다. 에트루리아 문자는 그리스 문자에서 왔는데 로마 문자 또한 에트루리아 문자에서 만들어진다.

에트루리아는 금속 세공업이 매우 발달했다. 엘바섬에서는 철이 많이 나고, 에트루리아에서는 구리가 많이 났다. 금, 은, 상아 같은 재료를 세공하는 기술이 뛰어났다. 그래서 상아로 주사위, 체스, 백개먼 놀이도 했다. 스포츠로는 레슬링, 복싱, 승마, 달리기를 즐겨 했는데, 검투사 시합도 여기에서 시작되었다. 에트루리아에서는 여성의 권익이 상당히 커서 여성이 자유분방하게 생활하곤 했다. 사후세계를 믿는 다신교가 발달되어 있어서 분묘를 만드는 데 신경을 많이 썼다. 또한 그리스 본토, 이집트, 레반트 그리고 특히 카르타고와의 무역이 활발했다.

한참 나중에 나폴레옹 1세는 1801년 토스카나 지역에 에트루리아 왕국을 세웠고 이 왕국은 그 후 겨우 7년간 존속했다. 에트루리아가 과거에 지배했던 엘바섬에 나폴레옹 자신이 귀양 가리라고는 생각도 못하고 그 왕국을 세웠을 것이다.

—— THINK

에트루리아의 유산은 현재 이탈리아에 유·무형 형태로 많이 남아 있다. 어떤 유산이 남아 있는지 문헌을 통해, 또 여행을 통해 알아보자.

대왕이라는 칭호를 받은
페르시아의 지배자는?

현재 서남아시아에 있는 국가 이란의 정식 명칭은 '이란이슬람공화국'이다. 1979년 루홀라 호메이니가 혁명을 일으키기 전까지 이란은 왕조 이름만 다를 뿐 기본적으로 군주제 국가였다. 팔라비왕조 시대였던 1935년부터 이란이라는 국호를 사용했으며 그 전에는 아주 오랫동안 페르시아Persia라고 불렸다.

인도유럽어족의 한 갈래인 아리아인은 기원전 2500년경 이란고원으로 들어온다. 아리안인 중에 이란 중남부 지역인 파르스에 정착한 사람들이 페르시아족이 된다. 아리안 중에서 메디아족이 처음에 강세를 보였지만 페르시아족 혈통의 키루스 2세(기원전 559~기원전 529년)가 메디아 왕국, 리디아 왕국, 신바빌로니아 왕국을 연거푸 멸망시키면서 기원전 533년에 아케메네스제국을 건설한다. 현재의 이란은 기원전 533년을 자신들의 건국 연도로 삼고 있다.

키루스 2세는 피정복 민족의 제도와 종교를 존중하고 관용을 베풀었다. 신바빌로니아제국을 멸망시키고 그곳에 포로로 잡혀 있던 유대인들을

모두 풀어주어 그들의 고향 예루살렘으로 돌아갈 수 있도록 자금을 주기도
했다. 그래서 구약성경을 보면 키루스 2세를 히브리어로 고레스 왕으로 표현
하면서 칭송하고 있다.

유대 왕국은 기원전 587년 바빌로니아 왕국에 의해 멸망하고 수많
은 유대인이 바빌론에 포로로 잡혀간다. 끌려온 유대인들은 바빌론강 변에
앉아 그들의 성전이 있던 예루살렘을 일컫는 시온을 생각하며 눈물을 흘리
지만 이미 뒤늦은 후회였다. 이때부터 유대인들은 바빌론에서 70년간 노예
로 억류를 당하면서 온갖 고생을 겪는다. 보니엠Boney M은 구약성경의 시편

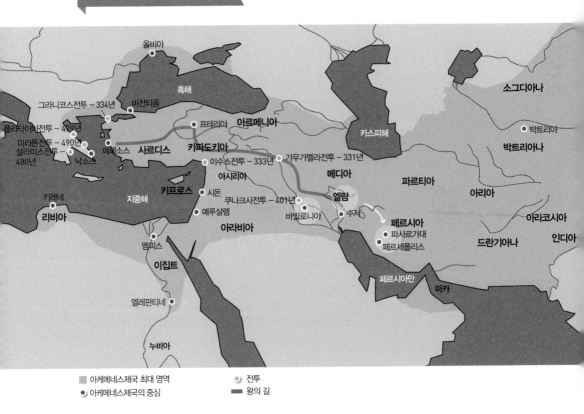

■ 아케메네스제국 최대 영역   ● 전투
● 아케메네스제국의 중심   ■ 왕의 길

137장을 재구성한 노래 〈바빌론강 가에서〉를 불러 큰 히트를 친 바 있다.

다리우스 1세(기원전 521~기원전 486년 재위)와 크세르크세스 1세(기원전 486~기원전 466년 재위)를 거치면서 페르시아는 아프리카, 발칸반도까지 영토를 넓히며 전성기를 구가한다. 다리우스 1세 때 아테네와의 마라톤전투에서, 크세르크세스 1세 때 살라미스해전과 플라타이아이전투에서 패배하기는 했지만 아케메네스는 막강한 제국이었다. 하지만 150여 년 후 기원전 330년에 마케도니아의 알렉산드로스가 다리우스 3세의 수도 페르세폴리스를 함락시키면서 아케메네스제국은 붕괴된다. 알렉산드로스 사후에 페르시아 지역은 셀레우코스왕조(기원전 312~기원전 247년), 파르티아왕조(기원전 247~서기 224년), 사산조페르시아(224~652년)로 이어지다가 아랍의 지배를 받는다.

세계 역사상 주목할 만한 업적으로 대왕 혹은 대제the great라는 칭호를 얻은 통치자는 생각보다 많지 않다. 페르시아에서 왕 중의 왕king of kings이라 불렸던 키루스 대왕을 비롯하여 마케도니아의 알렉산드로스, 프랑크의 카를로스, 프로이센의 프리드리히, 러시아의 표트르가 있다. 또 누가 있는가? 중국에서는 특히 통치를 잘했던 왕의 시기를 '치治'로 표현한다. 당 태종의 정관의 치, 당 현종의 개원의 치가 바로 그런 경우이다. 국내의 경우 광개토 왕과 세종을 대왕으로 인정하고 있다.

아케메네스의 키루스 2세가 소아시아로 진출하면서 정복한 리디아와 프리기아를 잠시 살펴보자. 두 나라 모두 주화, 황금과 연관되어 있다. 아케메네스의 키루스 2세는 소아시아 서쪽에 위치한 리디아의 크로이소스를 패배시키고 수도인 사르디스를 함락하면서 리디아를 속주로 만들어버린다. 그런데 리디아는 기원전 650년경 주화를 처음 만든 나라이다. 이들이 기원전 650~기원전 600년경 주조한 첫 주화는 일렉트럼(호박금)으로 만들어졌는데 그것은 천연 금과 은의 합금이다. 무게는 3분의 1슬레이터로 4.76그램이었다. 겉면에 사자 머리가 찍혀 있는데 왕의 상징이었다. 1슬레이터는 당시 병사의 한 달 봉급에 해당되었다.

우리는 손으로 무엇을 만지기만 하면 금으로 변하게 한다는 미다스 왕 이야기를 잘 안다. 프리기아의 미다스 왕은 술의 신인 디오니소스의 스승을 극진히 대접하는 바람에 황금의 손을 가졌다고 한다. 그의 귀는 당나귀 귀처럼 매우 컸는데, 태양신인 아폴론의 비파 소리를 낮게 평가했다가 벌로 귀가 커졌다. 1950년대에 미다스 왕의 것으로 추정되는 대형 무덤이 발굴된 바 있다.

미다스 왕의 아버지인 고르디아스는 수도를 고르디움으로 정하여 프리기아라는 나라를 세운다. 이 나라를 세운 때는 히타이트 왕국이 멸망한 후였는데 그는 풀기 어려운 매듭을 만든 후 이것을 풀 수 있는 현자가 나타날 것이라는 말을 남긴다. 나중에 알렉산드로스 대왕이 여기에 와서 매듭을 칼로 싹둑 잘라 순식간에 문제를 해결한다.

── THINK

기원전 6세기 키루스 2세가 페르시아에 건설한 이란은 줄곧 서남아시아의 강자였다. 1935년까지만 하더라도 왕정국가 이름이 페르시아였는데 지금은 이란이슬람공화국으로 바뀌었다. 이란은 2003년부터 핵무기를 자체 개발한다는 의혹을 받아 선진국의 경제제재를 받아왔으나 2016년에 핵시설 축소를 발표하면서 경제제재에서 벗어났다. 핵무기 개발과 축소의 관점에서 현재의 북한과 이란을 비교하면 좋을 것이다.

이솝 이후
우화는 어떻게 발전했을까?

문학 장르로 어떤 것이 있느냐고 묻는다면, 사람들은 대개 소설, 시, 수필, 산문, 시나리오, 전기, 일기, 자서전, 평론 등을 말할 것이다. 여기에 하나가 빠졌다. 바로 우화이다. 우리에게 친숙한 동식물들이 사람 행세를 하는 우화는 짧지만 재미있고 인간세계에게 던지는 교훈의 메시지가 확실하므로 어린아이에게 인기가 많다. 풍자와 처세, 교화가 우화의 가장 큰 특징이다.

우화 중에는 이솝우화가 가장 오래되었고 유명하다. 이솝우화는 기원전 620~기원전 564년경 고대 그리스에 살았던 노예이자 이야기꾼이었던 이솝이라는 사람이 동물을 주인공으로 내세워 도덕과 처세를 풍자적으로 쓴 단편집이다. 이솝은 많은 이야기를 말로 남긴 반면, 1세기 티아나 출신의 그리스 철학자인 아폴로니오스가 그 이야기들을 모두 기록한 것으로 알려져 있다. 200여 편의 단편이 담겨 있지만 실제로 출간되는 이솝우화에는 더 적게 실려 있다.

이솝우화에는 사람들이 일부 등장하기도 하지만 대부분 동물들이 주인공이다. 여우, 늑대, 개, 당나귀, 소, 사자, 쥐, 고양이, 곰, 원숭이, 토끼, 돌고래 같은 포유류를 비롯하여, 닭, 공작새, 비둘기, 매, 학, 개구리, 거북, 나비, 벌, 거미, 하물며 나무도 등장한다. 각 동물은 나름대로의 특성과 이미지를 지니고 있다. 예를 들면 여우는 교활하고, 늑대는 탐욕스럽고, 까마귀는 허영심이 많고, 사자는 위엄 있다. 그러다가 그들 간에 문제가 생겨 스토리가 흥미롭게 전개된다. 이솝은 관찰력이 뛰어난 박물학자였음이 분명하다.

이솝이 허구인물이라는 주장도 있지만 실제 존재했다는 설이 더 강력하다. 그가 이솝우화로 알려진 우화를 모두 만들지는 않았을 것이다. 사람들 입으로 구전되던 이야기들을 수집했을 가능성이 더 크다. 이솝우화는 3세기경부터 문서 형태로 나타나기 시작했는데, 인쇄물로 나오기 전에는 도자기나 태피스트리, 목각판 형태로 전수되었다.

헤로도토스에 따르면, 이솝의 실제 그리스 이름은 아이소포스이다. 기원전 6세기에 살았던 그는 프리기아 출신으로 사모스 사람인 잰더스의 노예였다가 이아드몬의 노예가 되었다. 프리기아는 지금 터키가 있는 아나톨리아반도의 중심부에 위치했던 왕국으로 기원전 8세기에 전성기를 구가했다. 미다스 왕이었을 때 킴메리아에 의해 수도인 고르디움이 함락되었고 그 후 리디아 왕국과 페르시아 왕국에 의해 연달아 흡수되었다.

이솝에 대해서는 헤로도토스, 아리스토텔레스, 플루타르코스의 저작물에도 간간이 묘사된다. 이솝은 외모가 매우 좋지 못했다. 절름발이에다가 안짱다리에 허리도 굽고 배도 불룩 나왔다. 하지만 그는 명석했기 때문에 자유인이 되었고 왕과 도시 집권자에게 조언을 하는 카운슬러 역할도 했다. 이야기를 잘하는 그를 리디아의 크로이소스 왕은 매우 좋아했다. 이솝은 크로이소스 왕의 외교 미션을 받아 그리스의 델피에 갔다가 델피인들을 모욕했다는 죄명으로 사형선고를 받고 절벽에서 떨어지는 형을 받아 죽었다. 그가 에티오피아 출신으로 피부가 검었다는 묘사도 있지만 확실치는 않다.

서구에서는 이솝이 우화방식의 스토리텔링을 널리 퍼뜨렸고, 그 후

로마의 시인 호라티우스와 그리스의 전기작가 플루타르코스, 그리스의 풍자작가 루키아노스가 우화 전통을 이어받았다.

우화의 발전

프리기아(기원전 6세기)	이솝
그리스·로마	호라티우스, 플루타르코스, 루키아노스
중세	마리 드 프랑스
근대	에드먼스 스펜서, 존 드라이든, 장 드 라퐁텐, 이반 크릴로프, 루이스 캐럴, 러디어드 키플링, 케네스 그레이엄, 비어트릭스 포터, 한스 크리스티안 안데르센
현대	오스카 와일드, 생텍쥐페리, J.R.R. 톨킨, 제임스 서버, 조지 오웰
한국	구토지설, 화왕계(설총)

우화는 중세에 동물 담시^{beast epic} 형태로 발전하였다. 12세기 말 마리 드 프랑스가 이야기를 모아《여우 이야기^{Roman de Renart}》라는 우화집을 만들었다. 이 우화에는 교활한 사람을 상징하는 여우 르나르^{Renart}가 등장한다. 르네상스시대인 16세기 말 에드먼드 스펜서가《엄마 허버드 이야기^{Mother Hubberd's Tale}》를 발표했고, 17세기 말 존 드라이든은 신학적 논쟁을 빗댈 목적으로《암사슴과 표범^{The Hind and the Panther}》을 발표했다. 17세기에 프랑스의 장드 라퐁텐은 인간의 어리석은 허영심을 빗대기 위해《우화집^{Fables}》을 처음 발표한 이후 궁정, 관료, 교회, 부상하는 중산층 등 실로 인간사의 모든 측면을 풍자하는 우화집을 연달아 발표했다. 그 후 19세기 낭만주의시대에 러시아의 이반 크릴로프는《떡갈나무와 갈대》라는 우화시와 시집《우화》를 발표하였다.

19세기에 아동문학이 일어나면서 우화가 새롭게 각광받기 시작했다. 영국에서는 루이스 캐럴의《이상한 나라의 앨리스》, 러디어드 키플링의《정글북》, 케네스 그레이엄의《버드나무에 부는 바람》, 힐레르 벨록의《악동을 위한 동물 우화집》그리고 비어트릭스 포터의《피터 래빗》이 대표적이다. 비어트릭스 포터의 일생과 사랑은 영화 〈미스 포터〉로 만들어지기도 했다. 아동을 주 대상으로 하지는 않았다 하더라도 한스 크리스티안 안데르센, 오스카 와일드, 생텍쥐페리, J. R. R. 톨킨, 제임스 서버도 유명한 우화작가들이다. 20세기 들어 조지 오웰은《동물농장》을 통해 스탈린 치하의 러시아를 신랄하게 풍자했다.

우화는 장르의 성격상 사회가 부조리하고 답답할수록 대중에게 더 인기를 끈다. 일반적으로 우화를 어린아이를 위한 장르로 보지만 어른을 대상으로도 얼마든지 성공할 수 있다. 특히 최근 들어서 애니메이션 영화로도 각색되어 큰 인기를 끌고 있다.

한국에서는《삼국사기》에 소개된 '구토지설龜兎之說' 그리고 설총이 신문왕을 위해 지은 것으로 알려진 '화왕계花王戒'를 가장 오래된 우화로 꼽는다. 구토지설에는 토끼와 거북이 등장하고, 화왕계에는 모란꽃, 장미꽃, 할미꽃이 등장한다. 동물과 식물은 우리 인류의 최근 발전을 놓고 자기들끼리 이렇게 쑥덕대고 있다면 어떨까? '이 졸부들, 얼마나 오래 떵떵대고 사나 보자.' 이런 주제로 우화가 하나 나오면 어떨까? 아주 흥미로운 우화가 될 것이다.

───── THINK

우화를 빌려 사회를 풍자하는 것은 동서양을 넘나드는 인간의 오랜 문학적 표현방식이다. 현재 우리 주위에 뛰어난 풍자가로 누가 있는지 살펴보고 마음에 쏙 드는 풍자가가 없으면 자신이 직접 되어보는 것은 어떤지.

Tip

터키는 왜 유럽이 아니라 아시아일까?

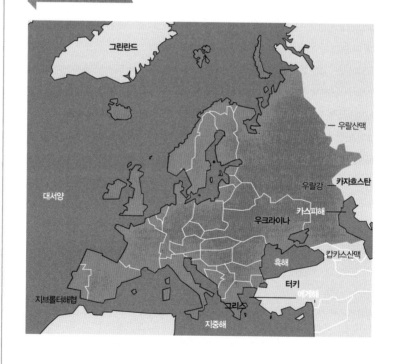

아시아와 유럽의 구분

그린란드

우랄산맥

우랄강   카자흐스탄

대서양   카스피해

우크라이나

칼카스산맥

흑해

터키

지브롤터해협   에게해

그리스

지중해

현재 지구를 오대양 육대주라고 한다. 오대양은 태평양, 인도양, 대서양, 북극해, 남극해를, 육대주는 아시아, 유럽, 아프리카, 아메리카, 오세아니아, 남극을 말한다. 오세아니아는 아예 떨어져 있고 아프리카는 시나이반도 같은 아주 작은 육지로 연결되어 있어 눈으로 구분하기 좋다. 하지만 아시아와 유럽은 유라시아 대륙에 걸쳐 있어 구분하기 힘들다. 유럽과 아시아의 경계선은 계속 변해왔는데 현재는 에게해-흑해-캅카스산맥-카스피해-우랄강-우랄산맥을 양 대륙의 경계로 하고 있다. 이 경계선의 서쪽은 유럽, 동쪽은 아시아인 것이다. 그러니까 그리스는 유럽이고 터키는 아시아이다. 우크라이나는 유럽이고 카자흐스탄은 아시아이다. 그리고 러시아는 유럽과 아시아에 걸쳐 있다.

아시아와 유럽의 어원은 무엇일까? 이 두 단어는 일찍이 고대문명을 형성했던 동쪽 지중해 사람들에 의해 만들어졌다. 아시아는 동쪽에, 유럽은 서쪽에 있었기 때문에 아시아는 해가 뜨는 곳, 유럽은 해가 지는 곳이었다.

아시아라는 이름은 고대 아시리아제국의 아카드어 '아수'에서 나왔다. 아수는 '빛' '일출'이라는 뜻이다. 그리스인들은 나중에 에게해 동쪽인 터키 쪽에 위치한 이오니아 식민도시를 가리킬 때 아시아라고 말했다. 따라서 엄밀히 말하면 오늘날의 중동이 아시아였는데 시간이 지나면서 서아시아, 인도, 중국으로 아시아의 영역이 계속 확장되었다. 즉 동양orient이 아시아 전체와 동일어가 되어버렸다.

유럽이라는 말은 메소포타미아 지역에 살던 사람에게는 '해가 지는 곳'이라는 뜻이었다. 그래서 아카드어로 '에레브'라고 불렀다. 그런데 그리스 사람들은 에레브에 어원을 두고 에게해 북쪽 지역을 에우로페라고 불렀다. 왜일까? 여기에는 그리스신화가 숨겨져 있다. 그리스 신 중의 신인 제우스는 페니키아(지금의 레바논)에 아름다운 처녀가 있다는 소문을 듣고 황소로 변장하여 잠입한다. 그리고 잽싸게 그녀를 몸에 태우고 크레타섬으로 날아가 버린다. 그녀의 이름이 유로파였다. 제우스와 유로파 사이에 태어난 미노스는 크레타섬에 미노아문명을 처음으로 만들었다. 미노아문명은 시간이 지나 북쪽으로 건너가 미케네문명, 그리스문명으로 확산된다. 그래서 그리스 역사가 헤로도토스는 유로파를 유럽 대륙 전체를 지칭하는 말로 사용했다.

—— THINK

태양계에서 가장 큰 목성에는 여러 위성이 있다. 갈릴레오 갈릴레이와 시몬 마리우스가 1610년 거의 동시에 발견한 네 개의 큰 위성 중에는 유로파를 비롯해 가니메데, 이오, 칼리스토가 있다. 발견자 시몬 마리우스가 왜 위성에 유로파라는 이름을 붙였는지 생각해보자.

Tip

유럽은 지리적으로 어떻게 구분될까?

유럽은 지중해를 사이에 두고 아프리카와, 에게해, 흑해, 캅카스산맥, 카스피해, 우랄강, 우랄산맥을 사이에 두고 아시아와 구분된다. 그러면 유럽은 다시 지리적으로 어떻게 구분되는가?

일반적으로 서유럽 하면, 영국, 프랑스, 독일, 스위스, 베네룩스 삼국(네덜란드, 벨기에, 룩셈부르크), 오스트리아, 에스파냐, 포르투갈, 아일랜드를 생각하기 쉽다. 과거 공산국가가 아닌 자본민주주의 국가들이 속한 지역을 연상하는 것이다. 하지만 국제연합UN 통계국이 분류한 서유럽은 그 범위가 훨씬 좁다. 영국, 아일랜드는 북유럽이고 에스파냐, 포르투갈, 이탈리아는 모두 남유럽이다. 또한, 국제연합에 의하면 남유럽에는 지중해를 끼고 있는 그리스, 세르비아, 보스니아 헤르체고비나, 크로아티아, 슬로베니아, 마케도니아, 알바니아가 포함된다. 위도상으로 보면 틀린 이야기가 아니다. 동유럽에는 폴란드, 체코, 슬로바키아, 헝가리, 불가리아, 루마니아, 우크라이나, 벨라루스, 몰도바, 러시아 서부가 포함된다. 북유럽에는 덴마크, 스웨덴, 노르웨이, 핀란드, 아이슬란드, 발트삼국(라트비아, 리투아니아, 에스토니아)이 포함된다. 그린란드는 현재 덴마크 영토이지만 자치령 형태이고 지역적으로 아메리카 대륙에 가까워 유럽에 속해 있지 않다.

하지만 미국중앙정보국CIA 《월드 팩트북The World Factbook》의 유럽 분류를 보면 또 다르다. 중유럽이 등장하는데 독일, 오스트리아 외에 체코, 슬로바키아, 헝가리, 폴란

<국제연합 통계국의 유럽 구분>

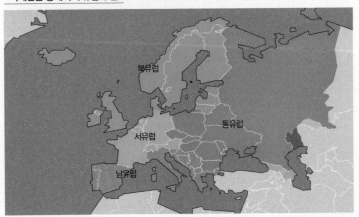

<미국중앙정보국 The World Factbook의 유럽 구분>

드, 슬로베니아가 해당된다. 지리적으로 보면 중유럽 구분이 적절하다. 영국과 아일랜
드는 서유럽에 들어간다. 또 남유럽을 다시 세 개로 나누는데, 에스파냐와 포르투갈을
남서유럽, 이탈리아, 그리스, 몰타를 남유럽 그리고 크로아티아, 세르비아, 루마니아,
불가리아, 알바니아 등 발칸반도의 여러 나라를 남동유럽이라 부른다. 이처럼 국제연
합에서는 서유럽, 북유럽, 남유럽, 동유럽의 네 가지로 나누는데, 미국중앙정보국에서

는 중유럽을 추가하고 남유럽을 다시 남서유럽, 남유럽, 남동유럽으로 나누어 모두 일곱 가지로 분류한다.

—— THINK
조사기관에 따라 유럽을 분류하는 기준과 해당 국가가 달라진다. 독자 여러분은 유럽을 어떻게 나누는 것이 맞다고 생각하는가?

TREND · W⊕RLD · HIST⊛RY

PART

3

고대시대

기원전 500~서기 800년

왜 국제정치에서
'투키디데스의 함정'은
반복될까?

우리는 역사를 영어로 history라고 말한다. 이 단어는 라틴어 historia에서 나왔는데 원래 '탐구'라는 뜻이다. 이 말이 지금처럼 역사라는 의미로 사용된 것은 기원전 440년경 그리스의 헤로도토스가 자신의 책 이름을 그렇게 정했기 때문이다.

헤로도토스는 책 첫머리에서 자신의 이름을 밝힌 뒤 저술의 목적과 주제를 간단히 서술하고 있다. 그는 동과 서, 즉 아시아와 유럽이 어떤 원인으로 전쟁을 하게 되었는가에 중점을 두고, 그리스인이든 아니든 인간이 이루어낸 위대한 업적을 후세에 전하는 것이 중요하며, 이것이 집필의 주요 목적이라고 밝히고 있다.

《역사》는 크게 두 부분으로 되어 있다. 전반부에서는 기원전 499년부터 시작된 예비단계(6권에 묘사된 이오니아의 반란과 마라톤전투 포함)와 함께 기원전 480~기원전 479년의 전쟁을 체계적으로 서술했다. 후반부에서는 페르시아제국의 성장과 조직, 지리와 사회구조 및 역사를 기록했다.

이 외에도 자신이 여행한 이집트, 메소포타미아, 페니키아, 스키타이 등 여러 지역의 문화, 풍습, 신화, 지리, 역사도 군데군데 다루었다. 그는 자신이 폭넓게 다니며 만난 많은 사람의 증언을 소개하면서 자기 생각도 덧붙였다. 헤로도토스의 서술이 과연 맞느냐에 대한 비판도 많았지만 시간이 지나면서 고증에 의해 맞다는 것이 입증되면서 신뢰도는 더욱 올라갔다. '역사의 아버지'라는 칭호는 로마의 실력자이자 문장가였던 키케로가 그에게 붙여준 명칭이다. 헤로도토스는 세상 곳곳의 온갖 기이한 풍습을 많이 알고 있었으므로 모임에서 가장 인기 있는 이야기꾼이기도 했다. 그의 글은 낭독을 목적으로 했기 때문에 '산문의 호메로스'라고 불리기도 한다. 호메로스는 그리스 신화를 쓴 《일리아드》와 《오디세이》의 저자이다. 그는 뚜렷한 목적이나 필요에 의해서가 아니라 여행 자체가 즐거움인 여행을 했기 때문에 최초의 여행자로도 불린다.

헤로도토스는 고대 그리스의 식민지 도시인 할리카르나소스에서 태어났는데 현재 터키 남서부의 보드룸에 해당된다. 보드룸은 도리아인이

기원전 450년 헤로도토스가 알고 있던 세계의 모습

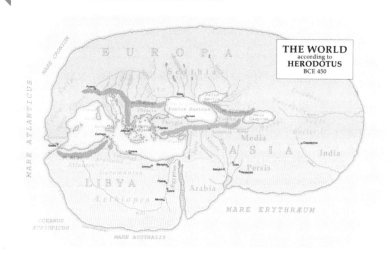

건설한 것으로 헤로도토스는 이 도시의 지배 가문을 축출하려다가 도리어 축출당해 사모스섬으로 이주한다. 그 후 10여 년에 걸쳐 동쪽으로는 바빌론 또는 수사, 서쪽으로는 리비아의 키레네, 바르케, 남쪽으로는 나일강 상류의 시에네(오늘날의 아스완), 북쪽으로는 크리미아반도, 우크라이나 남부까지 폭넓게 여행을 갔다. 여행에서 수집한 많은 자료를 토대로 하여《역사》를 쓰게 된다. 헤로도토스는 기원전 484년에 태어나 기원전 425년에 사망한 것으로 추정된다.

페르시아전쟁은 그리스 도시국가들과 당시 강대국이었던 페르시아 사이에 10여 년간 벌어진 치열한 전쟁이었다. 아테네는 마라톤전투에서 페르시아 다리우스 1세의 공격을 격퇴했고, 살라미스해전과 테르모필레전투에서 크세르크세스 1세의 공격을 역시 물리쳤다. 외환이 사라지면 내분이 일어나기 마련이다. 그리스내전이라 할 수 있는 펠로폰네소스전쟁이 연이어 터졌다.

기존 패권자와 새로운 도전자 간의 싸움은 그치지 않는다. 기존 패권자는 자신이 이미 누리고 있던 이익을 유지하기 위해, 새로운 도전자는 패권을 쟁취하기 위해 싸우는 것이다. 이 중에 누가 이기는가는 상황에 따라 다르다. 패권자가 도전자를 계속 물리치는 경우도 있고, 강력한 도전자가 패권자를 단번에 물리치는 경우도 있다.

기원전 5세기에 그리스의 패권을 둘러싸고 기존 패권국인 스파르타와 도전자인 아테네 간에 전쟁이 벌어졌는데 이 전쟁이 펠로폰네소스전쟁(기원전 431~기원전 404년)이다. 아테네가 페르시아전쟁(기원전 492~기원전 448년)에서 승리하기 전까지만 하더라도 그리스의 패권자는 스파르타였다. 하지만 페르시아를 물리친 아테네의 국운이 올라가 기존의 세력균형이 무너지며 무력충돌이 벌어진 것이다.

페르시아전쟁에서 이긴 신흥국 아테네는 페르시아의 재침에 대비하기 위해 해군력을 주축으로 여러 도시들과 함께 델로스동맹을 출범시켰는

데 아테네는 이를 기반으로 시칠리아, 이탈리아반도까지 세력을 확충한다. 이에 위협을 느낀 스파르타는 펠로폰네소스동맹을 결성하여 델로스동맹을 상대로 전쟁을 일으키고 결국 이긴다. 하지만 그리스 내 치열한 전쟁으로 국력이 소모되어 그리스의 몰락이 시작된다.

투키디데스는 아테네의 명문가 출신으로 장군으로 있다가 20년간 망명생활을 하면서 《펠로폰네소스전쟁사》를 썼다. 후세 역사학자들은 스파르타 중심의 펠로폰네소스동맹과 아테네 중심의 델로스동맹 간의 무력충돌을 '투키디데스의 함정Thucydides Trap'이라 표현했다. 펠로폰네소스전쟁 때처럼 빠르게 부상하는 신흥강국이 기존의 세력균형을 뒤흔들고 이런 불균형을 해소하는 과정에서 패권국과 신흥국이 무력충돌 하는 경향이 있다는 것이 이른바 '투키디데스의 함정'이다.

투키디데스의 함정은 인류 역사를 통틀어 자주 목격된다. 역사학자들은 1,500년 이후 신흥강국이 패권국에 도전하는 사례가 15번 있었고, 이 가운데 11개가 전쟁으로 이어졌다고 말한다. 1870년에 발발한 보불전쟁은 기존의 패권국인 프랑스와 도전국인 프로이센 간에 벌어졌고, 1914년 제1차 세계대전은 패권국인 영국과 도전국인 독일 사이에 벌어졌다. 1894년 청일전쟁은 동아시아에서 패권국인 중국과 도전국인 일본 간에 벌어졌고, 21세기에는 패권국인 일본과 도전국인 중국 간의 전쟁도 일촉즉발에 있다. 사실 중국과 일본 간의 갈등은 중국과 미국 간의 갈등이다. 미국의 하수인인 일본이 중국과 갈등을 보이는 것이다.

헤로도토스의 《역사》, 투키디데스의 《펠로폰네소스전쟁사》 이후에도 타키투스의 《게르마니아》《연대기》, 카이사르의 《갈리아 전기》, 플루타르코스의 《영웅전》 등 많은 역사서가 등장한다.

──── THINK

우리가 사는 2018~2030년 기간에 패권국과 신흥국 간에 무력충돌이 흔히 벌어진다는 투키디데스의 함정에 빠져 대규모 전쟁이 벌어질 가능성에 대해 독자 여러분은 어떻게 보는가?

불교는 어떻게
아시아 전체로 퍼졌을까?

종교는 인간에게 매우 중요하다. 무신론이나 불가지론처럼 종교가 없는 사람도 많지만 종교가 있는 사람이 훨씬 많다. 과거에는 세계의 3대 종교 하면 보통 기독교, 이슬람교, 불교를 꼽았다. 하지만 이제 시간이 지나면서 종교의 위상도 달라지고 있다. 신자 수가 가장 많은 종교는 이슬람교이고 이어서 가톨릭, 힌두교, 개신교, 불교 순이다.

기원전 6세기에 히말라야 산기슭 석가족의 소국 카필라국의 룸비니(현재 네팔 지역)에서 왕자로 태어난 싯다르타는 16세에 결혼해 아이를 하나 두었으나 인생의 무상함을 느껴 29세에 출가하여 6년 동안 숲에서 고행생활을 한다. 육체를 괴롭혀서는 깨달음을 얻지 못함을 깨닫고 35세에 보리수나무 밑에서 명상으로 깨달음을 얻어 진리를 깨달은 사람, 불타가 된다.

깨달은 자, 고타마를 뜻하는 '고타마 붓다'와 석가족의 성자라는 뜻의 '석가모니'와 같은 호칭법은 예수를 칭할 때 '메시아'라는 뜻인 그리스도를 더하여 '예수 그리스도'라고 부르는 것과 동일하다. 또한 공자·맹자 등을

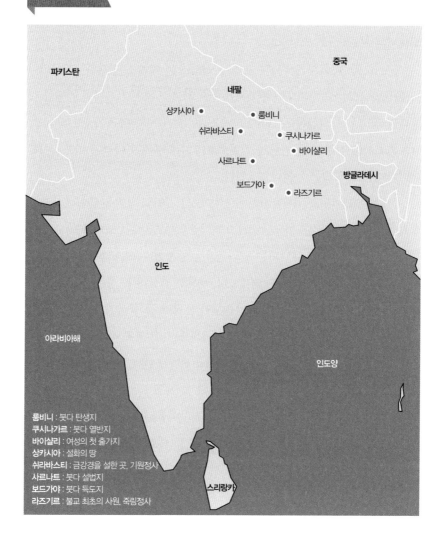

붓다의 8대 성지

파키스탄

중국

네팔

상카시아 •
• 룸비니

쉬라바스티 •
• 쿠시나가르

• 바이샬리

사르나트 •

방글라데시

보드가야 •
• 라즈기르

인도

아라비아해

인도양

룸비니 : 붓다 탄생지
쿠시나가르 : 붓다 열반지
바이샬리 : 여성의 첫 출가지
상카시아 : 설화의 땅
쉬라바스티 : 금강경을 설한 곳, 기원정사
사르나트 : 붓다 설법지
보드가야 : 붓다 득도지
라즈기르 : 불교 최초의 사원, 죽림정사

스리랑카

원래의 이름인 공구·맹가로 부르지 않고 '선생'을 뜻하는 '자구'를 붙여 부르는 것과 동일하다. 붓다는 룸비니에서 태어나고 가비라성에서 성장했으나 종교활동은 마가다 왕국에서 주로 했다. 갠지스강 주변의 나라였던 슈라바스티 왕국의 기원정사와 마가다 왕국의 죽림정사에서 제자들을 길러냈다.

아난다, 수부티, 라훌라, 아나룻다, 사리풋다, 우팔리, 마하카사파 등 10대 제자가 대표적이다. 하지만 불교가 인도 전역에 걸쳐 주요 종교로 자리 잡기 위해서는 시간이 더 필요했다.

　　마케도니아의 알렉산드로스가 인더스강 지역을 점령한 후 물러나자 찬드라굽타는 곡창지대인 펀자브를 장악하고 갠지스강 유역의 강력한 마가다왕국의 수도 파탈리푸트라('꽃의 수도'라는 뜻의 '쿠수마푸라'라고도 하며 오늘날의 파트나)도 점령한다. 이렇게 기원전 317년에 세워진 나라가 마우리아왕조이다. 찬드라굽타는 자이나교도였다.

　　마우리아왕조(기원전 317~기원전 185년)는 인도 전역을 통일해나간다. 특히 3대 왕이었던 아소카왕(기원전 269~기원전 232년 재위) 시기가 최고 전성기로 중국의 진나라에 해당되는 통일국가를 형성했다. 아소카왕은 정복전쟁을 일으켜 영토를 최대한으로 넓혔으나 전쟁의 참상에 큰 충격을 받고 불교로 귀의한다. 아소카왕은 석가의 탄생지인 룸비니 등 불적지도 자주 순례하고 스스로 불경을 깊이 공부했으며 불교회의도 여러 번 열어 교리를 종합 정리했다. 그래서 아소카왕은 다르마(보편적인 진리, 불법)를 제국의 통치이념으로 삼고 불교를 퍼뜨린다. 다르마는 불교의 법 혹은 덕, 의무를 뜻하며, 보편적 윤리로 순종, 절제, 자비, 불생을 강조한다. 아울러 종교 수행자를 존경하고 노예도 올바르게 대우할 것을 권유한다. 그는 진정한 정복은 힘에 의한 것이 아니라 사람의 마음을 정복하는 것이라 믿고 군사 지도자들을 불교 사절단으로 바꿔 각 나라에 파견한다. 특히 스리랑카에서 불교 포교에 성공하여 스리랑카는 소승불교의 중심지가 된다. 그렇다고 해서 아소카왕이 불교를 완전히 자기 왕국의 국교로 삼은 것은 아니었다. 백성들에게 불교를 강요하지는 않았고 다른 종교도 보호하며 서로 관용하도록 가르쳤다.

　　기원전 3세기에 불교교단은 화폐로 하는 보시의 시비를 둘러싸고 논쟁을 벌이다가 상좌부불교와 대승불교로 나뉜다. 석가모니의 가르침을 이어받아 개인의 깨달음을 중시하는 소승불교(상좌부불교, 남방불교, 테라바다

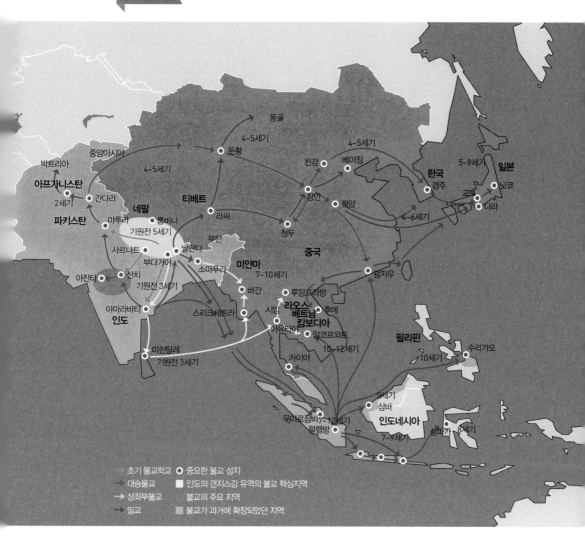

불교)는 스리랑카에서 동남아시아로 전해져 인도차이나반도의 여러 지역으로 확산된다. 또 서북인도의 간다라 지역으로 전해진 불교는 그리스, 페르시아 문화를 수용하여 보살에 의한 중생의 구제를 교의에 포함시킨 대승불교가 된다.

대월지가 세운 쿠샨왕조(30~375년)는 불교를 옹호하는데, 특히 카니슈카 왕 시대(127~147년)에 최전성기를 구가한다. 카니슈카 왕은 개인 구제에 치우친 소승불교에 반대하여 부처를 인간으로 보지 않고 신의 화신으로 보는 대승불교를 만든다. 카니슈카 왕은 당시 20여 개로 분열됐던 각 종파 간의 상이점을 조화시키기 위해 불교회의를 소집해 표준적 이론을 정립한다. 부처는 몇 번이고 다시 태어나는데 이는 다른 사람들이 열반에 이르도록 도와주기 위한 것이라고 정의를 내린다. 즉 대승불교에서 최고의 이상은 내가 아니라 전 인류를 구하는 것이다. 그래서 소승불교의 아소카 왕처럼 카니슈카 왕은 대승불교 포교단을 중앙아시아, 중국, 티베트로 보내는데 이로써 불교가 아시아의 대표 종교로 자리 잡는 데 큰 도움이 된다.

기원전 4세기 알렉산드로스 대왕이 인도 북동부까지 원정 온 이후 시간이 지나면서 그리스 문화와 불교 문화가 만나 자연스럽게 생긴 불교미술을 간다라미술이라 말한다.

우리는 대개 붓다가 열반하고 나서 바로 불상이 생긴 것으로 알지만 그렇지 않다. 붓다 열반 후 500여 년이 지난 후에야 사람 모양의 불상이 생긴다. 그리스에는 일찍부터 사람 모양의 조각문화가 발달했는데 이런 신상문화가 간다라 지역에서 불교와 마침내 접목한 것이다. 불상을 자세히 들여다보면 머리카락이 물결 모양으로 곱슬곱슬하고, 코가 높고 눈이 깊게 파여 있음을 알 수 있다. 동양인 모습과는 상당히 거리가 있다. 옷에도 유난히 주름이 많다는 공통점이 있다. 인물 생김새가 사실적이고 개성 있으며 매우 자연스럽고 감각적이다. 3세기에는 간다라 지역에서 부처의 일생 이야기가 부조로 만들어지기도 했다. 간다라 지역(페샤와르, 탁실라, 스와트)에는 파고다탑의 기원인 스투파(불탑)를 포함해 불교 유적지가 여기저기 많다.

간다라는 파키스탄 페샤와르 인근의 인더스 중류 지역의 이름이다. 더 정확히 말하자면 파키스탄 북부와 아프가니스탄 동부 지역이 간다라이다. '간다라'는 산스크리트어로 '향기로운 땅'이라는 뜻이다. 특히 간다라 지역의 페샤와르는 예로부터 동서양 문화교류의 주요 중심지였다. 2세기에 들어와 구산왕조를 일으킨 카니슈카 왕 때 간다라미술은 전성기를 구가한다. 간다라미술은 4세기에 간다라 고승인 마라난타에 의해 동진시대의 중국(둔황, 장안, 남경)을 거쳐 황해를 건너 백제로 384년에 건너온다. 첫 도래지는 아미타불이 변형된 아무포라 불리다가 나중에 '성인이 불법을 들여온 성스러운 포구'라는 의미의 법성포로 이름이 바뀐다. 전남 영광 해안의 법성포에는 지금 마라난타 성지가 조성되어 있다. 간다라미술은 일본으로도 건너간다. 중국, 한국, 일본의 불교미술에 지대한 영향을 끼친 것이다. 이처럼 동양과 서양의 문화는 아주 일찍부터 서로 접목되어 현재 우리를 둘러싸고 있다.

티베트에 전래된 불교는 독자적인 발전을 거쳐 라마교라 불렸으며 몽골에 전파되었고 원나라 시기에 널리 알려지게 되었다. 원나라 멸망 후 중국과 한국에서는 쇠퇴했으나 청나라 시기에는 황궁의 종교가 되기도 하였다. 몽골에서는 53퍼센트의 사람들이 라마교를 믿고 있다.

붓다가 불교를 만든 기원전 6세기에 왕족 출신의 바르다마나는 30세에 출가하여 13년의 고행정진 끝에 크게 깨달아 지나jina, 승자가 된다. 자이나교는 번뇌를 극복한 승자의 가르침이라는 뜻이다. 브라만교와는 달리 카스트를 초월하여 해탈을 주장했고, 불교와는 달리 고행을 강조한다. 윤회에서 해탈하려면, 죽이지 말고 망언을 하지 말고 도둑질을 하지 말고 난잡한 음행을 저지르지 않고 무소득의 도덕적 생활과 금욕적 고행을 해야 했다. 이렇게 해야만 이미 얻은 업을 없애고 새로운 업이 들어오는 것을 방지하여 해탈할 수 있다는 것이다. 자이나교에는 신이 없다.

─── THINK

현재 우리나라 불교신자들이 믿고 있는 것은 대승불교이다. 대승불교가 과거에 헬레니즘의 영향을 얼마나 많이 받았는지 불상 등 간다라미술을 포함하여 생각해보기 바란다.

왜 전쟁이 잦았던
춘추전국시대에
오히려 다양한 사상이 분출되었을까?

역사를 보면 어떤 특정 시기에 많은 사상이 봇물 터지듯이 분출되는 것을 볼 수 있다. 이른바 문화융성시대인데, 고대 그리스 시기, 유럽 르네상스 시기, 유럽 계몽운동 시기, 중국 당나라 시기가 바로 그런 경우이다. 평화 시기만 해당되는 것은 아니다. 전면적인 전쟁만 아니라면 간헐적 전쟁 시기에 발생하기도 한다. 분명한 것은 사회가 어느 한 시스템에 꽉 갇혀 언론통제가 있을 때에는 이런 현상이 발생하지 않고 사회가 다소 불안하더라도 새로운 것에 대한 요구가 많아졌을 때 발생하곤 한다.

중국에서는 기원전 5세기부터 시작하여 기원전 3세기까지 300년 동안 다양한 사상들이 분출했다. 이 시기를 제자백가시대라고 하는데 사회가 불안했던 춘추전국시대와 거의 일치한다. 춘추春秋시대는 주나라가 수도를 호경에서 낙양으로 옮긴 기원전 770년부터 기원전 403년까지, 전국戰國시대는 기원전 403년부터 진나라가 중국을 통일한 기원전 212년까지를 말한다.

우리가 잘 아는 공자, 맹자, 순자, 묵자, 노자, 장자, 한비자, 손자가 모

학파	특징	기원전 700년	600년	500년	400년	300년	200년
유가	인의 완성과 질서 유지에 의한 이상국가 형성			공자 (551~479년)	맹자 (372~289년)		순자 (298~238년)
법가	권력을 군주에 집중 법에 의한 통치		관중 (725~645년)			상앙 (395~338년)	한비자 (281~232년)
도가	자연을 존중하고 외부 사물을 침범하지 않으면 세상은 스스로 다스려짐			노자 (604~5??년)		장자 (369~286년)	
묵가	유가를 비판하고 무차별한 사랑 실현				묵자 (470~391년)		
기타	병가(손무), 종횡가(소진, 장의), 명가(혜시, 공손룡), 농가(허행), 잡가(여불위), 음양가, 오행가, 소설가						

두 이 시기에 등장했고 이들은 유가, 묵가, 도가, 법가, 병가라는 다양한 학맥을 형성했다. '자子'는 교사를 존대하여 부르는 명칭이고, '가家'는 저술가 혹은 사상의 한 흐름을 이룬 학파를 말한다. 즉 제자백가는 중국 춘추전국시대에 자유롭게 자신의 사상과 학문을 펼쳤던 수많은 학자와 학파를 일컫는다.

춘추시대 말기에 최초의 교사로 등장한 공자는 인과 예를 강조하며 주대의 봉건적 질서로 되돌아갈 것을 주장했다. 반면에 전국시대 초기의 묵자는 전쟁에 반대하는 반전론을 주장하면서 남의 것도 자신의 것과 똑같이 여기는 만인평등의 새로운 사회를 건설해야 한다고 주장했다. 허무주의자이자 문명 비판론자인 노자는 모든 인위적인 노력은 사태를 악화시킬 뿐이므로 자연으로 돌아가 순리에 맡기는 것이 최선책이라고 주장했다.

동주 당시만 하더라도 유가와 묵가의 명칭밖에 없었다. 나중에 한나라 시기에 와서 다양한 '가' 명칭이 생겼다. 유가와 도가는 종교로 격상되어 중국철학에서는 '삼교구류三敎九流'라 하며 유교, 불교, 도교를 포함해 아홉 개의 학파를 거론한다. 나중에 소설가가 포함되면서 십가十家라고도 부른다.

서주의 수도 호경이 서쪽의 견융에 의해 함락당하고 수도를 낙양으로 옮긴 후에 동주라 불렸다. 이때부터는 주 왕실의 권위가 크게 추락하여 제후국들이 실력을 발휘하게 된다. 춘추시대를 대표하는 나라로는 제齊, 진晉, 초楚, 오吳, 월越 5국이 있는데, 특히 이 당시 강력했던 왕을 춘추오패라고 부른다.《춘추》의 저자인 공자는 명분론에 입각하여 제 환공, 진 문공, 진 목공, 초 장왕, 송 양공을 오패로 꼽았다. 하지만 당시 실질적인 국력을 기준으로 제 환공, 진 문공, 초 장왕, 오 합려, 월 구천을 일반적으로 오패라 부른다. 물론 대표 국가 외에 노魯, 송宋, 채蔡, 정鄭, 위衛, 조曹, 연燕, 진陳, 진秦 등 소국도 있었다. 공자는 자신이 밝혔듯이 은나라 유민들이 이주해 세운 송나라 사람이었다.

전국시대에 들어와서는 주 왕실의 권위는 아예 사라지고 본격적으로 제후국끼리 싸우기 시작한다. 기존의 진은 위魏, 조趙, 한韓으로 분할되고 오, 월은 탈락하는 대신 진秦, 연燕이 추가되어 전국7웅이 쟁패하기 시작한다. 위, 조, 한, 제, 초, 진, 연이 바로 전국7웅이다. 이 중에 법가인 상앙의 변법 이래 7웅 중 항상 최강이었던 진秦에 의해 드디어 전국시대가 종결되고 진제국이 형성된다.

왜 이렇게 어수선한 시기에 제자백가들이 출현했을까? 우선 주나라가 약해지면서 종법제적 규범이 완전히 무너지고 기존의 지배층이 대거 몰락하게 된다. 이 몰락 지배층 중 일부가 자신이 익힌 지식을 활용해 교육과 후학 양성에 힘쓴다.

지배층 말단에 있던 선비층이 자신이 연마한 실력과 애써 개발한 사상, 이론, 정책을 발휘할 시기를 만났다. 혼란한 시대에 살아남아 부국강병을 바라는 여러 제후들이 정책개발을 위해 인재를 열심히 구했기 때문이다. 또 어떤 야심 찬 제후들은 대혼란 시기를 아예 마감하는 비법을 찾기도 했다. 즉 인재공급도 있었고 인재수요도 왕성했던 것이다.

노나라 수도 곡부와 멀리 떨어진 시골에서 태어난 공자(기원전 551~기원전 479년)는 노나라를 거점으로 삼아 제, 주, 위衛, 송, 정, 진陳, 채, 초나라 등 여러 나라를 주유했다. 배우기를 매우 좋아한 공자는 노나라에 중국 최초로 사학을 열었는데 제자들이 3,000명에 이르렀다. 당시에는 교육을 받으려면 관청에서 여는 기관에 가야 했는데 교육대상이 한정적이었다. 그런데 공자는 약간의 보수만 내고 배우고자 하는 열망만 있으면 평민도 교육을 받을 수 있게 했다. 그는 나이 30세 때부터 교육에 몸담아 제나라에서 3년간 체류하기 전에도 사학을 열었지만 제나라에서 돌아와 대사구(최고 재판관에 해당)를 지내기 전까지의 15년간 가장 활발하게 교육활동을 했다.

공자에게서 직접 배운 제자 중에 가장 뛰어난 10명을 공문십철孔門十哲이라 한다. 공자는《논어》선진편 제2장에서 자신의 제자에 대해 이렇게 말한 바 있다. "덕행으로는 안연, 민자건, 염백우, 중궁이 뛰어났고, 언변은 재아와 제공이 뛰어났고, 정사에는 염유와 계로가 뛰어났고, 문학에는 자유와 자하가 뛰어났다." 그런데 공자의 적통을 이은 증삼은 막상 여기에 없다. 처음에는 무식했던 자로가 가장 먼저 공자에게 합류했고, 그 후 어려서부터 공자에게서 배운 안회가 최고 애제자이다. 두 사람은 모두 공자보다 먼저 죽었다. 자공은 원래 상인 출신으로 언변도 좋고 돈도 많이 벌어 공자의 스폰서 역할을 톡톡히 했다.

공자 자신은 노나라에서 대사구까지 올라간 것이 가장 높은 직위였지만 나중에 제자와 손제자들이 여러 나라에서 등용되면서 공자는 더욱 유명해졌다. 공자는 나중에 맹자로 이어지는 유가의 시조이다. 공자의 제자인 증자曾子는 공자의 손자인 자사子思를 가르쳤고, 자사는 훗날 맹자孟子를 가르쳤다. 그의 일생을 보면 공자는 경세가라기보다는 교육자에 훨씬 가까웠다. 공립학교가 아니라 사립학교 교육자였다.

법가는 법치, 즉 법에 의한 통치를 주장한 학파이다. 법가학파의 선구자로는 춘추시대 제나라의 관중(기원전 725~기원전 645년), 정나라의 자산을 꼽는다. 전국시대 초기에 법가가 형성되었는데, 대표 인물로는 상앙, 이회, 오기, 신불해, 신도가 있다. 공자의 제자인 자하가 위나라에서 학교를 세웠는데 상앙이 이 학교에서 공부했다. 상앙은 진나라 효공에 의해 재상으로 등용되어 엄격한 법치주의에 입각하여 진나라를 강국으로 만드는 데 크게 기여했다. 전국시대 말기에 이르러 한비가 상앙의 법法, 신도의 세勢, 신불해의 술術을 귀납해 법가를 집대성한다. 공자의 제자인 자궁子弓의 손제자 중에 순자가 있었고 순자는 한비와 이사를 가르쳤다. 그런 의미에서 공자는 유가와 법가의 공동 시조라 할 수 있다. 법가의 대표 저서로는 상앙이 쓴《상군서》, 한비가 쓴《한비자》가 있으며 그 나머지는《한서》《예문지》에 실려 있다. 법가 학설은 중국을 통일한 봉건전제왕조의 건립에 이론적 근거와 통치법을 제공했다.

세계 4대 성인 중의 한 사람인 공자는 중국 2,500년 역사에서 다양한 평가를 받아왔다. 특히 중국이 서구의 침략을 받을 때에는 기존 질서를 유지하려는 공자 철학이 많은 비난을 받았다. 특히 1966년 문화대혁명이 일어나면서 홍위병에 의해 공자의 묘비가 훼손되기까지 했다. 하지만 이제는 공자가 중국철학을 널리 알리는 데 기여하고 있다. 공자 학원이 전 세계에 세워지는 중이다. 공자의 생생한 일생을 자세히 보려면 35부작 중국 드라마 〈공자〉(2011년)를 보기 바란다.

―― THINK

역사를 훑어보면 오랜 전쟁 기간 동안에 문명이 크게 발달했다는 것을 알 수 있다. 전쟁은 어떤 측면에서 문명발전에 기여하는가?

중국 최초의
통일제국인 진나라는
왜 20년도 채 유지되지 못했을까?

우리나라에서는 드라마 가운데 미드, 영드, 일드, 남미의 텔레노벨라^{telenovela}에 이어 중드가 인기이다. 2008년 베이징올림픽에 맞추어 중국 CCTV가 만든 대하드라마 〈대진제국大秦帝國〉도 큰 인기를 끌었다. 기원전 403년부터 기원전 221년까지의 중국을 전국시대라고 부르는데 당시 7웅 국가 중 하나인 진秦나라가 약소국에서 강대국으로 발돋움하고, 특히 진시황이 천하통일을 이루게 되기까지의 과정을 역사적 사실에 바탕을 두고 그린 6부 240편의 대작이다. 따라서 이 드라마는 허무맹랑한 무협극이 아니라 흥미진진한 대서사극이다.

〈대진제국〉은 갑자기 나온 드라마가 아니다. 중국 역사학자인 쑨하오후이孫皓暉가 역사적 사실에다가 작가적 상상력을 더해 대하소설 《중국을 말한다》를 썼는데, 이 소설의 상앙 부분을 토대로 하여 TV 시리즈로 만든 것이 바로 〈대진제국〉이다.

드라마 1부 '흑색열변'은 전국시대의 역사적 사건인 '상앙의 변법商鞅

變法'을 다룬다. 기원전 362년 진나라가 옆 나라인 위나라와 전투를 벌이는 장면부터 시작한다. 망국의 위기에 몰리자 신임 군주인 진 효공(기원전 361~기원전 338년 재위)이 법치法治를 부르짖는 뛰어난 전략가인 상앙을 등용하여 부국강병책을 추진해 나라의 기반을 굳건하게 한다. 진 효공과 상앙은 기원전 356년부터 20여 년 동안 환상적인 콤비플레이를 펼친다. 법치주의, 노예제 폐지, 군현제, 연좌법, 도량제, 함양으로의 수도 천도 등을 실시하여 귀족과 공신의 세력을 약화시키고 평민의 권리와 경제력을 크게 끌어올려 진나라를 강대국으로 변모시킨다. 함양은 현재 셴양으로 시안의 북서쪽에 있다.

하지만 기원전 338년 진 효공이 병으로 죽고 아들 혜문왕이 등극하자 기존 귀족, 공신 등 보수세력이 반기를 일으켜 상앙에게 죄를 뒤집어씌운다. 지나친 법치주의 실시로 인해 국기가 흔들렸다는 죄목이었다. 다섯 마리의 소가 목과 두 손, 두 발을 갈기갈기 찢어 죽이는 거열車裂형을 받은 상앙은 처참한 죽음을 맞는다. 혜문왕은 개인적으로는 상앙을 싫어했지만 국가 차원에서는 상앙의 변법을 그대로 실행하여 진나라를 확실한 강국으로 만든다. 혜문왕 시대부터 시작하는 중국 드라마를 보려면 〈미월전〉을 보면 된다. 혜문왕은 책사 장의를, 소양왕은 책사 범저의 도움을 크게 받아 진나라의 위상을 드높인다.

막상 진의 중국 통일을 완성한 사람은 진시황이다. 13세였던 기원전 247년 왕위에 오른 영정은 조나라 출신 승상 여불위의 무소불위 섭정과 노애의 반란 음모를 극복하고 22세부터 친정을 시작한다. 230년부터 통일전쟁을 시작한 진왕은 2년 후 연나라에서 사신으로 보낸 자객 형가에 의해 하마터면 궁정에서 살해당할 위기를 맞기도 한다.

진 효공에게 위나라 출신의 상앙이 있었다면 진시황에게는 초나라 출신의 이사가 있었다. 진의 통치이념과 전략을 제공한 책사인 이사는 경제력과 군사력을 강화시키도록 한다. 한나라 출신의 토목기술자인 정국으로 하여금 대규모 운하를 만들게 하여 관중평야를 큰 곡창지대로 만들었고, 경제력에 힘입어 군사력을 크게 강화시킨다. 그리고 7웅 중 하나인 인접국 한부터 시작하여 차례로 조, 위, 초, 연 그리고 마지막으로 제나라를 연파하여 중국 통일을 이루었다. 진시황은 40세였던 221년에 500여 년의 중국 분열을 종식시키고 중국 최초 통일제국의 황제로 즉위한다.

진나라, 진제국 비교 연표

진나라 왕, 진제국 황제	시황제
진 헌공(기원전 385~기원전 362년)	기원전 259년 영정 출생
진 효공(기원전 361~기원전 338년): 책사(승상) 상앙	기원전 247년 13세 나이에 진왕에 오름
혜문왕(기원전 337~기원전 311년): 책사 장의	기원전 241년 19세 나이에 친정 시작
도문왕(기원전 311~기원전 307년)	기원전 238년 노애(장신후)의 반란 모의 제거
소양왕(기원전 306~기원전 251년): 책사 범저	기원전 235년 실력자 여불위 제거
효문왕(기원전 250~기원전 250년)	기원전 230년 통일전쟁 시작
장양왕(기원전 249~기원전 247년)	기원전 228년 연나라의 자객에 의한 암살 모면
시황제(영정, 기원전 246~기원전 210년): 책사 이사	기원전 221년 통일 완성 및 시황제로 등극
이세황제(영호해, 기원전 209~기원전 207년)	기원전 213년 책을 모조리 불태운 분서사건
삼세황제(영자영, 기원전 206년)	기원전 212년 유학자 460명을 생매장시킨 갱유사건
	기원전 210년 폭염에 장거리 시찰 중 과로로 사망
	기원전 206년 진제국 멸망

통일 후 진시황은 중앙집권을 강화하기 위해 전국에 법치제 확산, 군현제 실시(36개 군), 도량형 통일, 화폐 통일(반량전), 수레바퀴 폭 통일, 문자 통일(소전체)을 도입했다. 또한 사회간접자본과 국방을 위해 대규모 도로 확충(폭 70미터) 및 만리장성도 구축했다. 북방민족을 저지하기 위해 만리장성과 도로를 광범위하게 만들고 아방궁을 짓는 것은 좋았으나 이로 인해 백성들의 부담이 크게 늘어났다. 인구 2,000만 명 중 무려 100만 명이 만리장성

건설에 투입되었다. 또한 그는 평생 동안 제국 곳곳을 돌아다니는 순행을 다섯 차례나 했다. 각 지역에 대해 잘 알고 자신의 위상을 지역 사람들에게 알리기 위함이었다. 그는 다섯 번째 순행을 하면서 폭염이 기승을 부리던 7월 마차 안에서 쓰러져 죽는다.

진시황에게는 무소불위 권력자, 폭군, 광기 어린 독재자 등 나쁜 이미지가 많다. 주옥같은 고전을 불태운 분서, 460명의 유학자를 생매장한 갱유, 호화찬란한 아방궁, 영생불사를 얻기 위한 불로초, 죽어서도 막강한 호위무사를 거느리고 싶어 만든 8,000점 이상의 병마용갱과 거대한 진시황 능 때문이다. 춘추전국시대 500여 년간 그 누구도 해내지 못한 중국 통일을 군사적으로, 제도적으로 이루어내 현재에 이르기까지 중국의 기초를 만든 업적에 비하면 이런 흠은 아무것도 아닐지 모른다.

진시황 능은 봉분만 가로 345미터, 세로 350미터, 높이가 55미터인데, 깊이 또한 30미터에 이른다. 시신을 온전히 보존하고 공기를 차단하기 위해 깊게 파고, 옥으로 수의를 입히고 수은으로 무덤 내에 강을 만들어 부패를 막았다. 또 묘 전체를 청동으로 둘러싸이게 해서 지하수의 유입을 막았다. 그리고 근처에 병마용갱이나 백희용갱을 여러 개 만들어 저승에 가서도 진시황을 지키고 즐겁게 하도록 했다. 병마용은 모두 실물 크기로 8,000개나 되는데 모습이 모두 다르다. 예전에는 모두 색이 칠해져 있었는데 발굴과 동시에 모두 색깔이 날아갔다. 봉분 자체도 크지만 능원 규모는 훨씬 크다. 능원은 면적이 2.13제곱킬로미터로 축구장 330개 크기이다. 한마디로 지하 궁전이다. 진시황 능은 아직 발굴되지 않았고 앞으로도 발굴계획이 잡혀 있지 않다. 원격 탐지나 초분광 같은 하이테크 장비를 이용하면 구태여 발굴하지 않아도 내부를 조사할 수 있을 것으로 보기 때문이다.

제국을 세우는 것도 어렵지만 제국을 유지하는 것은 더욱 어렵다. 진시황은 9년간의 통일전쟁 끝에 제국을 세우고 11년간 유지했으나 그가 죽은 지 4년 만에 멸망해버렸다. 자식이 황위를 물려받았으나 실권을 쥔 환관

조고의 농간에 제국은 뿌리째 흔들렸다. 진시황의 책사로 제국 건설의 수훈 갑이었던 이사마저 작두로 허리를 잘리는 요참형을 당했다. 왕후장상의 씨가 따로 있느냐고 외치던 진승과 오광이 시작한 농민반란과 항우와 유방의 패권 다툼 속에서 세 번째 황제인 영자영은 재위 36일 만에 유방에게 옥새를 바치고 진제국은 역사 속으로 그만 사라지고 만다. 영자영이 옥새를 자신이 아니라 유방에게 준 것에 화가 잔뜩 난 항우에 의해 죽임을 당했다는 설이 있으나 확실치는 않다.

━━━ THINK

중국의 전체 역사를 통틀어 15년(기원전 221~기원전 206년)의 진제국처럼 수명이 짧았던 예로 또 어떤 나라가 있었는지 알아보자.

알렉산드로스 대왕이
혹시 최초의 혼혈결혼 주선자는
아니었을까?

우리는 알렉산드로스 대왕이 누구인지 잘 안다. 그리스 북쪽에 있는 마케도니아 필리포스 2세의 아들이자 아리스토텔레스의 제자, 당시 막강했던 페르시아 아케메네스왕조를 아예 멸망시킨 자, 자신의 이름을 따서 점령지에 알렉산드리아 도시를 수없이 만든 자, 22세 나이에 원정을 시작해 10년 사이에 그리스, 페르시아, 인더스강까지 광활한 제국을 건설한 자, 하지만 32세 나이에 열병으로 그만 허망하게 죽음을 맞이한 자가 그의 프로필이다.

사실 그가 점령한 지역은 페르시아의 아케메네스왕조가 최전성기를 구가할 때 점유했던 땅의 면적과 크게 다르지 않다. 다만 마케도니아인이 주도했기 때문에 발칸반도 영역이 더 포함되었을 뿐이고, 대신 캅카스 지역은 점령하지 못했기에 제국의 전체 면적에는 큰 차이가 없다. 그런데 왜 사람들은 알렉산드로스를 그처럼 칭송하는가? 물론 서양 관점에서 보면 알렉산드로스의 10년 원정은 혁혁한 공적이다. 서양인으로서는 그때까지 이렇게 광활한 제국을 만든 자가 없었기 때문이다. 게다가 고전 그리스 문화를 동경하던 알렉산드로스가 동방정복과 더불어 광범위한 지역에 그리스적 정신과 동방정신을 융합시켜 헬레니즘 문화가 만들어졌다.

사실 그리스Greece라는 지리 표현은 로마가 강해졌을 때의 표현이고 그리스가 강했을 때에 그들은 자신을 헬라스Hellas라고 불렀다. 그런데 헬레니즘이라는 용어가 아주 예전부터 사용되었던 것은 아니다. 1863년 독일 역사가인 요한 드로이젠이 《헬레니즘사》에서 알렉산드로스와 클레오파트라 사이의 기간을 일컫기 위해 처음 쓰기 시작한 단어인 헬레니즘이 당시 서구 제국주의 분위기에 편승한 것이다. 서구문화의 두 가지 정신 축은 기독교적인 헤브라이즘과 그리스-로마적인 헬레니즘이라고 보통 말하는데 그 헬레니즘이 바로 이렇게 탄생했다.

알렉산드로스는 동방정복 후 그리스인과 페르시아인을 적극적으로 융합하는 정책을 폈다. 우선 자신이 멸망시켰던 아케메네스왕조의 왕녀와 결혼을 했고, 부하들이 페르시아 왕족, 귀족, 평민의 딸들과 결혼하도록 장려했다. 혼혈정책을 적극 전개한 것이다. 그리고 자신이 점령한 지역에 자기 이름에서 따온 알렉산드리아라는 도시를 70여 개 세웠다. 현재는 25개만 확인된다. 이 외에도 그는 그리스 문화를 여기저기에 전파하기 위해 노력했다. 이런 인구정책, 문화정책은 아리스토텔레스로부터 다양한 지식과 사상을 배운 것과 무관하지 않다. 다른 왕들과는 상당히 다른 행보를 보였기 때문이다. 알렉산드로스의 동서 융합정책은 동방과 서방문화를 융합시켜 불교미술에도 영향을 끼쳤고 나중에 간다라미술이라는 새로운 미술양식도 만들어진다.

알렉산드로스의 아버지인 필리포스 2세(기원전 382~기원전 336년)는 기원전 338년 그리스의 테베, 아테네 연합군을 격파하고 인근 지역을 점령하기 시작하여 이듬해 코린토스동맹을 맺는다. 그 결과 스파르타를 제외한 그리스 도시국가 전체를 지배한다. 필리포스 2세는 페르시아 원정에 나서겠다고 발표하고 딸의 결혼식에 참석했다가 마케도니아의 젊은 귀족 파우사니아스에 의해 암살을 당하고 만다. 이 암살은 자신의 진가를 인정해주지 않는다는 파우사니아스의 개인적 불만 때문이었지만 페르시아를 침공한다는 발표에 페르시아인들의 사주로 선제견제 차원에서 이루어졌다는 설도 있다. 또 필리포스 2세의 네 번째 부인인 올림피아스가 자신의 패기만만한 젊은 아들, 알렉산드로스를 왕위에 빨리 올리기 위해 암살했다는 설도 있다.

여하튼 필리포스 2세가 죽고 기원전 336년 약관 20세의 나이에 마케도니아 왕이 된 알렉산드로스가 이미 준비해놓은 원정대를 데리고 기원전 334년부터 페르시아 침공에 나선다. 멀리 인더스강까지 진출했지만 지친 부

알렉산드로스제국 영토

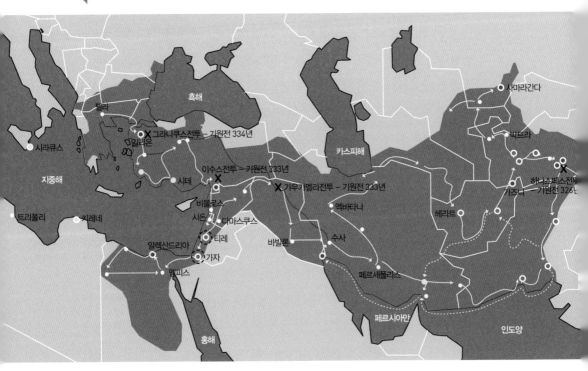

▷ 알렉산드로스 정복로
✕ 전투
🜨 포위
● 알렉산드로스가 세운 도시

● 기존 도시
⊃⊂ 산 통과길
　 그리스 식민지

하들이 더 이상의 원정은 못하겠다고 하여 바빌론으로 돌아와 자신의 수도로 삼는다. 그는 마케도니아의 바실레우스(군왕), 코린토스동맹의 헤게몬(패자), 페르시아의 샤한샤(왕 중의 왕), 이집트의 파라오를 겸임하고 스스로를 퀴리오스 티스 아시아스, 즉 아시아의 주宰라고 칭한다.

하지만 바빌론으로 돌아와 아라비아 원정을 앞두고 잠시 쉬는 사이에 열병에 걸려 죽고 만다. 혹자는 독살당했다고도 말한다. 문제는 그가 광활한 제국을 만든 지 얼마 되지 않은 시기라서 혼란이 컸다는 것이다. 왕위계승의 진통은 무려 40년이나 지속되었고, 그사이에 많은 사람이 독살당하고 죽임을 당했다. 어찌 보면 당연한 과정이라고 해도 좋을 것이다. 결국 알렉산드로스 사망 이후 제국은 네 군데로 분할된다. 마케도니아 본국의 카산드로스, 발칸반도와 소아시아에 걸친 리시마코스, 이집트 지역의 프톨레마이오스, 예전 페르시아 대부분 지역의 셀레우코스로 나뉜 것이다. 그러다가 이집트의 프톨레마이오스왕조가 로마에 의해 붕괴된 기원전 30년까지를 헬레니즘시대(기원전 334~기원전 30년)라고 부른다.

이 중 영토가 가장 넓었던 셀레우코스왕조는 헬레니즘 문화와 풍습을 잘 계승하여 헬레니즘 문화의 중심지로 꽃피웠다. 그러나 헬레니즘 문화의 우월성을 과도하게 강조하여, 피지배 계층의 문화를 무시하고 그리스화化만을 강요하다가 피지배 민족의 독립운동으로 세력이 약화되어 기원전 60년에 로마에게 멸망을 당한다.

기원전 255년에는 셀레우코스가 지배하던 중앙아시아에서 그리스계 주민들이 독립해 박트리아 왕국을 세운다. 이에 자극을 받아 페르시아계 사람인 아르사케스는 이란계 유목민을 이끌고 기원전 238년 서아시아에 파르티아 왕국을 건설한다.

===== THINK

알렉산드로스는 동방을 정복한 후 그리스인과 페르시아인의 적극적인 융합정책을 폈다. 자신의 부하들이 페르시아 왕족, 귀족, 평민의 딸들과 결혼하도록 적극 장려했다. 역사상 이런 의도적인 혼혈정책 사례가 얼마나 있는지 알아보자.

13년 만에 임무를 완수한
한나라 장건의 업적은?

역사적으로 보면 중앙 유라시아 대륙을 무대로 종횡무진 다녔던 유목민은 크게 네 종류이다. 스키타이계, 흉노계, 투르크계, 몽골계가 있다. 기원전 4세기부터 흑해 북부의 크림 지역을 중심으로 세력을 늘린 스키타이에 이어 몽골고원에서 시작하여 중앙아시아를 주름잡은 유목민은 흉노였다. 진시황이 기원전 221년 중국 통일 직후 몽염을 보내 오르도스 지방의 흉노집단을 토벌하자 흉노는 고비사막 이북으로 도망간다.

　　하지만 진나라의 갑작스러운 붕괴와 한, 초의 대립으로 북방 방위 체계가 무너져 흉노는 호기를 맞게 된다. 초의 항우를 제압하고 기고만장해진 한의 유방은 기원전 200년 흉노의 2대 선우(흉노족의 우두머리)인 묵돌(기원전 209~기원전 174년)과 맞붙었다가 백등산전투에서 대패하고 만다. 그 후 한 무제가 즉위하기 전까지 50년간 흉노는 한의 주인 행세를 한다. 한은 평화를 얻기 위해 흉노에게 공물과 공주, 비단, 식량, 술을 계속 바쳐야만 했다.

당시 흉노는 왜 그렇게 강력했을까? 흉노가 철기문명을 빨리 도입했기 때문이다. 철은 아나톨리아의 히타이트가 처음 사용하기 시작했는데 흉노는 스키타이를 통해 철 제조방법을 중국에 비해 빨리 전수받았다. 흉노

한제국의 팽창

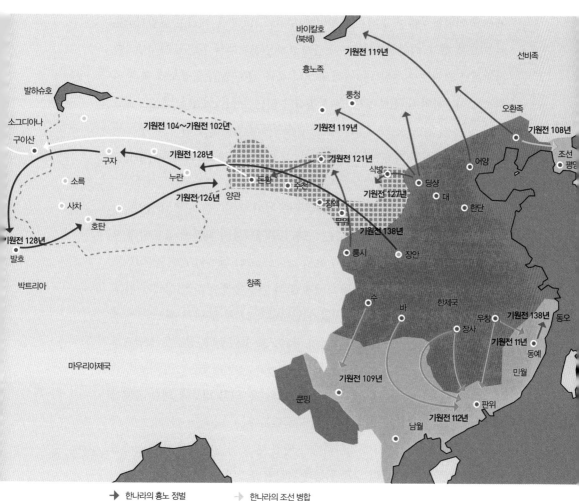

➜ 한나라의 흉노 정벌
➜ 장건의 서역 여행
➜ 한나라의 남방 확장
➜ 민월의 동오 침략

➜ 한나라의 조선 병합
　이광리의 대완 원정
➻ 서역의 도시국가

의 무덤에서는 다량의 철촉, 철검, 철제마구들이 출토되고 있다. 이런 선진기술을 보유한 흉노는 주요 교역로를 실질적으로 장악하여 경제적으로도 우위에 서게 된다.

하지만 한 무제(기원전 141~기원전 87년 재위)가 즉위하자 상황은 반전된다. 흉노는 한으로부터 공물을 받고 있음에도 걸핏하면 한에 침입해 오곤했다. 그래서 무제는 서역의 대월지국과 동맹을 맺어 흉노를 협공할 계획을 세우고 기원전 138년 장건으로 하여금 수행원 100명을 데리고 대월지국으로 가도록 했다. 기원전 3세기부터 감숙성 타림분지에서 살면서 동서무역을 독점했던 월지는 기원전 180년경 흉노의 묵돌 선우 말기에 흉노에 쫓겨 서쪽으로 이주하여 대하(박트리아)를 정복하고 대월지국을 세웠다. 장건은 장안을 출발한 지 얼마 못 가 흉노 영토인 감숙성에서 잡히고 만다. 그는 흉노의 4대 선우인 군신의 회유책으로 죽임을 당하지 않고 10여 년이나 억류생활을 하며 흉노인 부인을 얻어 아들도 낳는다.

장건은 틈을 타 도망쳐서 대원국을 거쳐 우여곡절 끝에 대월지국에 도착한다. 하지만 당시 대월지국은 나라가 안정되었기 때문에 흉노에게 복수할 마음이 전혀 없었다. 장건은 아무 소득도 없이 남쪽의 쿤룬산맥 쪽 노선으로 귀국하려다가 또다시 흉노에게 잡혀 1년 동안 갇히는 신세가 된다. 그러다가 군신이 죽어 흉노에 내란이 일어나자 그 틈을 타서 흉노인 아내, 아들, 수행원 한 명과 함께 13년 만에 장안으로 돌아온다. 장건은 장안으로 돌아오면서 서역의 한혈마, 포도, 석류, 복숭아를 가지고 오는데 무엇보다 중요한 것은 서역에 대한 다양한 정보였다. 장건은 서역 정보에 대한 공로를 인정받아 한 무제에 의해 태중태부 관직을 받는다.

장건이 돌아오기를 기다리다가 지친 한 무제는 흉노에 대해 공세를 취한다. 기원전 133년부터 장군 위청과 위청의 조카인 곽거병이 흉노를 토벌하기 시작한다. 특히 기원전 127년에 흉노가 대군을 이끌고 침범해 오자 대장군 위청은 흉노를 크게 격파한다. 그리고 그 여세를 몰아 오랜 기간 점령당했던 하투(오르도스) 지역을 수복하여 삭방군을 설치해 한나라 사람 10만 명을 이주시킨다.

그러던 중 13년 만에 돌아온 장건이 서역에 파르티아 등 풍속이나 산물이 특이한 문명국들이 있음을 무제에게 알리자 무제는 서역 각국과 교역을 하고 싶어 흉노와의 싸움에 더욱 열을 올린다. 4차 흉노 정벌(기원전 123년)에서는 위청이 흉노의 서쪽 지방을 지키던 우현왕과 포로 1만 5,000명을 잡아오기도 한다. 기원전 121년 원정에서는 흉노의 훈사왕을 항복시키고 10만 명의 포로를 데리고 온다. 흉노 왕은 더 이상 버티지 못하고 고비사막 북쪽으로 도망쳐버린다.

그 결과 한나라와 서역 간에 사신과 상인의 왕래가 잦아져 이윽고 한나라와 서역을 잇는 비단길(실크로드)이 열린다. 이에 힘을 얻어 무제는 남쪽으로는 북쪽 베트남, 동쪽으로는 낙랑군 등 한사군을 둔다. 기원전 133년부터 무제가 사망한 기원전 87년까지 거의 50년이 넘는 시간 동안 흉노-한 전쟁은 끊임없이 이어진다. 하지만 한 무제가 죽고 소제가 즉위한 후에는 화친을 맺는다. 흉노와 싸움을 치르느라 만리장성 구축비용을 비롯한 자원소모, 인명손실, 국가재정 악화가 초래되었기 때문이다.

기원전 1세기 중반 무렵 전한 시기에 흉노는 비단길 장악 실패로 경제력이 줄어들고 장자세습원칙이 무너지면서 다섯 명의 선우가 난립한다. 이런 자체 내분에 의해 동흉노와 서흉노로 분할된다. 몽골초원에서 버티던 동흉노는 한과의 동맹을 유지하며 카자흐초원에서 서흉노를 격파함으로써 서흉노는 사라진다.

후한시대 광무제 재위 당시 반초가 흉노 정벌에 큰 역할을 하는데 기마부대를 이끌고 서역에 대한 지배권을 확보하여 교역이 크게 활성화된다. 그는 91년에 쿠차에 서역도호부를 설치하고 7만 명의 경기갑 궁사와 함께 텐산산맥과 파미르고원을 횡단하여 당시 비단길을 어지럽히던 흉노를 토벌한다. 파르티아의 파코루스와 동맹을 맺어 동쪽으로는 파르티아,

서쪽으로는 카스피해까지 거점을 확보한다. 더구나 부하 감영을 보내 로마로 특사 파견을 시도하는데 파르티아 상인들의 방해로 성공하지는 못한다. 서역에서 31년이나 생활하다 지친 반초는 102년 고향 낙양으로 돌아와 사망하는데 그 이후부터 서역은 다시 흉노의 세력권으로 들어가 교역이 줄어든다. 그래서 중국에는 이런 속담이 있다. "서한에 장건이 있다면 동한에는 반초가 있었다."

1세기 중반 들어서 동흉노는 고비사막을 경계로 남흉노와 북흉노로 나뉜다. 남흉노는 후한에 의하여 점차 종속관계가 된다. 1세기 말에는 남흉노와 후한 연합군의 공격을 받아 북흉노가 점차 서쪽으로 이동하게 된다. 북흉노는 후한의 서역 정벌로 인해 세력이 지속적으로 약화되다가 155년 선비족에 의해 멸망한다.

4세기 후반 남러시아 초원에는 훈hun 집단이 등장하여 연쇄적으로 게르만족이 이동하는데 게르만족의 이동은 로마제국을 혼란의 도가니에 빠뜨려 결국 서로마제국은 멸망한다. 이때 등장한 훈이 북흉노와 동일한 집단인지는 아직 명확하지 않다.

흉노의 구성원이 도대체 누구인가에 대한 논란은 아직도 진행 중이다. 흉노는 몽골, 퉁구스, 투르크 등 다양한 민족들의 연합으로, 특정 민족이 아니라 여러 민족이 결합된 국가로 보는 견해가 지배적이다. 흉노 같은 유목민 하면 중앙아시아의 미개척지에서 말, 양, 소 같은 가축을 데리고 목축을 하면서 이동하는 사람으로 생각하곤 한다. 그러나 상당수의 피지배자들은 정주생활을 하고 지배자들이 유목생활을 하는 것이 더 일반적이었다. 더구나 이들은 철기와 청동을 생산하는 대장간도 보유하고 있었다.

실크로드, 즉 비단길은 중앙아시아를 횡단하여 중국과 유럽을 연결하던 고대 무역로이다. 당시 주요 교역품이 비단이었기 때문에 독일 지리학자 페르디난트 리히트호펜이 '실크로드'라고 이름 붙였다. 이 길을 통해 비단 외에도 옥, 유리, 종이, 향료, 도자기, 장신구 같은 유형물 그리고 불교, 기독교, 이슬람교 등의 종교, 학문, 예술 같은 무형물도 상호 교류되었다. 한마디로 말해 단순히 무역 루트가 아니라 동서문명의 소통 루트였다.

── THINK
현재 중국은 과거의 비단길처럼 유라시아와 아프리카로 진출하기 위해 어떤 교통 인프라를 구축하고 있는가?

유럽인들을
바들바들 떨게 한
훈족 아틸라는 누구일까?

전설처럼 막연히 알고 있는 사람을 자세히 들여다보면 예상 밖으로 전혀 새로운 면모를 알게 되어 매우 놀랄 때가 있다. 더구나 역사는 철저하게 승자의 관점에서 쓰이고 패자는 철저히 왜곡된다.

4세기부터 5세기에 걸쳐 게르만족이 연쇄적으로 이동하면서 유럽은 대혼란에 빠진다. 이런 와중에 로마가 아니라 라벤나에 수도를 두었던 서로마제국은 476년에 멸망하였고, '암흑시대'라 불리는 중세시대가 본격 시작된다.

게르만족의 대이동을 촉발한 초기 요인은 무엇이었을까? 역사학자들은 중앙아시아에 퍼져 살던 훈족이 374년 카스피해와 흑해 사이에 있던 이란계의 알란족을, 이듬해에 게르만계의 동고트족을 복속시키면서 게르만의 연쇄이동을 일으켰다고 보는 시각이 일반적이다. 훈족은 중국에서 말하는 흉노 중 오손, 강거를 거쳐 서쪽으로 이동한 북흉노의 후예일 가능성이 매우 크다.

중앙아시아에서 동유럽과 남부 러시아로 영토를 확장했던 훈족의 루아 왕이 434년 서거하자 그의 두 조카인 형 블레다와 동생 아틸라는 공동 지배를 시작한다. 441년 두 형제는 동로마제국으로부터 많은 공물을 받아내기 위해 다뉴브강을 건너 동로마제국 영역을 약탈했다. 이때 동로마제국의 테오도시우스 황제는 금 1,400파운드를 제공하며 훈족에게 다뉴브 이북으로 물러날 것을 부탁한다. 블레다는 이 타협안을 받아들이려고 했으나 호전적이고 욕심이 많은 아틸라가 이를 거부하면서 소극적 노선의 형을 살해하고 만다.

아틸라제국의 영토

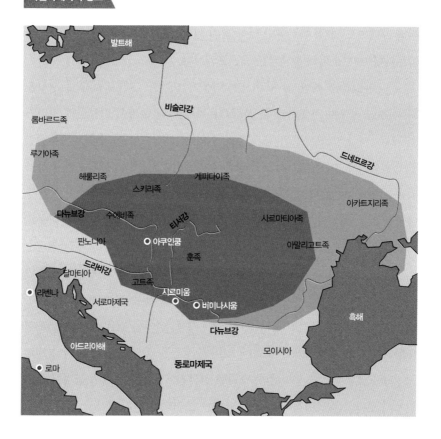

훈족의 단독 왕이 된 아틸라는 더욱 공격성을 띠어 동로마제국에 이어 서로마제국으로까지 칼끝을 돌린다. 451년 아틸라는 3만 5,000명의 군대를 이끌고 라인강을 건너 시골 지방이던 트리어, 메츠, 파리를 점령하고 오를레앙으로 진격한다. 하지만 서로마제국의 갈리아 사령관이던 아이티우스 장군에 밀려 카탈라우눔전투에서 첫 패배를 맛본다. 기력을 회복해 이듬해에는 이탈리아 북부 지역을 강탈하여 라벤나를 함락시키고 로마까지 무너뜨리기 직전에 아틸라는 교황과의 면담 이후 많은 공물을 받고 철수하게 된다.

453년 아틸라는 게르만 제후의 딸인 일디코와 결혼한 날 밤에 급작스럽게 죽게 된다. 그가 급사를 하게 된 이유에 대해서는 의견이 분분하다. 그의 사망 후 구심점을 잃은 훈족의 위력은 급속도로 떨어졌고, 러시아 초원으로 다시 후퇴하였다. 468년 아틸라의 아들이 다시 동로마제국을 공격하였지만 패배하고 만다. 이로부터 얼마 되지 않아 게르만족인 게피드Gepids의 왕 아르다릭Ardaric에 의해 훈제국은 공중분해된다.

아틸라는 과연 실제로 어떤 인물이었을까? 그리고 어떻게 생겼을까? 449년 동로마 사절단의 한 사람으로 아틸라의 궁정에 머물렀던 그리스인 프리스쿠스의 묘사가 가장 설득력 있다. 신체적으로 아틸라는 까무잡잡한 얼굴에 코는 아주 납작하고 수염은 적었으며 키가 작았다. 수수하게 옷을 입은 아틸라는 왕관을 쓰지도 않았고 칼, 신발, 마구에도 금장식은 없었다. 나무잔으로 술을 마셨고 나무접시에 음식을 담아 먹었고, 궁전 또한 나무로 지었다.

아틸라가 단독으로 왕위를 차지한 시기는 8년에 불과했다. 하지만 그가 떨친 명성은 지금까지 전설처럼 이어져오고 있다. 그는 재위기간 동안에 탁월한 전술과 무자비한 응징, 극적인 행동, 뛰어난 정치적 지략으로 상대방의 간담을 서늘하게 만들었다. 로마의 성들을 공략하기 위해 탑 형태의 공성탑을 효과적으로 동원했다. 탁월한 심리전으로 훈족에게서 공격을 받기 전부터 로마군은 심리적 패배감을 맛봤다. 그러니 전투가 제대로 될 리 만무

했다.

정벌에 앞서 아틸라가 만든 군대에서는 훈족의 비중이 매우 적었다. 대부분 자신이 정복한 종족으로 구성되어 있었다. 그들은 아틸라의 카리스마에 혹해 그에게 충성을 바쳤으며 전투 중 탈영병의 비율은 매우 낮았다. 로마제국 군대의 탈영 비율보다 낮았다.

훈족의 아틸라는 유럽인들이 아직도 잠재적으로 무서워하는 황화黃禍, The yellow peril의 첫 번째 인물이다. 13세기에는 몽골족이 유럽인들의 황화 공포를 되살린다. 이탈리아 파르마 카르투지오회 수도원 외벽에는 훈족 왕의 대리석 부조가 붙어 있는데, '아틸라, 플라겔룸 데이Attila, Flagellum dei' 즉 '아틸라, 하느님의 재앙'이라는 말이 새겨져 있다. 이 인물상이 아틸라인지는 확실치 않으나 많은 사람이 그러리라고 추정한다.

우리가 잘 알고 있는 도시 베네치아가 생기게 된 배경도 아틸라와 얽혀 있다. 452년 아틸라가 북이탈리아의 아퀼레이아를 완벽하게 점령하자 깜짝 놀라 도망친 이탈리아인들이 해안가에 모여 베니에티암Venietiam, 즉 "나도 여기에 왔다Veni etiam"라고 말했다. 이 사람들이 말한 베니에티암이 지금의 베네치아가 되었다.

지금의 헝가리 지역을 기반으로 하여 5세기에 맹활약했던 아틸라는 한 시대를 풍미했던 영웅이었다. 하지만 그와 훈족이 역사에서 갑자기 사라진 이후 처절한 피해자였던 유럽은 아틸라를 무자비하고 개화하지 못한 야만인으로 폄하했다. 그래서 아틸라는 역사서에서 제대로 된 평가를 받지 못하고 있다. 그에 대한 전설은 책과 오페라, 영화를 통해 면면히 이어져 내려온다. 아틸라의 뛰어난 군사전술, 고도의 심리전, 탁월한 외교력은 당시 유럽의 정착민과 비교해봐도 전혀 손색이 없었다.

═══ THINK

아틸라는 유럽인에게 공포의 대상으로 각인된 지 오래이다. 유럽인에게 또 어떤 동양인들이 아틸라와 같은 존재인가?

동아시아에서 조공을 바치는 나라는
그저 종속국이기만 할까?

일반적으로 조공이란 한 집단이 다른 집단에게 예물을 바치는 것을 말한다. 역사적으로 보면 국력이 약한 나라가 강한 나라에게 군사적, 정치적, 경제적 목적으로 예물을 바치곤 했다. 동아시아에서는 중국을 중심으로 인접국 간에 조공이 많이 이루어졌는데 중국이 항상 종주국으로서 공물을 받기만 한 것은 아니었다. 당시 세력이 약했던 전한은 북방의 흉노에 공물을 바쳤고, 송은 금에게 공물을 바친 바 있다.

조공朝貢, tribute이란 조정의 조회에 참례를 하는 조朝와 바치는 공물을 의미하는 공貢으로 이루어진다. 원래 중국에서 천자가 있는 종주국에게 제후가 있는 종속국이 바치는 공물이었다. 그러나 왕 중심의 중앙집권이 강화되고 국가 내에 제후가 없어지면서 이 조공은 점차 각자 있는 곳에서 조정을 향해 예를 올리는 망궐례와 현물이나 금전형태의 세금으로 대체되었다.

중국과 인접국 간에는 조공이 활발하게 이루어졌다. 상호 간에 전쟁을 하면 군사력 유지에 많은 지출을 해야 하기 때문에 전쟁보다는 공물형태의 무역을 통해 친선을 유지하고 경제적, 문화적으로 이점을 누릴 수 있었다. 즉 조공은 중국 입장에서 볼 때 훌륭한 경제적 안전보장 시스템이었다. 조공을 받는 국가도 조공을 바치는 국가에게 답례로 예물을 보냈지만 주는 예물이 받은 공물을 넘지는 않았다.

과거에 조공을 바치는 국가는 조공을 받는 국가로부터 왕을 책봉받았다. 조선을 창건한 태조 이성계도 명나라에 조공을 바치고 조선 왕으로 책봉받는다. 조선 초기에는 처녀, 금은, 인삼, 명주 등을 조공으로 많이 바쳤으나 나중에는 점차 줄어들었다. 청나라는 조선왕조는 물론이고 베트남의 응우옌왕조, 오키나와의 류큐 왕국으로부터 조공을 받았다. 청나라는 유럽 국가들과의 교역을 조공 개념으로 대하려고 했으나 유럽 국가들이 이에 반발하면서 아편전쟁이 발발한다.

동아시아에서 조공은 사대에 따른 일종의 외교의례였지 반드시 복종을 의미하는 것은 아니었다. 조공을 받는 국가도 그 공물에 상응하는 물품을 하사함으로써 조공무역이 이루어졌다. 시기에 따라 좀 다르지만 사실 어느 한쪽이 일방적으로 이득을 보는 형태는 아니었다. 조공을 바치고 싶다고 하여 모두 조공을 바칠 수 있었던 것도 아니었다. 종주국에 해당되는 국가가 상대방을 국가로 인정할 정도가 되어야 조공을 허락했다. 과거 탐라국, 일본의 아이누족, 1372년 전의 류큐도 중국에 조공을 바치고 싶어 했으나 중국이 이를 허락하지 않았다. 이처럼 조공은 동아시아에서 국가 간 외교의 중요한 형태였다.

━━━ THINK

조공은 과거 동양에서만 이루어졌던 것이 아니고 서양에도 존재했다. 조공은 동양식 외교, 무역관계라고 보는 견해에 대해 어떻게 생각하는가?

왜 로마제국은
기독교를 박해하다가
국교로 공인했을까?

기독교는 유럽 문화 형성에 매우 크게 기여했다. 로마제국이 처음부터 기독교를 싫어했던 것은 아니다. 로마제국은 종교에 대해 비교적 관대했으나 국가 제사를 거부하는 기독교도를 점차 이질적인 집단으로 보게 된다. 특히 4세기 초 전제적 황제였던 디오클레티아누스가 황제 숭배와 국가 제사를 강요했는데 기독교도들이 이를 거부한다. 그러자 303년에 기독교 탄압을 위한 칙령을 공표하여 기독교회와 성물, 성전을 파괴하고 기독교도 모임을 불허하며 대대적인 박해를 가한다.

　　그러나 313년 콘스탄티누스 황제는 기독교를 이용해 황제권을 신성시할 수 있다는 생각을 품고 밀라노칙령을 내려 기독교 신앙을 공식적으로 인정한다. 그 전에는 교회끼리 서로 교리가 달라 혼란이 있었는데 콘스탄티누스 황제가 325년 니케아 종교회의를 소집해 아타나시우스파의 주장을 정통으로 인정한다. 아타나시우스파는 신과 예수를 동일하게 보는 견해인데, 이로 인해 예수를 신에 가장 가까운 인간으로 보는 아리우스파는 이단으로 몰린다. 테오도시우스 황제는 성부, 성자, 성령의 삼위일체설을 믿는 사람들만 보편적인 기독교, 즉 가톨릭으로 공식 인정하고 392년 가톨릭을 로마 제국의 국교로 정립한다.

　476년 서로마제국은 멸망했지만 로마교회를 중심으로 한 가톨릭은

기독교의 전파(325~600년)

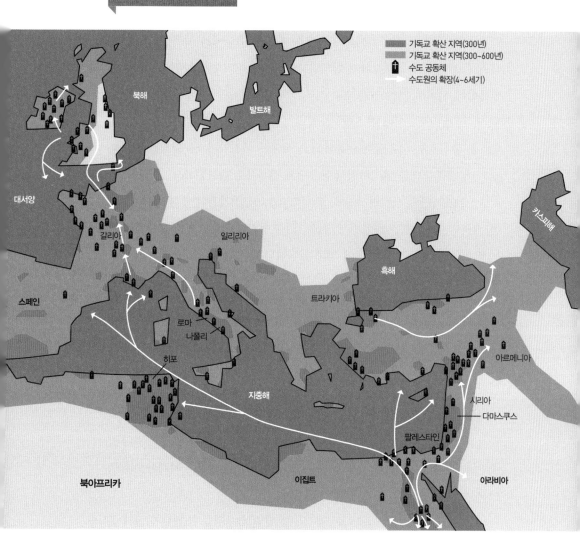

프랑크 왕국을 비롯해 게르만 왕국들로 점차 확산된다. 예를 들면 게르만인들은 로마제국이 이단시해온 아리우스파를 믿고 있었는데 프랑크족을 통일한 메로빙거왕조의 창시자 클로비스가 496년에 정통 아타나시우스파로 개종하여 로마가톨릭과 코드를 맞춘다. 800년 로마교황 레오 3세는 당시 막강하던 프랑크 왕국 카롤링거왕조의 카를대제에게 로마 황제의 관을 수여함으로써 제권(황제권)은 프랑크 왕국이, 교권(교황권)은 로마교황이 분담하는 중세 서유럽 세계가 본격 정립된다.

로마제국 시절 기독교가 예루살렘을 벗어나 여러 지역으로 선교를 하면서 네 개의 총대주교좌가 있었다. 예루살렘, 안티오키아, 알렉산드리아, 로마이다. 하지만 콘스탄티노폴리스로 로마제국의 수도가 이전됨에 따라 기존 네 개 총대주교좌에 콘스탄티노폴리스가 추가된다. 이 중에 가톨릭교는 로마를 중심으로 서유럽으로 확산되고 정교는 콘스탄티노폴리스를 중심으로 나머지 세 군데를 차지하면서 동유럽과 러시아로 확산된다.

1054년 동서교회가 공식 분리되고 1204년 가톨릭 중심의 십자군이 콘스탄티노폴리스를 약탈하면서 정교는 더욱 독자적으로 발전한다. 1453년에는 비잔틴제국이 오스만제국에 의해 멸망하면서 러시아로의 정교 확산이 가속화된다.

정교Orthodox라 이름 붙인 이유는 자신들이 초기 기독교로부터 이어온 정통이라는 뜻이다. 동쪽에 있기 때문에 동방정교라 부르기도 하고, 중립적인 의미로는 보편정교회라고도 부른다. 로마교황청을 정점으로 하는 중앙집권적 가톨릭과는 달리, 정교는 연합체 성격을 띠고 있다. 각 나라의 교회는 나라를 주된 단위로 해서 신앙과 정신과 전통을 공유하여 상호 독립성과 자주성을 인정하고 있다. 정교는 '사도 위에 사도 없고, 주교 위에 주교 없다'를 주장하기 때문이다. 현재 신도 수가 가장 많은 독립정교회는 러시아 정교회이고, 루마니아 정교회가 그 뒤를 잇고 있다.

중세를 거치며 가톨릭이 면죄부를 팔면서 부정과 부패를 일삼자 종교개혁의 열풍으로 개신교의 움직임이 거세게 일어난다. 개신교는 크게 네 가지로 분화된다. 가톨릭에 가장 가까운 파가 영국의 성공회이다. 영국의 헨리 8세가 만든 것으로 교리와 형식에서 가톨릭과 가장 유사하다. 종전에는 교인들이 바치는 십일조가 교황에게 갔지만 성공회에서는 국왕이 종교의 수장이므로 십일조가 영국의 국고로 흡수된다. 가톨릭에서 가장 떨어져 있는 파로는 종교개혁가 츠빙글리로부터 파생한 재세례교로 교회 자체를 전혀 의미 없는 것으로 간주한다. 사람들이 내면의 빛에 따라 영적생활을 하면 구원을 받을 수 있다고 말한다.

마르틴 루터가 주장한 루터교는 독일과 북유럽 국가에 퍼져나갔다. 장 칼뱅이 주장한 칼뱅교는 스위스, 네덜란드, 프랑스로 전파되었다. 칼뱅교는 존 녹스의 노력에 힘입어 스코틀랜드에서는 장로교로 발전한다. 영국으로 간 칼뱅교도는 영국의 종교개혁이 충분하지 않기 때문에 영국의 성공회를 더욱 정화purify해야 한다고 해서 퓨리턴puritan이라 불린다. 퓨리턴은 영국에서 박해를 받자 미국 뉴잉글랜드로 건너간다.

——— THINK

개신교는 루터교, 칼뱅교, 성공회를 포함하여 개혁교회, 장로교, 감리교, 침례교, 오순절교, 모르몬교 등 많은 분파를 형성하게 된다. 개신교의 교파 분류표를 만들어보자.

09

힌두교는 왜
인도 문화와 동격일까?

보통 힌두교 하면 인도를 가장 먼저 떠올린다. 틀린 말은 아니다. 전 세계에서 가장 많은 신자를 보유한 종교는 기독교, 이슬람교에 이어 9억 4,000만 명에 이르는 힌두교이다. 힌두교도의 대부분이 인도인인데, 지금도 인도의 인구는 급증하고 있으니 힌두교의 성장세는 전혀 꺾일 기미가 보이지 않는다. 힌두교의 어원을 보더라도 인더스문명의 발상지인 인더스강에서 유래한다. 큰 강을 산스크리트어로 표현하면 신두大河이다. 그래서 힌두교는 인도교라 불리기도 한다.

2011년 기준 인도 내 종교 분포를 보면, 힌두교가 약 80퍼센트로 압도적이고 이슬람교는 14퍼센트 그리고 인도에서 시작된 불교와 자이나교는 모두 1퍼센트 미만에 그치고 있다.

힌두교	79.8퍼센트
이슬람교	14.2퍼센트

기독교	2.3퍼센트
시크교	1.7퍼센트 (편자브 지방)
기타 애니미즘	0.9퍼센트
불교	0.7퍼센트
자이나교	0.4퍼센트

힌두교도들은 자신의 종교를 칭할 때 힌두교라고 하지 않으며, '영원한 법'이라는 뜻의 사나타나 다르마^{Sanātana Dharma}라고 부른다. 힌두교라고 할 때는, 민간 힌두교 전통과 베다 힌두교 전통으로부터 비슈누파와 같은 박티 전통에 이르기까지 다양하고 복잡한 전통 전체를 말한다. 또한 요가 전통과 카르마 개념에 기초한 매일의 도덕적 삶과 힌두 결혼풍습과 같은 사회적 일반규범도 포함된다. 넓은 의미의 힌두교는 종교를 포함하여 인도 문화 전체를 말한다.

힌두교의 발생은 고대 아리아인들의 종교사상인《베다》에서 비롯된다. 기원전 1500년경 산스크리트어로 기록된《베다》는 종교로서 그리고 글로서 오늘날 남겨진 문학 가운데 가장 오래된 것으로 여겨지고 있다. 힌두교는 여러 신들의 존재를 부정하지 않는 다신교적 일신교로서, 종교 창시자가 특별히 없다. 힌두교의 근본 경전은《베다》《우파니샤드》이며 그 외에도《브라마나》《수트라》등의 문헌이 있는데, 이 모든 것은 인도의 종교적·사회적 이념의 원천이 되고 있다. 또한 경전에 준하는 것으로 굽타왕조시대에 완성된 민족 서사시인《마하바라다》와《라마야나》(라마의 기행)가 유명한데 시바 신과 비슈누 신에 대한 이야기이다. 특히《마하바라다》의 일부인《바가바드기타》는 널리 애창되고 있다. 생활의 기준은《마누법전》에 정리되어 있다.

힌두교는 불교와 자이나교의 진출로 한때 후퇴하였던 베다 힌두교 전통, 즉 브라만교가 8세기경에 새로운 종교적 형태로 대두한 것을 의미한다. 제사의식을 중심으로 하는 브라만교가 불교의 윤회사상을 흡수하여 우주의 순환을 감독하는 브라흐마 신(창조신), 비슈누 신(태양신, 우주를 지탱하는 유지의 신), 시바 신(파괴와 재생의 신) 등 세 신을 축으로 하여 무수한 토착신을 체계화한 힌두교가 형성된 것이다. 힌두교에서는 부처를 비슈누 신의 아홉 번째 화신으로 보고 있기 때문에 불교도들이 힌두교로 많이 흡수되었다. 여러 종파가 있는데, 조금 부유한 북쪽 지방과 브라만 계급과 크샤트리아 계급 중에는 비슈누파가 많고 남쪽의 가난한 지방과 수드라 계급과 불가촉천민에는 시바파가 많다.

힌두교의 중심개념

우주론	우주는 생성, 발전, 소멸을 반복한다. 브라흐마 신이 우주를 생성하고 비슈누 신이 우주를 유지, 발전시키며 시바 신이 우주를 소멸시킨다. 마치 계절이 바뀌듯 우주의 시간도 바뀌어 결국에는 낡은 우주가 소멸되고 새로운 우주가 만들어진다.
윤회	윤회(Samsara)는 돌아간다는 뜻으로 흔히 수레바퀴로 상징된다. 수레바퀴가 한 바퀴 돌아 제자리로 돌아가듯 인간 역시 이번 생애에서 다음 생애로 돌아간다는 뜻이다. 힌두교의 교의에 의하면 인간 역시 우주 안에서 끊임없이 태어나고 죽기를 반복하며 윤회한다. 인간이라 하더라도 다음 생애에는 짐승으로 태어나기도 하며 천신으로 태어나기도 한다. 이러한 수없이 많은 윤회의 과정에서 사람은 한 인생을 살면서 쌓은 업(Karma, 業)에 의해 다음 생애가 결정된다. 다르마(Dharma, 法)에 따른 삶을 살다 죽으면 다음 생애에는 보다 고귀한 존재로 태어난다. 다르마에 어긋나는 삶을 살면 고귀한 존재라 할지라도 다음 생애에는 비천한 존재로 태어난다.
브라만	우주의 진리 또는 우주 자체를 가리키는 말이다. 힌두교의 최고 목표는 '참된 나'인 아트만이 '우주의 진리'인 브라만과 하나가 되는 것이다. 카스트제도의 가장 상위계층을 브라만이라고 칭한 이유는 이들이 스스로 우주의 지혜를 구하는 것이 자신들의 업이라고 생각했기 때문이다.
신	힌두교의 신은 브라흐마, 비슈누, 시바의 삼주신(Trimurti, 三主神)과 여러 남신, 여신들로 이루어져 있다.
아트만	힌두교에서 생명은 숨과 같은 의미로 쓰였으며 아트만의 원래 뜻은 '숨 쉰다'는 뜻이다. 숨 쉬는 생명 아트만(Atman)은 '나'를 말한다. 그러나 끊임없이 윤회하는 삶에서 지금의 나는 '참된 나'가 아니다. 지금의 나는 과거의 윤회를 거치는 동안 내가 쌓은 업(Karma)에 의한 것이다. '참된 나'는 윤회의 과정에서 계속 존재하며 없어지지도 않고 변하지도 않는 '나'라는 생명의 본질을 뜻한다.
카르마	카르마는 살아가면서 하는 모든 행위를 말한다. 업에는 다르마에 마땅한 '선한' 카르마인 선업과 다르마를 거스르는 악업이 있다. 다르마에 마땅한 선업을 쌓으면 다음 윤회에 더 존귀한 존재가 된다. 다르마를 거스르는 악업을 쌓으면 다음 윤회에 더 미천한 존재가 된다.
다르마	다르마는 우주에 존재하는 영원한 법칙이기도 하며 모든 생명이 마땅히 따라야 할 본질을 말하기도 한다. 고대 인도에서 유래한 신분제도인 카스트제도에 의한 각 신분의 다르마는 브라만의 지혜, 크샤트리아의 용맹, 바이샤의 근면이다. 플라톤이 《국가》에서 제시한 3계급설과 유사하다.
모크샤	모크샤는 브라만과의 합일 또는 깨달음을 말한다.

힌두교의 주요 교의는 우주의 법칙과 인간의 윤회를 근간으로 한다. 힌두교의 교의를 이루는 기본개념들은 대부분 이후 불교, 자이나교, 시크교 등 인도에서 발원한 다른 종교에 도입되었다. 힌두교의 교의에 따라 힌두교도들은 현세의 부귀를 전생에 의한 보상으로 생각하며 현세의 고난을 내세의 보상을 받기 위한 기회로 여긴다. 이러한 믿음 때문에 힌두교는 현세적이며 세속적인 성격이 강한 기복신앙과 명상요가 고행과 같은 신비주의적 특성을 동시에 지닌다.

아시아는 동아시아, 북아시아, 서아시아, 중아시아 그리고 동남아시아, 서남아시아로 나뉜다. 그중에 남아시아는 인도, 파키스탄, 방글라데시, 스리랑카, 네팔, 부탄, 몰디브, 아프가니스탄을 포함한다. 인도아대륙이라 불리기도 하는데 대륙 전체의 10퍼센트 면적을 차지한다. 네팔을 제외한 모든 남아시아 국가는 과거에 영국의 식민지배를 받았다가 1947년에서 1965년 사이에 독립했다는 공통점이 있다. 남아시아는 세계에서 가장 인구밀도가 높은 지역 중 하나로, 13억 이상의 인구가 거주하고 있으며 이는 아시아의 8분의 1, 전 세계의 5분의 1이다. 이 지역의 인구밀도는 제곱킬로미터당 305명으로, 세계 평균의 일곱 배이다. 남아시아에서 인도와 네팔은 대부분 힌두교이고, 파키스탄·아프가니스탄·방글라데시는 이슬람교가, 부탄·스리랑카·몰디브는 불교가 주를 이룬다. 네팔은 힌두교를 국교로 하며 인도는 종교의 자유를 인정하고 있어 국교는 아니나 대다수가 힌두교를 믿는다.

━━ THINK

자본주의에는 여러 종류가 있는데 인도 전통철학의 영향을 받아 영성을 중시하는 기업 경영방법을 카르마 자본주의라고 부른다. 힌두교 지도자인 스와미는 최고경영자들에게 단지 돈 이외에 더 큰 뭔가를 목표로 하라고 강조한다. 인도 경제의 급부상과 함께 카르마 자본주의의 확산 가능성에 대해 어떻게 생각하는가?

과거 700년에는
세계에서 어떤 도시의 인구가
가장 많았을까?

2018년 현재 전 세계 인구가 76억 명인데 이 중에서 도쿄의 도시 인구가 가장 많다. 그러면 700년에는 세계에서 어떤 도시의 인구가 가장 많았을까? 인구 100만 명의 장안이었다. 과거 장안이 현재 시안인데, 현재 시안 인구가 500만 명이니 당시 장안이 얼마나 큰 도시였는지 가늠할 수 있다. 주나라 이후 관중평야 지역을 차지하는 자가 중국 대륙을 지배한다고 중국인들은 말하곤 했는데 관중평야의 중심이 장안이었다. 장안長安이란 오래도록 편안하다는 의미이다. 즉 영원한 도시Eternal City라는 뜻이다. 서양의 로마가 동양에서는 바로 장안이었다. 서로마제국의 멸망으로 로마는 이미 쇠락했고 700년에는 장안이 세계 최대 도시였다. 20세기가 아메리칸 드림의 시대였다면 당시는 당나라 드림Tang Dream의 시대였다. 정치, 상업, 부, 학문, 종교, 문화, 패션이 모두 여기에 쏠렸다.

당나라에서는 태종, 측천무후, 현종이 특히 정치를 잘했다. 그래서 이들이 통치한 시기를 각각 정관의 치, 무주의 치, 개원의 치라 부른다. 태종

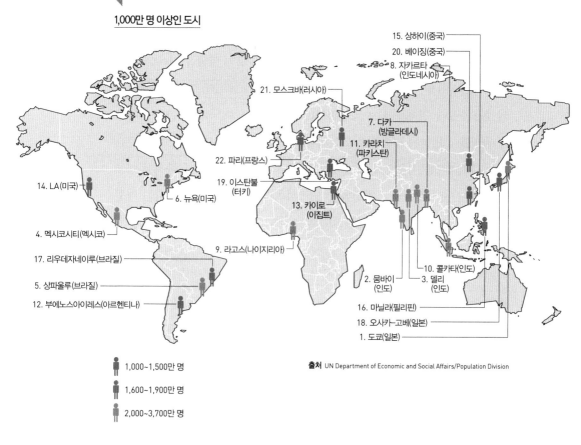

세계 최대 인구 도시(광역권, 2015년 기준)

1,000만 명 이상인 도시

15. 상하이(중국)
20. 베이징(중국)
8. 자카르타(인도네시아)
21. 모스크바(러시아)
7. 다카(방글라데시)
22. 파리(프랑스)
11. 카라치(파키스탄)
19. 이스탄불(터키)
13. 카이로(이집트)
14. LA(미국)
6. 뉴욕(미국)
4. 멕시코시티(멕시코)
17. 리우데자네이루(브라질)
9. 라고스(나이지리아)
10. 콜카타(인도)
5. 상파울루(브라질)
12. 부에노스아이레스(아르헨티나)
2. 뭄바이(인도)
3. 델리(인도)
16. 마닐라(필리핀)
18. 오사카-고베(일본)
1. 도쿄(일본)

1,000~1,500만 명
1,600~1,900만 명
2,000~3,700만 명

출처 UN Department of Economic and Social Affairs/Population Division

은 돌궐을, 측천무후는 백제와 고구려를 멸망시켜 북방 영토를 크게 넓혔다. 현종은 고구려 출신 장수 고선지를 보내 서역의 키르키스스탄까지 진출해 비단길을 넓혔다. 당나라는 태종 때부터 율령체제를 정립했는데 토지제도로는 균전제, 조세제도로는 조용조, 군사제도로는 부병제를 실시했다. 귀족사회였던 당나라는 인재 발굴을 위해 과거제와 음서제를 병행했다. 당나라는 중국의 여러 왕조 중에 가장 화려했던 시기로 비단길을 통해서 정말 많은 물건과 사람들이 들락날락했다. 당나라 수도 장안이 당시 세계 최대 도시로 인구 100만 명을 유지했던 이유이다.

    사실 수나라가 먼저 중국 통일을 이루었기 때문에 당나라 전성시대가 가능했다. 후한이 멸망한 후 수나라에 의해 중국이 다시 통일될 때까지는 무려 360년이나 걸렸다. 수나라가 통일하지 못했다면 당나라도 생기지 못했을 것이고, 그러면 우리나라 백제와 고구려도 망하지 않았을 것이다. 하지만 양견은 581년 수나라를 건국하여 북조의 북제와 남조의 진왕조를 멸망시켜 589년 중국 전체를 모두 통일하였다. 수 문제는 지방 호족들이 중앙정부에 관리를 추천하는 구품중정제를 폐지하고 중앙관리를 시험으로 직접 선발하는 과거제도를 처음으로 도입하여 왕권을 강화한다. 604년에 즉위한 아들 수 양제는 아버지와 달리 현명하지 않고 사치가 심하며 포악했다. 그는 즉위하자마자 수도를 장안에서 뤄양으로 옮기기로 하고 300만 명의 백성을 동원한다. 그리고 양쯔강과 황허강을 남북으로 연결하는 대운하를 추진했다.

    당시 양쯔강 쪽의 강남에서는 쌀 등 많은 식량이 생산되었다. 수도 뤄양(낙양)에 식량을 빨리 공급할 목적으로 양쯔강과 황허강을 남북으로 연결하기 위해 수 양제는 북에서는 북경, 남에서는 항주에 이르기까지 무려 2,000킬로미터의 대운하를 건설했다. 605년부터 611년까지 네 번의 공사로 나누어 건설했다. 진시황의 만리장성 못지않은 대공사였다. 이러한 대공사가 6년이라는 짧은 기간에 완공되었다는 것은 공사에 차출된 사람들이 엄청난 고난을 겪었다는 뜻이다. 당시 매월 100여 만 명이 동원되었다. 대운하는 처음에는 관용수로로 사용되었지만 민간교역도 활발해지고 문물교류가 촉진되어 사회통합이 더욱 빠른 속도로 진전되었다.

    612년 수 양제는 북쪽의 고구려를 정벌하고자 원정을 떠난다. 하지만 두 차례의 원정이 모두 실패로 돌아가자 200군데에서 반란이 일어난다. 618년 수 양제가 자신의 친위대장에게 살해당하고 수나라는 멸망한다. 반란군이었던 이연은 장안을 점령해 수 양제의 아들을 3대 황제로 세우고 좀 있다가 수 양제의 손자를 4대 황제로 올리나 결국 스스로 황제에 오른다. 당나라의 시작이다. 이연은 당왕조를 인정하지 않는 반란군을 진압하는 데 자신의 아들 이세민(나중의 당 태종)을 보낸다. 623년 전국의 모든 반란이 진압되어 중국 전체가 통일된다. 이세민이 세 아들 중에 가장 출중했으나 아버지 이연이 큰아들을 황태자로 책봉하자 이세민은 형제들을 죽이고 스스로 황제에 오른다. 조선왕조의 태종 이방원과 매우 흡사하다.

37년 만에 망한 수와는 달리 당은 300년간 지속되면서 중국의 번영을 전 세계에 알렸다. 특히 626년부터 시작된 태종의 정관의 치와 현종의 개원의 치는 그야말로 태평성대 시기였다. 중국에서는 요·순·우 삼대를 태평성대라고 칭송하는데 당시 통치를 그 경지로 치켜세운 것이다. 정관의 치와 개원의 치 사이에 중국 최초의 여황제인 측천무후가 통치했는데 그녀 또한 정치를 잘했다. 655년 32세의 나이로 고종의 황후가 된 이후 660년부터 고종과 공동통치를 시작하여, 백제와 고구려를 모두 멸망시킨다.

무후가 이렇게 큰 권한을 가진 이유는 고종이 병약하고 우유부단한 극히 평범한 인물이었기 때문이다. 황권이 매우 강했던 태종에 신물이 난 귀족들이 가장 어리석은 후계자를 원했던 것이다. 그러나 고종의 황후는 만만치 않았다. 683년 고종이 사망하자 자신의 아들 중종이 4대 황제에 오르지만 무후는 중종을 폐위시킨다. 무후는 690년 자신의 아들 예종마저 폐위시키고 당을 아예 멸하고서 주周나라를 세운다. 측천무후의 원래 이름이 무조였기 때문에 역사가들은 고대의 주나라와 구분하여 무주武周라고 부른다. 705년 무후가 82세로 병사하고 당의 중종이 복위하고 713년부터 무후의 손자인 현종이 즉위하면서 개원의 치가 시작된다.

현종 시기에 당나라는 그 전까지의 어떤 왕조보다 해외무역이 활발했다. 예술도 그 어느 때보다 발전했다. 당나라 예술품은 정교하고 화려한 색으로 유명하다. 당삼채 자기가 대표적이다. 우리나라 통일신라의 수도 경주도 그랬고 일본의 수도 나라도 모두 당나라의 장안처럼 되기를 원했다. 710년 일본은 도시만 본뜬 것이 아니라 율령을 비롯해 모든 제도를 당왕조의 것과 비슷하게 고쳤다. 문화도 당연히 당왕조의 영향을 받아 귀족적이었다. 하지만

755년 출세한 이란계 안녹산이 반란을 일으키며 당의 중앙집권정치는 막을 내리고 국가의 세력은 계속 약해진다. 하지만 당은 그때부터 150년간 더 지속된다.

북주, 수, 당제국의 통치자들에게는 공통점이 있다. 모두 선비족이며 무천진을 같은 고향으로 두고 있는 관롱집단으로 무력과 지력을 갖춘 호한(胡漢) 영웅들이다. 호족과 한족이 통혼관계를 통해 서로 융합된 것이다. 관롱 지방은 서위의 본거지로서 섬서, 감숙성의 위수를 따라 위치한 웨이허분지 일대, 즉 관중 지방을 가리킨다. 무천진은 선비족의 왕조였던 북위의 토착 엘리트들의 거점인 6진의 하나였다. 관롱집단의 시조격인 인물은 서위의 우문태로 선비화한 흉노계의 부족 출신이다. 그의 아들 우문각은 북주를 창건했다. 독고신이라는 인물은 여러 딸을 우문태의 장남에게, 북주 최고의 명가인 이병과, 양견에게 준다. 이병의 아들이 이연, 즉 당 고조이고, 양견은 수 양제이니 수 양제와 당 고조는 이종사촌관계였다. 이처럼 북주, 수, 당의 통치자는 모두 선비족이었다.

—— THINK

한, 송, 명나라처럼 한족이 세운 왕조의 수도는 아주 크지는 않았다. 반면에 당, 원, 청나라처럼 북방의 호족이 세운 왕조의 수도는 매우 컸다. 그 이유에 대해 생각해보자.

중국의 수도는 어떻게 바뀌어왔을까?

"중국의 100년을 보려면 상하이, 600년을 보려면 베이징, 3,000년을 보려면 시안, 5,000년을 보려면 허난을 가봐야 한다"라는 말이 있다.

중국 역사를 보면 이들 도시는 국가의 수도였던 적이 많았다. 중국의 주요 왕조의 수도만 본다면 주의 호경, 진의 함양, 전한의 장안, 수의 대흥, 당의 장안은 이름은 다르지만 모두 관중평야에 있는 도시이다. 예를 들면 진의 함양과 한의 장안은 위수를 사이에 두고 25킬로미터 떨어져 있었다. 당의 장안은 바로 지금의 시안으로 산시성(陝西省, 섬서성)의 성도이다.

뤄양도 수도였던 적이 많다. 주가 호경에서 동쪽으로 이동하며 새로운 수도로 정한 곳이 뤄양이었다. 한이 장안에서 동쪽으로 이동해 새로 자리 잡은 곳 역시 뤄양이었다. 조조의 위나라 수도도 뤄양이었다. 뤄양은 동쪽에 있다고 하여 한때 동경東京, 혹은 동도東都라 불린 적도 있다.

베이징은 춘추전국시대에 연나라의 지역 이름인 계로부터 시작하여 수도가 되어 연경燕京이 되었고 금나라에서는 중도, 원나라에서는 대도라 불린다. 나중에 명, 청의 수도일 때는 북경北京이 되었고 20세기 청나라 몰락 후 잠시 북평北平이라 불리기도 한다. 시대순으로 보면 과거에는 시안이 가장 인기였고 그 후 뤄양이었다가 근세 들어서는 베이징이 제일 인기를 끌고 있다.

이 외에도 카이펑開封은 오대십국과 북송의 수도였다. 송이 남쪽으로 옮길 때에는 항

중국 역대 국가와 수도

조대	진	전한	후한	위	진	남북조				
						후위	북제	북주	수	당
국도	함양	장안	낙양	낙양	낙양	낙양	정	장안	장안	장안
현재 지명	셴양	시안	뤄양	뤄양	뤄양	뤄양	린쯩	시안	시안	시안

오대					북송	남송	원	명	청	중화 민국	중화 인민 공화국
후량	후당	후진	후한	후주							
개봉	낙양	개봉	개봉	개봉	개봉	임안	연경	북경	북경	남경	북경
카이펑	뤄양	카이펑	카이펑	카이펑	카이펑	항저우	베이징	베이징	베이징	난징	베이징

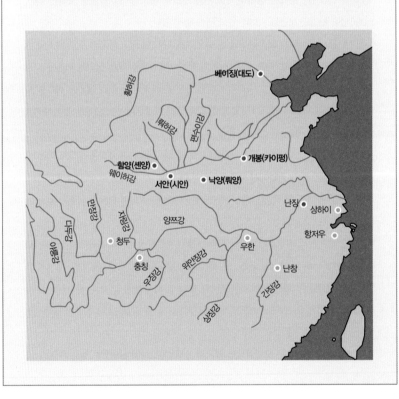

저우杭州를 수도로 삼았다. 삼국시대에 손권이 집권했던 손오의 수도는 건업建業이었는데 그 이후 동진과 남조의 송제양진시대에 건강建康으로 불린다. 위진남북조시대 남조의 여섯 한족 왕조가 340여 년간 이곳을 수도로 삼았던 것이다. 그 후 당나라 때에는 금릉金陵으로 불리다가 송이 금나라에 의해 남송으로 쫓겨나 다시 수도가 되면서 건강으로 이름이 바뀐다. 20세기에 난징南京이 중화민국의 수도가 된다.

중국의 역대 수도 중에 3회 이상 수도였던 곳은 시안, 뤄양, 카이펑, 베이징, 난징이 있다. 가장 오랫동안 수도였던 시안, 뤄양, 카이펑은 황허강이나 황허강의 지류인 웨이허(웨이수이)에 위치해 있는데 위도는 모두 35도 근방이다. 시안은 관중 지역에, 뤄양과 카이펑은 중원 지역에 있다. 시대가 지날수록 수도는 서쪽에서 동쪽으로, 내륙 쪽에서 해안 쪽으로 이동했다. 그리고 중국이 남북으로 갈렸을 때에는 남쪽 정부가 난징을 수도로 삼기는 했지만 통일왕조에서는 거의 대부분 베이징이 수도였다. 따라서 중국 수도의 역사적 변천은 서에서 동으로, 남에서 북으로 갔음을 알 수 있다. 서북 지방보다는 동북 지방 이민족의 침입이 거세짐에 따라 수도를 그쪽으로 전진 배치했던 것이다.

===== THINK

중국 남쪽의 난징에 수도를 정한 중국 국가들은 예외 없이 수명이 짧았다. 삼국시대의 오는 58년, 동진은 103년, 남북조시대의 송, 제, 양, 진은 각각 59, 23, 59, 32년에 불과했다. 영락제가 수도를 북경으로 옮기기 전까지 명의 수도 난징은 겨우 34년을 버텼다. 그 이유는 무엇일까? 단지 징크스일까 아니면 그럴듯한 이유가 있는 것일까?

이슬람교는 어떻게
신자가 가장 많은
종교가 되었을까?

현재 세계에서 신자가 가장 많은 종교는 무엇일까? 가톨릭교도 아니고 개신교도 아니고 이슬람교이다. 가톨릭교도는 11억 명, 개신교도는 7억 명인 데 비해 이슬람교도는 16억 명에 이른다. 세계 인구의 20퍼센트가 넘는 규모이다. 57개 국가가 이슬람교를 국교로 삼고 있다. 16억 명의 이슬람교도는 아랍어를 사용하는 아랍권이 18퍼센트, 비아랍권이 82퍼센트이다.

지역별로 보면 중동과 북아프리카의 아랍 국가는 물론이고, 터키, 이란, 아프가니스탄, 파키스탄, 중앙아시아 그리고 동남아시아의 인도네시아, 말레이시아에 이슬람교도들이 매우 많다. 유럽 이민이 늘면서 인구의 10퍼센트가 이슬람을 믿는 프랑스를 비롯하여, 에스파냐, 독일, 영국에도 이슬람교도들이 많다. 현재 유럽에 거주하는 이슬람교도는 8,000만 명에 이르는 것으로 추산되고 있다. 이슬람교에는 200여 개의 종파가 있는데, 83퍼센트의 수니파가 주류이고 16퍼센트의 시아파는 이란을 중심으로 퍼져 있다. 수니파는 역대 칼리파를 계승자로 여기는 반면, 시아파는 무함마드의 사촌이자 사위

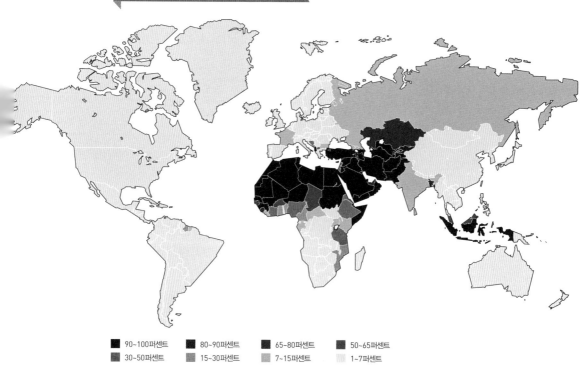

■ 90~100퍼센트	■ 80~90퍼센트	■ 65~80퍼센트	■ 50~65퍼센트
■ 30~50퍼센트	■ 15~30퍼센트	■ 7~15퍼센트	■ 1~7퍼센트

인 알리를 계승자로 여긴다. 중동에서 시아파가 다수인 국가는 이란과 이라크뿐이다.

　　우리나라에는 일찍이 통일신라시대에 이슬람이 들어온 이래 터키군이 한국전쟁에 참여한 이후 이슬람교가 전파되면서 현재 3만 3,000명의 신도가 있다. 여러 이슬람 국가에서 온 외국인 이슬람교도는 10만여 명에 이른다. 현재 우리나라에는 서울 이태원의 이슬람 서울 중앙 성원을 비롯하여 이슬람 성원(모스크)이 전국에 15군데, 예배소는 600여 군데가 있다.

　　이처럼 전 세계적으로 강력한 이슬람교의 시작은 어땠을까? 7세기에 아라비아반도 중서부이자 홍해 연변에 있는 도시 메카에서 무함마드(570~632년, 영어로 마호메트)라는 아이가 태어난다. 아버지가 없는 유복자로 태어났으나 어머니도 이내 죽어 할아버지와 작은아버지 밑에서 자라난다. 그는 작은아버지를 따라 시리아 대상무역을 따라가면서 무역실무를 익히고 유대인과 기독교도들을 만나게 된다. 대상무역을 계기로 15년 연상의 부자 과부인 카디자의 회사에 들어가 직원으로 일한다. 무함마드는 대상무역으로 카디자에게 큰돈을 벌어다 주었을 뿐 아니라 신뢰감도 주어 25세 때 15년 연상이던 40세의 카디자와 결혼하게 된다. 사람들은 일찍부터 무함마드를 알-아민Al-Amin이라 불렀는데 '믿음직한 사람'이라는 뜻이다.

그는 결혼 이후 부와 명예를 얻었지만 주위 사람들의 행태에 불만을 갖게 된다. 사람들은 항상 술을 마시고, 자식을 먹이고 키울 돈으로 노름만 하고, 가난한 사람이나 병든 사람을 제대로 돌보지도 않고, 저마다 다른 우상을 섬기고 있었다. 그래서 혼자 보내는 시간이 늘어나고 시끄러운 도시를 벗어나 호젓한 사막에 가서 동굴에 앉아 생각에 잠기는 일이 많았다. 어느 날 밤 동굴에 혼자 있을 때 갑자기 이런 소리가 들렸다. "읽어라!" "저는 글을 읽을 줄 모릅니다!"라고 무함마드가 대답하자, "읽어라!" 다시 소리가 울렸다. 허공에 떠 있는 비단 두루마리에는 불로 된 글씨가 쓰여 있었다. 무하마드는 글자를 몰랐지만 그 글은 읽을 수 있었다. 목소리가 다시 들렸다. "무함마드! 그대는 유일하고 참된 하나님이신 알라Allah의 사자이다! 나는 천사 가브리엘이다!" 인간의 모습을 한 가브리엘 천사의 몸은 눈부시게 빛났는데 무함마드가 쳐다보는 순간, 가브리엘 천사는 하늘로 사라지고 만다.

무함마드는 집에 돌아와 자신이 본 것을 사람들에게 말하는데, 그의 부인과 사촌, 하인 그리고 다른 세 사람만이 그의 말을 믿게 된다. 이 여섯 사람이 최초의 이슬람교도들이다. 무함마드의 가르침을 이슬람교라고 하고 이슬람교를 믿고 따르는 신자를 이슬람교도라고 한다. 그는 메카 시내를 돌아다니며 "참된 하나님은 알라 한 분이고, 이분이 우주 만물을 만드셨고 다스리십니다. 심판의 날이 오면 알라는 사람들이 사는 모습을 살펴보고 상을 주시거나 벌을 내리십니다. 가난한 사람을 도우십시오. 탐욕에 눈이 멀어서 돈을 버는 데만 인생을 바치지 마십시오. 우상을 숭배하지 마십시오. 오직 알라만을 숭배하십시오"라고 설교하기 시작한다.

이런 설교에 대해 메카의 가난한 사람들은 좋아했으나 부자들은 매우 불안감을 느꼈다. 메카의 세력가와 부자들이 이슬람을 믿는 사람들을 탄압하자 이들은 메카를 떠나 320킬로미터나 떨어진 사막에 있는 메디나로 집단이주하게 된다. 메카를 사랑했던 무함마드는 메카를 떠나려 하지 않았지만 살해 위협을 느끼고 친구 아부바크르와 함께 메디나로 도피한다. 이렇게 도피한 해가 622년인데 이슬람교도들은 이 도피를 '헤지라'라 부르고 622년을 'A.H. 1년(헤지라 이후의 첫해)'으로 삼는다. 기독교의 A.D. 1년(예수 탄생 첫해)에 해당한다.

무함마드는 메디나에 머물면서 그를 따르는 사람들에게 알라에 대해 가르친다. 서로 신의를 지키고, 가난한 사람을 돕고, 아내와 가족을 공경하라고 가르친다. 또한 술을 마시지 말고, 도박을 하지 말고, 노예를 천대하지 말라고 가르친다. 그의 친구 아부바크르는 사람들에게 무함마드의 가르침을 기록하게 하여 《코란(꾸란)》이라는 책을 만든다. 《코란》에서는 이슬람교도라면 누구나 반드시 지켜야 할 다섯 가지 의무를 강조한다. 신앙고백(샤하다), 매일 5회 기도(살라트), 자선(사움), 라마단 기간 동안 금식(자카트), 메카로 순례(하즈)하는 것이 바로 그것이다. 비이슬람 공동체로부터 이슬람 공동체를 지키기 위한 노력인 성전聖戰, 지하드을 여섯 번째 기둥으로 보기도 한다.

소문을 듣고 사람들이 메디나로 모여들자 인구가 늘어나 식량과 물이 모자라게 된다. 사람들이 무함마드에게 호소하자 그는 메카로 가는 상인들의 행렬을 공격해 식량을 빼앗아 굶주리는 사람들에게 골고루 나눠주라고 말한다. 화가 난 메카는 군대를 결성해 메디나를 공격하지만 패배하고 만다. 7년 후 무함마드는 1만 명의 군대를 이끌고 메카를 공격해 마침내 접수한다. 그리고 여세를 몰아 아라비아반도 대부분을 통치하게 된다.

무함마드가 632년 사망하자 그의 오랜 친구이던 아부바크르는 예

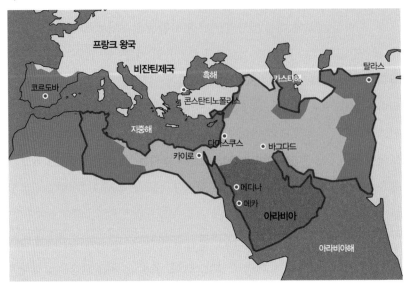

■ 무함마드 사망 시까지의 정복지(632년)
■ 정통칼리프시대의 정복지(632~661년)
■ 우마이야왕조시대의 정복지(661~750년)
□ 아바스왕조의 최대 영역(820년)

언자 무함마드는 죽었지만 이슬람교는 죽지 않는다고 설득하여 새로운 지도자, 칼리프caliph로 추대된다. 그는 온화한 사람이었지만 사막에 사는 베두인 부족들 중에 더러 이슬람의 법에 순종하지 않고 맞서는 집단이 있으면 이슬람 군대를 보내 진압했다. 그의 뒤를 이은 칼리프들도 북쪽의 비잔틴제국, 동쪽으로 이란, 서쪽으로 북아프리카의 지중해 연안으로 세력을 확장해 이슬람제국을 만든다. 그리고 칼리프들은 티그리스강 주변에 새로운 수도, 바그다드Baghdad를 만든다. 삼면을 벽으로 둘러친 모습이라 바그다드는 '둥그런 도시'라는 뜻을 가지고 있다. 하지만 메카는 여전히 이슬람교의 성지로 남는다. 즉 바그다드는 행정수도, 메카는 종교 성지인 것이다.

아라비아반도에서 시작된 이슬람교는 정통칼리프시대(632~661년),

우마이야왕조(661~750년), 아바스왕조(750~1258년)를 거치면서 급속히 확산된다. 정통칼리프시대에는 칼리프가 선출직이고 세습이 아니었는데 우마이야왕조부터는 세습으로 이어졌다. 우마이야왕조에서는 비아랍인들에게 불리한 정책을 많이 펼쳐 비아랍인들과 이에 불만을 가진 이슬람교도들에 의해 새로 아바스왕조가 세워진다. 아바스왕조는 시간이 지나 이집트의 파티마왕조(909~1171년), 이베리아의 후우마이야왕조(929~1031년)에서 각자 칼리프라 칭하면서 권위가 약화되다가 1258년 훌라구가 이끄는 몽골군에 의해 바그다드가 함락되면서 멸망한다.

이슬람을 회교나 마호메트교라고 부르는데 이는 옳지 않다. 중국의 회족이 이슬람교를 믿고 있어 중국에서는 한자로 회교라 표기하기 시작한 것이다. 서양에서는 선지자인 무함마드를 마호메트라 부르고 이슬람을 마호메트교라 부르곤 하는데 이는 기독교를 예수교라 부르는 것과 같아 옳지 않다. 하나님을 아랍어로는 '알라'라 하는데 알라가 허용한 것을 '할랄'이라 하고, 알라가 금지한 것을 '하람'이라 한다. 불법적으로 번 돈, 이자, 불륜관계, 살인행위, 술, 돼지고기가 모두 하람에 해당된다.

이슬람교도들은 자신을 지키기 위해 지하드를 하는데, 지하드는 '노력, 분투, 투쟁, 열심히 일한다'라는 의미를 지니고 있다. 자신을 절제하는 노력은 물론이고, 적에 대해 자신을 방어하는 성전도 지하드이다.

===== THINK

서울 용산구 이태원의 우사단로10길에는 한국이슬람교 서울 중앙 성원이 있다. 이슬람에 대한 편견을 없애기 위해 이곳을 찾아가보고 인근의 음식점에서 이슬람 음식인 할랄푸드를 먹어보자. 할랄푸드 식당에서는 술을 판매하지 않는다.

TREND·W🜨RLD·HIST🜨RY

PART

4

중세시대

800~1430년

오늘날
서유럽 국가의 원형은?

메로빙거왕조의 프랑크 왕국(486~751년)

서로마제국 말기에 유럽은 이미 프랑크, 고트, 부르군트, 랑고바르드, 반달 등 여러 게르만족에 의해 갈기갈기 찢어진다. 이 중에 라인강 중하류 지역에 거주하던 프랑크족은 로마군과 함께 여러 작전에 용병으로 참여하며 협조적인 입장을 많이 취하고 있었다. 450년 프랑크 족장인 메로비치는 로마제국의 아에티우스 장군과 힘을 합쳐 현재 프랑스까지 진출한 훈족의 아틸라를 격퇴했다. 463년에는 메로비치의 아들 칠데릭이 로마군과 함께 서고트족을 물리치기도 했다. 하지만 서로마제국 멸망 후 갈리아 지역을 맡고 있던 로마의 시아그리우스 장군이 프랑스 북부에 자신의 이름을 딴 시아그리우스왕국을 건설하자 486년 칠데릭의 아들, 클로비스는 이 지역을 무력으로 점령한다. 그러고서 할아버지 이름인 메로비치를 따서 프랑크족의 메로빙거 왕국을 세운다.

원래 프랑크족 사람들은 원시적인 다신교를 믿었다. 클로비스의 부인인 클로틸다는 기독교 신자로서 평소 남편에게 기독교로 개종하기를 종용하곤 했다. 클로비스는 기독교에 대해 큰 반감은 없었지만 종교가 자신에게 도움이 되어야 한다고 생각했다. 알라만족과의 전투에서 패전 일보 직전에 몰리게 되자 클로비스는 전투에 승리하면 기독교를 믿겠다고 기도했는데 정말 전투에서 승리하게 된다. 그래서 클로비스는 서슴지 않고 496년 랭스 대성당에서 세례를 받아 기독교인이 된다.

클로비스가 세례를 받은 기독교가 로마가톨릭이 이단으로 여겼던 아리우스파가 아니라 아타나시우스파였다는 점이 중요하다. 인근 국가였던 서고트 왕국과 부르군트 왕국도 기독교 국가이긴 했지만 로마가 이단시했던 아리우스파였다. 이로 인해 아타나시우스파 기독교로 개종한 최초의 나라가 된 프랑크 왕국의 메로빙거왕조는 다른 나라를 공격할 때에도 이교도를 친다는 명분을 갖게 되었다. 로마로부터 정통성을 확보한 클로비스는 507년 부이에전투에서 알라리크가 이끄는 서고트 왕국과 대혈전을 벌여 승리를 거두면서 영토를 피레네산맥까지 크게 확장한다.

하지만 511년 클로비스가 사망하자 메로빙거 왕국은 분할된다. 프랑크족은 전통적으로 아들들에게 재산을 분할, 상속하였기 때문이다. 형제 간의 영토분쟁이 이어지고 쇠퇴를 거듭하다가 프랑크 왕국은 이슬람으로부터 파죽지세의 공격을 당하게 된다.

당시 이슬람의 파워는 워낙 강력해서 이슬람은 지브롤터해협을 건너 711년 에스파냐 지역의 서고트 왕국을 무너뜨렸다. 이슬람은 피레네산맥을 넘어 프랑크 왕국까지 진격하는데 아우스트라시아의 나라 살림을 맡고 있던 궁재 카를 마르텔이 732년 투르-푸아티에전투에서 간신히 막아내는 데 성공한다. 하마터면 서유럽 전체가 이슬람에 의해 지배당할 뻔했던 절체절명의 위기에서 기독교 세계를 지켜낸 것이다.

카롤링거왕조의 프랑크 왕국(751~987년)

아버지 카를 마르텔의 후광을 입어 역시 아우스트라시아의 궁재였던 피핀이 왕으로 등극하면서 프랑크 왕국의 메로빙거왕조가 문을 닫고 새로운 카롤링거왕조가 751년 문을 연다. 피핀은 로마를 공격한 롬바르드족을 격퇴하고 라벤나 지역을 원래 소유주였던 동로마 황제에게가 아니라 교황에게 기증한다. 이것이 바로 교황령의 기원이다. 프랑크 왕국과 교황의 유대관계는 아버지 카를 마르텔, 피핀 그리고 카롤루스로 이어져 매우 끈끈하게 유지된다. 교황을 보호하는 수호자 역할의 전통을 이어간 것이다.

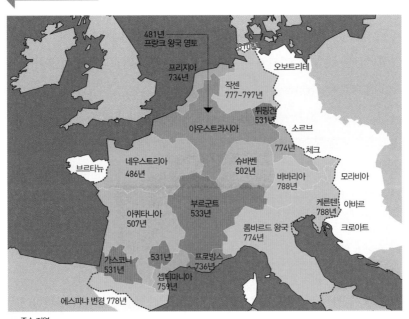

프랑크왕국의 확장

종속 지역
··· 814년 국경

768년 왕에 오른 카롤루스는 매우 공격적으로 영토를 확장해나간

다. 부르군트, 네우스트리아, 프로방스를 상속받은 동생 카를로만 2세가 권력 투쟁 와중이던 771년 3년 만에 의심스러운 죽음을 맞자 카롤루스는 이 지역들도 병합시키고 774년에는 동생 편을 들었던 롬바르드 왕국도 아예 멸망시킨다. 그리고 북동쪽의 골치 아픈 작센과 남서쪽의 사라센도 정벌한다. 사라센 원정에 참여했던 12명의 성기사 중 한 사람이 롤랑이었는데 전투 중에 그만 죽고 만다. 이 이야기는 나중에 《롤랑의 노래》에 담기고 이 작품에 카롤루스도 등장한다.

카롤루스는 군사적 팽창뿐 아니라 문화부흥에도 많은 힘을 기울였다. 독일 북서부의 아헨을 수도로 삼아 794년 이곳에 궁정과 왕실교회, 왕실 도서관, 궁정 학교를 짓고 명망 있는 학자들을 초빙했다. 과거 로마제국의 영광을 되살리기 위해 아헨의 궁정을 정치·행정 중심지뿐만 아니라 문화 중심지로 만들려는 것이었다. 서로마제국 멸망 이후 로마제국의 종주권은 동로마제국에 있다는 그동안의 인식을 바꾸려는 야심 찬 시도였다. 그래서 이 시기를 카롤링거 르네상스라 부른다. 그런데 흥미롭게도 카롤루스 본인은 정작 글을 제대로 읽고 쓰지 못했다.

799년 교황 레오 3세가 반대파들의 습격을 받아 카롤루스 궁정으로 피신한 적이 있었다. 카롤루스의 도움을 크게 받은 레오 3세는 800년 12월 카롤루스가 로마에 왔을 때 크리스마스 날 성 베드로 대성당에서 성대한 의식을 치르며 서로마제국의 황제 관을 씌워준다. 속세의 권력은 프랑크 왕국이, 교권은 교황이 분담하는 협업구도를 만든 것이다. 이로써 카롤루스는 현재 서유럽을 만드는 데 크게 기여한다. 이탈리아의 라틴족, 프랑스의 로마화된 켈트족인 갈로로만인, 독일의 게르만족이 기독교라는 종교를 토대로 하여 정치적으로도 통합된 제국을 만든 것이다. 유럽의 아버지라 불리는 그는 현재 유럽연합EU의 정신적 지주이다.

카롤루스가 사망한 후 프랑크 왕국은 843년 베르됭조약에 따라 상속권을 가진 세 아들에 의해 서프랑크, 동프랑크, 로타르 왕국으로 분할된다.

이 세 나라는 우여곡절을 거쳐 나중에 프랑스, 독일, 이탈리아의 원형이 된다. 로타르라는 이름은 현재 동부 프랑스의 로렌에 그 흔적을 남기고 있으며 프랑스 국가 이름도 프랑크에 어원을 두고 있다. 10세기 들어 동프랑크의 오토 1세는 기마 유목민족인 마자르족의 침입을 저지하고 귀족세력으로부터 교황권을 보호해준다. 이에 보답하고자 교황 요하네스 12세는 962년에 오토 1세를 신성로마제국의 황제로 추대한다. 이렇게 만들어진 신성로마제국은 1806년 나폴레옹에 의해 해체될 때까지 무려 800년 넘게 존속한다.

── THINK

프랑크족이 세운 메로빙거왕조의 클로비스는 프랑스 지역까지 영토를 넓히고 수도를 파리로 옮겨 현재의 프랑스를 만든 인물로 평가받고 있다. 이런 평가에 대해 어떻게 생각하는가? 또 카롤링거왕조의 카롤루스는 어떤 인물로 평가하겠는가?

왜 유럽 왕들에게는 별명이 많이 붙었을까?

왕의 별명

특징	왕의 별명
용맹	카를 마르텔(메로빙거 궁재, ?~741년), 용감왕 알폰소(레온-카스티야 알폰소 6세, 1065~1109년), 정복왕 윌리엄(잉글랜드 윌리엄 1세, 1066~1087년), 사자왕 리처드(영국 리처드 1세, 1189~1199년)
업적	승리왕 발데마르(덴마크 발데마르 2세, 1202~1241년), 존엄왕 필리프(프랑스 필리프 2세, 1180~1223년), 승리왕 샤를(프랑스 샤를 7세, 1422~1461년), 태양왕 루이(프랑스 루이 14세, 1643~1715년), 해방황제 알렉산드르(러시아 알렉산드르 2세, 1855~1881년)
신앙	경건왕 루트비히(동프랑크 루트비히 1세, 814~840년), 참회왕 에드워드(앵글로색슨 잉글랜드, 1042~1066년), 성 루이(프랑스 루이 9세, 1226~1270년), 공정왕 페드로(레온-카스티야 페드로 1세, 1350~1369년)
외모	단신왕 피핀(카롤링거 피핀 3세, 751~768년), 대머리왕 샤를(서프랑크 카를 2세, 875~877년), 비만왕(동프랑크 카를 3세, 881~888년), 붉은 수염왕 프리드리히(신성로마제국 프리드리히 1세, 1155~1190년), 미남왕(프랑스 필리프 4세, 1285~1314년), 절름발이왕 티무르(티무르제국, 1370~1405년)
불명예	말더듬이왕 루이(서프랑크 루이 2세, 843~879년), 단순왕 샤를(서프랑크 샤를 3세, 879~929년), 실지왕 존(영국 존 1세, 1199~1216년), 뇌제 이반(러시아 이반 4세, 1533~1584년)

유럽의 왕에게는 별명이 많다. 주로 용맹, 업적, 신앙, 외모를 빗대어 별명을 만든다.

사자왕 리처드, 승리왕 샤를, 정복왕 윌리엄, 태양왕 루이, 해방황제 알렉산드르는 용맹과 업적을 보여주고, 경건왕 루트비히, 참회왕 에드워드, 공정왕 페드로는 신앙을 보여주는 별명이다. 불명예스러운 이미지의 별명도 있다. 프랑스 내 땅을 모두 잃은 잉글랜드 왕에게는 실지왕 존이라는 불명예스러운 별명이 붙었다. 공포정치로 많은 사람을 경악하게 했던 러시아의 이반 4세에게는 폭군왕, 번개왕이라는 의미의 뇌제雷帝 이반이라는 별명을 붙였다. 직설적이고 어리석다는 의미의 단순왕 샤를도 있다. 외모상의 특징을 보여주는 별명으로는 붉은 수염왕 프리드리히, 비만왕 카를, 대머리왕 샤를이 있다. 표현력이 풍부한 프랑스에는 왕의 별명이 특히 많다. 게으름뱅이왕, 미치광이왕, 싸움쟁이왕, 미남왕, 행운왕, 현명왕, 선량왕, 단신왕, 단순왕, 승리왕, 용맹왕, 공정왕, 경건왕이 모두 프랑스 왕이다.

예전에 왕 이름 앞에 이렇게 별명이 많았던 이유는 유럽 왕들은 루이, 샤를, 앙리, 필립 등 비슷한 이름이 많았기 때문에 이들을 구별할 필요가 있었다. 앙리 3세, 앙리 4세처럼 숫자로 구별하기도 했지만 외모, 용맹, 업적 같은 특징으로 구별하기가 쉬웠다. 왕의 재위 당시에 별명이 붙은 경우도 있었고, 사후에 붙는 경우도 있었다. 사람들이 잘 모르는데 프랑스의 루이는 독일의 루트비히, 영국의 루이스와 같고, 프랑스의 샤를은 독일의 카를, 영국의 찰스와 같다. 프랑스의 앙리는 독일의 하인리히, 영국의 헨리와 같다.

중세 프랑크 왕국의 카롤링거왕조를 개창한 피핀에게는 소小 피핀Pepin the younger 혹은 단신왕 피핀Pepin the short이라는 별명을 붙였다. 피핀의 아버지는 카를 마르텔이고, 피핀의 아들은 카롤루스이다. 마르텔은 프랑크족 언어로 '망치'라는 뜻이다. 프랑크 왕국을 거세게 몰아붙이던 이슬람 군대를 투르-푸아티에전투에서 망치로 두들겨 패서 격퇴시켰기 때문에 얻은 별명이다. 하지만 마르텔보다 더욱 훌륭한 업적을 남긴 왕은 그 이름도 위대한 샤를마뉴 혹은 카롤루스대제다. Magne마뉴는 영어의 Magnum 매그넘에 해당된다. 그는 자기 왕국의 영토를 매우 넓혔을 뿐 아니라 기독교도 널리 전파하고 어두운 중세 유럽에 문화부흥을 일으키는 데 크게 기여했기 때문에 교황청으로부터 로마제국 황제 칭호를 부여받았다. 카를 마르텔은 용맹, 소 피핀은 외모, 샤를마뉴는 업적 관점에서 각각 별명을 얻었다.

── THINK

과거 유럽에서는 대중들에게 쉽게 각인시키기 위해 왕 이름에 별명을 붙인 경우가 많았다. 우리나라 역대 왕들에게도 용맹, 업적, 신앙, 외모, 불명예 등 독특한 특징을 바탕으로 별명을 붙여보자.

유럽을 대표하는 강은 무엇일까?

우리나라 사람에게 한국을 가장 대표하는 강이 무엇이냐고 묻는다면 아마도 한강, 낙동강, 금강, 영산강, 섬진강을 들 것이다. 자신이 사는 지역에 어떤 강이 흐르느냐에 따라 대답이 다르겠지만 강원도 태백시 검룡소에서 발원하여 충청북도를 거쳐 사람이 가장 많이 사는 경기, 서울 지역으로 흐르는 한강을 가장 중요하고 대표적인 강이라고 하지 않을까? 북한강과 남한강은 두물머리에서 만나는데 한강의 원류는 검룡소에 시작하는 남한강이다.

똑같은 질문을 유럽인에게 던져보자. 유럽의 가장 대표적인 강은 무엇이냐고. 아마도 대서양으로 흐르는 센강, 루아르강, 타호강, 북해로 빠져나가는 라인강, 엘베강, 템스강, 지중해로 흐르는 론강, 포강, 발트해로 흐르는 오데르강, 비스와강, 흑해로 들어가는 다뉴브강, 드네프르강, 돈강, 카스피해로 들어가는 볼가강을 들 것이다. 이 중에서 가장 긴 강은 볼가강이고 그다음은 다뉴브강이다. 볼가강은 유럽에서 가장 길고 수량이 많지만 러시아 지역만을 흐르기 때문에 다른 유럽인들에게는 유럽을 대표한다고 말하기가 힘들 것이다.

서유럽인들은 라인강을 유럽의 대표 강이라고 하지 않을까? 라인강은 스위스 남동부의 알프스 산악지대에서 발원하여 독일 서남부의 흑림지대를 흐르다 북상하여 프랑스와 국경을 이루다가 독일 서부를 거쳐 네덜란드를 끝으로 북해로 빠져나간다. 스위스 바젤, 프랑스 스트라스부르, 독일 마인츠, 본, 쾰른, 뒤셀도르프, 네덜란드의 로

라인강, 다뉴브강 그리고 마인–다뉴브운하

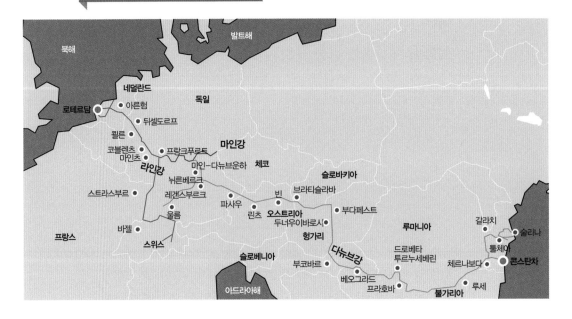

테르담을 지난다.

반면에 중유럽과 동유럽인은 분명히 다뉴브강을 유럽의 대표 강이라고 말할 것이다. 다뉴브강은 독일 남부 흑림지대에서 시작하여 동쪽으로 중유럽을 가로질러 오스트리아, 슬로바키아를 거쳐 헝가리 대분지로 갔다가, 크로아티아, 세르비아, 불가리아, 루마니아, 우크라이나를 거쳐 흑해로 빠진다. 다뉴브강이 흐르는 대표 도시로는 독일의 울름, 레겐스부르크, 파사우, 오스트리아의 린츠, 빈, 슬로바키아의 브라티슬라바, 헝가리의 부다페스트, 세르비아의 베오그라드, 루마니아의 갈라치가 있다.

라인강과 다뉴브강은 과거 로마제국과 야만인의 국경 역할을 했다. 물론 때때로 로마제국은 이 두 강을 넘어 점령했다. 예를 들면 트라야누스(98~117년 재위)는 다뉴브강을 건너 다시아(지금의 루마니아)를 점령했으나 마르쿠스 아우렐리우스(161~180년 재위)에 와서는 수세 입장을 취해 다시 다뉴브강으로 후퇴했다.

만약 라인강과 다뉴브강을 연결해 운하로 만든다면 흑해에서 물건을 하적한 배가 북해까지 한 번에 움직일 수 있을까? 이러한 상상이 현실이 되었다. 라인강의 지류인 마인강의 밤베르크와 다뉴브강의 켈하임을 잇는 171킬로미터 길이의 마인-다뉴브운하 Main-Danube Canal가 1992년에 만들어졌다. 사실 이런 운하 건설에 대해서는 이미 8세기 말 프랑크 왕국의 카를로스대제 때부터 시도된 바 있다. 19세기 중반에 바이에른 왕국의 루트비히 1세에 의해, 20세기 초반에 바이에른 왕국 주정부와 독일 연방정부에 의해 시도되었지만 완공하지는 못했다. 그러다가 1992년에 드디어 운하 공사가 완료되어 현재 화물 운송용, 관광용 선박들이 이 운하를 통과하고 있다. 암스테르담에서 크루즈를 타면 14일 후에 부다페스트에 도착하는 관광상품도 생겼다. 물론 승객들은 중간중간 도시에서 하선하여 관광을 즐긴다. 아예 북해에서 흑해까지 유럽을 관통하는 크루즈 상품도 있다.

볼가강과 돈강이 가까워지는 지역에 볼가-돈운하가 건설되어 카스피해와 흑해 간에도 운송이 가능하다. 또한 볼가강과 발트해로 빠지는 강 사이에 볼가-발트수로가 완공되어 카스피해와 흑해의 화물이 발트해로 이동할 수 있다. 흑해는 지중해와 연결되어 있어서 지중해의 화물이 발트해로 이동하는 것도 가능하다. 일찍이 스웨덴계 바이킹들은 강과 강 사이의 육지에서 배를 통나무에 올리거나 어깨에 들어서 이동시켜 발트해와 흑해 간의 교역을 가능케 했다.

강은 자연스럽게 국가 간의 국경으로 사용되는 경우가 많다. 독일의 엘베강은 동독과 서독의 국경이었다. 제2차 세계대전 종전 무렵에 동쪽에서 밀고 들어온 소련군과 서쪽에서 들어온 연합군이 서로 엘베강을 건너지 말자고 약속하여 엘베강이 양국의 국경이 되었다. 반면에 엘베강의 동쪽에 있는 오데르강은 현재 독일과 폴란드 간의 국경이다. 라인강은 스위스와 독일의 국경, 프랑스와 독일의 국경 역할을 하고 있고, 다뉴브강은 헝가리와 슬로바키아, 루마니아와 불가리아 간 국경도 된다. 국경은 인위적으로 정해지는 것이지만 자연적으로 형성된 강은 그런 용도에 매우 적합하다. 지도에서 잘 보이고 근처 사람들도 쉽게 인지할 수 있기 때문이다.

─── THINK

유럽을 관통하는 강은 라인강과 다뉴브강이다. 더구나 라인강의 지류인 마인강과 다뉴브강 사이에 운하가 만들어져 그 의미가 더욱 커졌다. 우리는 라인강에 대해서는 많이 알지만 라인강보다 훨씬 긴 다뉴브강에 대해서는 잘 모른다. 이번 기회에 다뉴브강에 얽힌 흥미로운 여러 이야기들을 찾아보자. 라인-다뉴브 크루즈도 타보자.

교황의 나라 바티칸은
어떻게 도시국가가 되었을까?

현재 전 세계에 200개가 넘는 국가 중에 규모가 가장 작은 미니 국가로 바티칸시국이 있다. 시국이란 도시국가를 의미한다. 로마시 북서부에 있으며 면적은 겨우 0.44제곱킬로미터, 인구는 750명에 불과하다. 바티칸시국과 로마시 경계에는 장벽이 있다. 바티칸시국은 가톨릭 교황이 수장으로 있는 이른바 신권국가이다. 가톨릭교회의 총본부가 있는 바티칸시국의 공무원은 대부분 성직자나 수도자로 이루어져 있다. 이렇듯 상주인구는 작지만 성 베드로 대성당에 경배하러 오는 참배객들로 바티칸은 항상 붐빈다.

바티칸시국의 현재 경계는 1929년 무솔리니 치하에서 이탈리아의 파시스트 정부와 바티칸시국이 라테란조약을 체결하며 정해졌다. 1870년부터 1929년까지만 해도 교황은 공식 직할령도 전혀 없이 성 베드로 대성당 안에 갇혀 살았다. 이른바 바티칸 포로 시기였는데 이전까지만 하더라도 교황은 이탈리아 중부에 걸쳐 직할지인 교황령을 상당히 넓게 보유하고 있었다. 이처럼 교황령의 면적은 주위의 역학관계에 따라 신축적으로 변했다.

전 세계에는 유명한 언덕들이 많다. 파리의 몽마르트르 언덕, 라인 강 변의 로렐라이 언덕, 예루살렘의 골고다 언덕이 유명하다. 로마에는 로물루스, 레무스 형제가 동굴에서 늑대의 젖을 먹고 자랐다는 로마 건국신화의 배경이 되는 팔라티노 언덕이 있다. 로마에는 바티칸 언덕도 있는데 이 지명은 기독교가 로마에 들어오기 훨씬 전부터 있었다.

321년 로마제국 황제 콘스탄티누스 1세가 교회에 대한 규제를 철폐한 후 신앙심 깊은 부자들이 기부를 하면서 교회의 사유재산이 급속히 증가하였다. 이때 콘스탄티누스 1세는 라테라노 궁전을 교황에게 선물로 준다. 476년 서로마제국 멸망 이후 300년에 걸쳐 로마공국^{Duchy of Rome}이라는 이름으로 영토가 꾸준히 확장되는데, 6세기 들어 동로마제국이 이탈리아반도의 대부분을 탈환했음에도 롬바르디아족들의 맹공으로 동로마제국은 총독이 있는 로마시와 남쪽의 나폴리까지만 영향을 미쳤다. 이처럼 동로마제국의 지배권이 약해지자 교황은 로마공국을 직접 다스리는 독립 영주로 점차 성장하기 시작했다.

751년 동로마제국의 라벤나 총독부가 롬바르디아족에 의해 함락되자 교황 스테파노 2세는 프랑크 왕국의 피핀 3세에게 구원을 요청하였다. 그러자 피핀 3세는 754년 프랑크군을 이끌고 롬바르디아족을 격퇴한 후 옛 라벤나 총독부의 영토를 교황에게 기증했다. 이것이 교황령^{Papal States}의 시초이다. 이후 우여곡절을 거치며 10~11세기 노르만족과의 충돌 때는 교황령이 축소되기도 했다. 그러나 13세기 초 '교황은 태양, 황제는 달'이라는 말까지 있을 정도로 기독교 역사상 교황권의 최전성기를 구가한 교황 인노켄티우스 3세(1198~1216년 재위) 때 교황령 면적은 최대로 늘어난다. 14세기에 교황이 프랑스 프로방스에서 68년간이나 아비뇽유수(1309~1377년)를 겪으면서 위상이 크게 실추되기도 했으나, 교황이 로마로 복귀함으로써 교황령은 계속 유지되었다. 한때 교황령이었던 아비뇽 지역은 1789년 프랑스혁명으로 프랑스에 완전히 합병되었다.

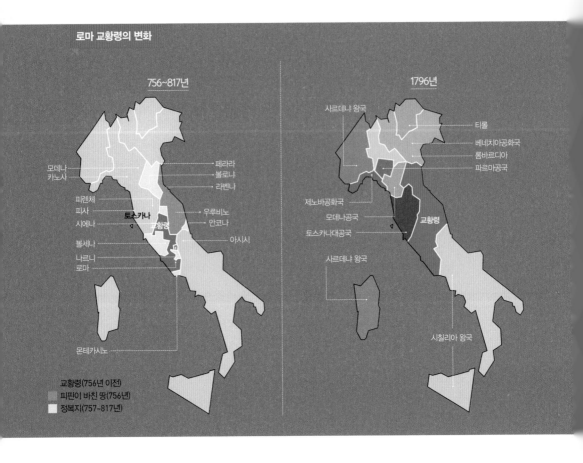

로마 교황령의 변화

756~817년

모데나
카노사
피렌체
피사
시에나
볼세나
나르니
로마
몬테카시노

페라라
볼로냐
라벤나
우루비노
안코나
아시시

토스카나
교황령

교황령(756년 이전)
피핀이 바친 땅(756년)
정복지(757~817년)

1796년

사르데냐 왕국
티롤
베네치아공화국
롬바르디아
파르마공국
제노바공화국
모데나공국
토스카나대공국
사르데냐 왕국
교황령
시칠리아 왕국

　　교황청이 프랑스혁명에 맹렬히 반대하자 1799년 나폴레옹은 이탈리아 지역의 교황령마저도 완전히 폐지해버린다. 하지만 나폴레옹 몰락 후 1815년 영국, 프로이센, 오스트리아, 러시아 등이 참석한 빈회의에서 교황령을 부활시킨다. 그러다 1848년 이탈리아 통일론자들의 혁명운동으로 로마공화국이 만들어져 교황령이 잠시 폐지되기도 한다. 1861년 신생 이탈리아 정부가 통일전쟁을 통해 로마냐 지방을 이탈리아 영토로 강제 편입하였는데 로마를 중심으로 한 지방만은 나폴레옹 3세의 보호로 건드리지 못한다. 하지만 1870년 프로이센-프랑스전쟁으로 파리 수비가 다급해진 프랑스가 군대를 교황령에서 철수시키자 이 틈을 타 이탈리아군이 로마에 진주해 로마를 수도로 선포해버린다.

이로 인해 교황은 바티칸의 일부 지역을 제외한 모든 세속 영토와 권력, 그에 따르던 세금수입을 상실하고 만다. 교황 피우스 9세는 화가 나서 자신을 '바티칸 포로'라고 선언하고 바티칸에서 아예 두문불출 나오지 않는다. 이탈리아 국왕 비토리오 에마누엘레 2세와 통일정책을 진두지휘하던 수상인 카보우르를 파문하고 이탈리아 세속왕조와의 대화를 일절 거부한 것이다. 그러다가 59년이 지난 1929년 교황 피우스 11세가 대중의 인기를 원했던 베니토 무솔리니와 라테란조약을 체결함으로써 바티칸시국이 만들어져 바티칸의 포로상태에서 드디어 벗어난다. 현재 교황령의 물리적 면적은 작지만 12억 가톨릭 신자에 대한 영적 영향력은 매우 강력하다.

역대 교황들의 국적을 보면 이탈리아가 압도적이다. 그 외에 프랑스, 독일, 영국, 시리아, 포르투갈, 그리스, 크로아티아, 에스파냐, 폴란드, 아르헨티나도 아주 일부 있다. 최근 세 명의 교황은 성 요한 바오로 2세(폴란드), 베네딕토 16세(독일), 프란치스코(아르헨티나)로 모두 이탈리아 출신이 아니다.

----- THINK

가톨릭의 수장이며 바티칸시국의 국가원수인 교황은 초대 베드로부터 시작하여 현재 프란치스코까지 모두 266명에 이른다. 아비뇽유수 당시의 대립교황은 별도로 39명이었다. 역대 교황 중에서 교인들에게 특히 인기가 많았거나 없던 교황은 누구였으며, 그 이유에 대해서도 알아보자.

바이킹 이야기는
과장된 전설일까,
실제일까?

바이킹시대의 시작

바이킹이 유럽에서 활개를 친 때는 9~11세기이다. 더 정확히 말하자면 793년부터 1066년까지 270년 정도가 바이킹의 전성시대이다. 당시 유럽 상황을 보면 남쪽의 에스파냐는 이미 이슬람 세력으로 넘어갔고, 한때 강력했던 프랑크왕국의 카를로스대제 시대도 점차 분열상태에 접어들고 있었다. 9세기 말부터 10세기에 걸쳐 동쪽으로부터 마자르족이 침범하여 유럽을 깊숙이 유린했다. 바이킹은 자신들이 새로 개발한 혁신적인 선박, 롱십longship을 타고 방비가 허술한 유럽 해안을 습격해 약탈하기 시작한다.

공식적인 자료에 의하면 793년 브리튼섬의 동북부 노섬브리아 해안의 린디스판섬에 있는 수도원과 마을을 약탈한 것이 바이킹 최초의 약탈이다. 수도원에 보석을 박은 성경이나 귀금속으로 장식한 십자가가 많고 수도사들이 싸움에 도무지 서툴다는 점을 간파한 바이킹은 그 후에도 다른 해안의 수도원을 연거푸 공격했다. 812년에는 프랑크 왕국의 프리지아(지금의 네덜란드)도 약탈한다.

종전에는 바이킹들이 유럽을 침공하지 않았는데 왜 이때부터 파상 공세를 펼쳤는가에 대해서는 여러 설이 거론된다. 첫째로 북유럽 인구 증가를 든다. 당시 지구 기후의 추세를 보면 지구는 9세기부터 온난기에 접어든다. 작물생산이 늘어나 사람들의 건강상태가 좋아져 출산이 늘어나고 인구가 증가하면서 바이킹의 해외진출을 부추겼다는 것이다. 더구나 북유럽에서는 장자가 아버지의 재산을 모두 물려받았기 때문에 차남 이하의 아들들은 자신의 터전을 마련하기 위해 해외에 진출하지 않고서는 도리가 없었다. 당시에는 살인이 지금보다 훨씬 흔해 공동체 법규상 살인자는 해외추방을 많이 당해서 이 또한 바이킹의 해외진출을 촉발했다.

둘째, 바이킹이 북유럽신화로부터 지대한 영향을 받아 호전성을 주입받았다는 주장이 있다. 바이킹 영화를 보면 자주 볼 수 있는 장면인데, 바이킹들은 죽을 때 꼭 손에 칼을 쥔다. 전쟁터에서 용감하게 싸우다 죽은 사람만이 사후세계에서 발할라 궁전으로 가는 편도티켓을 얻는다고 믿었기 때문이다. 발할라에 가면 최고의 신 오딘과 처녀 전사인 발키리들의 영접을 받으며 화려한 삶을 누릴 수 있다. 그곳에서 다가올 최후의 전쟁인 라그나뢰크가 벌어지면 악의 세력과 전쟁을 하다가 죽으면 그만이었다. 바이킹에게 발할라는 이상향이었다.

셋째, 본국에서의 정치적 불안정도 해외진출의 원인이었다. 북유럽은 초기에는 강력한 왕정국가가 아니라 독립적인 부족마을로 구성되었다. 시간이 지나면서 왕권이 강화되자 억압을 거부하는 독립적인 바이킹들이 해외로 탈출하게 되었다. 예를 들어, 금발왕 하랄이 노르웨이의 상당 부분을 통합하자 이에 불만을 느낀 사람들이 870~930년에 걸쳐 아이슬란드로 대거 이주하게 된다.

넷째, 뛰어난 조선술과 항해술이 뒷받침되었다. 아무리 해외로 나가고 싶어도 배를 건조하는 조선술이나 항해술이 뛰어나지 않으면 북해를 건너 먼 바다로 진출할 수가 없다. 다행히도 바이킹들은 근해에서 고기잡이를 하거나 이동할 때 사용하던 기존의 배보다 훨씬 성능이 뛰어난 배, 롱십을 개발했다. 용골, 돛, 키를 새로 장착한 이 배는 날씬하고 가볍고 빠르고 조종하기 쉬울 뿐 아니라 사람도 많이 탈 수 있어 기동성 있게 침략하기에 매우 적절했다. 특히 이 배는 물에 잠기는 흘수가 1미터밖에 되지 않아 물의 저항이 작았고, 해변이나 강변에 정박하기에 용이했다. 또 뱃전이 상대적으로 높아 풍랑이 센 바다에서도 바닷물이 배에 덜 들어왔다.

다섯째, 바이킹이 아무리 해외로 진출하기를 원하고 조선술, 항해술이 뛰어나더라도 상대방 국가의 국방이 튼튼하면 침략은 불가능하다. 당시 유럽은 강력한 왕정국가가 약화되면서 분열상태에 있어 바이킹은 유럽 곳곳에서 약탈이 가능했다. 시간이 지나며 바이킹은 단순 약탈에서 벗어나 상대방 국가로부터 조공을 받거나 땅을 빼앗아 터를 잡고 살면서 아예 식민지로 만들었고 공국, 왕국, 제국까지 세우게 된다.

세 부류 바이킹의 전방위 침공

우리는 바이킹이 유럽 전역을 종횡무진 공격한 것으로 알고 있다. 하지만 바이킹은 거주했던 지역에 따라 진출 방향이 서로 달랐다. 노르웨이 바이킹은 주로 서쪽으로, 덴마크 바이킹은 남쪽으로, 스웨덴 바이킹은 동쪽으로 향했다. 어찌 보면 서로 충돌하지 않고서 역할 분담을 한 셈이다.

먼저, 노르웨이 바이킹은 스칸디나비아반도의 본국에서 가까운 섬들을 징검다리 삼아 서쪽으로 진출했다. 셰틀랜드제도와 오크니제도, 헤브리디스제도를 거쳐 스코틀랜드와 아일랜드에 진출해 군사기지와 무역기지로 도시 더블린까지 세운다. 잇따라 프랑스의 서부 지역인 브르타뉴, 낭트, 투르까지 약탈하고 더 내려가 이베리아반도의 카디스, 리스본, 세비야도 유

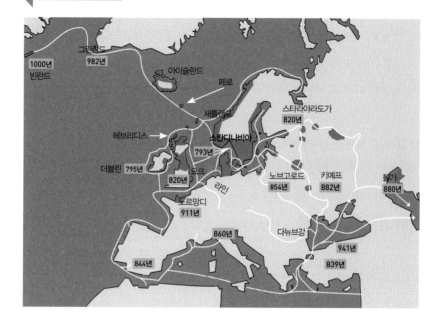

린했다. 나중에는 지중해로 들어가 이탈리아반도까지 침략했다.

9세기 후반에 금발왕 하랄이 노르웨이 지역 대부분을 통합하자 그의 강압정치를 거부한 사람들이 페로섬을 거쳐 아이슬란드로 대거 이주했다. 930년 아이슬란드 사람들은 지금의 국회와 법원에 해당되는 알싱Althing 조직을 만들어 근대적 민주주의의 원형을 실현한다. 982년 아이슬란드에서 살인죄로 추방된 붉은 수염 에리크가 그린란드로 이주하고 그의 아들 레이프 에리크손은 북미 해안까지 탐험하여 한겨울을 그곳에서 보내기도 한다. 하지만 북미 빈란드에 진출한 이들은 인디언과의 충돌로 인해 정주생활을 포기하고, 다시 그린란드로 돌아오고 말았다.

둘째, 덴마크 바이킹(데인, Dane)은 서쪽에 위치한 브리튼섬과 프랑스 북부 해안을 주로 공략했다. 아일랜드에도 진출하지만 노르웨이 바이킹에 밀려 정주하지는 못한다. 브리튼섬에 진출한 바이킹은 앵글로색슨의 여러 왕국을 궤멸 직전까지 몰아붙였다. 하지만 웨섹스의 앨프레드 왕의 분투로 데인과 웨섹스는 886년 평화조약을 체결하며 영국 북서부 지역이 데인족의 법으로 다스리는 데인로Danelaw 땅이 된다. 1002년에 데인족의 스벤과 그의 아들 크누트가 영국을 크게 공략하면서 크누트는 11세기 초반 영국, 덴마크, 노르웨이에 걸치는 거대한 북해제국을 형성한다.

데인은 861년 파리를 처음 약탈한 후에 센강을 거슬러 올라가 프랑스를 지속적으로 공략한다. 마침내 서프랑크의 샤를 3세는 데인족의 롤로와 협상해 노르망디 땅을 할양하는 대신 롤로를 자신의 백작으로 삼아 그가 다른 바이킹의 침략을 저지하도록 했다. 이렇게 911년에 세워진 노르망디공국의 기욤 2세는 155년이 지난 1066년 잉글랜드를 점령하여 윌리엄 왕으로 즉위하면서 노르만왕조를 개창했다. 1066년을 바이킹시대의 종말이라 부르기는 하지만 알고 보면 프랑스화된 바이킹이 잉글랜드를 점령했기 때문에 여전히 바이킹시대의 연속으로 보는 것이 정당하다. 노르망디 오트빌 가문의 바이킹은 이탈리아반도의 여러 도시국가에서 용병으로 일하다가 1072년 시칠리아 왕국도 세웠다.

셋째, 스웨덴 바이킹은 발트해를 건너 슬라브인들이 사는 동유럽 쪽으로 진출했다. 슬라브인들이 루스Rus(고대 노르드어로 '노를 젓는 사람'이라는 의미)라 부른 스웨덴 바이킹들은 배를 타고 드네프르강과 볼가강을 따라 남진하여 흑해와 카스피해에 진출했다. 처음에는 노브고로드와 키예프에 교역소를 세워 무역을 했다. 그러다가 862년 루스의 지도자 류리크가 노브고로드 공국을 세우고 882년 올레크가 키예프대공국을 세운다. 이어 10세기 초에는 루스가 흑해를 통해 비잔틴제국의 콘스탄티노플까지 공략하여 조공을 받아내고 무역 영업권까지 획득한다. 루스는 더 남쪽의 부유한 이슬람과도 교역하여 많은 이익을 냈다.

바이킹의 활발한 무역활동과 쇠퇴과정

우리는 바이킹을 바다의 전사, 약탈자, 침략자, 정복자, 파괴자로 많이 인식한다. 공격을 당한 입장에서는 당연히 그렇게 이해할 수 있다. 하지만 바이킹은 모험가이자 무역상인 그리고 정착자와 창조자이기도 했다.

바이킹이 정복과 교역을 활발히 하면서 9세기 초부터 북유럽에 무역도시가 연달아 모습을 드러냈다. 가장 큰 헤데비(덴마크)를 비롯하여, 비르카(스웨덴), 코팡(노르웨이)이 대표적이다. 당시 외국 상인들에게 인기 있는 바이킹 상품은 무엇이었을까? 바이킹 장인들이 만든 제품으로는 소뿔 빗, 유리염주, 옷감, 칼자루, 보석 장신구, 팔찌, 브로치가 있었고, 북유럽 특산품으로 담비 가죽, 바다표범의 이빨, 순록 뿔이 있었다. 바이킹 전사들이 곳곳에서 전투를 벌여 잡아 온 포로가 노예로 많이 팔려나갔는데 노예 수익이 상당히 높았다.

바이킹은 전 유럽을 공포로 몰아갔지만 11세기에 접어들어서는 더이상 예전의 광포하고 용맹한 전사들이 아니었다. 기독교를 받아들이고 정착생활을 하면서 현지의 유럽인들과 점점 동화, 순화되었기 때문이다. 또한 2세기에 걸쳐 해외이주가 지속적으로 진행되었기 때문에 인구압력도 줄어들어 바이킹의 추가 해외진출이 줄어든 것도 이유이다.

이런 가운데 1066년 잉글랜드 왕위 쟁탈전은 바이킹 쇠퇴에 결정적인 계기를 마련한다. 한 해에 브리튼섬에서 큰 전투가 두 차례나 벌어졌다. 노르웨이 왕, 하랄 하르드라다가 잉글랜드 동북부를 침범해 스탬퍼드브리지에서 잉글랜드 왕, 해럴드 고드윈슨과 전투를 벌이는데 이때 그만 노르웨이 왕이 전사하고 만다. 이 틈을 타서 프랑스 쪽 노르망디공국의 왕, 기욤 2세가 잉글랜드 동남부 해안을 침범해 헤이스팅스에서 전투를 벌이는데 동북부 전투에서 갓 돌아와 기력이 떨어진 잉글랜드 왕이 노르만 기병의 칼에 맞아 전사한다. 이 세 명의 왕은 사실 모두 바이킹의 피를 물려받았지만 바이킹 피가 옅어진 프랑스계 노르망디 바이킹이 영국을 차지하면서 바이킹의 팽창은 결국 종식을 맞이한다. 이때 바이킹 피가 가장 진한 노르웨이 바이킹이 전쟁에서 최종 승리했다면 바이킹의 전성시대는 연장되었을 것이다.

────── THINK

바이킹은 일반적인 인식보다는 훨씬 덜 파괴적이며 창조적이었다. 바이킹의 창조성은 어떻게 나타났고 현재 북유럽인의 문화 유전자에 어떤 영향을 미쳤는지 알아보자.

노르웨이의 통일이 한 여자의 청혼 거절 때문이다?

유명한 바이킹 리더들

노르웨이(대서양)	노르웨이(노르드)	노르망디(노르만)	덴마크(데인)	스웨덴(루스)
프로키 (아이슬란드 발견)	금발왕 하랄 (노르웨이 통일)		구트룸	라그나 로스브로크
붉은 머리 에리크 (그린란드 발견)		롤로 (노르망디 공국, 911년)	시그프레드 (885년 파리 공격)	루리크 (노브고로드공국)
레이프 에리크손 (빈란드 발견)	올라프 하랄손 (기독교 도입)	기욤 2세 (노르만왕조)	푸른 이빨 하랄 블로탄 (기독교 도입) 갈퀴 수염 스벤	올레크 (키예프대공국)
	하랄 하르드라다 (1066년 전투)		크누트 (북해제국)	

노르웨이는 덴마크, 스웨덴에 비해 평지가 별로 없고 토지가 투박해 농경이 쉽지 않았다. 높은 산악지대, 깊숙이 팬 피오르만 때문에 육상이동도 쉽지 않았다. 그래서 지역마다 여러 부족으로 나뉘어 해외약탈을 많이 했고 통합이 어려워 소왕국들이 오랜 기간 난립해 있었다. 그런데 872년 하랄 하르파그리가 노르웨이 남서부 스타방에르 근처의 하프르스피오르Hafrsfjord해전에서 마지막 소왕국 호르달란의 에르크 왕을 격파하여 통일을 이루었다.

오슬로의 바이킹 배 박물관Viking Ship Museum에 가면 노 구멍이 35개이고 길이가 21미터에 이르는 바이킹 배가 원형에 가깝게 전시되어 있다. 1904년 노르웨이 남부 농촌지역인 오세베르에서 발굴되었기 때문에 오세베르 선장묘라고 부른다. 남자 바이킹들은 배와 함께 화장 겸 수장을 하는 경우가 많았고 여성들은 땅에 매장되곤 했다. 돈이 없는 일반 여성은 묘 위에 배 모양의 돌을 쌓아두었고, 지위가 높은 여성은 화려한 부장품과 함께 배를 매장했다. 함께 매장한 부장품으로는 마차와 썰매, 양탄자와 가재도구, 열 마리의 말, 네 마리의 개, 한 명의 여자 노예가 있었다. 오세베르 선체 나이를 조사해보니 815~820년경에 배가 건조된 것으로 추정치가 나왔다. 여러 역사적 사실을 감안해볼 때 이 배는 노르웨이 바이킹인 금발왕 하랄의 할머니 아사의 선장묘로 추측하고 있다. 실제로 아사는 834년에 장례식을 치렀는데, 오세베르 지역은 과거에 좋은 땅을 가진 베스트폴 왕국 내에 있었다. 오슬로 피오르의 서쪽 해안에 있는 비옥한 이 구릉지대는 멋진 항구와 번성하는 시장을 자랑하고 있었다.

하랄의 할아버지인 구드로드는 아사의 오빠와 아버지를 죽이고 그녀를 계집종 데려오듯이 첩으로 삼았다. 그녀는 분노를 꾹꾹 참다가 심복 부하를 보내 긴 창으로 무참하게 남편의 배를 찔러 죽이게 했다. 그런 다음에 그녀는 왕비다운 화려한 삶을 살다가 천수를 누리고 사망했다.

하랄의 아버지 할브단 스바르티가 왕국을 점차 넓혀가다 860년에 사망하자 하랄 하르파그리는 열 살 나이에 왕위에 즉위한다. 하랄은 몸은 소년이었지만 머리는 노련하여 왕이 갖추어야 할 지혜를 갖춘 왕이었다. 어려서부터 왕 교육을 제대로 받았기 때문이다. 성장하면서는 용모가 수려하고 신체 건장한 남자가 되었다. 물론 머리는 비단처럼 물결치는 블론드였다. '하르파그리'는 '아름다운 머리카락'이라는 뜻이다.

하랄은 결혼할 나이가 되자 지금의 베르겐에 해당되는 지역의 왕국인 호르달란 왕국의 에리크 왕의 딸 기다Gyda와 결혼하고 싶어졌다. 하랄의 부하를 통해 그녀에게 청혼 이야기를 건네자 그녀는 이렇게 답변한다. "시골 귀족 정도의 땅밖에 가지고 있지 않은 왕과 결혼할 생각은 추호도 없다. 앞으로 언젠가 하랄의 정비가 될 생각은 있지만, 그에 앞서 하랄은 노르웨이 전역을 지배해야 한다"라고 말이다. '여자의 조언은 참으로 비정하다'는 노르만의 오래된 속담이 괜히 나온 것이 아니다. 이런 당돌한 답변을 듣고서 젊은 하랄은 어떤 반응을 보였을까? 하랄은 "내가 해야 할 일을 친절하게 알려준 기다에게 고맙다. 내가 노르웨이 전역을 통일하기 전까지는 내 머리카락을 자르지도 빗지도 않겠다"라고 주위 사람들에게 천명한다.

하랄은 용맹스러운 전사들을 앞세워 북부 지방을 차례로 정복했다. 자신에게 저항하는 자에게는 사정없이 칼을 휘둘렀고 굴복하면서 귀속해 오는 자들에게는 평화와 보호를 약속했다. 이제 남은 곳은 기다의 아버지가 통치하던 호르달란 왕국뿐이었다. 하랄은 왕국의 남쪽인 스타방에르 부근의 하프르스피오르해전에서 승리를 거둬 10년 만인 872년 통일사업을 드디어 완수한다. 이 전투로 인해 기다는 아버지를 잃는다. 통일을 마무리하자 하랄은 마침내 목욕을 하고 머리를 빗고 자른다. 그래서 정복 전에는 '봉발蓬髮의 하랄', 정복 후에는 '미발美髮의 하랄Harald Fairhair'이라 불린다.

오만한 발언을 했던 기다는 어떻게 되었을까? 그녀는 하랄과 결혼하기는 했지만 이미 하랄에게는 여덟 명의 부인이 있었다. 정복과정에서 여러 소왕국의 공주들과 결혼했기 때문이다. 그리고 시간이 좀 지나 하랄은 덴마크의 공주인 '여장부' 라그닐드와 결혼을 하려고 기다를 포함해 다른 모든 부인들과 이혼했다. 지체 높은 라그닐드의 엄중한 요구사항이었기 때문이다. 분명한 것은 기다의 오만한 결혼조건 덕분에 하랄이 노르웨이를 마침내 통일하게 되었다는 사실이다. 그리고 하랄이 통일을 이룬 덕에 노르웨이가 전체적으로 또 하나 큰 도움을 얻은 것이 있다. 바로 더 적극적인 해외진출이었다.

하랄은 노르웨이 정복과정에서 큰 원칙을 세웠다. 칭기즈 칸처럼 저항하면 쓸어버리고 항복하면 살려준다는 원칙이었다. 하랄의 정복과정에서 밀린 노르웨이 바이킹은 노르웨이 본토에서 거점을 잃고 서쪽 바다를 향해 배를 타고 스코틀랜드의 섬으로, 페로제도로, 아이슬란드로 이주해 갔다. 815년 로갈란의 플로키가 페로제도를 출발해 아이슬란드를 발견했지만 노르웨이인이 아이슬란드에 정착촌을 건설한 것은 874년이었다. 이들은 압제를 피해 이주해 온 만큼 930년 법전을 만들어 시행하기 위해 레이캬비크 근처의 싱클레어에서 전국 대표들이 모이는 의회인 알싱을 처음 소집한다. 서유럽 최초의 의회였던 것이다.

───── THINK

북유럽 바이킹시대에 여성의 권한은 예상보다 컸다. 어떤 면에서 여성의 권한이 강했는지 알아보자.

살인자 레이프 에리크손은 어떻게 콜럼버스보다 먼저 북아메리카를 발견했을까?

아이슬란드보다 더 북쪽에 면적이 아주 넓은 그린란드가 있다. 지구상에서는 오스트레일리아가 가장 면적이 넓은 섬이기는 하지만 대륙이라 부르기 때문에 현재 지구상에서 가장 큰 섬은 그린란드라 할 수 있다. 그린란드를 처음 발견한 사람은 노르웨이에서 아버지와 함께 아이슬란드로 이주했던 붉은 머리 에리크였다. 그는 서른 살에 살인죄를 저질러 3년간 해외추방을 당했는데 이 때문에 985년에 그린란드 남서 해안에 도착하여 탐험을 시작했다. 사람이 거주할 수 있다고 판단한 에리크는 '푸른 섬(그린란드)'이라고 거짓으로 이름을 짓고 그 땅을 훌륭한 자원으로 가득한 낙원이라고 부풀려 그린란드로 이주할 사람을 모집했다.

에리크는 모집한 사람들과 함께 배를 타고 그린란드로 이주했다. 25척의 배가 출발했지만 10척의 배는 도중에 침몰하고 700명이 섬에 도착하여 개척을 시작했다. 곡물 재배가 여의치 않아 목축과 수렵도 했지만 수확이 불안정했고, 철과 목재도 부족하여 노르웨이 본국과의 교역이 없으면 생활을 유지하기가 힘들었다. 나중에는 노르웨이와의 교역도 끊어지고 오늘날 에스키모인이라고 부르는 이누이트의 공격을 받아 1500년경에는 바이킹 거주민 모두가 죽고 만다.

에리크가 그린란드로 이주했을 당시에 그와 함께 이주에 참여한 가족이 있었다. 그 가족의 아들인 비아르니 헤르욜프손은 노르웨이에 가 있어서 같이 이주하지 못했는데 나중에 아이슬란드로 돌아와 부모를 만나러 가기 위해 배를 타고 그린란드로 향했다.

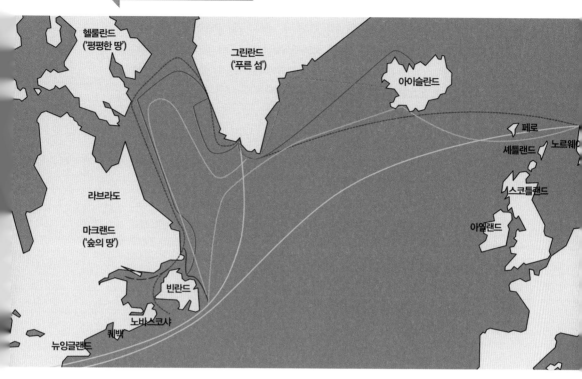

레이프 에리크손의 빈란드 여정

헬룰란드
('평평한 땅')

그린란드
('푸른 섬')

아이슬란드

라브라도

마크랜드
('숲의 땅')

빈란드

노바스코샤

퀘벡

뉴잉글랜드

페로

셰틀랜드   노르웨이

스코틀랜드

아일랜드

----▶ 레이프 에리크손(그린란드인의 사가)
——▶ 토르핀 카르세프니(붉은 머리 에리크의 사가)
----▶ 붉은 머리 에리크
——▶ 비아르니 헤르율프손(그린란드인의 사가)
——▶ 레이프 에리크손(붉은 머리 에리크의 사가)

그런데 도중에 표류를 하다가 대빙하로 뒤덮인 그린란드가 아니라 울창한 삼림으로
뒤덮인 북아메리카 지역을 우연히 보게 되었다. 그는 이 땅에 내리지는 않고 배를 다
시 돌려 그린란드에 도착해 부모와 상봉했다. 그는 자신이 새로운 땅을 보았다며 주위
사람들에게 이야기를 들려주곤 했다. 에리크의 아들인 레이프 에리크손이 흥미를 느
끼고 비아르니 헤르율프손으로부터 구체적인 정보를 얻고서 북아메리카 지역으로 원
정을 떠난다.

레이프 에리크손은 1000년에 35명과 함께 그린란드를 출발하여 북아메리카 지역에 도착했다. 이 지역은 좋은 기후에 땅도 평평하고 식물도 많아 겨울을 지내기에 좋았다. 여기에서 그는 아주 달콤한 과일을 맛보게 되었다. 봄이 되어 그의 일행은 목재와 과일을 잔뜩 싣고 다시 그린란드로 돌아왔다. 귀국 후에도 그는 과일에 대한 이야기를 자주 했는데, 그 과일이 바로 포도였다. 그가 발견했던 북아메리카 지역은 포도에서 이름을 따와 빈란드vin land라고 불렸다.

레이프 에리크손이 중간에 탐험을 했던 곳은 지금의 캐나다의 래브라도 남부 해안, 뉴펀들랜드섬, 노바스코샤반도였고, 그가 월동을 했던 빈란드는 확실치는 않지만 뉴잉글랜드 지역일 가능성이 크다고 알려져 있다.

레이프 에리크손의 탐험 이후에도 그의 동생들이 연거푸 탐험에 나섰고 이주 시도도 하였다. 하지만 북아메리카 원주민과의 충돌로 화살을 맞아 동생이 한 명 죽고 결국 이주에는 실패했다. 바이킹 이야기를 담은 사료인 《사가Saga》를 보면 바이킹들은 그 후에도 목재와 식량을 위해 북아메리카에 자주 갔음을 알 수 있다.

노르웨이 탐험가인 헬게 잉스타드와 그의 부인이자 고고학자인 앤 스타인 잉스타드는 1960년에 뉴펀들랜드섬의 북단에서 바이킹 유적지를 발견했다. 이 유적지는 1978년에 유네스코 세계문화유산으로 등록되었다. 한참 나중에 북유럽인은 미네소타주로 많이 이주했기 때문에 미네소타 주립대 교정에는 레이프 에리크손의 동상이 서 있다. 매사추세츠주의 보스턴시에도 레이프 에리크손의 기념비가 세워져 있다.

크리스토퍼 콜럼버스가 1492년에 아메리카 대륙을 발견했다고는 하지만 실제로 발견한 곳은 카리브해의 산살바도르섬이었을 뿐이다. 레이프 에리크손이 1000년에 발견한 곳은 북아메리카 대륙의 북동부 지역이었기 때문에 아메리카 대륙의 진정한 발견자는 당연히 레이프 에리크손이라고 역사책 내용을 바꿔야 할 것이다.

──── THINK

이번 기회에 북유럽 이야기의 모든 원천인 《사가》를 읽어보고 어떤 흥미로운 이야기들이 우리에게도 알려졌는지 알아보자.

Tip

아시아계 민족인 헝가리는
왜 유럽연합 소속일까?

아시아인이 유럽인을 화들짝 놀라게 한 첫 번째 황화는 5세기 훈족의 아틸라였다. 10세기 초반의 두 번째 황화는 마자르족의 아르파드였다. 우리는 발해를 고구려 유민과 말갈족에 의해 만들어진 나라로 알고 있는데 이 말갈족이 우랄산맥과 볼가강, 우크라이나로 서진하여 마자르족이 되었다는 설이 있다. 말갈과 마자르의 발음이 비슷한 것도 이유로 거론되는데, 말갈족은 알타이어족이고 마자르족은 우랄어의 일파인 핀위구르어족이라 그럴 가능성은 희박하다.

마자르족은 볼가강과 우랄산맥 사이의 중앙아시아 초원지대에서 살다가 9세기 다른 유목민족인 페체네그족에 밀려 서진하게 된다. 마자르족의 아르파드(895~907년 재위)는 895년 다뉴브강 중부 유역의 대평원인 카르파티아분지에 처음으로 진출하여 공국을 만든다. 그 후에도 유럽 여기저기를 공략하는데 공포감에 사로잡힌 유럽인들이 과거의 아틸라와 훈족을 연상했기 때문에 헝가리라는 이름이 만들어진다. 하지만 막상 헝가리인은 마자르족을 자처하여 자신의 나라를 '마자르인의 나라'를 뜻하는 머저로르사그Magyarország라 부른다. 헝가리 남부 오푸차체Ópusztaszer에 가면 국립기념공원이 있는데 그곳에 아르파드상이 우뚝 서 있다.

승전을 거듭하던 마자르족은 현재 독일 남부에서 벌인 레히펠트전투에서 955년 동프랑크 국왕 오토에게 크게 패하여 공격을 멈추고 판노니아평원에 정착하게 된다. 동프랑크 국왕 오토는 마자르족의 예봉을 저지시킨 공로로 신성로마제국의 초대 황제 오토 1세로 즉위한다. 이후 헝가리는 점차 가톨릭화한다. 아르파드왕조의 게자 왕 (972~997년 재위)은 975년 기독교 세례를 받고 그의 아들인 이슈트반은 1000년 로마 교황 실베스터 2세에 의해 정식으로 헝가리 왕(997~1038년 재위)으로 인정받는다. 그 후 아르파드왕조는 인접한 트란실바니아, 슬라보니아, 크로아티아를 점령하며 1301년 까지 지속된다.

마자르족은 원래 황인종이고 언어로도 인도유럽어족이 아니라 우랄어의 일파인 핀위구 르어에 속한다. 우랄어는 터키어, 몽골어, 퉁구스어를 아우르는 알타이어와 뿌리가 같 다. 하지만 1,000년이 넘는 기간 동안 백인종과 혼혈하면서 점차 백인종으로 변모했다. 민족으로 보면 아직도 마자르족이 90퍼센트를 차지하는 헝가리는 게르만족, 슬라브족, 라틴족들의 나라 사이에 파묻혀 있다. 제1차 세계대전에서 패해 전체 국토의 70퍼센트 를 상실했다. 인접국인 슬로바키아, 세르비아, 루마니아(트란실바니아), 우크라이나에도 많이 거주하고 있다. 현재 헝가리의 인구는 1,000만 명에 이른다. 헝가리는 폴란드, 체 코, 슬로바키아와 함께 비셰그라드 그룹에 속해 있으며 유럽연합의 정회원 국가이다.

헝가리 수도 부다페스트에서 북쪽으로 약간 이동하면 다뉴브강 변에 비셰그라드성이 있다. 비셰그라드는 '위쪽에 있는 요새'라는 의미로 높은 곳에 위치해 다뉴브강이 훤히 내려다 보인다. 이 성에서는 역사적으로 중요한 조약이 두 차례 이루어졌다. 1335년 헝 가리 국왕 카로이 1세는 보헤미아의 국왕 얀 루쳄부르스키, 폴란드의 국왕 카지미에 시 3세와 함께 비셰그라드성에서 만나 세 왕국의 평화를 유지하고, 오스트리아의 합스 부르크 왕가에 대항하는 동맹을 결성했다. 1991년에는 650여 년 전의 삼국동맹을 상 기시키기 위해 체코슬로바키아 대통령 바츨라프 하벨, 폴란드 대통령 레흐 바웬사, 헝 가리 총리 조세프 안톨 등 국가정상 세 명이 만나 비셰그라드 그룹을 만들었다. 2년 후 체코슬로바키아가 체코와 슬로바키아로 나뉘면서 이 그룹은 4국 모임인 V4가 되었다. 2018년 들어 한국 국제 교류 재단은 주한 헝가리 대사관의 협력으로 4개국의 연극, 문 학작품, 콘서트, 축제용 포스터를 중심으로 하는 〈비셰그라드 카르마〉라는 전시회를 열 기도 하였다.

──── THINK

헝가리 출신으로 역사상 유명한 사람이 많다. 조지 소로스, 앤드루 그로브, 프란츠 리스트, 존 폰 노이만, 조지프 퓰리처, 벨라 바르토크가 헝가리에서 태어났다. 탁월한 수학자가 많 기로도 유명하다. 또 어떤 유명한 인물이 있는지 찾아보자.

떠돌이 집시의 고향은 어디일까?

한곳에 정착하지 못하고 정처 없이 떠도는 사람들을 싸잡아 집시Gypsy라고 부른다. 그런데 떠돌아다닌다고 모두 집시는 아니다. 엄밀히 말하자면 9세기에 북부 인도에서 시작하여 서아시아, 유럽으로 퍼져나가 돌아다니는 백인종계의 인도유럽어족 유랑민족이 집시이다. 시기상으로 보면 11세기에 페르시아, 12세기에 소아시아, 13세기에 발칸반도, 14세기 다뉴브강 일대를 거쳐 15세기에 유럽 전반으로 퍼져나갔다.

집시들은 로마니어를 사용한다. 이 로마니어는 인도의 고대 산스크리트어에 가까운 인도어이다. 4세기에 고대 인도의 북서 지역에 살았던 롬rom인이 집시의 조상이다. 최하층 천민이었던 롬인들은 고대부터 춤과 음악을 즐기며 유랑생활을 하면서 점성술과 음악으로 겨우 생계를 유지했다. 9세기에 이슬람 세력이 인도를 침입해 오자 박해와 탄압을 피해 자신의 고향을 떠나 서아시아, 유럽으로 이동하게 된다.

한때 집시가 이집트에서 왔다는 설이 있었다. 사실 집시라는 말은 이집트인Egyptian에 어원을 두고 있다. 'Gypsy'라는 단어 자체는 이들이 유럽에 들어올 때 이집트Egypt에서 발행한 통행증을 들고 이집트의 민족이라고 자칭한 데서 유래한 것으로 알려져 있다. 하지만 이집트 기원설은 근거가 없는 것으로 밝혀졌다.

집시는 거주지역에 따라 이름이 다르다. 영어로는 집시, 프랑스어로는 지탕, 에스파냐어로는 히타나인데 이는 이집트에서 온 민족이라는 뜻이다. 외부에서 온 사람들, 즉 이교도라는 뜻으로 그리스에서 아싱가노스Athinganos라 불렸던 것에서 유래한 이름도

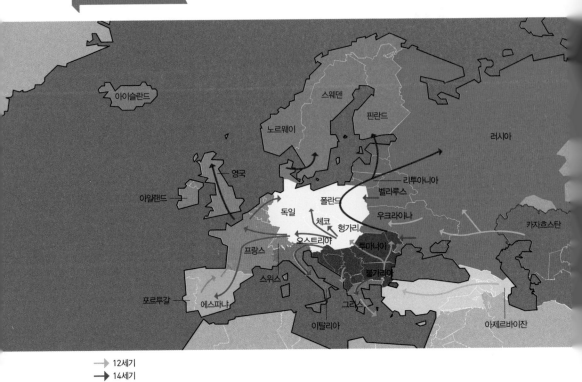

아이슬란드

스웨덴

핀란드

러시아

노르웨이

영국

리투아니아

벨라루스

아일랜드

폴란드

우크라이나

카자흐스탄

독일

체코

헝가리

오스트리아

루마니아

프랑스

불가리아

스위스

그리스

포르투갈

에스파냐

이탈리아

아제르바이잔

→ 12세기
→ 14세기
→ 14세기 말
→ → 15세기
→ 16세기

있다. 독일어로는 치고이네르, 이탈리아어로 치가로, 헝가리어로는 치가니라고 부른다. 프랑스인들은 집시가 체코슬로바키아의 보헤미아 지방에서 왔다고 하여 보헤미안이라 부르기도 한다.

막상 집시들은 스스로를 그들의 언어로 인간이라는 뜻을 지닌 롬Rome 또는 로마니Romany라고 부른다. 집시는 현재 동유럽에 가장 많이 분포되어 있다. 에스파냐의 칼레, 프랑스의 마누시, 독일의 신티 등 여러 집단이 있는데, 그중 롬족이 가장 큰 집시 집단이다. 집시는 유럽뿐만 아니라 이란, 이라크, 이집트, 시리아, 아프가니스탄에도 살고 있다. 전체적으로 1,000만~2,000만 명에 이르는 것으로 추산한다.

집시들은 항상 유럽인에게 박해와 차별을 받았다. 특히 집시는 오랜 기간에 걸쳐 유럽 전역에서 도둑질, 사기, 유괴의 주범으로 지목되어왔다. 제2차 세계대전 당시는 히틀러의 인종차별로 인해 집시가 80만 명이나 살해되었다. 독일은 당시 희생된 유대인에 대해서는 사죄를 하고 있으나 집시에 대해서는 사죄를 한 적이 없다.

집시들은 방랑하면서 생계를 위해 잡화상이나 말 장수, 일용직, 타로카드 점술가, 돌팔이 의료에 종사하는 이미지가 강하다. 요즘은 유럽 관광지에 구경 갔다가 집시들에게 소매치기를 당하기도 한다. 프랑스, 체코, 그리스 같은 나라는 집시 문제로 골머리를 앓고 있다.

에밀리 브론테의 소설 《폭풍의 언덕》을 보면 집시는 출신을 잘 알 수 없는 부랑아로 묘사된다. 브럼 스토커의 소설 《드라큘라》에서 집시는 마녀나 흡혈귀들이 주는 돈 때문에 아이나 여자를 납치하는 역할로 나온다. 빅토르 위고의 소설 《노트르담의 꼽추》에 나오는 집시 여자 에스메랄다는 진짜 집시가 아니라 아기 때 집시들에게 유괴되어 그들 사이에서 성장한 프랑스인이다. 프로스페르 메리메의 1845년 소설 《카르멘》에서도 팜파탈로 집시 여인이 등장한다. 1875년에는 조르주 비제가 동명의 오페라로 각색하기도 했다. 에스파냐의 안달루시아 지방에서는 14세기부터 즉흥적인 성향의 집시음악과 토착음악이 융합되어 플라멩코가 만들어졌다. 오늘날 플라멩코는 집시들에게 없어서는 안 될 생활의 일부분이다.

——— THINK

떠돌이라는 이미지가 강하게 각인되어 있는 집시는 전 세계의 문학, 음악, 패션 등 여러 영역에 많이 등장한다. 집시가 등장하는 작품을 더 찾아보자.

십자군전쟁은
어떻게 200년 동안이나
지속되었을까?

예루살렘은 세 종교의 거점이다. 유대교, 기독교, 이슬람교. 기원전 1300년경 모세의 인도 아래 유대인들이 가나안 땅에 들어와 살면서 예루살렘에 성전을 세웠다. 이곳에 헤롯과 솔로몬의 사원도 있다. 1세기에 로마인들이 들어와 예루살렘은 잿더미가 되었는데 이때 살아남은 유일한 성벽이 지금의 '통곡의 벽'이다. 기독교 입장에서는 예수가 이곳에서 십자가에 처형되었고 부활했다. 기독교도들은 예수가 안장된 묘지 위에 성묘교회를 세웠으며 이곳은 오랫동안 로마제국의 영토였다. 예루살렘은 이슬람교와도 관련이 많다. 이슬람교 창시자인 무함마드가 예루살렘에서 기적을 체험했고 승천했다. 이를 기리기 위한 오마르 사원에 이슬람교도들은 자주 와서 참배를 한다. 이처럼 예루살렘은 세 종교 모두의 성지이다.

1948년 이스라엘이 건국되면서 예루살렘은 두 쪽으로 갈라져 서쪽은 이스라엘이, 동쪽은 팔레스타인이 각각 점유했다. 하지만 1967년 이스라엘이 예루살렘 동편을 강제 점유하면서 예루살렘 전체를 자신들의 수도라고 주장하기 시작했다. 하지만 국제법에서는 이를 인정하지 않았는데 2017년 미국의 트럼프 대통령이 예루살렘은 이스라엘의 수도라고 선언하고 말았다. 그동안 텔아비브에 자리 잡았던 미국 대사관도 예루살렘으로 이전했다. '평화의 도시'라는 의미를 지닌 예루살렘을 둘러싸고 상황이 악화되고 있다.

예루살렘 지역은 7세기 무함마드부터 시작해 정통칼리프, 우마이야, 아바스왕조에 이르면서 대대로 이슬람왕조들이 지배한 지역이었다. 이슬람 왕조들은 기독교도의 성지순례를 방해하지 않았다. 그런데 셀주크튀르크가 1055년 바그다드를 점령하고 예루살렘도 장악하면서 이교도인 기독교도들의 성지순례를 막는다.

11세기 후반 교황의 파워는 갈수록 커지고 있었다. 신성로마제국의 하인리히 4세는 세속군주의 성직자 서임을 둘러싸고 그레고리우스 7세에 대항하다가 교황으로부터 파문을 당하자, 1077년 이탈리아 에밀리아로마냐주에 있는 카노사의 성 앞에서 3일 동안 교황에 엎드려 사죄했다. 이른바 카노사의 굴욕 사건이다. 그레고리우스 7세는 교황은 성령의 보호를 받기 때문에 오류를 저지를 수 없다는 '교황 무오류설'을 주장하기도 했다. 이런 압도적인 교황권 때문에 교황이 십자군전쟁을 하자고 했을 때 유럽의 군주들이 적극 호응했던 것이다.

1081년 비잔틴제국은 갈수록 강해지는 셀주크튀르크를 누르려 했으나 번번이 전투에서 패해 소아시아 지역 대부분을 빼앗긴다. 그래서 비잔틴제국의 알렉시우스 1세는 로마교황 우르바누스 2세에게 정예병을 보내달라고 요청하게 된다. 1088년 새 로마교황으로 취임한 우르바누스 2세는 동쪽의 기독교 맞수인 그리스정교회 수장으로부터 온 요청을 로마교황의 권위를 높이기 위한 절호의 기회로 판단했다. 그래서 1095년 11월 프랑스의 작은 마을 클레르몽에서 공의회를 열고 공개설교에 참석한 성직자, 군주, 제후, 기사, 주민 들에게 가톨릭교회의 깃발 아래 성지 예루살렘을 탈환하자고 호소한다. 이른바 성전을 하자는 것이었다. 그는 기독교 순례자들의 고난, 이슬람의 잔인성을 과장하여 투르크를 악마라고 매도하고 십자군전쟁을 신의 심판이라고 단언했다. 교황의 이런 선동적이고도 탁월한 웅변에 감동한 기사들은 자신의 가슴과 어깨에 십자가 표시를 하고 전쟁에 나섰다. 십자가와 초승달이 드디어 격돌한 것이다.

우르바누스 2세의 호소는 단순히 기독교 성지 회복, 자존심 회복 차원에서 그치는 것이 아니었다. 그는 성전 참가자들은 자신이 이미 저지른 죄를 사함받고 전쟁에서 죽더라도 지옥에 가지 않고 천국에서 보상받을 것이라는 메시지도 잊지 않았다. 젖과 꿀이 흐르는 예루살렘에 가면 금은보화를 얻을 수 있다는 것도 더불어 홍보했다. 이에 자극을 받아 참가자들이 속출했다. 영주들은 넓은 땅을 차지하려는 생각, 기사들은 자신의 무용을 뽐내고 약탈로 금은보화를 챙기겠다는 생각, 교황은 동방에 기독교를 퍼뜨리겠다는 생각 그리고 상인들은 돈을 벌겠다는 생각이 저변에 깔렸음은 물론이다.

기독교와 이슬람교가 이번에 처음 싸운 것은 아니었다. 8세기에 프랑스 지역의 투르-푸아티에전투에서 프랑크 왕국은 이슬람과 맞붙어 싸웠으며 카스티야 왕국은 이베리아반도에서 싸웠다. 또 동로마제국은 소아시아에서 싸웠다. 하지만 이번 십자군전쟁은 간단하게 빨리 끝나지 않았다. 1096년부터 시작하여 1270년까지 총 여덟 차례의 원정이 이루어졌으며 180여 년에 걸친 지루한 전쟁이었다.

1차 십자군에는 프랑스, 독일, 이탈리아 군대가 출정했다. 예루살렘까지 5,000킬로미터의 험난한 여정을 떠나야 하는 이 원정의 지휘관은 현재 벨기에 지역을 통치하던 고드프루아 공작이었다. 고드프루아 공작은 실전 전투 경험이 풍부하고 신앙심도 깊어 지휘관으로 적격이었다. 그의 동생이자 볼로뉴 백작인 보두앵도 형을 보좌하며 원정길을 함께 떠난다. 남부 이탈리아에서는 노르만 출신의 보에몽이 출전했다. 그런데 원정에 참여한 사람들은 군인만이 아니었다. 부자들은 수행원을 대동했고 아내를 포함하여 식솔도 모두 데리고 갔다. 함께 구원받을 수 있는 절호의 기회를 놓치기 아까

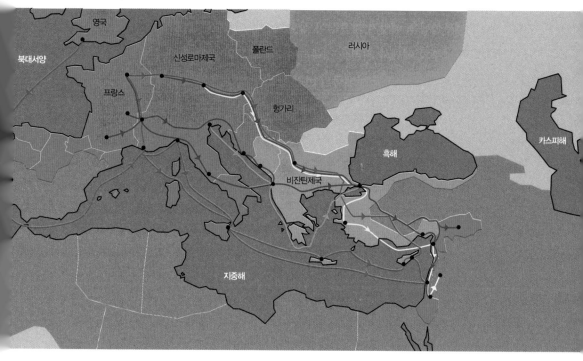

십자군전쟁(1096~1204년)

■ 가톨릭 지역
■ 정교회 지역
■ 이슬람 지역
— 1차 십자군 1096~1099년
  2차 십자군 1147~1149년
— 3차 십자군 1189~1191년
— 4차 십자군 1202~1204년

왔기 때문이었다. 군대 6만 명을 포함하여 모두 10만 명이나 되는 사람들이 콘스탄티노플로 모여든다.

　　비잔틴제국의 알렉시우스 1세는 메뚜기 떼처럼 몰려든 십자군 규모에 깜짝 놀랐다. 그는 로마교황에게 300명 규모의 정예 기사단의 파병만을 요청한 터였다. 황제는 콘스탄티노플의 성문을 굳게 닫고서 십자군 지휘관에게 자신에게 충성을 하면 식량을 공급하겠다고 약속한다. 상호 합의를 하고서 십자군은 보스포루스해협을 건너 이미 셀주크튀르크의 땅이 되어버린 소아시아 지역의 도시를 하나씩 함락하며 결국 예루살렘도 함락한다.

　　예루살렘을 빼앗겨 자존심이 상한 셀주크튀르크는 1144년 역공을 취해 터키 남부의 에데사 지역을 정복하여 기독교도의 순례를 다시 방해한다. 그러자 프랑스와 신성로마제국의 여러 왕들이 연합하여 2차 십자군을 파병한다. 하지만 1147년 십자군이 대패하고 소아시아는 다시 셀주크튀르크의 땅이 된다.

　　1187년 셀주크제국 이집트왕조의 왕 살라딘(살라흐 알 딘)이 이끄는 이슬람군이 예루살렘을 공격해 다시 점령해버린다. 살라딘은 예루살렘을 되찾은 뒤 살육과 파괴를 철저히 금했는데 이는 1차 십자군이 예루살렘에서 벌였던 악행과는 매우 대조적이었다. 유럽에서는 독일, 프랑스, 영국군을 중심으로 3차 십자군이 조직된다. 하지만 참가국 간에 내분이 일던 차에 독일의 프리드리히(바르바로사, 붉은 수염) 황제가 강에서 익사하고 프랑스의 필립 오귀스트는 도중에 귀국하고 만다. 그래서 영국의 리처드 1세만 배를 타고 이베리아반도, 지중해를 거쳐 예루살렘을 공격한다. 2년의 전투에도 불구하고 예루살렘 공격에 실패한 후 휴전을 맺는다. 유럽이 예루살렘을 이슬람 영토로 인정하고 이슬람제국은 기독교 순례자의 왕래를 방해하지 않기로 한 것이다.

　　3차 십자군 이후 다섯 번의 원정이 더 이루어졌지만 기독교 회복이라는 원래 취지와는 전혀 다른 방향으로 흘러가 버린다. 1202년에 시작된 4차 원정은 원래 3차 원정의 영웅이었던 살라딘이 창건한 이슬람 아이유브왕조의 이집트를 공격하는 것이 목적이었다. 이때 전쟁에 필요한 물자와 식량을 대고 있던 베네치아 상인들은 십자군이 돈을 치르지 못하자 금은보화가 많은 콘스탄티노플을 털어서라도 갚으라고 요구한다. 이에 4차 십자군은 1204년 콘스탄티노플을 약탈하고 비잔틴 황제를 퇴위시켜 라틴제국을 잠시 세우기도 한다. 이 과정에서 베네치아 상인은 비잔틴 상인을 누르고 동방무역을 장악하게 된다. 이처럼 십자군전쟁은 명분도 없이 타락한 전쟁으로 변질된다.

　　　200년 동안 여덟 차례에 걸친 십자군전쟁이 유럽의 패배로 끝나면서 종교전쟁을 진두지휘한 교황의 권위는 크게 약화되고 상대적으로 왕권은 크게 강화되었다. 종교의 세기가 끝나가고 있었다. 십자군의 출발점인 이탈리아 남부 도시들은 이 전쟁으로 지중해 무역이 활성화되면서 큰돈을 벌었다. 또 이슬람과 비잔틴 문화가 서유럽에 대거 유입되면서 중세 문화가 크게 만개한다. 교역발전, 문화발전은 결국 중세의 몰락과 르네상스로 이어진다.

━━━ THINK

십자군전쟁은 중세시대 교황의 기치 아래 비유럽 지역에 대대적 공세를 취한 대표적인 전쟁이다. 역사상 다른 문명권에서 종교를 기치로 내걸고 전쟁을 일으켜 침략한 사례를 찾아보자.

에스파냐는 어떻게
700년을 통치한 이슬람을
이베리아반도에서 물리쳤을까?

반도半島란 '절반이 섬'이라는 뜻이다. 영어로는 peninsula인데 이 또한 '거의 pene' '섬insula'이라는 뜻이다. 섬을 제외하고 유럽 대륙에서 가장 서쪽으로 뻗은 지역은 이베리아반도이다. 이베리아반도는 거의 4면이 바다이고 험준한 피레네산맥으로 인해 프랑스와 단절되어 있어서 정말 거의 섬처럼 느껴진다. 이베리아반도 안에서도 해발고도 600~800미터 수준의 메세타고원을 형성해 각 지역이 여러 산맥들로 차단되어 독특한 문화를 발전시킬 수 있었다. 메세타고원의 면적은 꽤 넓다. 해발 400미터 이상의 토지가 전 국토의 73퍼센트에 달한다. 동서로는 대서양과 지중해가 만나고, 남북으로는 유럽과 아프리카가 만나는 문명의 교차로이다.

게르만과 라틴이 만나는 나라가 서유럽의 벨기에라면 라틴과 이슬람이 만나는 곳은 남서유럽의 이베리아반도이다. 물론 슬라브와 이슬람이 만나는 지역은 남동유럽의 발칸반도이다.

15세기부터 포르투갈과 에스파냐가 전성기를 구가하기 전에 이베리아반도는 거의 700여 년간 이슬람의 치하에 있었다. 물론 훨씬 더 이전에는 기원전 3세기까지 이베리아-켈트족시대, 4세기 초까지 로마시대, 414~711년의 서고트 왕국시대가 있었다. 특히 은광이 있었던 에스파냐는 은을 기축통화로 삼았던 로마인들에게 매우 중요한 지역이었다. 게르만의 서고트 왕국은 북아프리카를 통해 진출한 이슬람에게 나라를 빼앗긴다. 이슬람 치하의 시대를 알 안달루스라고 한다. 에스파냐의 여러 지역 중에서도 가장 남쪽에 있는 안달루시아 지방은 14~15세기까지 이슬람이 지배하였기 때문에 이슬람 색채가 가장 짙다.

이베리아를 정복한 북아프리카의 베르베르계 부족, 동쪽에서 이주해 온 아랍, 베두인, 흑인을 한데 뭉뚱그려 무어^{moor}인이라고 불렀다. 원래 황무지라는 뜻을 가진 무어는 유럽에서 어둡다는 이미지가 강하다. 12세기에 무어인들은 양을 도입했는데 모직용 양모를 생산하는 양의 대표 품종이 나선형 뿔을 지닌 메리노 양이다. 나중에 영국은 메리노 양을 자신의 땅에 도입하기 위해 많은 노력을 기울였다.

이베리아반도에는 일찍이 타르테소스^{Tartesos} 문화가 만들어졌다. 페니키아인들이 지중해에서 지브롤터를 지나 현재 카디스에 서유럽 최초의 도시를 세우고 이를 토대로 현재의 세비야까지 확대하였다. 전설에서 이상향으로 묘사되는 아틀란티스가 바로 타르테소스문명을 말한다. 그 후 그리스인들도 이베리아반도에 도시를 세우지만 카르타고에게 지배받고 연이어 로마의 지배를 받는다. 이베리아반도는 은이 많이 채굴되고 곡창지대여서 로마는 이 지역을 매우 중시했다.

5세기 들어 로마가 쇠퇴하면서 이베리아반도에 알란족, 수에비족, 반달족이 연달아 이동해 왔지만 제일 늦게 들어온 서고트족이 414년 톨레도를 중심으로 서고트 왕국을 세웠다. 7세기 말 서고트 왕국이 내분을 겪는 과정에서 지브롤터해협 건너의 이슬람군이 711년 해협을 넘었고 수도 톨레도에 입성한 후, 급기야 716년에는 이베리아반도의 대부분을 점령했다. 서고트의 지원 요청을 받은 이슬람의 북아프리카 총독이자 무사인 이븐 누사이르는 처음에 부하 장수 타리크 이븐 지야드를 파견했다. 오늘날 지브롤터란 지명은 그의 이름을 딴 '자발 알 타리크(타리크의 산)'에서 유래되었다.

756년에는 다마스쿠스(지금의 시리아)를 중심으로 대제국을 건설한 우마이야왕조가 아바스가에 의해 멸망하고 말았다. 그러자 우마이야가의 일족인 압둘 라흐만(압데라만)이 이베리아반도로 들어와 코르도바를 수도로 하여 후기 우마이야왕조의 코르도바 왕국을 건설했다. 그 후 250여 년 동안 이베리아반도에는 세계에서 유례를 찾아보기 힘들 정도의 문화대국이 건설되었다. 당시 코르도바에는 50만 명이 거주하였는데 700개의 모스크, 900개의 공중목욕탕, 50개의 병원, 70개의 도서관이 있었다. 이슬람인들은 원주민들을 철저히 제압하기보다는 토착문화를 인정하고 기존의 계급질서를 유지한 채 최고 지배층으로 군림하는 전략을 사용했다. 일부 기독교인들이 북부로 도피하거나 전투에서 패해 포로나 노예로 전락하는 경우도 있었지만, 대부분의 주민들은 신분, 재산은 물론 이슬람 이외의 신앙까지도 보장을 받았다. 물론 비이슬람교도들은 이슬람교도에 비해 세금을 더 내거나 신분적 불이익은 감수해야 했다. 이처럼 문화적 차이를 인정해주는 정책은 그 후 이베리아의 문화적 다양성을 유지하는 데 큰 도움이 되었다.

이슬람은 이베리아반도의 제일 북쪽 지역까지는 점령하지 못했다. 이 지역에 거주하던 바스크인과 산악지대의 아스투리아스 및 칸타브리아인들은 이슬람 지배를 피해 이주한 서고트인들과 함께 국토회복전쟁Reconquista, 레콩키스타을 추진했다. 서고트 왕국의 귀족이었던 펠라요는 722년 산악지대인 코바돈가전투에서 이슬람 세력을 물리치고, 아스투리아스 왕국을 세웠다. 910년 가르시아 1세가 왕국의 수도를 군사적 거점의 레온으로 천도하면서 레온 왕국으로 불리게 되었다.

11세기 들어 바스크인들이 피레네산맥 서부에서 프랑크군을 격퇴한 후 나바라 왕국을 건설하는데 나바라 왕국은 산초 3세 치하에서 강성해

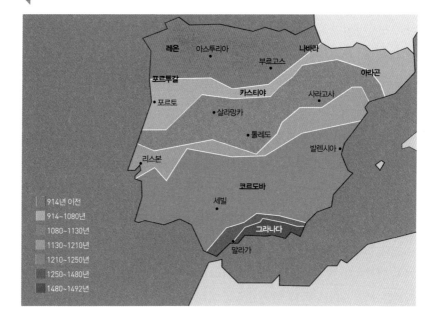

에스파냐의 국토회복운동(914~1492년)

레온
아스투리아
나바라
부르고스
포르투갈
아라곤
카스티야
사라고사
포르토
살라망카
톨레도
발렌시아
리스본
코르도바
세빌
그라나다
말라가

914년 이전
914~1080년
1080~1130년
1130~1210년
1210~1250년
1250~1480년
1480~1492년

졌다. 나바라의 왕은 혼인정책으로 카스티야 백작령, 레온 왕국 등 주변 기독
교 국가를 병합하고 '에스파냐 황제'를 자칭했다. 하지만 신하였던 카스티야
백작이 독립 왕국을 이루면서 나바라 왕국의 세력은 약화되었다. 1037년 카
스티야 왕국의 페르난도 1세가 레온 왕국의 계승권을 갖게 되면서, 레온 왕
국은 카스티야 왕국에 병합되어, 동군연합인 카스티야-레온 왕국이 되었다.

　　　나바라의 산초 3세 사후에 세 왕자에게 영토가 분할되어 나바라, 카
스티야-레온, 아라곤 왕국이 생겼다. 11세기 초 후기 우마이야왕조가 붕괴
함에 따라 기독교 국가가 군사적 우위를 점하면서 카스티야의 알폰소 6세는
1085년 서고트 왕국의 옛 수도 톨레도를 회복했다. 카스티야는 원래 칸타브
리아의 남쪽인 부르고스를 중심으로 한 지역을 가리켰다. 당시 이슬람에 대
항하여 성이 많이 지어졌는데 카스티야는 성^{Castillo}을 의미한다.

　　　11세기 후반 알폰소 6세 시대에 카스티야-레온에는 엘 시드$^{El\ Cid}$라

는 칭호를 받은 인물이 있었다. 카스티야 왕국의 귀족이자 무사였던 로드리고 디아스 데 비바르는 뛰어난 무훈뿐만 아니라 훌륭한 인격 덕분에 기독교인과 이슬람인 모두로부터 존경을 받았다. 이슬람인들은 정의를 알고 자비를 베풀 줄 아는 용사를 엘 시드라 불렀다. 《엘 시드의 노래》는 에스파냐어로 쓰인 최초의 문학작품으로서 실존인물이었던 로드리고 디아스 데 비바르의 영웅적 일대기를 서사시로 그려냈다. 1961년에는 안소니 만이 감독하고 찰톤 헤스톤, 소피아 로렌이 출연한 〈엘 시드〉라는 영화도 나왔다.

　　　시간이 지나며 포르투갈은 카스티야-레온에서 점차 분리해나갔다. 1097년 이슬람을 대상으로 무공을 세운 엔히크가 공국을 세우고 1139년 포르투갈 왕국이 세워졌다. 1230년 페르난도 3세가 레온 왕국과 카스티야 왕국의 왕위를 다시 통합하면서, 레온 왕국은 소멸했다. 카스티야는 이베리아반도 내륙으로 영토를 넓히며 국토회복전쟁을 주도했다. 한편, 아라곤은 지중해를 끼고 카탈루냐와 발렌시아로 확대되면서 사르데냐, 시칠리아, 이탈리아 남부의 나폴리 왕국까지 팽창했다. 카스티야의 이사벨 여왕과 아라곤의 페르난도가 우여곡절을 거쳐 1469년 결혼한 후 1492년 이베리아반도의 완전 통일, 콜럼버스의 신대륙 발견이라는 대역사를 성공시켰다.

―― THINK

어떤 국가가 다른 나라의 땅을 새로 점령하여 자국 땅으로 편입시킨 경우도 있지만, 에스파냐의 국토회복운동처럼 빼앗긴 땅을 다시 찾는 일은 더욱 드라마틱하다. 우리나라 고려, 조선 역사에서 땅을 빼앗겼다가 다시 찾은 경우가 있는지 찾아보자.

몽골은 어떻게 세계 역사상 규모 2위의 제국이 되었을까?

매년 7월이 되면 몽골에서는 나담 축제가 사흘간 열린다. 몽골인들은 물론이고 외국인들도 이 축제를 보려고 몰려든다. 축제의 주요 종목은 씨름, 활쏘기, 말 타기이다. 세 가지 종목은 오래전부터 전승되어 몽골인들이 평소에도 많이 하는 것이어서 이 축제는 몽골의 전통을 엿보기에 최적이다. 나담은 몽골어로 '놀이'라는 의미이다. 원래 몽골인들의 모든 신령과 성지를 받들고 승전을 기념하는 행사로 시작했다가 800여 년에 걸쳐 전통축제로 이어져 지금까지 내려왔다. 2010년에 유네스코의 인류무형유산으로 등재되었다.

세계 역사에서 생겼다 사라진 제국들의 면적을 비교하면 1위는 영국제국이고 몽골제국은 아슬아슬하게 2위를 차지한다. 영국제국이 해양제국이었다면 몽골제국은 대륙제국이었다. 영국제국이 서양을 중심으로 동양으로 뻗었다면 몽골제국은 동양을 중심으로 서양으로 뻗었다. 영국제국이 19세기에 전성기를 구가했다면 몽골제국은 13세기에 전성기를 구가했다.

테무친은 바이칼호의 남쪽과 동남쪽에 펼쳐져 있는 초원지대의 부족장 아들로 태어나 모진 고생 끝에 여러 부족을 점령해나간다. 1206년 아무르강의 지류인 오논강 변에서 부족 연합의 군장인 칭기즈 칸으로 추대된다. 테무친 자신의 몽골족을 포함해, 타타르족, 메르키트족, 케레이트족, 오이라트족, 나이만족뿐만 아니라 몽골계와 튀르크계를 아우른 것이다. 칭기즈 칸은 여세를 몰아 서쪽으로는 카스피해까지, 동쪽으로는 만주까지 영토를 확장한다. 1227년 서하제국을 정벌하다가 진중에서 칭기즈 칸이 사망하자, 그를 이어 오고타이 칸, 귀위크 칸, 몽케 칸, 쿠빌라이 칸이 연달아 집권하며 서쪽으로는 헝가리까지, 남쪽으로는 중국까지 모조리 석권한다. 팍스 몽골리카시대가 열린 것이다.

칭기즈 칸의 아들인 바투 휘하에서 발트해 연안의 폴란드, 헝가리 전투를 포함해 혁혁한 공을 세운 수부타이 장군은 역사상 가장 뛰어난 장군 10명에 항상 선정되었다. 수부타이는 통산 65번의 큰 전투에서 승리했고 32개국 나라를 굴복시켰다. 위대한 장군 10위 안에는 칭기즈 칸, 알렉산드로스, 티무르, 나폴레옹, 한니발, 키루스 2세도 포함된다.

폴란드 남부의 크라쿠프에 가면 성 마리아 성당의 탑에서 매일 나팔소리가 들린다. 하지만 곡이 다 연주되지 못하고 중간에 끊긴다. 800년 전 몽골의 침입을 나팔로 경고하던 나팔수의 목에 몽골군의 화살이 박힌 일이 있었다. 항상 과거의 비극을 폴란드인들에게 각성시키기 위해 연주 도중에 소리가 끊기는 것이다.

몽골인들은 칸이 죽으면 늘 칸 계승 후보자들이 수도에 와서 쿠릴타이회의를 통해 후계자를 정했다. 그래서 멀리서 전투를 하더라도 그 전투를 접고 수도로 급히 돌아오곤 했다. 이런 관습 덕분에 공격을 받는 나라 입장에서는 큰 혜택을 보았다. 1241년 오고타이 칸이 사망하자 헝가리에서 압승하던 바투가 전투를 접었다. 또 1259년 몽케 칸이 사망하자 시리아에서 훌라구가 전투를 접었다.

몽골이 이렇게 광대한 제국을 세우게 된 요인으로 여러 가지가 거

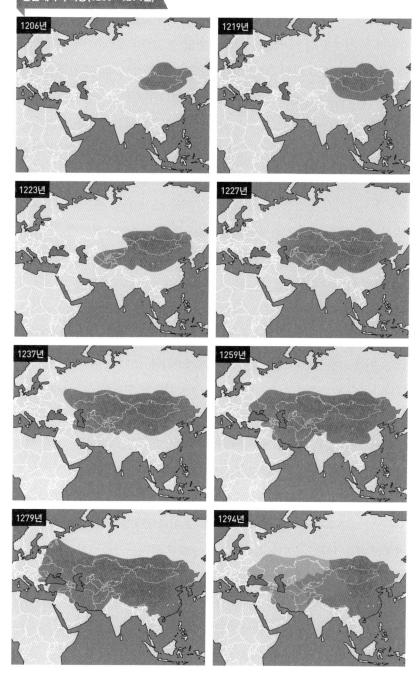

몽골제국의 확장(1206~1294년)

1206년

1219년

1223년

1227년

1237년

1259년

1279년

1294년

론된다. 우선 말을 탄 경기병 중심으로 구성된 유목민족의 날렵한 기동력을 들 수 있다. 어려서부터 말을 많이 타서 몽골인과 말은 한 몸과 같았고, 칼도 휘어져 있어 말을 탄 채 적군을 쉽게 공격할 수 있었다. 한 군인이 여러 말을 몰고 다니며 번갈아 타서 말의 피로도를 줄였고, 음식도 휴대용으로 가지고 다녀 손쉽게 섭취했다. 대담한 군사전략과 항복하면 모두 살려주고 버티면 모두 살육한다는 홍보전략도 주효했다. 몽골군이 무서워서 스스로 문을 열어준 나라도 많았기 때문이다. 그리고 순수 몽골인 수는 적었어도 정복한 이민족을 차별 없이 잘 받아들여 군인과 인재 조달에도 문제가 없었다. 티베트 불교가 국교이긴 했지만 이슬람교, 불교, 기독교, 도교 등 종교에 대한 차별이 없었다. 제국이 아주 커졌어도 파발제도를 효율적으로 운영해 헝가리처럼 멀리 떨어진 곳으로부터 원나라 수도인 대도까지 소식이 7일 내에 도착했으므로 신속하게 의사결정을 할 수 있었다.

1296년 쿠빌라이 칸의 사망으로 몽골제국의 전성기는 지났지만 원을 종주국으로 하여 차가타이한국(중앙아시아), 킵차크한국(유럽), 일한국(아랍)이 연합하여 여전히 몽골제국을 유지해나갔다. 하지만 원이 명나라에게 패퇴하여 북부 초원으로 쫓겨나 북원이라 불리면서 몽골제국은 160년 만인 1368년 마침내 와해되고 만다.

몽골제국 와해 후에도 몽골의 후예를 자처하는 나라들이 계속 생겼다. 칭기즈 칸의 외손자였던 티무르가 차가타이한국 지역에 세운 티무르제국, 킵차크한국 바투의 후손이 우크라이나 지역에 세운 크림한국, 티무르의 5대손인 바부르가 세운 무굴제국, 몽골의 오이라트계가 신장-위구르 지역에 세운 준가르가 대표적이다. 청나라도 워낙 넓은 지역을 정복했기 때문에 몽골제국을 이어받은 것으로 자처한다. 아랍, 유럽, 인도까지는 진출하지 못했지만 청제국의 광대한 국토를 보면 충분히 그럴 만하다. 한국 중에는 킵차크한국이 가장 오래 지속되었는데 러시아도 1460년에 들어서야 몽골에 조공 바치는 것을 거절한다. 크림한국은 18세기 말까지 지속된다. 1526년에 건국된 무굴제국은 후기에 영국의 반식민지로 전락하다가 1858년에 멸망한다.

몽골은 세계사에 어떤 영향을 미쳤을까? 우선 아시아의 동서를 처음으로 긴밀하게 연결했다. 단지 여러 지역을 정복한 데 그치지 않고 안정적인 교역로를 확보하면서 다양한 나라의 사람들이 교류하여 물품, 제도, 학문, 문화가 접목되었다. 몽골은 유라시아에 걸쳐 팍스 몽골리카시대를 구가하면서 동서양 문물, 문화가 활발히 교류하는 데 크게 기여했다.

───── THINK

몽골의 수도인 울란바토르의 공항 이름은 칭기즈 칸 국제공항(Chinggis Khaan International Airport)이다. 울란바토르에서 동쪽으로 54킬로미터 떨어진 곳에 거대한 칭기즈 칸 기마상과 기념관이 2008년에 만들어져 관광객이 많이 몰려든다. 아직도 몽골인의 자부심인 칭기즈 칸의 흔적과 기념물들이 몽골을 비롯하여 세계 여러 나라에 어떤 형태로 남아 있는지 찾아보자.

만약 잔 다르크가 없었다면
100년전쟁의 결과는
어떻게 달라졌을까?

전 세계 역사를 보면 전쟁 이름에 숫자가 들어가는 경우가 심심찮게 있다. 7년 전쟁(유럽의 포메라니아전쟁, 북아메리카의 프렌치인디언전쟁, 동아시아의 임진왜란~정유재란), 9년전쟁(17세기 후반 아우크스부르크동맹전쟁), 30년전쟁(17세기 초반 유럽의 전쟁), 50년전쟁(청일전쟁 이후 일본의 침략전쟁), 100년전쟁, 1,000년전쟁(아직도 끝나지 않은 십자군전쟁)이 바로 그런 경우이다.

　이 중 유럽의 100년전쟁은 전쟁의 시작부터 끝까지가 정확히 100년은 아니다. 1337년에 시작해 1453년에 끝났으니 정확히 말하자면 116년 걸렸다. 영국과 프랑스가 이렇게 오랜 세월 치고받고 싸움을 하니 중간에 상당 기간을 쉬기도 했다. 각 나라 내부에서 발생한 상황 때문에 전쟁이 멈추기도 했고 유럽을 휩쓸었던 흑사병 때문에 한동안 휴지기에 들어갔다. 따라서 실제 전투가 이루어진 기간만 본다면 100년에 채 미치지 못한다.

　전쟁의 가장 큰 원인은 왕위계승을 둘러싼 갈등 때문이었다. 프랑스 왕의 신하였던 노르망디 공작이 영국을 점령해 노르만왕조(1066~1154년)를 열었고, 이어서 프랑스의 앙주 백작이 영국의 플랜태저닛왕조(1154~1399년)를 열었다. 따라서 잉글랜드 왕이 가지는 프랑스 영토는 계속 늘어났지만 법률적으로 보면 영국 왕은 프랑스 왕의 신하였다. 더구나 당시 프랑스의 카페왕조(987~1328년)는 파리시를 중심으로 한 일드프랑스 지역에 국한되어 있었으므로, 영토 면에서 잉글랜드 왕이 프랑스 왕보다 파워가 강했다. 따라서 잉글랜드 왕의 불만과 더불어 프랑스 왕의 불안감도 점차 고조되었다.

1314년 필리프 4세가 죽은 후 세 아들이 루이 10세, 필리프 5세, 샤를 4세로 연달아 즉위했으나 이들에게는 아들이 없었다. 왕위계승 순위가 가장 높은 사람은 필리프 4세의 딸인 이사벨라가 영국 왕 에드워드 2세와의 사이에 낳은 에드워드 3세였다. 하지만 프랑스인들은 영국에서 왕위를 계승받는 것을 싫어했기 때문에 필리프 4세의 조카인 필리프 드 발루아가 왕위를 계승하도록 했다. 이 왕이 바로 필리프 6세이고 이로써 발루아왕조(1328~1589년)가 시작되었다. 하지만 이런 왕위계승에 대해 불만을 가진 잉글랜드의 에드워드 3세가 반발하면서 100년전쟁이 시작되었다.

선제공격을 개시한 측은 프랑스의 필리프 6세였다. 프랑스는 1337년 잉글랜드 소유였던 가스코뉴 지역을 점령했다. 하지만 잉글랜드와 플랑드르의 연합 함대는 라인강 하구에 있는 브루게 슬뢰이스 항의 프랑스 함대를 격파하고 도버해협 제해권을 쥐었다. 이어서 잉글랜드는 노르망디에 상륙하여 1346년 크레시에서 맞붙었다. 프랑스의 기사단은 막강하고 용감하게 돌격했으나 농민과 사냥꾼으로 구성된 잉글랜드의 보병 장궁대는 프랑스 기사군을 쉽게 물리쳤다. 장궁은 기존의 석궁에 비해 사거리와 위력이 월등했고 연속으로 쏠 수 있는 연사력도 뛰어났다. 이 크레시전투는 중세 전투 역사의 획을 긋는 중요한 전투였다. 잉글랜드는 여세를 몰아 1347년 칼레를 포위해 프랑스군을 진압했다. 하지만 흑사병이 창궐하여 전투는 소강상태에 들어간다.

1356년 영국군은 푸아티에전투에서 프랑스군을 다시 격파했다.

1337년 프랑스의 선제공격(크레시전투 이전)

1360년 푸아티에전투에서 잉글랜드 승리 이후

1429년 잔 다르크 등장 이후

1453년 카스티용전투 100년전쟁의 결말

■ 프랑스
■ 영국
■ 부르고뉴

1358년 프랑스에서는 전쟁에 지친 농민들이 자크리반란을 일으켜 프랑스
왕은 할 수 없이 영국군에 화의를 신청하여 1360년 브레티니-칼레조약을

맺었다. 브레티니-칼레조약은 푸아티에를 비롯하여 옛 앙주 왕령을 잉글랜드 왕실로 귀속하는 것을 규정하고 프랑스 왕은 그 여러 영토에 대한 종주권을 행사하지 않을 것, 잉글랜드 왕은 특히 '프랑스 왕관과 왕국의 이름 및 권리에 대한 청구권'을 포기할 것을 규정하였다. 즉 영국의 승리였다.

1364년 프랑스에서 즉위한 샤를 5세의 사주를 받아 잉글랜드령인 아키텐에서 반발이 일어나자 잉글랜드는 1369년 프랑스를 침입했다. 하지만 잉글랜드는 육상, 해상 전투에서 모두 패하고 말았다. 프랑스는 잉글랜드에 할양했던 영토의 대부분을 탈환하고, 1375년 부르주에서 휴전협정을 체결했다.

1413년 잉글랜드 국왕으로 즉위한 헨리 5세는 프랑스의 내분을 이용하여 부르고뉴파와 결탁하고, 맹렬한 기세로 노르망디를 침공하여 아쟁쿠르전투에서 압도적으로 우세한 프랑스군을 1만 명이나 살상하여 북프랑스의 여러 도시를 탈취하는 데 성공했다. 헨리 5세는 이를 배경으로 1420년 트루아조약을 맺고, 스스로 샤를 6세의 딸 카트린과 결혼함으로써 자신의 프랑스 왕위계승권을 승인시켰다.

1422년 헨리 5세와 샤를 6세가 잇달아 죽자 영국에서는 나이 어린 헨리 6세가 두 나라의 국왕을 자칭하고 나섰고, 프랑스에서는 왕세자가 샤를 7세로서 프랑스의 왕위에 올랐음을 선언했다. 이에 잉글랜드가 프랑스의 거점인 오를레앙을 포위하자 샤를 7세는 궁지에 몰리게 되었다. 그는 아직 정식 국왕도 아니었다. 랭스 대성당에서 대관식을 거쳐야 했으나 잉글랜드군 때문에 식을 올리지 못한 것이다. 오를레앙은 1년여를 버티고 있었지만, 희망은 별로 없어 보였다.

이처럼 불리한 전황을 승전으로 전환하게 한 것은 다름 아닌 잔 다르크의 출현이었다. 그녀는 적은 수의 프랑스 병사로 오를레앙의 잉글랜드군을 격파했으며, 그 이후에도 항상 선두에 서서 잉글랜드군을 격파했다. 1429년 샤를 7세는 랭스 대성당에서 정식으로 대관식을 거행하고 국왕이 되었다. 하지만 잔 다르크의 폭발적인 인기를 두려워했던 샤를 7세가 머뭇거리는 사이, 잔 다르크는 잉글랜드 편인 부르고뉴파에게 체포되어 잉글랜드 측으로 인도되고 말았다. 그녀는 1431년 루앙에서 마녀재판을 받고 마녀로 판결되어 산 채로 화형에 처해졌다.

　　잔 다르크는 죽었지만 샤를 7세는 부르고뉴가와 아라스협약을 맺어 내전을 종식시키고 영국과의 전쟁에서도 승승장구하여 1436년 파리에 입성했다. 트루아조약에 의해 왕위계승권을 박탈당하고 파리에서 쫓겨난 지 16년 만의 일이었다. 그 후 샤를 7세는 노르망디 승리, 보르도 승리로 가스코뉴 지방을 획득하고 1453년에는 100년전쟁의 마지막 전투인 카스티용전투에서 이겨 기이엔도 회복했다. 이로써 프랑스 지역에서는 칼레만을 제외한 모든 땅이 프랑스 왕국에 속하게 되었다.

　　100년전쟁은 프랑스와 영국에 지대한 영향을 미쳤다. 우선 프랑스는 영국에 많은 영토를 빼앗길 뻔했던 절체절명의 상황에서 왕을 중심으로 결집하여 영국 세력을 프랑스 땅에서 영구적으로 격퇴시키는 데 성공했다. 크레시전투나 아쟁쿠르전투에서 프랑스 기병단이 잉글랜드 장궁병의 파워에 밀려 많이 전사함에 따라 보병의 중요성이 커지면서 중세 기사계급은 몰락했다. 이처럼 중세 봉건제도가 몰락하면서 국민들 사이에 프랑스인, 프랑스 국가의식이 생기게 되고 중앙집권식 왕권이 강화되었다. 100년전쟁은 모두 프랑스 땅에서만 벌어졌기 때문에 프랑스 국토는 만신창이가 되었다. 하지만 샤를 7세는 6,000명의 상비군을 만들고 군대 재원 확보를 위해 직접세인 타이유taille 세금을 신설하여 국가 재정비에 나섰다.

　　잉글랜드에서는 그때까지 정권을 장악했던 랭커스터 가문의 세력이 100년전쟁 패배의 여파로 약화되면서 요크 가문이 도전장을 내밀어 장미전쟁(1456~1485년)이 거의 30년에 걸쳐 벌어졌다. 요크 가문은 랭커스터 가문을 누르고 집권에 성공하나 이도 잠깐이고 정략결혼에 의해 튜더 가문의 헨리 7세가 결국 집권했다. 이때부터 튜더왕조의 헨리 8세, 엘리자베스 1세를 거치며 잉글랜드는 국왕을 중심으로 한 중앙집권화가 크게 진전되었다.

잔 다르크가 죽은 지 15년 되던 해에 샤를 7세는 그녀에 대한 재판을 다시 해달라고 교회에 요구했다. 로마교황청은 잔 다르크에 대한 새로운 조사위원회를 설치해서 재조사한 결과, 1456년 잔 다르크에게 화형판결을 내린 재판을 폐기하고 무효화하는 선언을 발표하여 그녀의 명예를 복권시켰다. 잔 다르크는 1909년이 되어서야 비로소 시복되었고, 1920년 성인으로 시성되었다. 그리하여 잔 다르크는 이단자이자 마녀라는 혐의를 벗고 가톨릭교회의 성인으로 우뚝 섰다.

━━ THINK

만약 잔 다르크의 투혼과 극적인 반전이 없었다면 100년전쟁은 프랑스가 아니라 영국의 승리로 끝나 프랑스 영토의 상당 부분이 영국령으로 남았을지도 모른다. 그런 국경이 현재까지도 유지될 가능성을 어떻게 생각하는가?

유럽 봉건제도가
붕괴된 원인 중 하나가
흑사병이다?

사람들이 먼 지역을 돌아다니고 교역이 활발해지면 그와 더불어 전염병도 확산되기 마련이다. 새로운 병에 접하면 아직 면역력이 없기 때문에 더욱 속수무책이 된다. 게다가 해당 지역의 위생상태가 불량하면 전염병은 더욱 확산된다. 14세기 중반 유럽을 강타했던 페스트, 즉 흑사병은 정말 놀라운 속도로 확산되었다. 1347년 유럽에 처음 등장한 이 병은 1352년까지 5년 사이에 빠르게 퍼져 유럽 인구의 3분의 1을 죽음으로 내몰았다.

　　유럽인들은 이 전염병이 동방에서 온 것으로 알고 있다. 1331년 원나라의 허베이성에서 인구의 90퍼센트가 갑자기 알 수 없는 질병으로 목숨을 잃었다. 그로부터 채 1년도 되지 않아 현재 베이징 북서쪽에 있던 고비사막에 가까운 몽골 왕족의 여름 주거지에까지 전염병이 들이닥쳤다. 그 후 20년 동안 중국 전체 인구의 3분의 1에서 절반 정도가 이 병으로 사망했다. 1200년에 1억 2,400만 명이던 중국 인구가 1400년에는 7,000만 명으로 줄어들었다.

아시아에서의 흑사병 확산

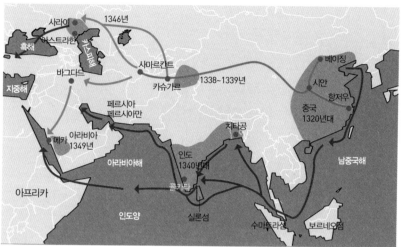

➤ 실크로드 교역로
➤ 일반 육상교역로
➤ 일반 해상교역로
■ 흑사병 창궐 지역

이 병은 중국에만 머무르지 않고 원나라의 교역로를 따라 서방으로 확산되었다. 1338년 톈산산맥을 넘어 키르기스스탄을 거쳐 1347년 실크로드를 통해 흑해에 이르렀다. 1348년에는 배를 통해 제노바에 도착해 유럽 전역으로 퍼졌다. 1350년에는 북대서양을 건너 아이슬란드와 그린란드까지 도달했다. 1351년에는 발트해를 통해 러시아까지 이른다. 흥미로운 사실은 제노바에서 그리 멀지 않은 밀라노와 코르시카 그리고 피레네산맥의 안도라 지역, 폴란드 남부와 체코 북부 지역에서는 흑사병이 발병하지 않았다는 점 이다.

흑사병 창궐은 사실 이때가 처음은 아니었다. 542년부터 543년 사이에 비잔티움에서 흑사병이 창궐했다. 유스티니아누스 황제도 이 병에 걸렸기 때문에 유스티니아누스 역병plague of Justinian이라 불리기도 한다. 이 병은

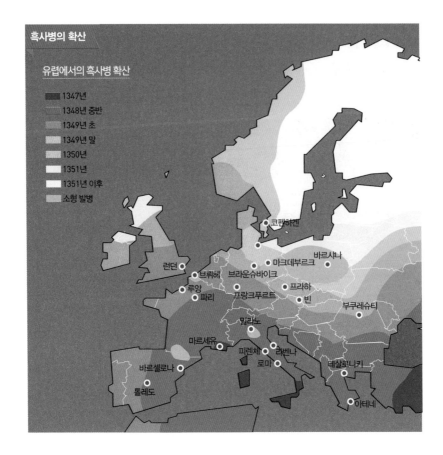

흑사병의 확산

유럽에서의 흑사병 확산

- ■ 1347년
- □ 1348년 중반
- □ 1349년 초
- □ 1349년 말
- □ 1350년
- □ 1351년
- □ 1351년 이후
- □ 소형 발병

코펜하겐
바르샤바
마크데부르크
런던
브라운슈바이크
브뤼헤
프라하
루앙
파리
프랑크푸르트
빈
부쿠레슈티
밀라노
마르세유
피렌체
라벤나
로마
바르셀로나
데살로니키
톨레도
아테네

그 이후 2세기 동안 지속적으로 재발했다. 서기 165년에도 거대한 규모의 전염병이 로마를 휩쓸었는데 이는 천연두였던 것으로 보인다. 그 뒤로 홍역과 흑사병이 연이어 발생했다.

　　의학을 임상의학과 사회의학으로 나누기도 한다. 임상의학은 개인의 질병을 고치는 것이고 사회의학은 전염병처럼 사회적으로 풍미한 질병을 고치는 것이다. 우리나라의 경우 1950년대, 1960년대에 콜레라, 결핵, 디프테리아, 홍역처럼 전염병이 창궐할 때에는 사회의학이 크게 각광받았지만 사회환경이 개선되고 소득이 올라가면서는 환자 개개인의 질병을 치료하는 임상의학이 각광을 받았다. 2000년대 들어 에이즈, 에볼라, 뎅기, 메르스, 지카가 크게 번져 다시 사회의학이 관심받고 있다. 역사적으로 가장 치명적인 전염병은 흑사병이었다. 치사율이 100퍼센트였기 때문이다.

　　이 병은 일단 걸리면 견딜 수 없는 두통과 고열이 시작된다. 환자는 기침을 하고 재채기를 하고 팔과 다리에 끔찍한 통증을 느낀다. 곧 터질 것처럼 탱탱하게 부풀어 오른 야구공 크기의 종기가 겨드랑이에 돋는다. 병에 걸려 사흘 후에 죽을 때에는 온몸이 까매진다. 이 병은 병자에게 접근하거나 병자의 옷에 닿기만 해도 감염되었다. 쥐의 몸에 기생하는 벼룩이 이 전염병을 옮겼는데 과거에는 쓰레기가 많고 위생환경이 좋지 않아 쥐들이 매우 우글거렸기 때문에 병이 급속도로 전파되었다. 우리는 14세기에 중국에서 시작해 흑해를 거쳐 제노바를 통해 유럽 전역으로 전파된 흑사병만 주로 기억하지만 다른 시기에도 흑사병은 반복적으로 발병했었다.

　　과거에는 의학 지식이 부족하여 쥐 몸에 기생하는 벼룩 때문에 전파된다는 사실을 몰랐다. 신이 심판을 내리기 위해 이 병을 퍼뜨린다고 믿은 사람도 많았고 지진이나 악령, 나쁜 음식 때문에 생긴다고 믿는 사람도 많았다. 어떤 지역에서는 유대인이 이 병을 퍼뜨린다고 하여 유대인들을 모조리 화형에 처하기도 했다. 사람들은 자구책으로 꽃이나 향기 나는 약초를 가지고 다니고, 양파와 마늘을 먹고, 잠든 사이에 병균이 코를 통해서 들어오지 않게 하려고 배를 바닥에 대고 잠을 자기도 했다. 목욕탕에서 병을 옮긴다고 생각하여 목욕 자체를 하지 않는 사람도 많았다. 물론 지구 종말론도 횡행했다.

　　흑사병이 창궐하자 사람들은 살던 마을을 버리고 전원으로 들어가 살았다. 보카치오가 쓴 소설《데카메론》도 이렇게 피신한 사람들이 모여 사는 공동체에서 나온 이야기들을 묶은 것이다. 사람들이 경작하지 않아 버려진 땅에는 나무가 자라 시간이 지나며 숲으로 변했다. 그런데 흥미롭게도 흑사병에 감염되지 않은 곳들이 부분적으로 있었다.

　　역설적이게도 흑사병이 한바탕 휩쓸면서 사람들이 많이 죽자 사람들의 가치가 올라갔다. 노동력 부족으로 임금이 오른 것이다. 땅 소유주는 비싼 임금을 주고 땅을 경작할 수 없어서 농장 규모가 줄어들었다. 소작농으로 일하던 농부들도 버려진 땅을 점유하여 자기 소유의 토지를 가질 수 있게 되었다. 결국 오랫동안 지속되었던 봉건제도가 흑사병의 여파로 붕괴하고 있었던 것이다.

THINK

흑사병은 인간에게 치명적 질병으로 인구수를 격감시켜 사회경제를 크게 축소시켰다. 하지만 조금 더 길게 보면 살아남은 인간의 가치를 결정적으로 높이는 계기도 되어 사람들의 삶을 개선하는 데 기여했다. 이런 평가에 대해 어떻게 생각하는가?

명나라는 왜
서구보다 앞선 정화의 항해 기록을
불태워버렸을까?

서구인들보다 거의 한 세기 앞서 세계를 항해한 인물이 중국에 있었다. 명나라 제독 정화鄭和이다. 그의 조상은 칭기즈칸의 중앙아시아 원정 때 귀순해 온 투르크계 무슬림으로 원나라 쿠빌라이 당시에 중국 남부의 윈난성을 개발하는 데 크게 기여했다. 윈난성 곤명에서 자라난 정화(본래 이름은 마삼보馬三保)는 명나라 영락제가 조카인 건문제로부터 황위를 차지하려고 정난의 변을 일으켜 난징을 공략할 때 무관으로서 큰 공을 세웠다. 영락제로부터 정鄭씨 성을 하사받고 환관의 최고위직인 태감太監까지 올랐다. 그는 군사·행정 능력과 이슬람이라는 점을 크게 인정받아 대선단을 이끌고 인도양까지 진출하는 대항해의 책임자로 발탁되었다. 그때 정화의 나이 34세였다.

　　중국 문헌 '명사明史'에서는 자신들의 대항해를 '하서양下西洋'이라 불렀다. 정화는 1405년부터 1433년까지 무려 일곱 번에 걸친 해상 원정을 떠나 동남아, 인도는 물론이고 동아프리카 케냐까지 진출해 조공 국가를 늘리고 교역도 크게 늘려 명나라의 국제적 위상을 과시했다. 정화의 원정대 규모는 15세기 후반 유럽 탐험가들의 원정 규모를 훨씬 뛰어넘었다. 지휘 선단에서 가장 큰 배의 크기(길이 137미터, 너비 56미터)부터 항해당 배의 수(60여 척)와 선원 수(2만 7,000명) 등 모든 면에서 유럽 국가의 항해와 비교가 되지 않을 정도였다. 선단 중 작은 배라 하더라도 길이가 60미터에 달했다.

1~3차 항해에서는 남지나해, 말래카해협, 벵골만을 거쳐 인도 남부의 캘리컷까지 진출했다. 이 과정에서 말래카왕국과 아유타야왕국(태국)을 조공국으로 만드는 데 성공했다. 4~6차 항해에서는 페르시아만의 호르무즈, 아덴을 거쳐 아프리카의 소말리아(모가디슈), 케냐(말린디)까지 진출했다. 이 과정에서 호르무즈 왕국을 조공국으로 만들었고 귀국할 때 기린이나 코뿔소, 얼룩말, 사자, 표범 같은 진귀한 동물을 가져와 사람들의 탄성을 자아냈다. 사실 당시 중국이 인도양의 항로를 새로 개발한 것은 아니고 아랍의 상인들이 이미 개발한 상태였다.

정화의 원정을 적극 후원해주던 영락제가 1424년 사망한다. 그 뒤를 이은 홍희제는 명 태조이자 할아버지인 주원장의 뜻을 이어받아 외국 배의 중국 항구 출입을 금하고 해상 원정은 국력을 낭비할 뿐이라며 전면 중단한다. 재위 1년 만에 홍희제가 죽고 새로 등극한 선덕제는 막강한 해군력이 없어지는 게 안타깝고 조공무역의 위세를 그리워하여 1430년 정화에게 해상 원정을 다시 지시한다. 이미 나이 예순을 넘긴 정화는 1년의 준비 기간을 거쳐 일곱 번째 항해를 떠난다. 하지만 1433년 페르시아만 입구의 호르무즈 근방에서 병을 얻어 귀국 후 사망하고 그 이후 해상 원정은 더 이상 이루어지지 않았다. 중화제국의 대항해시대가 대단원의 막을 내린 것이다. 영락제 시기부터 선덕제 시기까지 30여 년간 해외 사절단은 400여 차례나 중국을 방문했다. 사절단 수가 적을 때에는 60여 명, 많을 때에는 600여 명이었으며 가장 많을 때에는 1,200여 명에 이르기도 하였다.

바다 진출을 봉쇄한 명나라는 그 이후부터 섬에 사람들이 살고 있으면 모두 육지에 이주토록 강제했다. 이른바 공도空島정책이다. 옆 나라인

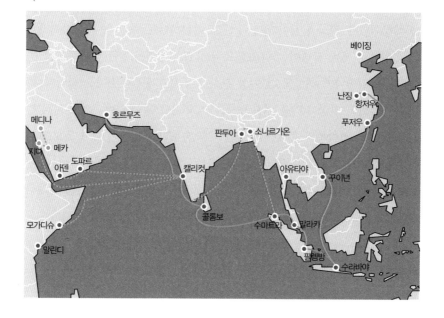

조선에도 해양에 진출하지 말라고 압력을 넣었다. 이처럼 동아시아 국가들은 일본의 제한적 대외개방을 제외하고는 모두 서양과 교류가 제대로 이루어지지 못했다. 그 결과, 세계 일류 국가였던 명나라는 해양국가 위상을 잃고 수 세기 이후 세계 항해로 급성장한 유럽의 반식민지로 전락하는 신세가 되었다. 만약 14세기 정화가 케냐에 그치지 않고 희망봉을 돌아 조금만 더 나아갔다면 명나라가 유럽을 '발견'했을지도 모르고 그랬다면 세계 역사는 180도 바뀌었을 것이다.

그런데 명나라는 왜 해상 원정을 중단하고 정화의 항해 기록마저 모두 불태워 역사에서 지워버렸을까? 여러 가지 상황을 고려하면 몇 가지 이유를 찾을 수 있다.

정화의 원정이 영락제의 개인적인 이유(숙부인 영락제에게 황위를 빼앗기고 어디론가 사라진 건문제의 행방을 찾고 보물, 기린, 코뿔소 같은 진기한 물건의 획득)

때문이었다면 정화의 원정이 막을 내린 것은 당연한 결과이다. 하지만 앞서 살펴보았던 것처럼 정화의 원정은 영락제의 개인적인 이유를 훨씬 뛰어넘는 그 이상이었다. 해상 원정이 막을 내린 또 다른 이유는 몽골 부족인 오이라트의 침입으로 북방 국경이 불안해졌고 국내 푸젠성에서 등무칠의 주도로 농민반란이 일어나자 해상에 더 이상 관심을 두기가 힘들어졌다는 점이다. 학자들은 정화의 원정이 막을 내린 또 하나의 이유로 황실 안에서의 정치적 갈등을 꼽는다. 영락제의 총애를 받았던 이슬람 환관인 정화가 죽자 유교 관료를 비롯한 기득권층이 환관의 세력을 억누르기 위해 반격을 가했다. 1464년 들어 조정에서 베트남에 해양 진출하려는 움직임이 일자 해양 재개를 염려한 해양파들이 참고할 자료를 없애려고 정화 관련 문서를 아예 소각해버린다. 마지막으로 국제적 위상 과시에는 크게 기여하지만 막대하게 들어가는 재정에 비해 경제적 이득이 크지 않다는 점도 해금정책에 한몫했다. 즉 정치외교 면에서는 크게 기여했지만 실리적인 경제 면에서는 수익률이 낮았던 것이다.

중국의 상하이 자오퉁대학의 신웬어우 교수에 따르면 명의 해금정책의 이유는 크게 세 가지이다. 첫째는 황제의 의지 부족, 둘째는 대륙의식 강화, 셋째는 해권사상의 몰락이다. 중국은 송나라 시절부터 강력한 해상국가였다. 특히 남송 시기에는 정권이 동남 연해 지역으로 옮겨졌다. 북쪽의 영토와 인구가 줄어들자 재정수입도 줄어드는 것은 당연했다. 더구나 북방 루트가 차단되자 송 고종은 국부를 늘리기 위해 내륙교역을 포기하고 해양무역을 시도했던 것이다. 중국 연구의 대가인 조지프 니덤^{Joseph Needham}은 송 고종을 중국 해군의 창시자라고 평가한다.

하지만 명나라 때는 반란군과 왜구의 결탁을 막고 몽골족 중심의 사회체제를 한족 중심의 왕조체제로 복귀시켜야 했으므로 해금정책을 펼쳤다. 즉 해양경제를 농업경제로 바꾸려고 했던 것이다. 해양무역도 사적인 무역보다는 공적인 조공무역으로 바꾸었는데 나중에는 북방 안보문제와 내란 진압을 위해 이마저도 억제하여 갈수록 폐쇄적인 국가로 변모하였다.

영국 해군의 잠수함 지휘관 출신으로 아마추어 역사가인 개빈 멘지스Gavin Menzies는《1421 중국, 세계를 발견하다》《1434: 중국의 정화 대함대, 이탈리아 르네상스의 불을 지피다》에서 정화의 함대가 아메리카와 유럽 본토에 나타났다고 주장한다. 1421년에 시작한 여섯 번째 항해에서 정화는 선대를 몇 개의 분대로 나누어 출항했는데 이 중 한 분대는 5년 만인 1425년에 명나라로 돌아왔다. 그렇기 때문에 이 마지막 분대가 아메리카까지 진출했을 것이라는 추측을 낳았다. 또한 정화는 이탈리아 로마교황에게 예술, 지리학, 천문학, 인쇄술, 건축술, 군사무기 등 많은 지식을 전달해주어 15~16세기 이탈리아 르네상스가 궤도에 올랐다고 개빈 멘지스는 설파했다. 얼핏 터무니없는 이야기처럼 들리지만 이 멋진 이야기의 사실관계를 고증해보면 뜻밖의 진실이 밝혀질지도 모른다. 다른 것은 몰라도 이후의 서양 항해가들이 정화가 만들었던 항해도를 이용하여 동양에 진출했을 가능성은 농후하다.

오랜 기간은 아니었지만 해상왕 정화는 실로 놀랍고 위대한 업적을 남겼다. 유럽의 항해사들보다 더 이른 시기에 먼 곳까지 대규모 항해를 한 것이다. 2005년 들어 중국은 정화의 최초 항해 600주년 기념식을 치르며 대규모 축하 행사를 벌인 바 있다. 현재 중국은 동중국해를 넘어 해양국가로 발돋움하고자 하나 전통적인 해양국가인 미국과 일본의 견제를 심하게 받고 있다. 현재 중국은 아프리카에 대한 지원을 활발히 하고 있다. 여러 자원을 확보하거나 선린관계를 정립하여 외교적 위상을 높이기 위해서이다. 하지만 중국 내 반대세력은 아프리카에 대한 후원 대신 국내 빈민층에게 보조가 이루어져야 한다고 반론을 제기하고 있다. 사실 이런 정치경제적 이슈에 대해서는 정답이 없다. 이런 면에서 당시 정화의 해상 원정에 대한 논란도 지금과 크게 다르지 않을 수 있다.

═══ THINK

지금 와서 사람들은 당시 명나라의 해금정책을 무조건 패착으로 평가하고 있다. 하지만 당시 그러한 조치가 명나라와 그 후 청나라에 어떻게 긍정적으로 기여했는지 생각해보자.

TREND·W⊕RLD·HISTORY

PART

5

근세 시대

1430~1750년

포르투갈이 대항해를
꿈꿀 수 있었던 이유는?

서구가 19세기에 제국주의 방식으로 세계를 제패할 수 있었던 이유는 여러 가지이다. 하지만 그 출발점은 서구 탐험가들의 신대륙 발견과 아프리카, 인도양, 동아시아로의 진출이라는 지리적 확장에 있었다. 15세기부터 시작된 유럽인들의 세계탐험은 이른바 대항해시대를 열었다. 이들의 탐험은 호기심은 물론이고 종교적 포교나 경제적 이익 추구라는 목적도 동시에 가지고 있었다.

해양진출에 있어서는 유럽의 어느 나라보다 포르투갈 왕국이 선구적 역할을 했다. 이베리아반도 끝자락에 위치한 포르투갈은 14세기에 몇 차례 내전과 외국과의 전쟁을 치르면서 왕권이 강화되었고 정치적으로 안정되었다. 국토의 북쪽과 동쪽이 에스파냐에 둘러싸여 있었기에 지리적 여건상 해양진출에 일찍 눈을 뜰 수밖에 없었다. 또 이베리아반도에서 이슬람인들을 축출한 가톨릭 국가로 교황의 지지를 받고 있었고, 가톨릭의 해외 포교를 꿈꾸었다. 이처럼 정치적 안정과 교회세력의 확장 의지는 포르투갈을 해양

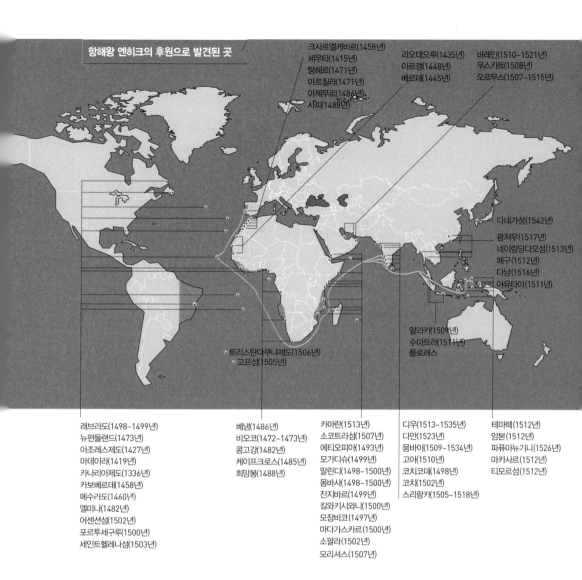

항해왕 엔히크의 후원으로 발견된 곳

크사르엘케비르(1458년)
세우타(1415년)
탕헤르(1471년)
아르질라(1471년)
아제무르(1486년)
사피(1488년)

리오데오루(1435년)
아르갱(1448년)
베르데(1445년)

바레인(1510~1521년)
무스카트(1508년)
오르무스(1507~1515년)

다네가섬(1542년)
광저우(1517년)
네이링딩다오섬(1513년)
페구(1512년)
다낭(1516년)
아유타야(1511년)

말라카(1509년)
수마트라(1511년)
플로레스

트리스탄다쿠냐제도(1506년)
고프섬(1505년)

래브라도(1498~1499년)
뉴펀들랜드(1473년)
아조레스제도(1427년)
마데이라(1419년)
카나리아제도(1336년)
카보베르데(1458년)
메수라도(1460년)
엘미나(1482년)
어센션섬(1502년)
포르투세구루(1500년)
세인트헬레나섬(1503년)

베냉(1486년)
비오코(1472~1473년)
콩고강(1482년)
케이프크로스(1485년)
희망봉(1488년)

카마란(1513년)
소코트라섬(1507년)
에티오피아(1493년)
모가디슈(1499년)
말린디(1498~1500년)
몸바사(1498~1500년)
잔지바르(1499년)
킬와키시와니(1500년)
모잠비코(1497년)
마다가스카르(1500년)
소팔라(1502년)
모리셔스(1507년)

디우(1513~1535년)
다만(1523년)
몸바이(1509~1534년)
고아(1510년)
코친코데(1498년)
코치(1502년)
스리랑카(1505~1518년)

테마떼(1512년)
암본(1512년)
파퓨아뉴기니(1526년)
마카사르(1512년)
티모르섬(1512년)

제국으로 만든 핵심적 동기였다.

　　포르투갈의 본격적인 해양진출은 항해왕, 엔히크 왕자로부터 시작

되었다. 1394년 주앙 1세의 셋째 아들로 태어난 엔히크는 어렸을 때부터 다

양한 지식을 습득한 독실한 가톨릭 신자로 자라나, 잘 알려지지 않은 지역을

탐험하며 가톨릭을 전파하는 것을 사명으로 생각했다. 1415년 엔히크는 군

대를 이끌고 지브롤터 건너편에 있는 북아프리카의 세우타^{Ceuta}를 공격하여 점령했는데, 이때 사하라사막 이남에 푸르른 지역이 있다는 것을 알게 되었다. 이 지역은 오늘날 세네갈 등이 위치한 서아프리카 지방으로, 엔히크는 사막을 건너기보다는 바다로 가는 방법을 택했다. 그는 포르투갈 최남단의 사그레스에서 총독을 지내면서 항해전문학교를 세워 그곳을 탐험의 전진기지로 만들었다.

엔히크는 지리학자, 천문학자, 수학자 등을 불러들여 함께 지리와 기상, 항해술을 연구하고 탐험 계획을 세웠다. 도서관을 세워서 각종 지리 관련 지식을 모았으며 나침반 등을 개량했고, 무엇보다 탐험에 가장 중요한 선박 개량에 몰두했다. 그는 조선업자들에게 면세혜택을 주어 조선술의 발전을 촉진하여, 결국 대서양 항해에 적합한 선박 '카라벨^{caravel}'을 탄생시켰다. 카라벨은 풍향의 영향을 적게 받을 수 있도록 조작이 쉬운 삼각돛을 달았고, 배와 수면이 닿는 면적을 작게 만들어 움직임도 빨랐다.

1419년 엔히크는 첫 탐험선을 파견한 이후 마데이라제도, 아조레스제도를 발견하고 서아프리카 일대를 탐험하는 성과를 거두었다. 엔히크의 탐험대가 개척해놓은 루트를 따라 개인 탐험가들이 서아프리카 쪽으로 항해를 계속하면서 황금, 상아, 노예를 본국으로 실어 나르기 시작했다. 현재 서아프리카의 상아해안$^{Ivory Coast}$, 황금해안$^{Gold Coast}$, 노예해안$^{Slavery Coast}$은 모두 이때 붙여진 이름이다.

1481년 왕에 등극한 주앙 2세는 아프리카 대륙을 돌아 인도양으로 가는 항로를 개척하는 데 큰 관심을 두고 디오고 캉, 바르톨로뮤 디아스 등 여러 탐험가들을 파견했다. 디오고 캉은 1482년 콩고강을 거슬러 올라가 현재의 앙골라와 나미비아 해안까지 진출했다. 디아스는 아프리카 해안선이 남북으로 뻗어 있는 것이 아니라 동서로도 뻗어 있음을 확인했다. 디아스는 아프리카 최남단 지역에 '폭풍의 곶'이라는 이름을 붙였으나, 주앙 2세는 인도 항로를 갈 수 있다는 희망을 담아 이를 '희망봉'으로 개명했다. 역시 포르투갈 출신인 바스코 다 가마가 1497년부터 1499년 사이에 희망봉을 지나 인도의 코지코드와 고아까지 진출할 수 있었다. 배 측면에 대포를 배치하여 상선과 전투선 기능도 겸하는 갤리언 배carrack는 16세기에 포르투갈이 인도양의 해양무역 노선을 제패하는 데 크게 기여했다. 아프리카, 아랍, 인도를 무력으로 밀어붙여 무역거점을 확보할 수 있었기 때문이다.

에스파냐는 1492년 이슬람의 마지막 거점이었던 그라나다 왕국을 함락시키면서 국고가 확충되자 포르투갈에 이어 탐험가들을 적극 후원하기 시작했다. 콜럼버스의 서인도제도 발견 이후, 1521년 에르난 코르테스가 멕시코 지역의 아즈텍문명을 정복하고, 10년 후에는 프란시스코 피사로가 잉카제국의 수도 쿠스코를 점령하면서 에스파냐의 중남미 지배가 본격화되었다.

이처럼 포르투갈이 선구적으로 아프리카와 인도양 방면으로 항로를 개발한 이후, 에스파냐가 중남미를 개척하고, 뒤이어 네덜란드, 영국, 프랑스가 연달아 해외거점을 만들어나가면서 세계무역망이 형성되고, 지역 간 물적·인적교류가 늘어났다.

포르투갈이 일본과 일찍 교류했기 때문에 우리나라 말 중에는 일본을 거쳐 들어온 포르투갈 단어가 많다. 담배는 포르투갈어인 타바코tabacco에서 나왔고 빵도 팡pao에서, 메리야스는 메이아스meias에서 나왔다. 라틴어로 '쿠아투오르 템포라Quatuor Tempora'라고 부르는 가톨릭 사계재일四季齋日에 포르투갈 선교사들이 새우를 튀겨 먹는 것을 보고 일본인들은 '템뿌라'라고 불렀다. 카스텔라 빵은 에스파냐 지방 카스티야castilla에서 나왔다.

—— THINK

"미숙한 탐험가는 보이는 것이 바다뿐일 때에는 육지가 있으리라고 생각하지 못한다." 프랜시스 베이컨이 한 말이다. 포르투갈, 에스파냐, 이탈리아 뱃사람들은 미숙한 탐험가가 아니어서 육지를 일찍이 새로 찾아냈다.

15~16세기 유럽인의 해양탐험이 낳은 파급효과는?

지리혁명은 전 세계에 어떤 효과를 가져왔을까?

우선, 농작물과 동물의 대이동이 생겼다. 동남아시아의 사탕수수·쌀·오렌지·레몬·라임·시금치·가지·바나나, 아메리카의 옥수수·담배·감자·호박·토마토·코코아·고무·파인애플·땅콩·아보카도, 아프리카의 밀·당밀·커피·면화, 유럽의 밀·보리·오트밀·양·소·말·돼지·벌·토끼 등이 대륙을 넘어 서로 전파되었다.

둘째, 자원의 이동도 있었다. 특히 사금은 아프리카에서, 은은 아메리카에서, 모피는 북아메리카에서 유럽으로 흘러들어 갔다. 또 유럽인들의 아메리카 진출 이후 면역력이 없었던 원주민들이 천연두, 홍역, 발진티푸스 같은 병에 걸려 대거 사망하자, 부족한 인력을 채우기 위해 포르투갈인들이 아프리카로부터 흑인 노예를 수입해 판매했다.

셋째, 유럽에서 다른 지역으로 자원뿐만 아니라 완성된 제조품들이 건너갔다. 아프리카와 아메리카가 유럽인들이 만든 상품의 판매시장 역할을 한 것이다. 이로 인해 세 대륙 간의 삼각무역 체제가 형성되었다.

넷째, 지리혁명은 유럽에 가격혁명을 일으켰다. 16세기 초기에는 금이 주로 유럽으로 유입되었다. 1545년 에스파냐가 남아메리카 볼리비아의 포토시 지역에서 은광을 발견해 대량의 은이 1620년대까지 유럽으로 흘러들어 오면서 화폐가 급증했다. 16세기 동안 화폐 공급량은 무려 세 배나 증가한다. 일단 에스파냐로 들어온 금과 은은 교역이나 국제적 대부, 해적의 약탈을 통해 유럽의 다른 국가로 흘러들어 가 물가가 크게 상승하게 되었다. 물가가 프랑스에서는 2.2배, 영국에서는 2.6배 상승했다. 물가 상승으로 상인, 제조업자, 자영농, 차지농은 이득을 본 반면, 연금 수급자, 지주, 노동자는 손해를 봤다. 노동자는 자신들이 받는 명목임금 상승분보다 물가가 더 많이 상승하여 실질임금이 떨어졌기 때문이다. 이러한 가격혁명은 상공업 발달에 유리하게 작용했다.

이처럼 15~16세기에 유럽인들이 기독교를 전파하고 경제적 이득을 얻기 위해 시작한 탐험으로 무역거점과 식민지를 확보하면서, 지리혁명은 전 세계 무역망을 형성하게 되었다. 시간이 지나면서 대륙 간 자원, 상품, 인력이동은 더욱 증대되어 글로벌화가 가속화했다.

━━ THINK

지구상에 새로운 것은 없다지만 세상은 계속 변하면서 새로운 것을 만들어낸다. 유럽인들이 새로 발견했다고 주장하는 신대륙은 이미 존재했던 구대륙이었다. 하지만 신대륙과 구대륙의 교류는 당시 세계에 엄청난 활력을 불러일으켰다. 앞으로 지구 밖 우주와의 교류가 이런 활력을 불러일으킬지 전망해보자.

체스의 여왕 말 모티브가 될 정도로
강력했던 에스파냐
이사벨 여왕은 누구일까?

역사상 국왕으로 등극한 여왕은 많지 않지만 대단한 여걸들이 있었다. 7세기 당나라의 측천무후, 15세기 에스파냐의 이사벨, 16세기 영국의 엘리자베스, 17세기 스웨덴의 크리스티나, 18세기 오스트리아의 마리아 테레지아, 19세기 러시아의 예카테리나와 영국의 빅토리아가 바로 그런 경우이다. 6세기 비잔틴의 유스티니아누스 황제의 부인 테오도라나 19세기 청의 서태후도 막강했지만 이들은 여왕이 아니라 왕비였다.

16세기 들어 유럽 최강 국가는 에스파냐였다. 에스파냐의 카를로스 1세는 이베리아반도, 오스트리아, 저지대(네덜란드), 나폴리를 영토로 가지고 있었는데 그가 이렇게 강력한 파워를 떨치게 된 것은 그의 외할머니, 이사벨 덕분이었다. 이사벨은 카스티야와 레온의 상속녀로 여왕에 올랐고 아라곤의 페르난도 2세와 결혼하여 이베리아반도 최남단의 마지막 왕국인 그라나다 왕국을 멸망시켰다. 더구나 콜럼버스를 후원하여 광활한 신세계를 얻음으로써 에스파냐 전성시대의 초석을 만들었다.

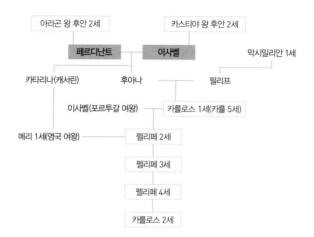

이사벨은 트라스타마라 왕가 출신으로 카롤링거왕조의 외손인 베렝가리오 2세의 18대 직계 후손이었다. 이사벨의 어머니는 포르투갈 왕족 출신으로 이사벨의 아버지인 후안 2세의 두 번째 부인이었다. 성장 과정에서 왕위계승을 둘러싸고 이복오빠인 엔히크 4세로부터 심한 견제를 받기도 했지만 처세에 능해 엔히크 4세로부터 더 이상 의심을 사지 않게 되었다. 엔히크 4세는 이사벨을 포르투갈 왕인 알폰수 5세와 결혼시키려 했지만 이사벨은 같은 트라스타마라 왕가에 속한 아라곤 왕국의 페르디난트 2세와 1469년 몰래 전격 결혼을 해버렸다. 아버지가 그녀를 궁에 감금시켰지만 몰래 도망가서 한 결혼이었다.

1474년 엔히크 4세가 사망하자 이사벨이 카스티야 왕으로 등극하고 1479년 남편 페르디난트가 아라곤 왕위를 계승받자 두 사람은 카스티야-아라곤 연합 왕국을 세웠다. 그러나 이 당시 에스파냐는 아직 하나의 완전한 통합 국가가 아니라 군주끼리 결혼한 상황이었기 때문에, 실질적으로는 이사벨과 페르디난트 두 군주의 공동통치 성격을 띠고 있었다.

남편이 전쟁터에 나가 있는 사이 이사벨 여왕은 콜럼버스의 제의를 받아 재정지원을 하게 되었다. 당시 포르투갈은 마데이라제도, 아조레스제도, 아프리카 서안의 베르데곶, 아프리카 남단의 희망봉까지 발견하고 해외로 급속하게 진출했기 때문에 이사벨도 해외무역로 개발을 서둘렀다. 1478년 카나리아제도를 정복했지만 이로써는 충분하지 않았다. 당시 에스파냐는 전쟁 중이라 재정상황이 여의치 않아 신하들은 콜럼버스 지원을 맹렬히 반대했지만 이사벨은 강단 있게 밀어붙였다.

그라나다를 정복해 이베리아반도에서 781년간 이어지던 이슬람 통치를 종식시킨 에스파냐는 알람브라칙령을 반포하여 로마가톨릭교로 개종하지 않은 이슬람과 유대인을 추방했다. 이슬람교도들은 북부 아프리카 이슬람 국가와 오스만제국으로 이주하고 유대인들은 저지대 지역과 인도로 이주했다. 아랍인에게 개종 아니면 죽음을 택하라며 강제 개종을 요구했던 종교탄압 덕에 부부는 로마교황으로부터 가톨릭 부부 왕이라는 칭호를 받았다. 하지만 이들의 이주로 에스파냐는 경제적으로 타격을 받지 않을 수 없었다.

이사벨 여왕의 파워는 당시 매우 막강했다. 당시 예술작품에서 부부를 그릴 때에는 남편을 아내보다 크게 그리곤 했는데, 이사벨과 페르디난트 부부를 그릴 때에는 같은 크기로 그렸다. 64개 네모 칸에서 치열하게 벌이는 체스 게임의 규칙을 보면 왕은 전후좌우, 대각선으로 한 칸씩만 움직여 행동이 굼뜨다. 반면에 여왕은 체스 판 전역에 걸쳐 전후좌우는 물론이고 대각선으로도 칸 수 제한 없이 질주할 수 있다. 그런데 15세기 말까지만 하더라도 체스 게임에 여왕이 없었고 미니스터^{minister, 장관 혹은 정치고문}가 있었는데 이 장관은 운신 폭이 상당히 좁았다. 하지만 현실세계에서 이사벨 여왕이 막강해지면서 체스세계에도 종횡무진 움직이는 여왕 말이 새로 생겼다. 이사벨 여왕 자신이 체스를 매우 즐겨 했기 때문에 아예 체스 규칙이 바뀐 것이다.

1504년 이사벨이 먼저 사망한 후 남편인 페르디난트 2세가 단독 집권한다. 사실 그 전까지만 하더라도 국력이 더 약했던 아라곤의 페르디난트 2세는 이사벨에 좀 눌린 상황이었다. 협약에 의해 페르디난트는 카스티야에 대한 왕위계승권을 주장할 수 없었고 두 사람 사이에 태어난 자식들은 카스티야와 아라곤을 분할해서 상속받을 수 없었다. 결국 두 사람의 차녀 후아나가 두 나라를 모두 상속받았고, 그녀의 아들 카를로스 1세가 1516년에 에스파냐 국왕으로 즉위하면서 진정한 의미의 에스파냐 왕국이 세워진다. 카를로스 1세는 이어 1519년 신성로마제국의 카를 5세로 즉위하여 유럽 최강자가 된다.

당시 서유럽을 이끌었던 왕조들인 아라곤 왕국과 카스티야 왕국의 트라스타마라 왕가, 부르고뉴공국의 발루아-부르고뉴가, 오스트리아의 합스부르크 왕가의 상속자로서 카를 5세는 중유럽과 서유럽 그리고 남유럽을 넘어 아메리카 대륙과 필리핀제도의 카스티야 식민지까지 포함한 광대한 영토를 다스렸다. 영토가 너무나도 광대한 나머지, 그의 제국은 19세기 영국제국에 앞서 '해가 지지 않는 곳'이라고 불렸다.

━━ THINK

체스 게임은 인도 굽타왕조 시기인 6세기에 차투랑가chaturanga 게임에서 시작되어 페르시아, 아랍을 거쳐 10세기 무어인들에 의해 이베리아반도로 유입되어 유럽 전역으로 퍼졌다. 체스 게임의 말 종류와 게임 규칙이 그동안 어떻게 변했는지 알아보자.

혹인을 사고파는 일은
어떻게 시작되었을까?

사람들이 상품만 돈을 주고받으며 거래하는 것은 아니다. 인간의 노동력도 거래한다. 인간의 노동력에 가치가 있기 때문에 노동을 필요로 하는 사람이 노동을 제공하는 사람에게 돈을 지불한다. 물론 자발적인 노동 제공과 인간적인 대접을 전제로 한다. 하지만 때로는 비자발적이고 비인간적인 노동이 제공되기도 한다. 현재도 이런 일이 벌어지고 있지만 예전에는 훨씬 많았다. 인간 몸뚱이 자체가 하나의 상품처럼 거래되는 이른바 노예무역이 그러했다.

역사적으로 노예무역은 매우 많았다. 전쟁에서 포로로 잡힌 사람을 다른 사람에게 팔아 노예로 만드는 경우도 있었고 빚을 못 갚은 사람을 노예로 만들기도 했다. 납치해서 파는 경우도 있었다. 하지만 최악의 노예무역은 유럽인들이 15세기 후반부터 아프리카 혹인을 노예로 삼아 내다 판 경우일 것이다.

15세기 중반 포르투갈인들이 서아프리카 해안을 따라 탐험하면서 콩고강 유역에 도달하고 그 지역의 콩고 왕국과 교류하기 시작한다. 콩고 왕

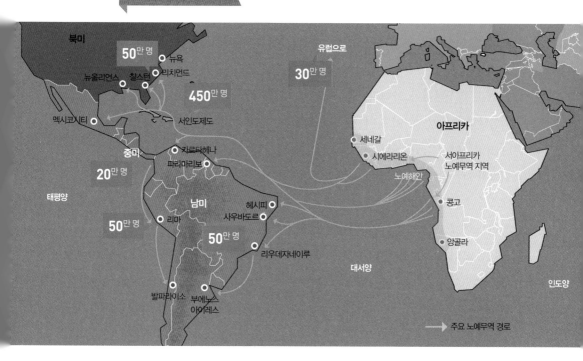

국의 왕과 귀족들은 포르투갈에 호의적이어서 1491년 세례를 받아 기독교로 개종하기도 한다. 콩고왕은 자신의 이름을 은징가 음벰마에서 알폰소 1세로 바꾸기까지 한다. 포르투갈인들은 이들에게 총도 자주 보내주면서 환심을 산다. 당시 포르투갈 왕, 마누엘 1세가 형제처럼 친해진 콩고 왕에게 노예를 좀 모아달라고 부탁하자 콩고 왕은 부하들을 시켜 노예를 잡아 건네준다. 포르투갈인들은 이 노예들을 유럽에 팔다가 서아프리카 해안가의 상투메섬에 아예 농장을 만들어 설탕을 재배하기 시작한다. 노예가 더 필요해지자 콩고 왕에게 부탁해 더 많은 노예를 확보한다. 설탕 재배 농장에 필요한 노예를 충당하고 남은 노예들은 남미에 팔아넘겼다. 콩고에서 노예 확보가 어려워지자 포르투갈인들은 알폰소 1세의 신하, 친척마저 노예로 데리고 가버린다. 알폰소 1세는 포르투갈의 야욕과 욕심을 그제야 깨달았지만 이미 늦은 뒤였다. 1543년 알폰소 1세가 사망한 후 콩고 왕국은 내분으로 분해되고 만다. 1550년경 포르투갈 인구의 10퍼센트는 아프리카에서 건너온 노예들이었다.

에스파냐가 아메리카를 정복하는 과정에서 인디언들은 무참하게 학살당하며 유럽인들이 들여온 병 때문에 속수무책으로 몰살당한다. 에스파냐는 광산이나 플랜테이션에 필요한 인력을 인디언으로부터 확보하기 어려워지자 아프리카에서 흑인을 노예로 끌어와 쓰기 시작한다. 더구나 1530년 에스파냐 식민지에서 인디언을 노예로 부리지 못하도록 하는 법이 실시되자 흑인 노예에 대한 수요는 크게 늘어난다. 이때 유럽인들이 아프리카 내륙에 들어가 흑인 노예사냥을 했던 것은 아니다. 내륙에 들어가면 위험하기도 하고 말라리아 같은 풍토병에 걸릴 위험이 컸기 때문이다. 대신 아프리카인이나 돈을 보고 달려든 아랍 상인들이 노예사냥을 해서 약간의 돈을 받고 유럽인들에게 넘겨주곤 했다.

시간이 흐르며 네덜란드, 프랑스, 영국도 아메리카 개발에 뛰어들면서 흑인 노예가 더욱 필요해진다. 네덜란드는 브라질에서 사탕수수 농장을 운영하고, 영국은 자메이카에서 사탕수수를 재배한다. 유럽 상인들은 배에 흑인 노예들을 태워 아메리카로 데려가 판다. 그 돈으로 담배와 설탕을 사서 배에 싣고 유럽으로 가져와 비싼 돈을 받고 되판다. 대서양을 둘러싸고 삼각무역이 시작된 것이다. 영국은 1672년 삼각무역을 전담하는 왕립아프리카회사까지 만든다.

1713년 영국은 30년간 11만 4,000명의 노예를 에스파냐 식민지에 독점 공급하는 계약을 에스파냐와 체결한다. 그리고 영국 왕은 이 독점권을 남해회사에 준다. 큰 건을 따낸 남해회사의 주가는 계속 올라간다. 노예무역으로 엄청난 수익이 예상되었기 때문이다. 그러나 에스파냐가 영국 몰래 노예무역을 하면서 남해회사의 수익이 크게 늘지 않아 주가가 폭락하고 만다.

이것이 남해회사 버블 사건이다. 우리가 잘 아는 과학자 아이작 뉴턴도 이 회사의 주식을 샀다가 큰 손해를 입는다.

이처럼 노예무역과 노예착취가 4세기에 걸쳐 광범위하고도 잔인하게 자행되자 노예무역에 대한 반대 목소리가 거세진다. 1839년 서아프리카의 시에라리온에서 노예를 실은 배가 출항해 쿠바로 향한다. 이 배에 탔던 노예 셍베 피가 배에서 반란을 일으켜 선장을 협박해 고향으로 가도록 배의 기수를 돌린다. 하지만 선장이 그들을 속이고 미국의 롱아일랜드에 도착해 흑인 노예들을 모두 감금해버린다. 이 사건을 둘러싸고 미국에서 재판이 열리는데 미국 대통령을 지낸 존 퀸시 애덤스가 흑인 편 변호사가 된다. 셍베 피는 법정에서 스스로를 변호하고 마침내 재판에서 이긴다. 이 실화는 나중에 영화 〈아미스타드〉로 각색되어 만들어진다.

미국식민협회는 해방된 노예들이 정착해 살 수 있도록 1821년에 시에라리온 남서부에 있는 지역을 사서 당시 미국 대통령 제임스 먼로 이름을 따 몬로비아라고 이름 붙였다. 셍베 피를 비롯한 흑인 35명은 몬로비아에 정착해 살게 되는데 몬로비아는 1847년 들어 자유국이 되어 나라 이름을 라이베리아로 바꾼다. 라이베리아는 '자유의 나라'라는 뜻이다. 19세기 후반 들어 아프리카 대륙은 유럽 제국주의 국가들에 의해 모두 식민지로 전락하나 라이베리아와 에티오피아만이 독립을 유지한다.

이처럼 잔인하고 비인간적인 노예제도에 대한 비난이 거세게 일면서 19세기 들어와서야 노예제도가 폐지된다. 영국에서는 1839년, 프랑스에서는 1848년, 미국에서는 1863년 공식 폐지된다.

─── THINK

과거에 악명을 떨쳤던 노예무역과 노예착취는 규모와 빈도는 줄어들었지만 아직도 세계 곳곳에서 비밀리에 벌어지고 있다. 현재 어떤 비인간적인 사례들이 있는지 살펴보자.

구텐베르크의 인쇄술은
왜 인류 최대의 발명일까?

2007년에 폐간되어 지금은 사라진 미국 잡지 〈라이프〉가 1997년에 '지난 1,000년간 인류에게 큰 영향을 끼친 100대 사건'을 정리해 발표한 바 있다. 이 100대 사건에는 에디슨의 전구, 마르코니의 무선전신, 뢴트겐의 X선, 중국의 화약, 플라스틱 발명을 비롯하여 달 탐사, 마취제, 다윈의 진화론 같은 과학기술 분야의 사건도 있고, 콜럼버스의 신대륙 발견, 종교개혁, 프랑스혁명, 산업혁명, 미국 독립선언, 러시아혁명 같은 사회 분야의 사건도 포함되어 있다. 그뿐 아니라 커피, 차, 코카콜라 같은 식음료 분야도 들어 있다. 이 중에 1위로 꼽힌 대사건은 바로 요하네스 구텐베르크의 활판 인쇄술이었다.

그 전까지만 하더라도 필경사가 종이에 손으로 직접 글자를 써서 제본해 책을 만들었는데, 그 속도가 아주 느렸기 때문에 책이 희귀하면서도 매우 비쌌다. 특히 종이가 아니라 양가죽에 쓰면 가격은 더욱 올라갔다. 또 인쇄술이 발명되면서 처음에는 목판 전체에 글자를 각인해서 인쇄를 했는데, 혹시 수정할 일이 있으면 그 판 전체를 다시 만들어야만 했다. 1450년경 요하네스 구텐베르크가 알파벳별로 활자를 만들면서 한 번 만든 활자를 나중에 다시 사용할 수 있게 되자 인쇄 속도도 빨라졌고 비용도 크게 줄어들었다. 이때만 하더라도 증기기관이 없어서 지금 같은 대량인쇄는 이루어질 수 없었지만, 활자 자체가 대단한 발명이었다.

활판 인쇄술은 지식혁명의 기폭제 역할을 했다. 이전까지만 해도 국왕, 귀족, 사제, 대학 교수만이 배포가 제한된 서적을 입장하기 어려운 도서관에 들어가서 보았다. 하물며 사제들은 일반인들이 성경도 제대로 보지 못하게 하고 성당에 와서 그들의 설교를 듣도록 했으므로, 일반인의 문맹률이 계속 높게 유지되도록 했다. 일반인들이 문자를 알고 개화되면 다스리기가 매우 힘들어지기 때문이었다.

1450년경이 되자 이러한 지식 독점은 더 이상 통하지 않게 되었다. 활판 인쇄술이 개발되어 책이 다량으로 유포되었기 때문이다. 종전에는 가격이 비싸고 구하기 힘들어 성직자와 지식인만 읽을 수 있던 성경이 대중화되었고, 다른 책들도 대량으로 인쇄되어 널리 퍼지게 되었다. 1455년 구텐베르크가 활판 인쇄술로 성경을 180부 인쇄하고 난 후 다양한 책들이 연달아 나왔고, 이로 인해 15세기 르네상스, 16세기 종교혁명, 17세기 과학혁명, 18세기 계몽시대가 전개될 수 있었다.

활판 인쇄술이 발명되기 전, 나무활자 인쇄는 11세기 중국 송나라에서, 최초의 금속활자 인쇄는 14세기 한국 고려에서 이루어졌다. 이처럼 활자 인쇄술은 중국, 한국 등에서 이미 사용되다가 몽골이 폴란드와 헝가리를 정복하면서 독일로 전파되었다. 중국은 한자 개수가 많아 활자 한 벌을 완벽하게 갖추려면 무려 45만 개의 활자가 필요했기 때문에 목판 인쇄술이 크게 보급되지 못했다. 하지만 알파벳은 대문자와 소문자, 구두점까지 포함해 100종의 활자면 충분하니 훨씬 편했다. 우리나라 사람들은 한국에서 금속활자가 세계 최초로 만들어졌다는 사실을 세상 사람들이 잘 모른다며 매우 안타까워하지만, 우리의 홍보 노력 때문인지 이제는 서구에도 잘 알려져 있다.

종이에 알파벳 금속활자를 찍는 활판 인쇄술은 독일 라인강 변의 마인츠에 살던 금속 세공사 출신 요하네스 구텐베르크가 발명한 것으로 알려져 있다. 그러나 더 정확하게 말하자면 1381년 프랑스 리모주를 비롯하여, 1417년 벨기에 안트베르펜, 1435년 네덜란드 할렘, 1444년 프랑스 아비뇽에서 활자는 이미 등장했다.

구텐베르크는 마인츠 대주교 밑에서 돈을 찍어내는 금속 세공 관리로 일했다. 그러다 정치적인 이유로 스트라스부르로 추방되어, 거기에서 금속활자를 연구하기 시작했다. 사실 구텐베르크가 특별히 한 것은 없었다. 이미 있었던 활자와 유성 잉크, 목판 인쇄기를 결합하여 대량인쇄를 가능케 했다. 활자 제작 재료로는 합금을 사용했고 활자 제작방식으로는 주조를 택했다. 거기에 와인이나 올리브유를 짤 때 레버를 돌려서 압착하는 데 사용하던 스크루 압착기screw press를 인쇄에 사용했다. 즉 음식을 만들 때 사용하던 기술을 인쇄에 적용한 것이다. 스티브 잡스는 '창의성이란 그저 연결하는 것 Creativity is just connecting things'이라고 말하지 않았던가?

1444년 스트라스부르에서 마인츠로 돌아온 구텐베르크는 1450년에 인쇄소를 설치하고, 고딕 활자를 이용해 한 페이지에 36행의 라틴어 성경을 인쇄했다. 그 후 활자를 소형화하여 1455년에는 한 페이지에 42행의 성경을 180부 인쇄했다. 이를 '구텐베르크 성경'이라고 하는데 대부분은 종이에 인쇄했고 일부는 벨럼vellum 가죽에 인쇄했다. 이 42행 성경은 화려한 머리글자 장식, 섬세하고 정교한 타이포그래피를 보여주는 예술품에 가까운 책으로, 현재 유네스코 세계기록유산으로 등재되어 있다. 성경의 가격은 30플로린이었는데, 당시 보통 점원이 3년을 일해야 벌 수 있는 금액이었다. 그러나 필경사가 1년 걸려 만드는 필경 성경에 비하면 훨씬 저렴한 가격이었다.

구텐베르크가 활판 인쇄술을 발명하자 인쇄기술은 다른 지역으로 급속도로 확산되었다. 마인츠에서 그리 멀지 않은 스트라스부르에는 1460년에 인쇄기가 보급되었고, 1460년대 후반에는 로마, 베네치아, 피렌체, 밀라노,

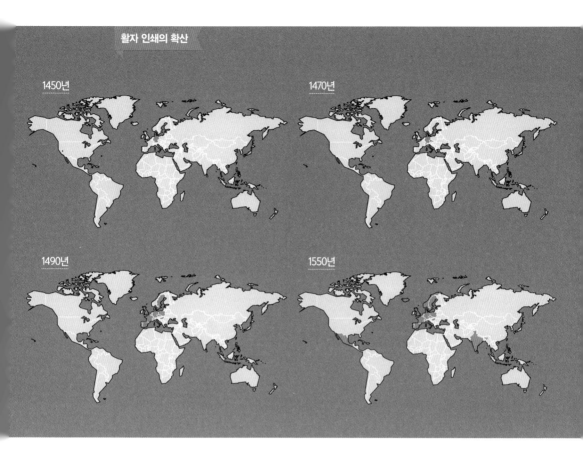

활자 인쇄의 확산

1450년

1470년

1490년

1550년

토리노 등 이탈리아 전역으로 인쇄술이 확산되었다. 또 동유럽으로도 확산되어 1473년에는 헝가리 부다페스트, 1474년에는 폴란드 크라쿠프에도 인쇄기가 등장했다. 1476년에는 윌리엄 캑스턴이 런던에 인쇄기를 가져왔고, 1478년에는 옥스퍼드에도 등장했다. 1450년부터 1550년까지 금속활자로 인쇄하는 도시들을 지도로 보면 당시 인쇄술이 얼마나 급속하게 확산되었는지를 가늠할 수 있다.

1485년에는 오스만제국에도 전파되었지만 당시 술탄 바예지드 2세는 이슬람교도들이 아랍어로 인쇄하는 것을 금지하는 칙령을 반포하여 그 후 오랜 기간 인쇄술이 보급되지 못했다. 정치적 안정을 무엇보다 중시했던 절대주의 체제에서는 인쇄술로 인해 착취대상인 민간인이 개화되는 것을 두려워했다. 한편 1517년 마르틴 루터는 로마가톨릭의 면죄부 판매를 비판하기 위해 95개조 반박문을 써서 비텐베르크 성의 교회 문에 붙였다. 이 글은 구텐베르크의 활판 인쇄술로 대량인쇄되어 두 달 만에 유럽 전역으로 퍼졌다. 지식혁명이 종교혁명으로 이어진 것이다. 그 후에도 과학혁명, 계몽혁명, 정보혁명으로 연달아 확산되었다.

금속 세공사 출신이었던 구텐베르크는 60세 나이가 되어서야 자체 인쇄기를 만들었다. 이후 최초로 성경을 인쇄해 공식적으로 판매했고, 활판 인쇄 발명자로 공식 인정받으면서 역사적인 인물로 기록되었다. 구텐베르크는 지식을 직접 만든 사람은 아니었지만 인쇄업자이자 출판업자로서 많은 사람에게 지식을 저렴하게 전파한 지식혁명의 선구자였다.

스트라스부르에 가면 구텐베르크 광장이 있고 광장 가운데에 구텐베르크 동상이 자리 잡고 있다. 동상 아래에는 인쇄물과 관련된 조각이 4면을 둘러싸고 있다. 구텐베르크는 이곳에 머물면서 활판 인쇄를 착상했고 목제 인쇄기를 제작했다. 마인츠에 가면 구텐베르크의 이름을 따서 설립된 박물관과 대학이 있다. 미국인 마이클 하트가 인류의 모든 지식을 디지털화하여 저장하고 배포시키기 위해 구텐베르크의 이름을 따 1971년부터 구텐베르크 프로젝트www.gutenberg.org를 시작했다. 그가 처음으로 디지털화한 자료는 미국 독립선언서였다. 지식은 공유되어야 강력하다.

THINK

구텐베르크는 원래 금속 세공사였다가 60세가 되어서야 자체 활판 인쇄기를 만들어 세상을 바꾸었다. 이처럼 혁신을 통해 세상을 뒤바꾸는 데에는 연령 제한이 없다.

오스만제국은 어떻게
아시아와 유럽의
가교 역할을 했을까?

터키는 아시아와 유럽에 걸쳐 영토를 보유하고 있어 두 대륙의 가교 역할을 한다. 그리스와 터키는 에게해를 사이에 두고 떨어져 있는데 에게해에 흩어져 있는 거의 모든 섬이 그리스 땅이다. 하물며 터키의 육지에 매우 근접한 섬도 그리스 땅이다. 어떻게 그럴 수 있을까? 터키가 제1차 세계대전에서 패배한 독일 편을 드는 바람에 전쟁 후 영토가 크게 축소되었다. 그때 터키는 오랜 기간 수도였던 이스탄불이 무엇보다 중요해 유럽 대륙 땅을 확보하는 대신 섬들을 그리스에게 모두 양도했다.

이스탄불은 원래 터키의 전신인 오스만제국의 땅이 아니었다. 293년 디오클레티아누스 황제에 의해 서로마와 동로마로 분할된 이후 콘스탄티누스 황제가 동로마제국 수도를 324년 현재 이스탄불 지역으로 천도하면서부터 콘스탄티노플은 1453년까지 동로마제국의 수도였다. 콘스탄티노플로 바뀌기 전의 도시 이름은 비잔티움이었고 오스만제국이 동로마제국을 멸망시킨 후에는 이스탄불로 바꾸었다. 따라서 비잔티움, 콘스탄티노플, 이스탄불은 모두 같은 지역이다. 원래 지명 비잔티움에서 따온 이름이므로 동로마제국과 비잔틴제국(혹은 비잔티움제국)은 같은 명칭이다. 중국에서는 고대 로마제국을 대진大秦이라 불렀는데 비잔틴제국은 불림拂菻이라 불렀다.

셀주크튀르크가 약화되고 있을 무렵, 셀주크튀르크의 수도인 콘야와 비잔틴제국의 수도인 콘스탄티노플의 중간지역에서 오스만 부족장이 세력을 넓혀가고 있었다. 오스만 이름을 따서 1299년에 세워진 오스만공국은 후손 오르한, 무라드 1세, 바예지드 1세를 거치면서 소아시아와 발칸반도로 영토를 넓혀나갔다. 중앙아시아에서 일어난 몽골계 정복자 티무르에게 1402년 크게 패배해 위기를 맞기도 했다. 그 후 다시 회복하여 오스만제국의 메메트 2세가 최정예 친위부대인 예니체리 부대를 이끌고 1453년 천혜의 요새 콘스탄티노플을 드디어 함락한다. 7,000여 명의 비잔틴 병사들과 함께 싸운 이 전투에서 사망한 비잔틴제국의 마지막 황제 콘스탄티누스 11세는 이곳을 수도로 정한 콘스탄티누스와 이름이 우연히 같았다. 승리의 대가로 메메트 2세는 정복자를 의미하는 '파티히' 칭호를 얻었다.

오스만제국의 최전성기는 술레이만 1세 때이다. 1520년부터 1566년까지 46년 동안이나 재위하면서 오스만의 영토를 최대로 늘려나갔다. 유럽쪽으로는 헝가리까지, 흑해로는 크림반도까지, 메소포타미아는 페르시아만까지, 아프리카로는 알제리까지 확보했다. 동지중해는 물론이고 흑해까지 오스만의 내해가 되었다. 오스만의 최고 실력자는 이미 이슬람의 최고 지도자인 칼리프 지위까지 겸하고 있었다.

이렇게 큰 제국을 건설하고 유지하려면 대단한 통치기술이 필요하기 마련이다. 우선 술레이만 1세는 이슬람의 관습법은 물론이고 제국의 각 지역에서 적용되던 법들을 모두 통합하여 술탄의 법인 술레이만법전을 만들었다. 제국의 영토는 직할지, 자치 지역, 속국으로 나누어 다스렸다. 군사제도로는 중앙에는 예니체리 등 상비군을 두고, 지방에는 지방 영주에 해당되는 시파히를 두어 봉토를 주고 전쟁이 일어나면 즉시 병사를 동원할 수 있도

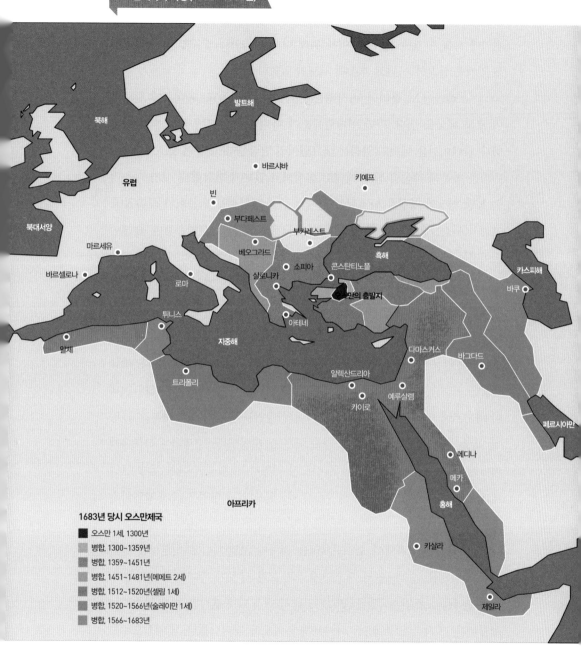

북해

발트해

유럽

바르샤바

키예프

빈

북대서양

마르세유

부다페스트

부카레스트

흑해

바르셀로나

베오그라드

콘스탄티노플

카스피해

로마

살로니카

소피아

바쿠

튀니스

아테네

오스만의 출발지

다마스커스

바그다드

알제

지중해

알렉산드리아

예루살렘

페르시아만

트리폴리

카이로

메디나

메카

아프리카

홍해

카살라

제일라

1683년 당시 오스만제국

■ 오스만 1세, 1300년
■ 병합, 1300~1359년
■ 병합, 1359~1451년
■ 병합, 1451~1481년(메메트 2세)
■ 병합, 1512~1520년(셀림 1세)
■ 병합, 1520~1566년(술레이만 1세)
■ 병합, 1566~1683년

록 했다. '아스케르'라 불린 지배층은 고위관리와 종교학자(울라마), 장군(파샤)으로 구성했다. 그리고 이슬람이 아니더라도 능력에 따라 얼마든지 높은 관직에 오를 수 있도록 했다. 이를 위해 다른 민족이나 종교인 가운데 우수한 인재를 선발하는 '데브시르메' 제도가 있었다.

'레아야'로 불리던 피지배층은 이슬람교, 기독교, 유대교에 관계없이 모두 세금을 냈다. 다만 이슬람교도가 아니면 특별 인두세를 추가로 더 냈다. 술레이만은 예배가 열리는 금요일이면 변장을 하고 몰래 모스크(이슬람 사원)를 방문해 자신의 법이 제대로 집행되고 있는지 점검했다. 그가 다스리는 동안 백성의 생활은 안정되고 경제는 크게 발달했으며 문화가 꽃피웠다. 그래서 사람들은 술레이만 1세를 '카누니', 즉 입법자라고 칭송했다. 술레이만이라는 말도 솔로몬의 튀르크식 발음으로 지혜를 상징한다.

경제 면에서도 시장을 의미하는 '바자르bazarre'가 매우 활성화되었다. 바자르는 고대 페르시아어로 식량을 의미하는 '아바'와 장소를 뜻하는 '자르'가 합쳐진 말이다. 메메트 2세 때 생긴 '그랜드 바자르'가 특히 유명했다. 65개 골목길을 따라 330개의 가게가 들어설 정도로 규모가 컸다. 취급 품목은 귀금속, 금은 세공품, 카펫, 도자기, 향신료 등 없는 물건이 없었는데 이 바자르에 나오는 상품은 근처 뒷골목의 장인들의 길드에서 내놓았다. 양철, 재봉사, 구둣방, 피혁공, 푸줏간 등 길드도 다양했다. 17세기 무라드 4세 때에는 57개 부문에서 1,000개의 길드가 있었다. 이렇게 탄탄한 국내 산업체 덕분에 국제무역도 활발해져 오스만제국의 산업과 상업은 크게 발달하지 않을 수 없었다.

하지만 서유럽이 오스만제국을 거치지 않고 바다로 신항로를 발견하여 식민지를 개척하면서 오스만제국의 교역 역할이 줄어들기 시작했다. 1683년에는 오스만제국의 14만 명 군대가 빈을 포위했지만 결국 함락에는 실패했다. 그 후 오스트리아, 러시아에게 영토를 잠식당했다. 국내적으로는 술탄 계승을 둘러싸고 내분이 심해졌고 술탄의 최정예 예니체리 부대가 부패하고 정치에 과도하게 개입하면서 중앙정부의 기강이 해이해지게 되었다. 오스만제국은 정체와 쇠퇴의 길로 접어들어 19세기 후반과 20세기 초반 들어서는 유럽의 병자라는 딱지가 붙고 만다. 당시에는 중국도 종이호랑이 신세였다.

Tip

기독교 연합군과 오스만제국 간에 벌어진 빈전투는 왜 역사상 결정적인 전환점일까?

오스만제국이 최대 전성기를 누린 해를 꼽으라면 단연 1683년이다. 오스만제국은 이 때 발칸반도에서는 헝가리까지 점령한 상태였고 흑해, 카스피해, 페르시아만, 홍해, 알 제리까지 광대한 영토를 제국 휘하에 두고 있었다.

오스만제국의 술탄은 대재상 카라 무스타파Kara Mustafa를 30만 대군의 총사령관으로 임명해 당시 '황금 사과The Golden Apple'라 불리던 신성로마제국의 빈을 포위해 함락 하고 이어 베네치아, 로마까지 점령하라고 명령을 내렸다. 오스만제국군은 '알라후 아 크바르(신은 위대하시다)'를 외치며 빈의 성벽을 무너뜨리기 위해 총공세를 취했다.

오스트리아대공국의 레오폴트 1세는 자체적인 1만 5,000명 군대로는 도저히 이를 막 을 수 없어 신성로마제국의 사부아, 작센, 바이에른, 프랑코니아, 스베비아 그리고 폴란 드-리투아니아 왕국과 함께 연합군을 만들어 오스만군과 피할 수 없는 전투를 치렀다. 수적으로 보면 30만 명의 오스만군에 비해 신성로마제국과 폴란드의 연합군은 6만 명 에 불과했다. 하지만 폴란드 왕인 얀 소비에스키가 총지휘를 맡아 뛰어난 지략을 발휘 한다. 빈 교외의 지대가 높은 칼렌베르크 언덕으로 포대를 이동시켜 낮은 지역의 오스 만군에게 포격을 퍼부어 대승을 거둔 것이다.

이 빈전투는 1683년 9월 11일에 치러졌는데, 연합군의 승리로 인해 공격적인 이슬람 교로부터 기독교를 보호하는 데 결정적 역할을 했다. 빈전투는 이탈리아와 폴란드가 합작한 영화 〈비엔나전투 1683〉에 자세히 묘사되어 있다. 당시 베네치아의 수도승이었던 마르코가 기독교 연합군을 결성하도록 유도하는 데 크게 기여했다. 오스만제국의 카라 무스타파는 패전의 책임을 지고 1683년 12월 23일 베오그라드에서 메메트의 명에 의해 아내와 아들이 보는 앞에서 선 채로 끈에 목이 졸려 죽임을 당했다.

1698년까지 15년에 걸쳐 후속 전쟁을 치르며 오스만제국은 오스트리아의 레오폴트 1세에게 헝가리 영토(트란실바니아 포함) 대부분을 내주어야 했다. 그 이후 유럽은 시간이 좀 걸리기는 했지만 오스만제국을 발칸반도로부터 완전히 축출한다. 그런 의미에서 빈전투는 역사상 결정적인 전환점이 되었다. 오스트리아는 지금은 꼭 그렇다고 할 수는 없지만 과거에는 동방의 적으로부터 서방의 가톨릭을 최전방에서 방어하는 가톨릭 수호자로 자신을 포지셔닝 해왔다.

—— THINK

1683년 오스만과 신성로마제국 간의 빈전투 과정을 통해 현재 우리가 가장 좋아하는 기호식품인 커피가 오스만제국에서 유럽으로 건너갔다. 커피가 어떻게 전달되었는지 그 과정을 살펴보자. 또 전투를 통해 물품이 전달된 다른 사례들을 찾아보자.

80년이나 이어진
네덜란드의 독립전쟁은
어떻게 끝나게 되었을까?

네덜란드 하면 강국이라는 생각은 잘 들지 않는다. 그러나 네덜란드는 17세기에 세계 최강국이었다. 항구를 따라 상업과 무역이 크게 발달하여 경제적 번영을 구가했다. 에스파냐의 압제로 큰 정치적 압박을 받았으나 오라녜공 빌럼 1세(1533~1584년)가 독립을 주도하여 네덜란드를 전성기로 이끌었다. 당시 네덜란드의 국토는 현재 네덜란드는 물론이고 벨기에, 룩셈부르크, 프랑스 북동부의 아르투아에 걸쳐 있었다.

겐트 출신이었던 카를 5세가 16세기 초중반에 네덜란드를 통치했을 때만 해도 집권 말기의 종교분쟁을 제외하고는 네덜란드에 큰 문제가 없었다. 하지만 에스파냐 출신의 펠리페 2세가 1556년 즉위한 후에는 칼뱅교를 믿던 네덜란드를 가톨릭 국가로 만들기 위해 마음에도 없던 결혼까지 감행하며 신교도를 탄압하는 종교재판을 열었다. 또 상인들에게는 막대한 세금을 거두었다. 신교도들이 종교의 자유를 외치며 저항하자, '거지 떼Geuzen'라고 부르면서 탄압했다. 그 말을 들은 사람들이 아예 거지 밥그릇을 반란의

네덜란드 독립 과정 연보(1369~1648년)

1369년	플랑드르의 왕녀 마그리트가 부르고뉴의 왕 필립과 결혼하면서 네덜란드가 부르고뉴의 지배를 받게 됨
1477년	부르고뉴의 공주이며 왕위계승자인 마리아가 오스트리아 황제 막시밀리안 1세와 결혼하면서 네덜란드는 오스트리아(신성로마제국)의 지배를 받게 됨
1556년	펠리페 2세가 에스파냐 국왕이 됨(1556~1598년 재위)
1558년	펠리페 2세는 빌럼을 홀란트, 젤란트, 위트레흐트의 총독으로 임명(1561년에는 프랑슈콩테 총독을 겸함)
1559년	펠리페 2세가 이복 여동생 마가렛을 네덜란드 총독으로 파견
1566년	네덜란드인의 우상 파괴 폭동
1567년	에스파냐 알바공의 공포정치 시작
1568년	빌럼이 네덜란드 독립 선언
1579년	네덜란드 북부 5개 주는 위트레흐트동맹을 맺음. 네덜란드 남부 10개 주는 에스파냐에 항복
1581년	네덜란드 독립 선포
1584년	빌럼이 암살당함
1585년	모리스가 대권을 잡음(~1625년)
1609년	12년간 휴전
1621년	전쟁 재개
1648년	30년전쟁 종전을 위한 베스트팔렌조약으로 네덜란드 독립이 국제적으로 인정됨

상징으로 삼아 1566년 폭동을 일으켰다. 이들은 성당으로 몰려가 성모 마리아상을 부수고 유리창을 깨며 성경책을 불태웠다.

성상 파괴 폭동을 잠재우기 위해 1567년 펠리페 2세가 총독으로 파견한 알바 공작은 인정사정을 봐주지 않는 잔인한 사람이었다. 알바 공작은 잘 훈련된 군사 1만 명을 거느리고 잔혹하게 사람들을 짓밟았다. 브뤼셀에 반란군 재판소를 열어 신교도 수천 명을 학살하여 분쟁 재판소는 '피의 재판소'라는 이름을 얻기도 했다. 알바 공작은 반란군을 이끌던 빌럼, 호른, 에흐몬트에게 사형선고를 내렸다. 1568년 호른과 에흐몬트는 잡혀서 목이 잘렸지만, 오라녜공 빌럼 1세는 재판을 피해 독일로 간신히 도망갔다. 빌럼은 바

○ 근세시대 · 1430~1750년

281

다를 막은 둑을 터트려 적군을 혼란에 빠뜨림으로써 포위에서 도망칠 수 있었다. 지옥의 사자라는 별명을 가진 알바공은 1567년부터 1573년까지 네덜란드에서 끔찍한 공포정치를 펼쳤다.

가혹한 공포정치가 계속 이어지자 네덜란드인들은 종교자유를 넘어 에스파냐로부터 정치적 독립을 요구하게 된다. 빌럼이 1568년 네덜란드의 독립을 선언한 이후 1648년 베스트팔렌조약에 의해 정식 독립할 때까지 이른바 80년 전쟁이 시작된다.

나사우 가문에서 태어난 빌럼은 말수가 적었는지 '조용한 빌럼'이라고 불렸다. 독일로 귀양 간 후 1572년 네덜란드를 공격하지만 홀란트와 제일란트만 차지하는 데 그쳤다. 빌럼은 1579년 북부의 5개 주와 위트레흐트 동맹을 맺어 펠리페 2세를 왕으로 인정하지 않고 1581년 7월 22일 독립을 완전히 선포했다. 이로써 오라녜공 빌럼 1세는 네덜란드 초대 총독이 되었다. 하지만 펠리페 2세가 제시한 현상금 2만 5,000크라운 때문에 빌럼 1세는 1584년 델프트에서 가톨릭 신자인 제라르에게 권총으로 암살당하고 만다. 아버지의 뒤를 이어 독립전쟁을 이끌게 된 아들 모리츠는 위트레흐트에서 네덜란드 북부의 7개 주를 통합하여 통일 네덜란드 연합을 선언했다.

1588년 에스파냐의 무적함대가 격퇴되었을 때 영국은 물론이고 네덜란드의 역할도 매우 컸다. 무적함대를 잃은 에스파냐는 본국에서 원조를 받기가 힘들어지면서 네덜란드에서 점차 밀려 1600년에는 에스파냐령 남부로 모두 퇴각하고 만다. 전쟁에 지친 두 나라는 1609년부터 1621년까지 12년간 휴전했다. 네덜란드는 이후 왕정으로 정치 형태를 바꾸고 오라녜 가문이 왕위에 올랐다. 오라녜Oranje를 영어로 표기하면 오렌지Orange라고 쓰기 때문에 오렌지색이 네덜란드 왕가와 국가를 상징하게 된다.

1609년부터 영국의 크롬웰이 항해조례를 발표하여 네덜란드의 해상무역이 위축되기 시작한 1651년까지를 네덜란드 황금시기라고 부른다. 프랑스의 루이 14세는 1667년, 그리고 1672~1678년 두 차례에 걸쳐 네덜란드와 전쟁을 벌이는데 이 전쟁에서 네덜란드는 모두 패배하여 유럽에서 이등국가로 전락하고 만다. 네덜란드 남부 지역은 가톨릭 세력이 강하고 경제적으로 어려워 북부의 독립 지역과는 달리 계속해서 에스파냐의 지배를 받았다. 이후 오스트리아, 프랑스, 네덜란드의 지배를 받다가 19세기 들어 룩셈부르크와 벨기에가 독립하였다.

—— THINK

16세기 후반 네덜란드가 에스파냐의 지배에서 벗어나기 위해 처절한 전쟁을 치르면서 북부 네덜란드는 독립을, 남부 네덜란드(지금의 벨기에)는 잔류를 결정한다. 어떤 문화적 요인들이 달라 서로 다른 정치적 결정을 내렸는지 알아보자.

일본은 왜 독점적 교역국가를
포르투갈에서 네덜란드로
바꾸었을까?

15세기, 16세기에 유럽이 대항해를 통해 전 세계로 뻗어나갈 때 동아시아의 일본이 최초로 접한 유럽인들은 포르투갈인이었다. 규슈섬 해안의 작은 섬인 다네가섬에 중국 정크선이 표류했는데 이 배에는 포르투갈 상인들이 타고 있었다. 이를 계기로 일본은 총포를 비롯한 여러 서구문물을 접했고 일본이 본격적으로 유럽인에게 알려지게 되었다.

　　포르투갈 선교사인 사비에르는 인도, 말라카를 거쳐 1549년 일본에 도착했다. 그는 말라카에서 야지로라는 일본인을 만나 그를 개종시키고 하인으로 삼았는데 그로부터 일본에 대한 이야기를 듣고 일본에 가톨릭 전도를 꿈꾸게 되었다. 일본의 첫인상은 상당히 좋았지만 일본어를 몰라서 고생했다. 하지만 개종은 손쉬워, 큐슈 지방에서 많은 일본인이 개종했다. 큐슈 지역의 일부 다이묘들은 가톨릭교를 받아들이면 통상이 확대될 것으로 믿어 개종을 추진했고, 포르투갈 식민지 본부가 있는 고아에 선교사 파견을 부탁하는 편지를 보낼 정도였다. 사비에르 신부는 중국으로 진출하려다가 1552년에 사망했다. 그가 일본 최초로 가톨릭을 전파한 것을 기념해 히라도섬에 1931년 바로크풍으로 사비에르 기념 성당을 건축했고 이 성당은 아직도 남아 있다. 1559년경 포르투갈 선교사들은 일본의 수도를 선교지로 삼았다. 당시 권력을 장악한 오다 노부나가가 불교 세력을 억압하기 위해 가톨릭교에 대해 호의적이었다는 것도 가톨릭 포교에 도움이 되었다.

1580년대 들어 상황이 급변했다. 포르투갈 선교사와 상인들의 파워가 지나치게 커지는 것에 대해 일본 엘리트층이 제재를 가했기 때문이었다. 새로 집권한 히데요시는 초기만 하더라도 노부나가처럼 기독교에 호의적이었다. 그런데 예수회 선교사인 루이스 프로이스가 히데요시의 여색에 대해 비판한 것이 실책이었다. 가톨릭교도가 예상보다 많은 데다 외국인들이 일본의 교역을 통제하는 것으로 비쳐지자 히데요시는 점차 가톨릭을 의심하기 시작했다. 더구나 가톨릭으로 개종한 다이묘들이 부하들을 강제로 개종시키고 선교사들과 개종자들이 불교 사원과 신도사당을 불태우자 히데요시는 마음을 완전히 바꿨다.

1587년 히데요시는 그와 가까이 지내던 코엘류 신부를 갑자기 불러들여 네 가지 공격적인 질문을 던졌다.

1. 신부들은 왜 그렇게 열심히 개종을 시도하는가? 그리고 왜 그 때문에 폭력까지 사용하는가?
2. 그들은 왜 불교와 신도 사원을 불태우며, 심지어 승려들을 살해하는가?
3. 그들은 왜 말이나 소처럼 유용한 동물을 잡아먹는가?
4. 포르투갈인들은 왜 일본인들을 잡아서 노예로 파는가?

이날을 계기로 히데요시는 선교사들을 추방하는 칙령을 내렸다. 이때까지 호의적인 관계인 줄 알았던 사람들에게는 마른하늘에 날벼락 같은 사건이었다. 히데요시는 선교사들의 재산을 압수하고 선교가 많이 이루어진

나가사키 시민들에게 막대한 벌금을 물리고 무기를 빼앗았다.

얼마 지나 다시 큰 사건이 터졌다. 에스파냐가 일본 선교를 위해 프란체스코 수도사들을 파견했는데 1596년 에스파냐의 갤리언선인 산펠리페 San Felipe 호가 마닐라에서 멕시코로 가던 중에 시코쿠 근해에서 조난을 낭했다. 그 지역 다이묘가 이 배의 화물을 압수하자 선원들이 화물을 되찾으려고 하던 과정에서 내뱉은 말이 화근이 되었다. 에스파냐 국왕의 힘은 가톨릭교도 덕분에 팽창하는 것이며, 가톨릭 수사들의 노력에 힘입어 에스파냐의 정복이 한결 쉬워진다고 이야기했던 것이다.

이미 일본의 불교도들이 이런 이유 때문에 가톨릭교도는 위험한 존재라고 주장해왔는데 똑같은 내용을 에스파냐인이 직접 확인해준 셈이었다. 그래서 히데요시는 1596년 가톨릭 금교령을 내리며 화물을 압수하고 많은 프란체스코 수사들과 동조자들을 사형에 처했다. 1597년 26명의 희생자들은 교토에서 나가사키까지 끌려가 니시자카 언덕에서 군중 4,000명이 보는 가운데 십자가형에 처해졌다.

나가사키 지역은 1862년에 로마교황에 의해 26인의 순교지로 지정되었다. 예수회가 1864년에 지어 26인의 일본 천주교 순교성인에게 봉헌한 오우라 천주당은 지금도 있다. 일본에는 아직도 전국적으로 가톨릭교도가 매우 적고 교회도 별로 없다. 다만 나가사키에 교회가 가장 많이 있다.

이런 사건이 발생했다고 해서 일본이 포르투갈과 에스파냐와의 통상을 완전히 단절한 것은 아니었다. 새로운 권력자인 도쿠가와 이에야스는 가톨릭교를 억압하면 통상에 불리할 것을 알았기에 일본은 이 두 나라의 배가 들어오는 것을 허용했다. 그러나 그 후 여러 사건이 터지면서 이에야스의 태도도 달라졌다. 가톨릭교도가 그의 참모 중 한 사람에게 가톨릭교도의 연줄을 이용해서 뇌물을 주려다가 발각되는 일도 있었다. 이에야스는 두 사람 모두를 처형시킨 다음 모든 선교사에게 추방령을 내렸다.

이에야스 사망 이후에도 가톨릭교도의 처형은 더욱 늘어났다. 일본을 떠나라는 당국의 명령에 따르지 않고 몰래 남아 있던 선교사들과 일본인 가톨릭교도들은 발견될 때마다 사형에 처해졌다. 화형, 할복, 참수, 십자가형, 바다에 빠뜨리는 익사, 분뇨통에 머리를 거꾸로 집어넣기, 운젠 온천물로 화상을 입혀 죽이기 등 온갖 엽기적인 처형이 이루어졌다.

가톨릭교도에 대한 마지막 대탄압은 1637년에 일어났다. 시마바라 지역에서 가톨릭교도에 대한 극심한 탄압과 가혹한 징세에 항의하여 대규모 봉기가 일어났다. 봉기의 발단은 가톨릭교 탄압에 가장 열심이었던 시게하라 다이묘의 한 집사가 가톨릭교도 여성을 고문하자 이를 보다 못한 그녀의 아버지가 집사를 살해한 일이었다. 곧 이 지역 주민 3만 7,000명이 봉기하여 성에서 농성을 했다. 에도 정부는 처음에 4만 명의 진압 군대를 보냈다가 격퇴당하자 12만 명의 군대를 다시 보냈다.

이때 네덜란드인들은 자신들이 가톨릭교도가 아니라는 점을 보이기 위해 반란군들의 성에 포격을 가하여 에도 정부를 측면에서 도와주었다.

일본과 외국의 교역관계 연보

1549년	포르투갈의 가톨릭 선교사 사비에르가 일본에 도착
1559년	규슈에 자리 잡은 선교사들이 일본 수도 포교를 목표로 삼음 (개종자 수 급증: 1571년 3만 명, 1579년 13만 명, 1582년 15만 명)
1587년	히데요시가 선교사 추방칙령 내림
1597년	나가사키의 니시자카 언덕에서 신자 26명이 십자가형으로 순교
1614년	이에야스가 오사카 성을 공격하면서 가톨릭교인이 많이 사망
1637년	시마바라 지역에서 가톨릭교인들의 대규모 봉기와 진압
1641년	독점적 교역권을 포르투갈에서 네덜란드로 바꿈
1858년	미일수호통상조약 체결
1859년	네덜란드에 주었던 독점적 교역권을 폐지
1873년	메이지 정부 들어 반기독교관 폐지

1697년의 데지마

2007년의 데지마

쇼군이 충성의 표시를 보이라는 말을 하자 네덜란드 통상 대표였던 코에케바커는 드 리프De Ryp호를 보내 모두 425발의 포격을 가하기도 했다. 이로써 네덜란드는 종교는 전파하지 않고 통상만 한다는 전제하에 포르투갈을 제치고 일본과의 통상을 독점할 수 있었다. 단 나가사키에 만든 조그마한 인공섬인 데지마出島를 통해서만 가능했다. 1641년부터 1859년까지 데지마는 오랜 기간 방치되었다가 최근 들어와 많이 복원되어, 데지마의 과거 모습을 많이 들여다볼 수 있게 되었다.

THINK

16세기부터 19세기까지 일본은 포르투갈 및 네덜란드와 교역을 연달아 지속하면서 서구문물을 제한적으로나마 받아들였다. 당시 바로 옆 나라인 조선은 왜 서구와 교역하지 못했을까?

타이완과 중국의
긴장관계에는
어떤 역사적 맥락이 있을까?

중국은 대륙은 넓지만 가까운 근해에는 큰 섬이 별로 없다. 타이완과 하이난이 있을 뿐이다. 더구나 중국인들은 대륙 경영에 바빠서였는지 자잘해 보이는 섬 경영에는 별 관심을 두지 않았다. 역사적으로 보면 타이완과 중국 대륙 간의 관계에는 부침이 있었다.

타이완에는 원래 원주민인 산악족들이 살고 있었다. 16세기 들어 포르투갈인들이 이 섬을 처음 발견하고 아름다운 섬이라고 생각해 '일하 포르모사Ilha Formosa'라고 불렀다. 그러다가 인도네시아 바타비아(지금의 자카르타)에 본거지를 둔 네덜란드 동인도회사가 명나라와 대만 북쪽의 지룽을 거점으로 삼은 에스파냐와의 전투에서 이긴 후에 1624년 타이완

타이완의 지배세력 변천사

시기	연도
원주민시대	~1624년
네덜란드 통치시대	1624~1662년
정씨 통치시대	1662~1683년
청조 통치시대	1683~1895년
일본 식민지시대	1895~1945년
중화민국시대	1945년~현재

에 진출했다. 타이완 원주민들은 네덜란드인을 손님이라는 의미로 'Taoyouan'이라 불렀는데 이 말이 섬 전체 이름인 타이완으로 바뀌었다.

네덜란드는 현재의 타이난시에 젤란디아 성과 프로방시아 요새를 건설하고 총독을 보내 통치하기 시작했다. 당시는 명나라 말기였는데 그때까지만 하더라도 명나라의 해금정책 때문에 한인들은 타이완에 거주하지 않았다. 네덜란드는 타이완을 개발하려면 인력이 필요해 한인들의 이주를 장려하여 대륙의 푸젠성과 광둥성에서 사람들이 많이 이주해갔다. 하멜이 1653년 바타비아에서 타이완을 거쳐 규슈 나가사키로 가려다가 풍랑을 맞아 제주도에 표류했는데, 이 헨드리크 하멜이 바로 네덜란드 동인도회사 선원이었다.

청나라가 베이징을 함락하면서 명나라가 멸망하자 중국 남쪽에서는 한족의 명나라 부흥운동이 일어났다. 홍무제의 9세손인 융무제가 복주에서 옹립되자 해적 출신인 정지룽은 융무제와 함께 청에 버텼다. 하지만 청의 공격에 융무제가 사망하자 정지룽도 청에 그만 투항해버리고 말았다. 그러나 그의 아들 정성공은 투항하지 않고 중국 남부 해안과 양쯔강 하류 지역을 점령해 통치했다. 1658년 정성공은 20만 군대를 몰고 난징을 공격하지만 대패했다. 그래서 그는 근거지인 하문(아모이Amoy, 지금의 샤먼시)으로 일단 철수한 다음에 1662년 타이완을 공격해 네덜란드를 축출하는 데 성공했다. 네덜란드의 38년 통치시대가 끝난 것이다.

정성공의 아버지는 중국인이지만 어머니는 일본인이었다. 나가사키 북쪽 히라도에서 태어나 일곱 살 때 해적집단의 우두머리인 아버지를 따라 푸젠으로 이주했다. 히라도는 일본이 네덜란드와 교역을 하던 교역지였다. 정성공은 15세에 과거시험에 합격해 생원이 되었다. 후에 남경의 영력제로부터 연평군왕이라는 작위를 하사받기도 했다.

정성공은 타이완 정복 후 1년도 채 되지 않아 39세에 죽었지만 그의 아들 정경이 20여 년간 타이완을 더 통치했다. 이때 청나라를 못마땅하게 여기던 지식인들이 상당수 타이완으로 들어왔는데 이로 인해 타이완은 점차 중국화되었다. 남명이 삼번의 난을 일으키며 청나라에 저항하다가 모두 진압되자 실망한 정경은 병으로 사망하고 말았다. 정경의 아들 정극상이 1683년 청나라의 공격을 버티지 못하고 청에 투항하면서 청의 타이완 지배가 시작된다. 그래서 정씨 일가의 타이완 통치는 21년 만에 막을 내린다.

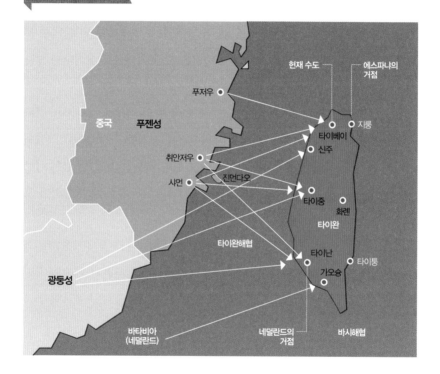

타이완으로의 인구이동

청조가 타이완을 정복한 것은 오로지 정씨 정권 타도에 목적을 두었기 때문에 정복 후에는 주민들을 모두 대륙으로 다시 옮기고 타이완을 포기하려고 했다. 그리고 타이완이 다시 반정부 세력의 근거지가 되는 것을 막기 위해 청조 영토 푸젠성 산하로 편입시켰다. 그 후에도 적극적으로 타이완

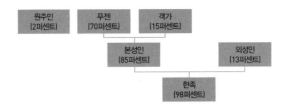

```
원주민          푸젠          객가
[2퍼센트]     [70퍼센트]    [15퍼센트]

              본성인                    외성인
             [85퍼센트]                [13퍼센트]

                        한족
                     [98퍼센트]
```

을 지배하지는 않았다. 대륙 한족들이 먹고살기 위해 타이완으로 이주해 해안 중심으로 경지를 점차 개발하고 쌀, 차, 사탕수수 및 방충제인 장뇌를 재배해 많은 이익을 냈다. 이런 와중에 원주민은 고산 지역으로 쫓겨나지 않을 수 없었다.

1874년 타이완의 산악족이 표류하던 류큐의 어부를 살해하는 사건이 벌어진다. 이 사건을 구실로 일본은 타이완을 공격하여 산악족을 살해하고 군사 동원의 경비를 청나라에 요구하기도 했다. 류큐는 1609년 일본 사쓰마번의 침공 이후 침략을 여러 번 받다가 1879년 일본에 강제 병합되어 오키나와현이 되어버린다.

1894~1895년 청일전쟁에서 청나라가 패하자 시모노세키조약에 의해 타이완은 일본 영토가 되어 제2차 세계대전이 끝날 때까지 일본의 식민 통치를 받았다. 1945년부터는 중화민국 영토가 되는데 1949년 중화민국 국민당 정부의 장제스 총통은 중화인민공화국에 밀려 대륙을 포기하고 타이완으로 들어왔다. 1948년부터 국민당 정부는 위기를 감지하고 송원명청왕조의 황실유물 75만 건을 비밀리에 난징에서 타이완으로 해상 수송하여 현재 그 유물들이 타이완 국립고궁박물원에 보관되어 있다. 대한민국은 1992년 중화인민공화국과 수교를 맺음에 따라 타이완을 정식 국가로 인정하지 않고 있다. 타이완의 수도인 타이베이에는 초고층 빌딩으로 101빌딩(정식 명칭은 타이베이 국제금융 빌딩)이 있다. 1992년 당시 중국의 위협으로 타이완의 입

지가 줄어들자 타이완은 대내외에 건재함을 과시하기 위해 랜드마크 성격의 이 건물을 세웠다. 현재는 북쪽의 타이베이가 수도이지만 1887년까지는 남쪽의 타이난이 수도였다.

현재 타이완의 인구는 2,300만 명이다. 인구 구성을 보면 원주민인 고산족은 2퍼센트에 불과하고, 한족은 98퍼센트나 되지만 한족 구성도 다양하다. 17세기 명말청초부터 타이완에 이주해온 본성인本省人은 85퍼센트, 1949년 이후 이주해온 외성인은 13퍼센트를 차지한다. 본성인을 다시 구분하자면 푸젠성 출신이 70퍼센트, 광둥성에서 온 객가가 15퍼센트를 차지한다.

====== THINK

황해도 남쪽 해안에는 대한민국 영토인 서해5도(백령도, 대청도, 소청도, 연평도, 우도)가 있다. 타이완에도 서해5도와 비슷하게 중국(중화인민공화국) 대륙에 매우 가까운 섬인 진먼다오(금문도)가 있다. 이 섬은 타이완과는 200킬로미터나 떨어져 있지만 중국 대륙의 샤먼과는 불과 10킬로미터 떨어져 있다. 1949년 국공내전 당시 중화민국 국민당군은 구닝터우(古寧頭)전투에서 필사적으로 이 섬을 지켜냈다. 1958년에는 중국이 이 섬에 47만 발의 포탄을 쏟아부었고 1978년까지도 간헐적으로 포격이 이루어졌다. 이제는 철새 군락지이자 사람들의 여행지로 변모해 있다. 우리나라 서해5도와 타이완 진먼다오를 더 입체적으로 비교해보자.

칭기즈 칸의 후예가 세운 무굴제국은 어떻게 팽창하고 몰락했을까?

테무친이 1206년 몽골의 동부에서 칭기즈 칸으로 옹립된 후 그의 후예들은 아시아와 유럽 지역에 국가를 세워 오랫동안 남아 있었다. 제국이 너무 컸기에 차가타이한국(중앙아시아), 오고타이한국, 킵차크한국(동유럽), 일한국(아랍), 원(몽골, 중국)으로 나누어 세웠다. 그리고 중앙아시아와 이란을 기반으로 한 티무르제국, 인도를 기반으로 한 무굴제국도 칭기즈 칸의 후예가 세운 나라이다. 이 중에 중앙아시아의 차가타이한국은 티무르제국으로 연결되고 티무르제국은 다시 무굴제국으로 연결된다.

차가타이한국 출신인 티무르는 스스로를 칭기즈 칸의 후손이라 칭하고 몽골제국의 재건을 목표로 1370년 사마르칸트를 수도로 하여 즉위한다. 군사 귀재로서 역량을 발휘하여 중앙아시아와 이란에 걸쳐 영토를 크게 넓힌다. 그가 명나라 원정 중에 사망한 후 티무르제국은 급속히 쇠약해져 1507년 우즈베크에게 멸망하고 만다. 티무르는 몽골어로 '철'을 의미한다.

티무르의 5대 직계 후손인 바부르는 용맹한 전사였으므로 적국 군사들은 그를 '호랑이' 바부르라 불렀다. 그는 티무르제국을 재건하고자 사마르칸트 정복을 두 차례 시도했으나 번번이 우즈베크에게 격퇴당한다. 그래서 바부르는 1504년부터 중앙아시아를 포기하고 관심을 남쪽으로 돌려 카불과 간다라를 점령해 근거지로 삼는다. 1526년에는 인도 델리를 점령한 다음 스스로 황제라 칭하고 무굴제국을 건국한다. 제국 이름에 무굴을 붙인 이유는 무굴이 몽골을 의미하기 때문이다.

바부르는 세력을 점차 남쪽으로 확장해 인도 남부를 제외한 전 지역을 장악한다. 바부르는 인도를 힌두스탄hindustan이라 불렀는데 그곳이 힌두교도들의 땅이기 때문이다. 바부르는 이슬람교도였지만 힌두교를 존중하는 정책을 펴 국가는 안정궤도에 빨리 들어선다.

그런데 바부르는 인도 지역을 흡족하게 생각하지 않았는지 자신의 일기에 이렇게 쓴다. "여기는 정말 매력 없는 곳이다. 예술도 없고 시도 없고, 학문도 없고 대학도 없고, 좋은 말도 없고 맛있는 고기도 과일도 없다. 흐르는 물도 없고 얼음도 없고 목욕탕도 없고 양초도 없다. 날씨는 덥고 바짝 말라서 황량한 땅에는 늘 먼지가 인다." 그래서 그는 아그라의 강둑 곳곳에 아름다운 정원을 꾸민다. 그 정원은 아직도 람바그Ram Bagh 정원으로 남아 있다.

바부르의 아들 후마윤이 제국의 많은 부분을 잃어버리지만 후마윤의 아들 아크바르(1556~1605년 재위)가 제국을 다시 일으켜 남부를 제외하고 인도 대륙의 절반을 차지한다. 이슬람교도인 그는 힌두교도들의 신망을 얻기 위해 몸소 힌두교 왕국인 라지푸트의 암베르 왕국 조다 공주와 결혼하고 힌두교도들이 종교생활을 자유롭게 할 수 있도록 한다. 더 나아가 아크바르는 기존 종교의 가장 좋은 요소들을 통합해 새로운 세계종교인 '디니 일라히(신성한 신앙)'를 만들려고 시도한다. 또한 비이슬람교도들에 대한 인두세인 지즈아와 사회악습을 폐지하고, 능력에 따라 관료를 임명한다. 문학과 예술을 보호하고 교육과 학문을 장려한다. 그래서 그의 치세하에 무굴제국은 전성기를 구가한다.

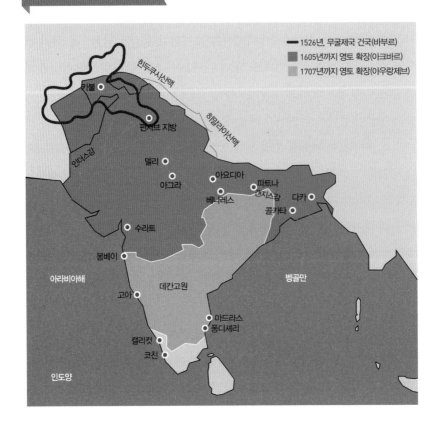

무굴제국의 성장(1526-1707년)

━ 1526년, 무굴제국 건국(바부르)
■ 1605년까지 영토 확장(아크바르)
■ 1707년까지 영토 확장(아우랑제브)

힌두쿠시산맥
카불
펀자브 지방
히말라야산맥
인더스강
델리
아그라
아요디아
베나레스
파트나
갠지스강
다카
콜카타
수라트
봄베이
아라비아해
데칸고원
벵골만
고아
마드라스
퐁디셰리
캘리컷
코친
인도양

　　5대 황제인 샤자한 1세(1627~1658년 재위)는 관용정책을 유지하고 영토를 넓히지만 자신의 아들에 의해 축출당한다. 이유는 타지마할을 짓느라 국고를 엄청나게 탕진하고 민심을 잃었기 때문이다. 샤자한 1세는 셋째 황후 뭄타즈 마할을 매우 사랑했는데 열네 번째 아이를 낳다가 죽자 그녀를 기리기 위해 타지마할 사원을 짓는다. 이에 그치지 않고 자신의 이름을 딴 수도 샤자한 나바드를 델리에 짓고, 카슈미르에 777개의 정원도 짓는다. 그는 아들 아우랑제브에 의해 폐위되어 다른 곳으로 유배되었다가 8년 만에 죽는 비운을 맞는다.

6대 황제인 아우랑제브(1659~1707년 재위)는 정복에 힘을 쏟아 인도 역사상 최대 영토의 제국을 형성한다. 제국이 커질수록 군사비 지출과 제국 유지비는 늘어나기 마련이다. 더구나 그는 힌두교도와 이슬람 시크교도에게 철저한 불관용정책을 고수했기 때문에 이들의 반발이 거세져 제국은 분열위기를 맞는다. 1674년 힌두교도들은 남쪽의 데칸 지방에 마라타 왕국을 세워 무굴제국에 도전한다. 시크교도들도 북쪽의 펀자브 지방에서 반란을 일으킨다. 아우랑제브가 비이슬람교도들에 대한 인두세를 부활시키고 다른 세금도 올리자 농민, 소영주, 심지어 궁정 귀족들까지도 정부에 반감을 갖게 된다. 아우랑제브가 후사를 정하지 않은 채 남쪽 힌두교도들과 싸우다 데칸고원에서 전사하면서 무굴제국은 극심한 혼란에 빠진다.

인도의 토후세력들은 더욱 기승을 부렸는데 데칸 지역의 하이데라바드족, 하이다르 알리족, 마라타동맹, 펀자브 지방의 시크교도 세력, 델리 중심 지역의 라지푸트, 자트(농민) 세력, 중북부 인도 중심의 아와드족이 대표적이다. 1739년 페르시아의 나디르 샤가 델리를 침공하면서 무굴제국은 더욱 급속도로 악화된다. 게다가 인도에 들어온 영국의 동인도회사가 인도로부터 많은 이권을 빼앗아 인도 재정을 더욱 악화시켜 결국 1857년 세포이 반란을 계기로 하여 무굴제국은 완전히 막을 내린다. 한때 왕성했던 무굴제국은 이처럼 종교탄압, 대규모 건축, 과도한 영토 확장, 외세의 침입으로 인해 멸망으로 치닫는다.

──▷ THINK

16세기 무굴제국 아크바르 황제와 라지푸트족이 세운 암베르 왕국 조다 공주의 사랑과 결혼을 다룬 2008년 영화 〈조다 악바르(Jodhaa Akbar)〉를 보기 바란다. 이슬람교와 힌두교라는 종교 차이로 격렬한 반대가 있었음에도 사랑과 애국을 위해 결혼하여 무굴제국은 태평성대를 구가했다. 이처럼 종교 관용정책은 예나 지금이나 매우 중요하다.

Tip

유목민족에게 변발은 왜 필요했을까?

청나라시대를 배경으로 한 영화를 보면 변발을 한 중국인들이 많이 나온다. 황제, 환관, 서민 모두 변발이다. 머리의 앞부분은 민머리이고 뒷부분은 머리카락을 모아서 꼬아 길게 늘어뜨린다. 이를 음양두陰陽頭라고 한다. 서양에서는 돼지꼬리 같다고 하여 피그테일pig tail이라 불렀다. 초기만 하더라도 머리에서 민머리 비중이 대부분이고 머리카락을 땋은 부분은 상당히 좁았다. 동전 크기만 한 면적의 머리카락만 남겨 쥐꼬리처럼 땋았을 때 굵기가 동전 구멍을 통과할 수 있어야 했다. 그래서 '금전서미金錢鼠尾'라 불렀다. 청나라 순치제는 베이징을 함락시키고 명나라 국토를 모두 손에 넣은 다음 1644년 모든 한족에 대해 변발을 강요했다. 이른바 변발령이었다. "머리를 남기려면 머리털을 남기지 말고 머리털을 남기면 머리를 남겨두지 않겠다"라고 협박했다. 즉 변발하지 않으면 처형하겠다는 것이었다. 청나라의 변발령은 우리나라 조선 말기의 단발령처럼 전국적으로 대단한 반발을 일으켰다. 그래서 청나라는 변발령을 거부하는 한족의 마을 사람들을 모두 처형하는 만행도 저질렀다. 과도한 집행이 계속되면서 변발은 청나라 전 지역에서 일반화되었다. 변발은 말을 타고 유목생활을 하지 않는 농경민에게는 별 필요 없는 두발 형태였다. 유목민이 사는 초원지대에는 물이 부족하므로 머리 감기가 귀찮아 머리카락이 적고 땋는 형태가 바람직했다. 말을 타면 머리가 휘날리므로 앞부분의 머리카락이 없는 편이 좋았다. 무장을 하고 전투를 자주 해야 했으니 열을 식히기 위해서는 머리카락이 적은 게 좋았다. 머리카락이 하나도 없는 중머리(스킨헤드)는

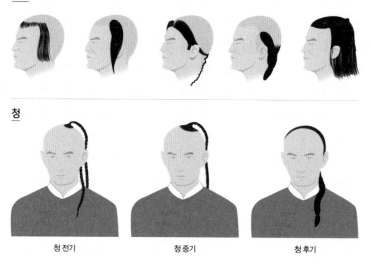

유목국가의 변발 형태

거란

청

청 전기   청 중기   청 후기

여름에는 시원해서 좋을지 모르지만 겨울에는 너무 추웠다. 유목민족마다 변발 형태는 조금씩 달랐다. 뒷머리만 있는 만주족과 달리 몽골족은 앞머리에 짧게 머리를 남겨두었다. 거란족은 정수리만 죄다 자르고 나머지 머리는 늘어뜨렸다.

일본에는 전국시대부터 사무라이 계층 중심으로 시작되다가 에도시대에는 일반인까지 유행한 헤어스타일로 촌마게가 있다. 머리를 이마 위쪽부터 정수리만 남긴 채 거의 밀고 옆머리와 뒷머리만을 길러 상투로 틀어 올린 모양이다. 머리의 위에서 보면 고무래 丁 정 자와 비슷해서 이런 이름이 붙었다. 지금 보기에는 우스꽝스럽지만 나름의 이유가 있다. 일본의 기후는 덥고 습하므로, 갑옷을 입고 투구를 쓰고 전투를 하다 보면 체온이 급상승한다. 갑옷은 벗기 매우 힘들고 투구는 벗어도 머리카락이 있어 체온이 쉽게 떨어지지 않는다. 그래서 체온을 쉽게 떨어뜨리기 위해 윗머리를 아예 밀어버린 것이다.

──── THINK

거란족, 몽골족, 여진족 등 유목민족은 물론이고 여진족이 지배했던 청나라에서는 변발이 기본이었다. 당시 조선인들은 어떤 두발을 했는지 비교해보고 현재 어떤 흔적을 남기고 있는지 살펴보자.

18세기 유럽 귀족들도
유학을 갔을까?

17~18세기 영국 지성사에 이름을 남긴 영국인으로 토머스 홉스, 존 로크, 애덤 스미스, 애덤 퍼거슨, 조지프 애디슨이 있다. 이들에게는 공통점이 하나 있다. 영국의 귀족 자제들이 유럽 대륙으로 몇 년간 공부하러 그랜드 투어Grand Tour 여행을 떠날 때 수행했던 동행 교사였다는 점이다. 귀족들은 자식 교육을 위해 비용이 많이 들더라도 학식이 많은 동행 교사를 원했다.

그랜드 투어의 시조로는 엘리자베스 여왕으로부터 신임을 많이 받은 명문가의 자제 필립 시드니를 꼽는다. 그는 1572년에 외교를 공부하기 위해 국비로 유럽 대륙으로 여행을 떠나 많은 것을 배운 뒤에 교육과 외교 면에서 여러 성과를 거두었다. 이로부터 200년쯤이 지난 1764~1766년에 글래스고대학 윤리학 교수였던 애덤 스미스는 귀족 찰스 톤젠드의 의뢰를 받아 그의 아들과 함께 프랑스로 그랜드 투어를 떠났다. 그는 유럽 사정에 밝은 이탈리아계 말동무 한 명, 하인 세 명과 함께 말 네 필을 끌고 갔다.

이처럼 그랜드 투어는 17세기 중반부터 19세기 초반에 걸쳐 유럽 특히 영국의 상류층 자제들이 사회로 진출하기 전에 프랑스나 이탈리아를 돌아보며 문물을 익혔는 여행을 말한다. 주로 고대 그리스·로마의 유적지와 르네상스를 꽃피운 이탈리아, 세련된 예법의 도시 파리가 필수 코스였다. 투어tour란 원래 원을 그리는 도구를 의미하는 라틴어 토르누스tornus에서 어원을 찾을 수 있다. 출발해서 원점으로 다시 돌아오는 여행을 말한다. 그랜드grand라는 말은 여행 다니는 지역이 넓으며 여행 기간이 길 뿐 아니라 높은 사회계층의 근사한 여행이라는 의미를 담고 있다.

17세기 말 이전까지만 하더라도 영국의 교육은 다른 유럽 국가들과 마찬가지로 지리적 범위가 좁았다. 귀족 자녀들의 교육은 런던 내의 옥스퍼드/케임브리지대학에서 2~3년을 공부한 후 고향으로 돌아와 부친을 도와서 재산을 관리하는 것이 일반적 패턴이었다. 더구나 영국은 성공회, 프랑스와 이탈리아는 가톨릭 국가라서 국가 간 종교갈등으로 인해 해외여행 기회가 별로 없었다. 이러던 여행 형태는 17세기 후반 들어 유럽에서 전체적으로 종교갈등이 상당히 누그러들고 1688년 명예혁명으로 영국이 정치적 안정을 얻게 되면서 점차 변화되었다. 더구나 18세기 초반의 에스파냐 왕위계승전쟁(1702~1713년)에서 이기면서 영국이 유럽 강대국으로 발돋움했으며 토지 가격이 올라 토지를 많이 보유한 귀족과 젠트리의 경제력이 크게 향상되었다.

더구나 당시 사회는 과학혁명, 계몽운동이 매우 빠른 속도로 진행되었기 때문에 옥스퍼드/케임브리지대학의 고루한 교육으로는 시대를 따라갈 수 없었다. 원래 성직자를 양성하는 것이 목적이었던 영국 대학의 커리큘럼은 중세부터 계속되어온 케케묵은 것이었고 학생들의 실생활과는 전혀 관계없는 라틴어 고전이나 외우게 했다. 대학에서 공부하려는 사람이 없어서 대학은 텅텅 비게 된다. 그래서 공교육 대신 사교육 수요가 크게 늘어난다. 유럽 대륙으로 여행을 가서 문화유적도 보지만 그곳 아카데미에 다니는 것이 사실 더 중요했다. 르네상스시대에 피렌체에는 이미 플라톤 아카데미가 생겼고 베네치아, 파리, 브뤼셀, 마드리드에도 아카데미가 크게 활성화되어 있었다. 이들 아카데미에서는 역사, 철학, 시, 수사학 등 인문학 교과목을 가르쳤고 승마, 프랑스어, 춤 같은 것도 가르쳤다. 아카데미의 커리큘럼은 대학에 비해 훨씬 다양하고 실용적이었으며 수강생 만족도가 높았다.

그랜드 투어의 확산을 부추기는 데에는 책자의 역할도 컸다. 훨씬 일찍이 1577년 스위스 바젤의 여행가인 테오도어 츠빙거가 쓴 책《여행방법 Methodus Apodemica》은 유럽 전역에서 큰 인기를 끈 바 있다. 이른바 여행안내서의 선구자였다. 100년쯤 지난 1670년 들어 영국의 가톨릭 신부 리처드 러셀스가 자신의 저서《이탈리아 여행The Voyage of Italy》에서 그랜드 투어라는 용어를 처음 사용했다. 러셀스는 영국의 유력한 귀족 집안의 가정교사로 일했으며, 이탈리아를 다섯 차례 방문했다. 그는 건축과 고전 그리고 예술에 대해 알고 싶다면 프랑스와 이탈리아를 방문해야 하며, 젊은 귀족의 자제들이 세계의 정치와 사회, 경제를 제대로 이해하기 위해서는 반드시 그랜드 투어를 해야 한다고 역설했다.

러셀스의 책 출간을 전후해 영국에서 시작된 그랜드 투어는 점차 다른 북유럽 국가의 부유층으로 퍼져나갔다. 짧게는 몇 달, 길게는 몇 년에 걸쳐 유럽 곳곳의 유적과 문화의 숨결을 직접 체험하는 이 여행은 귀족사회의 등용문, 엘리트 교육의 최종 단계로 간주되어 큰 인기를 얻었다. 그래서 영국의 주요 대학은 학생 등록이 줄어드는 것을 걱정할 정도였고, 당시 유럽 대륙 사람들은 '영국의 대륙 침공'이라고 표현하기도 했다.

그랜드 투어가 확산되자 여행지에 대한 실용적 안내서도 핸드북 형태로 속속 등장했다. 토머스 테일러가 1722년에 쓴《외국여행을 위한 신사용 휴대 가이드The Gentleman's Pocket Companion for Traveling into Foreign Parts》에는 런던에서 다른 나라의 수도로 가는 길에 대해 자세히 설명하고 있다. 지도, 도로 안내, 거리 표시, 통화 및 무게 환산표 등 다양한 정보와 이탈리아어, 프랑스어, 독일어, 에스파냐어의 간단한 실용회화가 수록되었다. 1749년에 토머스 뉴전트가 출간한《그랜드 투어》는 당시 최고의 베스트셀러였다. 유럽 주요 국가의 정치경제 등을 개관하고 꼭 보아야 할 명소를 수록했다. 또 비용에 대한 구체적인 정보까지 담고 있어 해외여행 지침서의 교과서 역할을 하게 된다.

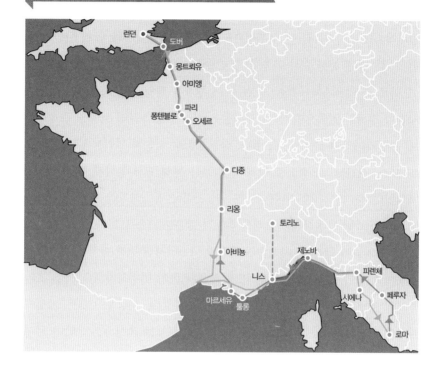

18세기 영국 귀족들에게 인기를 끌었던 그랜드 투어 루트

　　　여행 경로는 우선 도버해협을 건너 프랑스 파리로 가서 프랑스 상류사회의 각종 예법과 언어를 배웠다. 프랑스어를 배우는 곳으로는 투르, 리옹, 디종, 스트라스부르가 인기였다. 그다음에는 사보이, 몽스니, 스위스 제네바를 거쳐 알프스를 넘고 이탈리아 북부를 지나 궁극적인 목적지인 로마로 가서 유적지를 놀아보았다. 나폴리로 더 내려가 고대 그리스·로마 유적지인 폼페이와 헤르쿨라네움을 돌아본 후 베수비오 화산을 방문하기도 했고 시칠리아와 그리스까지 가는 경우도 있었다. 유적지 순례가 모두 끝나면 피렌

체와 피사, 시에나, 베네치아, 밀라노, 제노바에서 르네상스와 고전예술을 공부했다. 집으로 다시 돌아올 때에는 왔던 길을 거슬러 파리를 거쳐 영국으로 돌아가든지, 또는 독일어권인 오스트리아(인스브루크), 독일(뮌헨, 하이델베르크, 베를린), 네덜란드(암스테르담)를 거쳐 영국으로 돌아가기도 했다.

젊은 귀족 자녀들은 보통 2~3년, 길게는 4~5년씩 외국에 체류했다. 일반적으로 귀족 자녀들은 수행원으로 두 명의 동행 교사와 두 명 이상의 하인을 거느렸다. 동행 교사 한 명은 주로 수학, 역사, 지리 같은 학문을 가르쳤고, 다른 한 명은 승마, 펜싱, 춤, 테니스, 전술을 담당했다. 과목마다 배우는 시간이 정해져 있었으며, 동행 교사들은 이러한 교육진행 상황을 주기적으로 귀족 자녀의 부모에게 보고했다. 짐을 나르는 하인과 통역을 담당한 사람도 따라 다녔다. 기본적으로 여행 중 활동은 동행 교사에 의해 철저하게 규제되었다. 하지만 귀족 자녀들은 현지의 생활에 익숙해지면, 무도회나 파티에 참석하고 관광과 사치품 쇼핑을 하느라 많은 시간을 보냈다.

이들이 함께 긴 여정을 소화하며 이동하려면 전용 마차도 필요했기 때문에 비용이 많이 들었다. 한 명의 젊은 귀족이 여행하기 위해서는 그의 부모가 매년 3,000~4,000파운드(약 20만 달러) 이상을 부담해야 했다. 그렇기 때문에 이 여행은 상류사회의 전유물이 되었고 부를 과시하는 수단이 되기도 했다.

그랜드 투어에 나선 귀족 자녀들은 이탈리아의 앞선 예술품을 갖고 귀국하고는 했다. 고대 그리스의 대리석 작품에서 당대 이탈리아 작가들이 그린 수채화에 이르기까지 주로 그림, 조각을 가져왔다. 영국은 물론 독일, 스칸디나비아, 러시아의 각 가정에는 다양한 범주의 이탈리아 예술품이 속속 유입되었다. 귀국한 후 이러한 예술품들은 상류사회로의 편입을 위한 증거로 쓸모가 있었다. 귀족층들은 파리나 이탈리아의 문화와 예술에 대해 이야기하며 처음 만난 사람들의 수준을 평가했으며, 자신과 같은 귀족사회에 속해 있는지 여부를 판단하곤 했다.

그랜드 투어는 18세기 유럽 각국의 귀족계급으로 하여금 공통의 행동 규범과 미적 감각을 갖게 하는 데 중요한 역할을 했다. 그랜드 투어를 통해 이탈리아에서 얻은 심미안과 프랑스에서 얻은 교양이 결합했으며, 그 결과 종전에는 문화적으로 뒤처져 있던 유럽 외곽 지역도 도회적 세련미를 얻을 수 있었다. 귀족층에 한정되었던 변화는 점차 대중에게 전파되었고, 나아가 서양세계는 이로 인해 고대 유럽의 예술적 유산에 공통의 애정을 갖게 되었다.

이처럼 그랜드 투어는 귀족이나 상류층 등 일부 계층만 갈 수 있는 사치스러운 여행이었으나 시간이 지나며 중간계급의 생활수준이 향상되고 범선과 마차 대신 증기선과 기차 같은 교통수단이 발달하면서 그랜드 투어를 떠나는 사람들이 늘어났다. 18세기 말이 되자 영국, 독일, 스칸디나비아의 신흥 부르주아 계급의 중년세대 그리고 미국과 서인도제도의 부호들도 그랜드 투어를 떠났다. 더구나 1840년대에 들어서는 철도여행이 대중화되면서 안전하고 빠르고 저렴한 여행이 가능해졌다. 이처럼 대중화된 여행은 이미 그랜드 투어가 아니었다.

──── THINK

만약 2년 동안 유럽 대륙으로 그랜드 투어를 떠난다면 어떤 도시와 유적지, 학교를 순회할지 또 누구를 만나고 싶은지 장기여행 계획을 짜보기 바란다.

TREND·W⊕RLD·HIST⊕RY

PART

6

근대시대

1750~1910년

인류가 가장 바빴던 해,
1776년에는
무슨 일이 일어났을까?

매년 많은 일이 벌어진다. 우리가 접하는 한 해 한 해가 매우 중요한 해처럼 보이지만 시간이 지나면 언제가 정말로 중요한 해였는지 드러나게 된다. 240여 년 전인 1776년은 근현대를 만드는 데 결정적으로 중요했다. 1776년 하면 미국 독립선언서가 선포된 해로 많이 알고 있다. 물론 맞는 말이다. 그러나 더 찾아보면 전 세계적으로 중요한 일들이 동시다발적으로 발생했고 그 후 세계 역사에 지대한 영향을 끼쳤다는 것을 알게 된다.

당시에 과연 어떤 일들이 벌어졌을까? 미국에서는 독립전쟁을 벌이는 도중에 토머스 페인의《상식론》발간에 힘입어 독립선언문을 과감하게 발표했다. 이미 정치적 안정을 이루고 있던 영국에서는 제임스 와트의 증기기관 성능 개선에 힘입어 생산 동력화가 진행되었고 애덤 스미스의 회심작인《국부론》발간으로 산업자본주의를 지지하는 근대 경제이론이 태동하고 있었다. 또한 제임스 쿡은 마지막 세계 탐험여행을 떠나면서 당시 미지로 남아 있던 태평양을 속속들이 탐사하여 영국 제국주의의 발판을 마련했다.

반면에 프랑스에서는 루이 16세에 의해 재정총감 안로베르자크 튀르고가 해임되어 경제개혁이 물거품이 되면서 프랑스 강국 목표에 제동이 걸리고 말았다. 만약 이 무렵 프랑스에서 경제개혁이 제대로 이루어졌다면 23년 후에 프랑스혁명은 일어나지 않을 수도 있었다. 여러 소국가로 나뉘어 통일되지 못해 지리멸렬하던 독일에서는 낭만풍의 질풍노도 문학운동이 거세게 일고 있었다. 강희제, 옹정제에 이어 건륭제 치하에서 전성기를 구가하던 중국은 지나친 자만감과 부패 확산으로 이제 점차 후퇴할 일만 남겨두고 있었다. 일본은 화란어(네덜란드어)로 된 인체해부서인 《해체신서》를 자국어로 번역하면서 민간에 난학蘭學이 급속히 파급되고 있었다. 조선은 1776년 정조가 왕에 즉위해 고려 문종, 조선 세종 시기의 제1, 제2 르네상스에 이어 제3 르네상스를 앞두고 있었다.

1776년에 발생한 사건

1월 10일	토머스 페인의 《상식론》 출간 → 독립 움직임 가속화
2월 17일	에드워드 기번의 《로마제국 쇠망사》(총 6권) 1권 발간
3월 9일	애덤 스미스 《국부론》 발간 → 근대 경제학
3월 10일	정조 즉위(1776~1800년 재위) → 정조 르네상스
4월 1일	프리드리히 폰 클링거의 희곡 〈질풍노도〉가 라이프치히에서 초연
5월 12일	프랑스 재무총감 튀르고 파직 → 프랑스혁명
7월 4일	미국 독립선언문 선포 → 미국 독립혁명
7월 12일	제임스 쿡, 세 번째 세계 여행 시작(플리머스항에서 출항)
8월 25일	애덤 스미스와 지적교류가 잦았던 데이비드 흄 사망
10월 26일	벤저민 프랭클린이 협력을 얻기 위해 프랑스로 출항
12월 26일	조지 워싱턴이 트렌턴전투에서 영국군에게 승리
-	제임스 와트의 증기기관 개선 및 상업적 성공 → 영국 산업혁명
-	일본, 네덜란드어로 된 인체해부서를 《해체신서》로 번역 출간 → 난학

나라별로 좀 더 구체적으로 알아보자. 1776년 1월 10일 미국 필라델피아에서는 47쪽의 소책자가 출간되는데 예상 밖의 엄청난 파장을 일으켰다. 그 당시 미국 식민지들은 7년전쟁의 여파로 세금이 과도하게 부과되어 영국에 대한 애착심이 많이 줄어들었지만 대부분의 식민지는 전쟁보다는 화해를 갈망하고 있었다. 즉 아예 독립까지 할 생각은 별로 갖고 있지 않았다. 영국인 토머스 페인은 벤저민 프랭클린의 주선으로 1774년 필라델피아로 이주했다가 미국 상황을 체험하고 소책자《상식론 Common Sense》에 이렇게 쓴다. 세계를 피와 잿더미로 만드는 재주밖에 없는 압제의 유물인 군주정치와의 화해를 단념하고 왕 대신 법이 군림하는 자유로운 독립국 아메리카를 세워 폭정과 압박에 시달림을 받는 인류를 위해 때가 늦기 전에 피난처를 마련하라고. 즉 미국 식민지가 이참에 아예 독립하는 게 바로 상식이라는 것이었다. 이 책은 출판된 지 3개월 만에 무려 12만 부가 팔렸다. 이 책의 영향을 받아 독립을 지지하는 식민지인들이 크게 늘어난 것이다. 당시 미국인은 250만 명이었으니 인구의 5퍼센트가 이 책을 읽었던 것이다. 더구나 3월에는 벙커힐전투에서 승리하여 식민지들은 영국과의 싸움에 더욱 자신감을 갖게 된다.

벤저민 프랭클린, 토머스 제퍼슨, 존 애덤스 등은 고심 끝에 회심의 독립선언문을 작성하고 13개 주 대표들이 필라델피아에 모여 7월 4일에 발표했다. 독립선언문에는 당시 계몽사상가들이 주장했던 자연법, 사회계약론 같은 핵심 내용이 고스란히 들어갔다. 원래 토머스 제퍼슨은 노예제를 폐지하자고 주장했으나 서로 의견을 수렴하는 과정에서 독립선언문에는 포함되지 않았다. 미국의 노예해방선언은 90여 년 후로 미뤄졌다. 1775년부터 1783년까지 벌어진 미국 독립전쟁에서 대륙군 총사령관을 맡았던 조지 워싱턴은 초기에는 전투에서 열세를 보였지만 1776년 3월 벙커힐전투, 12월 트렌턴전투에서 영국에게 대승을 거두어 독립 움직임은 더욱 탄력을 받았다. 결국 1783년 파리조약에서 미국 독립을 국제사회에서 공식 승인받고 6년 후 미합중국이 세계 최초의 대통령제 민주공화국으로 건국된다.

　　1776년 유럽 대륙에서는 어떤 일이 벌어졌을까? 프랑스 전제군주였던 루이 16세는 2년 전에 안로베르자크 튀르고를 재정총감에 임명하여 특권과 정부간섭이 난무하는 중상주의 경제정책에서 벗어나 규제혁신, 길드제 폐지, 무보상 부역 의무 제거 등 자유로운 경제정책을 취하도록 했다. 하지만 온갖 특권으로 재미를 보던 귀족들의 엄청난 반대에 부딪혀 튀르고는 1776년 5월 퇴진하고 말았다. 구체제 인물인 자크 네케르가 후임 재정총감으로 임명되어 모든 경제정책은 다시 예전으로 돌아갔다. 만약 이때 경제개혁이 제대로 이루어졌다면 23년 후에 일어난 1789년 프랑스혁명을 용케 피할 수 있었을지도 모른다.

　　당시 독일은 신성로마제국 치하의 자잘한 국가들과 동북쪽의 프러시아로 나뉘어 제대로 통일국가를 형성하지 못하고 있었다. 이 와중에 이성 위주의 계몽주의에 반발하여 개성과 독창성을 존중하고 감성의 해방을 주장하는 혁신적 문학운동인 질풍노도 Strum und Drang 운동이 이미 진행되고 있었다. 2년 전인 1774년에는 괴테의 《젊은 베르테르의 슬픔》이 출간되어 전 유럽을 휩쓴 바 있었다. 1776년 4월에는 프리드리히 폰 클링거의 희곡 《질풍노도》가 라이프치히에서 초연되었다. 질풍노도 시기는 1767년부터 1785년까지 거세게 진행된다.

　　1776년 섬나라 영국에서는 유럽 대륙과는 별개로 기술과 산업, 학문 등 여러 분야에서 진보가 빠른 속도로 이루어지고 있었다. 글래스고에서 제임스 와트는 기존의 증기기관의 효율을 크게 개선한 신종 증기기관을 선보여 공장에 처음으로 설치했다. 근대 경제학의 시조인 애덤 스미스는 자본주의의 교과서라 할 수 있는 역작 《국부론》을 1776년에 에딘버러에서 출간했다. 애덤 스미스는 같은 스코틀랜드인이었던 제임스 와트의 증기기관 효율 개선 사실을 모르고 책을 집필했다. 애덤 스미스는 분업을 기반으로 하는 산업의 중요성을 인식했지만 영국에서 본격적으로 시작될 대규모 산업혁명을 제대로 인식하지 못했던 것이다.

　애덤 스미스와 매우 절친했던 스코틀랜드 계몽운동의 대표적 철학자이자 경제학자인 데이비드 흄은 그해 8월에 사망했다. 데이비드 흄은《국부론》이 3월에 출간되기 전에 900여 쪽의 방대한 원고를 읽어 보고 너무 장황하고 어렵다며 애덤 스미스에게 비판적인 의견을 피력하기도 했다. 하지만 《국부론》은 흄의 예상과는 달리 큰 인기를 얻어 1쇄가 빠르게 품절되었다. 흄은 자신이 죽을 것을 예감하고 자서전My own life를 하루 만에 탈고해버리기는 괴력을 발휘하기도 했다. 역사가인 에드워드 기번은《로마제국 쇠망사》총 여섯 권 중 첫 1권을 1776년에 발간해 이름을 날리기 시작한다. 기번은 미국 독립혁명이 일어나자 동조하기는 했지만 관직을 맡으면서 공개적으로 자신의 의견을 개진하지는 않았다.

　당시에 제임스 와트, 애덤 스미스, 데이비드 흄 같은 인물이 갑자기 등장했던 것은 아니다. 이 세 사람은 모두 스코틀랜드인이었는데 당시 영국에서는 북쪽의 스코틀랜드에서 계몽운동이 활발히 진행되고 있었다. 1707년 스코틀랜드는 잉글랜드와 통합한 이후 정치적 관심을 떨쳐버리고 오로지 경제와 학문에 주력했다. 경제는 글래스고에서, 문화는 에딘버러에서 주로 이루어졌다. 칼뱅파 개신교인 장로교회의 교육 중시정책에 힘입어 스코틀랜드에서는 '모든 어린이는 학교에 가야 한다'가 추세로 완전히 자리 잡아 문맹률이 매우 낮았다. 이런 사회적 분위기 속에서 세인트앤드루스대학, 글래스고대학, 애버딘대학, 에딘버러대학이 학문발전과 지성인 배출에 크게 기여했다. 스코틀랜드 출신인 애덤 스미스는 옥스퍼드대학에 공부하러 갔다가 배울 것이 없다며 6년 만에 다시 돌아오기도 했다. 볼테르는 에든버러대학이 '북쪽의 아테네'라며 침을 튀기며 스코틀랜드의 지적 분위기를 찬양했다. 당시 스코틀랜드에서는 철학(프랜시스 허치슨, 데이비드 흄), 경제학(애덤 스미스), 사회학(애덤 퍼거슨), 역사학(윌리엄 로버트슨), 수사학(휴 블레어), 지질학(제임스 허튼), 농학(제임스 앤더슨), 화학(윌리엄 컬른, 조셉 블랙) 분야에서 두각을 나타냈고, 작가로는 제임스 맥퍼슨, 존 흄, 제임스 보스웰, 토비아스 스몰렛이 활약했다. 특히 당시 에든버러대학의 의학대학 수준은 유럽 최고였다. 당시 에딘버러에서는 지식인 토론모임인 명사회 Select Society를 비롯하여 포커클럽, 사변협회가 활발하게 활동했다.

애덤 스미스의 행적을 보면 당시 주요인물들이 어떻게 교류했는지를 알아챌 수 있다. 애덤 스미스는 당시 그랜드 투어 추세에 맞추어 찰스 톤젠트의 양아들을 데리고 가정교사 자격으로 1764년부터 2년간 프랑스에 체류하고 있었다. 찰스 톤젠트는 1766년 영국 수상이 되어서 아메리카 식민주의자들이 자신들의 재판관을 직접 선출할 권리를 거부하고 미국산 차에 과도한 세금을 부과해 1773년 보스턴 티파티 사건을 유발함으로써 미국 독립혁명의 불씨를 제공한 인물이다. 더구나 애덤 스미스는 프랑스에 갔을 때 당시 파리에 체류하던 미국의 과학자이자 정치가, 벤저민 프랭클린을 만나 서로 많은 이야기를 나누었다. 이때 아메리카 식민지 사정을 많이 알게 된 애덤 스미스는 나중에 저서에서 북미 지역이 이 세상의 어느 나라보다 강력한 국가로 발전할 가능성을 인정하고 미국의 독립선언에 대해 긍정적인 입장을 보였다. 벤저민 프랭클린은 독립전쟁에 대한 프랑스의 협력을 얻기 위해 1776년 10월에 프랑스에 온다. 이를 계기로 하여 그는 프랑스 대사로 취임해 1785년까지 재임한다.

애덤 스미스는 가정교사로 1764년부터 1766년까지 프랑스 남서부의 툴루즈에 체류하는 동안 너무 무료해서 국가를 부강하게 하는 방법에 대한 책을 한번 써보기로 마음을 먹었다. 그는 파리를 방문해 당시 중농주의 경제사상가로 이름을 날리던 프랑수아 케네와 자크 튀르고를 만나 자유방임주의, 경제표 등 프랑스의 경제사상과 방법론을 습득했다. 이런 교류가 1776년에 출간되는《국부론》집필에 큰 도움을 주었음은 물론이다.

1776년 7월에는 영국의 탐험가이자 항해가인 제임스 쿡이 영국의 플리머스항에서 출항하여 자신의 세 번째 세계 탐사여행을 시작했다. 그는 이미 두 차례의 세계 여행을 통해 남태평양의 오스트레일리아, 뉴질랜드를 발견해 나중에 자국의 식민지로 만드는 데 기여했다. 그때까지 잘 알려지지 않았던 태평양을 샅샅이 뒤진 제임스 쿡은 영국이 대항해시대의 막을 내리고 식민주의를 넘어 제국주의시대로 접어드는 데 마지막으로 기여했다.

1776년 동아시아에서는 어떤 일이 벌어지고 있었을까? 중국의 경우 1776년은 건륭제의 재위 41년째 되는 해였다. 이때만 하더라도 강희제, 옹정제에 이어 건륭제가 정치를 잘하고 있었다. 하지만 건륭제 후기에 들어서는 오랜 집권의 여파로 부패가 늘어나며 정치와 경제가 그리 좋지는 않았다. 말년의 건륭제가 통치하던 1792년에 영국의 왕 조지 3세는 조지 매카트니를 대표로 하여 90명으로 구성된 사절단을 처음으로 보냈다. 문호를 개방하여 무역을 하자고 제안하기 위해서였다. 이때 조지 매카트니는 황제의 호기심을 사기 위해 톱니바퀴로 정확히 움직이는 시계도 보여주었다. 하지만 건륭제는 중국이 필요로 하는 것은 모두 갖추고 있으므로 시계에 별 관심을 주지 않았고 영국과 교역할 필요성도 별로 느끼지 못한다고 말했다. 이처럼 기고만장하여 교류를 거부하던 중국은 그 후 1840년 아편전쟁에서 패배하며 서방에게 굴복하는 큰 굴욕을 겪고 만다.

반면에 네덜란드와 교역을 이미 하고 있던 일본에서는 심도 있는 서양 배우기가 한창 진행되고 있었다. 1776년에는 스기타 겐파쿠가 다른 몇 사람과 협력해서 화란어(네덜란드어)로 된 인체해부서인 《해체신서》를 일본어로 번역 출간했다. 이로 계기로 일본 민간에 난학蘭學이 급속히 파급되어 의학, 천문학 외에 물리, 화학 등 여러 분야의 연구가 이루어졌다. 일본은 이미 징식 개항이 이루어진 19세기 중반 이전부터 서양 지식을 습득하고 있었다.

조선에서는 1776년 정조가 24세에 왕좌에 올라 야심차게 새로운 시대를 열고자 했다. 초기 4년간은 홍국영의 세도정치에 다소 흔들리긴 했으나 경제개혁으로 경제가 되살아났으며 규장각을 중심으로 조선의 문예부흥을 싹 틔웠다. 하지만 1800년 정조가 사망하고 순조가 즉위한 후에는 19세기 내내

장기간의 세도정치에 휩싸이면서 세계열강에 휘둘리며 조선 말기를 굴욕적으로 맞게 된다. 정조가 즉위하던 1776년은 기술, 정치, 경제, 학문상으로 근대 서구의 중요한 전환점이었다. 이때 조선은 서구와의 본격적인 교류를 하고 싶어도 청나라의 눈치를 보느라 제대로 하지 못했다. 자본주의를 갓 궤도에 올린 서구와 적극 교류했다면 치욕적인 조선 말기를 겪지 않았을 것이다.

영국의 마르크스주의 역사가 에릭 홉스봄은 1776년을 이중혁명이 일어난 해라고 불렀다. 정치혁명과 산업혁명이 동시에 일어난 해였기 때문이다. 민주주의와 자본주의가 본격적인 결합을 시작했다. 이언 모리스도《왜 서양이 지배하는가》에서 서양은 1776년 이후 민주주의와 시장경제를 통해 동양을 제치기 시작했다고 지적하고 있다. 이처럼 1776년은 민주주의와 자본주의로 대표되는 근현대 세계를 형성하는 데 정말 중요한 해였다.

—— THINK

조선에서 정조가 왕에 즉위한 해는 1776년이었다. 만약 여러분이 정조였다면 서양을 알기 위해 어떤 노력을 기울였을까?

자본주의는 왜 영국에서
처음 시작되었을까?

자본주의는 18세기 후반 영국에서 시작되었다는 것이 정설이다. 어떤 사람은 네덜란드, 더 멀리는 베네치아, 제노아, 밀라노, 피렌체 같은 북부 이탈리아에서 먼저 시작되었다고 말하기도 한다. 당시 네덜란드, 북부 이탈리아는 대량생산이 아니라 소량생산방식을 취했고 제조업보다는 상업과 무역을 기반으로 한 상업자본주의 경향이 강했다. 반면에 영국은 수력, 석탄, 증기 같은 풍부한 에너지원을 가지고 기계를 이용해 대량생산, 대량소비시대를 열어서 우리는 영국식 산업자본주의의 시작을 '산업혁명'이라고 부른다. 그런데 자본주의는 당시 세상의 많은 국가 중 그리고 유럽의 여러 나라 중 왜 하필 영국에서 시작되었을까?

첫째, 정치적 안정을 들 수 있다. 내전으로 소란하거나 외국과 전쟁을 벌인다면 인력이나 자원이 경제 분야에 제대로 투입되기 힘들다. 영국은 일찍부터 왕과 귀족 간의 투쟁을 거쳐 귀족으로 권력의 추가 넘어왔다. 1603년에 시작된 스튜어트왕조 때 왕권이 강화되긴 했지만, 1649년 올리버 크롬웰이 이끄는 청교도혁명 와중에 찰스 1세가 처형을 당했다. 그 후 1688년 피를 흘리지 않은 명예혁명이 발생하고, 1714년 하노버왕조가 시작되면서 왕은 명목상의 군주로 군림만 하고 실제 통치는 하지 않게 되었다. 또 잉글랜드와 스코틀랜드가 1707년 연합법으로 통합되면서 정치적 안정기에 돌입했다.

둘째, 지리와 자원 요인이 있다. 영국은 섬이기 때문에 해안이 많고, 내륙이라 하더라도 강을 따라 배로 진입하기가 쉬웠다. 필요하면 운하를 뚫어 주요 지역 간에 배로 많은 물량을 운송할 수도 있었다. 무엇보다도 영국에는 좋은 품질의 석탄이 많았다. 1700년경 영국의 석탄 채굴량은 세계 채굴량의 80퍼센트나 되었다.

셋째, 법과 제도 요인이 있다. 절대왕권으로 실정법이 강한 프랑스와는 달리 영국은 관습법 체제가 빨리 정착되어 상업 이해 당사자의 재산권을 비롯하여 계약권을 보장해주면서 채권자를 잘 보호했다. 정부규제도 유럽 대륙 국가에 비해 강력하지 않았고, 1824년에는 주식회사 설립이 허용되어 기업 설립도 쉬워졌다. 1694년에 창립된 영란은행을 비롯하여 금융시장이 발달해 돈이 남는 사람과 돈을 필요로 하는 사람들 간에 돈의 흐름을 원활히 했다. 기술자가 발명한 것에 특허를 주는 제도도 일찍 정립되었다. 영국은 유럽 대륙보다 장인 중심의 길드 파워가 약했기 때문에 기술 이전이 상대적으로 쉬웠고 대량생산의 매력이 더 컸다.

넷째, 지식 전파 요인이 있다. 일부 사람이 많이 잘 알더라도 실제 기술을 다루는 사람과의 지식 접근과 교류가 부족하면 그 사회의 기술수준은 정체하게 된다. 서로 소통하는 창구의 조성이 매우 중요한데 학회, 학술지, 심포지엄, 공개강연, 기술학교, 커피하우스, 살롱, 클럽 같은 공적·사적 공간이 활발하게 운영되었다. 특히 런던의 왕립협회, 버밍엄의 루나소사이어티, 맨체스터의 문학·철학협회는 그런 기능을 제대로 발휘했다. 천문학, 물리학, 광학, 수학, 화학, 생리학, 의학 분야에서 이루어진 과학혁명 지식은 이런 채널들을 통해 급속히 확산되었다. 인쇄혁명 이후 책이나 팸플릿 형태의 출판활동이 활발했고, 다른 언어자료를 영어로 번역하는 활동도 빈번했다.

다섯째, 기업가 요인이 있다. 영국에는 모험을 무릅쓰고 이윤을 추구하는 기업가정신으로 무장한 사업가들이 많았다. 이들은 인도의 면직을 국산화하기 위해 방적, 역직 분야에서 새로운 기계를 만들어냈다. 나무가 부족한 상태에서 석탄으로 품질 좋은 철을 만들기 위해 유황 성분을 줄이는 기술혁신도 일구어냈다. 영국에는 유럽 대륙에 비해 기능공이 많았는데, 그 이유는 종교혁명으로 인해 유럽 대륙에서 탄압을 받은 신교도 기능공들이 영국으로 많이 이주해 갔기 때문이다. 거시발명macroinventions이 동시다발적으로 일어나고 이와 더불어 보완적인 미시발명microinventions이 덩달아 많이 이루어졌기 때문에 영국의 산업혁명이 가능했다. 거시발명에는 증기기관, 방적기, 방직기, 가스 조명, 철강 같은 큰 기술이 포함된다.

여섯째, 해외 식민지 요인이 있다. 금융자본시장과 해군력이 강했던 영국은 상대적으로 손쉽게 전비를 조달하여 식민지를 많이 확보할 수 있었다. 식민지에서 자원과 인력을 착취하여 영국에서 상품을 만들고 이 상품을 다시 식민지에 판매하여 많은 수익을 올렸다. 특히 아프리카와 서인도제도 간의 노예무역을 통해 많은 수익을 챙길 수 있었다. 한 통계조사에 의하면 산업혁명 기간 동안 서인도제도의 플랜테이션과 노예무역에서 나온 수입이 영국 국민소득의 5퍼센트를 차지하고 상품을 구매하는 수요 관점에서는 서인도제도가 12퍼센트나 차지했다.

이처럼 다양한 요인이 서로 시너지를 낸 결과, 영국의 1인당 경제성장률은 지속적으로 상승했다. 1760년부터 1800년까지는 연평균 0.2퍼센트에 불과했지만, 1800년부터 1830년까지는 0.52퍼센트, 1830년부터 1870년까지는 1.98퍼센트까지 올랐다. 이런 성장률은 최근 성장률에 비하면 상당히 낮은 수치이지만, 당시 경제가 거의 성장하지 않았던 다른 국가와 비교하면 큰 폭의 성장률이었다.

1760년부터 1800년까지는 이민 등 인구유입에 비해 경제 활성화

이유	세부 설명
정치적 안정	명예혁명 이후 입헌군주제 정착
지리, 자원	강이 많고 운하가 많아 내륙까지 운송 용이 석탄이 풍부
법, 제도 정착	재산권 보호 법률 정착 기업 설립 용이 금융시장이 발달하여 저금리로 자금 조달 특허 장려
지식 전파	학회, 학술지, 심포지엄, 공개강연, 기술학교, 커피하우스, 살롱, 클럽 같은 공적·사적 공간이 활발하게 운영됨
기업가활동	왕성한 기술혁신 외부로부터 많은 기능공이 조달됨 거시적·미시적 발명 많음
해외 식민지	식민지에서 자원·인력 착취 식민지에 상품 수출 노예무역으로 큰 수익

정도가 약해 실질임금이 약간 줄어들었으나 1800년 이후부터는 기술진보로 인한 산업혁명이 이루어지며 인구증가에도 불구하고 실질임금과 1인당 소득이 지속적으로 상승했다. 1인당 소득이 늘어나면 가계에 여유가 생겨 출산율이 늘어나 1인당 소득이 다시 떨어지는 맬서스 트랩이 발생한다. 하지만 영국은 산업혁명에 힘입어 이러한 맬서스 트랩에서 벗어나 서양이 동양을 추월하는 데 결정적 계기를 마련해주었다.

THINK

1차 산업혁명이 영국에서 제일 먼저 시작된 요인으로 여섯 가지를 거론했다. 이 외에 다른 어떤 요인이 있다고 보는가?

영국에 이어 두 번째 산업혁명이
벨기에에서 시작한 이유는?

영국의 산업혁명이 성공적으로 안착되자, 유럽 대륙 국가들도 뒤따라 산업혁명에 편 승한다. 영국의 산업혁명은 어떤 나라로 가장 먼저 파급되었을까? 정답은 영국 바로 건너편에 있는 벨기에이다. 1840년 벨기에는 유럽 대륙에서 공업화가 가장 많이 진전 된 국가로 부상했고, 1914년 1인당 국민소득은 유럽에서 영국 다음으로 높았다. 그런 데 유럽의 많은 나라 중에 왜 하필 벨기에였을까? 거기에는 여러 요소들이 함께 작용 했다.

첫째는 지리적 인접성이다. 두 나라가 지리적으로 서로 가까워서 영국의 정보나 상품, 인력, 자본이 벨기에로 이동하기가 쉬웠다.

둘째는 공업적 전통이다. 벨기에는 영국의 산업혁명 시작 이전에 이미 북쪽의 플랑드 르 지방을 중심으로 모직공업이, 겐트 지역 중심으로는 아마공업이 잘 발달되어 있었 다. 동부 상브르·뫼즈강 유역은 금속제품 산지로 유명했다. 브루게, 안트베르펜은 이 탈리아의 상거래기술을 이어받아 큰 항구로 자리 잡고 있었다.

셋째는 풍부한 천연자원이다. 벨기에는 산업혁명에서 매우 중요한 자원인 석탄과 철 의 매장량이 풍부했다. 특히 에노분지와 상브르·뫼즈강 유역에 석탄이 매우 풍부했고 탄전 부근에 철광, 납, 아연도 풍부했다. 이런 매장자원에 힘입어 석탄산업, 철강업, 비 철금속공업, 기계공업의 성장이 촉진되었고, 원래 아마공업이 발달되었던 겐트 부근에 서는 면공업이 크게 발달했다. 19세기 중후반 벨기에는 철도 건설에서 우위를 점했고,

새로 개발된 솔베이의 소다공법으로 인해 화학공업도 크게 발달했다.

넷째는 프랑스와의 경제적 밀접성이다. 벨기에는 수출이 국내총생산의 50퍼센트 이상을 차지했는데, 그중 프랑스가 가장 중요한 교역국이었다. 19세기에 프랑스는 석탄 공급의 30퍼센트 이상을 수입에 의존했는데, 그중 절반 이상이 벨기에에서 수입되었다. 또 벨기에에서 생산된 선철의 30퍼센트를 프랑스에서 수입해 갔다.

다섯째는 정치적 독립이다. 벨기에는 1830년 네덜란드로부터 독립을 선언하고 1839년에 독립을 공식 인정받는다. 정치적 독립은 그 나라 사람들의 의지대로 국가를 운영할 수 있다는 의미이며, 새로운 국가는 새로운 성장동력으로 국가를 키우고자 하는 의지도 강했다. 1835년 벨기에 정부는 철도망을 구축하고 석탄, 철, 기계공업 분야를 적극적으로 지원했다. 이 밖에 금융 및 재정제도의 혁신을 통해 산업혁명의 본궤도에 진입했다.

——— THINK

우리나라와 벨기에는 지정학적 입지가 비슷하다. 벨기에는 유럽의 강국인 프랑스, 독일, 영국 중간에 위치하고, 우리나라는 중국, 러시아, 일본 중간에 위치하고 있다. 그리고 멀리 미국이 있다. 벨기에는 수도인 브뤼셀에 유럽연합 이사회, 북대서양조약기구 본부 등 중요한 국제기구들을 유치하여 외교를 통한 안보를 꾀하고 있다. 벨기에의 이러한 외교정책으로부터 어떤 시사점을 얻을 수 있을까?

왜 나폴레옹전쟁 중에
영국에서는
기계파괴운동이 발생했을까?

기계가 인간의 과도한 노동시간을 줄여주어 노동생산성을 높이고 힘든 노동을 편하게 해주는 방향으로 사용된다면 인간은 매우 행복해진다. 하지만 기계가 아예 인간의 일자리를 빼앗는다면 상황은 급변한다. 기계가 인간의 보완재가 아니라 대체재가 되기 때문인데, 그렇게 되면 기계는 인간의 친구가 아니라 적이 된다. 기계가 적이 되면 함께 어울리는 관계가 아니라 아예 없애야 하는 관계로 급변한다. 기계가 나의 소유물이 아니라면 함부로 없앨 수는 없지만 자신의 생존을 위협당하다 분노가 폭발하면 기계를 부수는 일이 발생하곤 한다. 이런 일은 산업혁명이 일어나기 시작한 200여 년 전인 1811년에 이미 발생했다.

의복을 만들려면 천이 필요하고 천을 짜려면 실이 필요하다. 예전에는 사람들이 손으로 직접 실을 짰지만 점차 기계화가 진행되었다. 영국인 존 와이엇과 루이스 폴은 1738년에 기계를 이용한 방적기로 특허를 받았는데, 그리 효과적이지 않아서 대중화에 실패했다. 그러다가 제임스 하그리브스가

'제니 방적기'라는 방추가 많이 달린 다축 방적기를 만들었다. 이 기계화된 물레는 대량생산이 가능하고 사용하기 쉽고 제작하기도 쉬워 낮은 제작비용 덕택에 널리 보급되었다. 더구나 1769년에는 리처드 아크라이트가 사람이나 말의 힘을 빌리지 않고 수력을 이용한 방적기를 만들어 인간의 노동수요가 크게 줄어들었다.

10년 후인 1779년에는 새뮤얼 크럼프턴이 제니 방적기와 수력 방적기의 원리를 합쳐 뮬 방적기를 발명해 튼튼한 실을 뽑아냈고, 1783년에는 400가락을 한꺼번에 설치할 수 있는 커다란 방적기도 나왔다. 1788년 영국 전역에는 방적공장이 120곳에 이르렀다. 이쯤 되자 영국에서는 기계와의 경쟁을 두려워한 방직공들이 방적기를 파괴하는 일이 벌어졌다.

이런 기계파괴운동은 나폴레옹전쟁이 한창이던 1811년 영국 노팅엄에서 본격화된다. 나폴레옹전쟁 때문에 대륙으로 수출이 줄어 공장가동이 줄어들었고, 대륙으로부터 농산물 수입이 어려워져 생활비는 크게 늘었기 때문이다. 실을 짜는 방적기, 직물을 짜는 역직기 같은 기계를 파괴하는 행위는 이듬해 인근의 요크셔, 랭커셔로 급속히 확산되었다. 특히 자카르의 자동화된 방직기가 주요 파괴대상이었다.

호스필이라는 고용주는 위협을 느끼고 기계를 파괴하는 직원들을 총으로 사살하기도 했는데 나중에 이에 대한 보복으로 살해당한다. 그래서 정부는 1812년 '프레임 파괴 법령Frame Breaking Act 1812'을 통과시켜 1813년 요크에서 재판을 열어 많은 사람을 교수형에 처하거나 유배를 보냈다. 여기에서 프레임이란 방적기나 방직기 같은 기계를 말한다. 1815년에 워털루전쟁이 끝나고 경기가 침체되자 1816년 기계파괴운동이 재개되었으나 정부의 강경진압으로 수그러들었다.

이처럼 19세기 초반에 영국에서 발생한 기계파괴운동을 러다이트운동Luddite movement이라 한다. 러다이트라는 말은 어디에서 나왔을까? 확실하지는 않지만 네드 러드Ned Ludd라는 한 젊은이가 1779년에 양말을 짜는 기계인 양말 편직기 두 대를 부순 적이 있는데 이 젊은이의 이름에서 기계파괴자를 의미하는 러다이트라는 말이 생겼다. 그 후 네드 러드는 러드 장군, 러드 왕으로 불리면서 폭도들의 파괴활동을 지휘한다는 소문이 퍼졌다. 부자들을 약탈하여 가난한 사람을 돕는 의적, 로빈 후드처럼 셔우드 숲에서 산다는 전설적 스토리까지 나왔을 정도였다. 당시에 네드 러드의 주도로 8,000여 명이 공장 한 군데를 급습하여 불태워버리기도 했다.

이러한 기계파괴운동은 노동자들이 기계로 인해 일자리를 잃은 울분 때문이기도 하고, 공장에서 일할 때 느꼈던 열악한 환경과 낮은 임금에 대한 불만 때문이기도 했다. 우리는 러다이트운동이 기계에 대한 공포 때문에 일어났다고 주로 생각하는데 이는 지나치게 단순화된 논리이다.

'러다이트 오류'라는 말이 있다. 러다이트운동에서처럼 기술이 사람들의 고용 자리를 모두 빼앗는다면, 그동안 기술발전으로 엄청나게 향상된 생산성으로 인해 세상의 매우 많은 사람이 일자리를 빼앗겼어야 맞다. 하지만 실제로 그런 일은 벌어지지 않았기 때문에, 이를 러다이트 오류라고 한다. 기술발달로 일자리를 잃은 사람들이 다른 새로운 분야에 가서 일자리를 얻었기 때문이다. 하지만 노동을 적게 들이는 기술이 단기적으로 기존 일자리를 빼앗는다는 것은 사실이다.

실업의 종류로는 마찰적 실업, 경기적 실업, 계절적 실업, 구조적 실업, 기술적 실업, 잠재적 실업, 비자발적 실업, 만성적 실업 등이 있다. 이 중에 지나친 기계화, 자동화 같은 기술진보 때문에 발생하는 실업을 기술적 실업이라 한다. 자세히 들여다보면 현재의 실업 중에는 기술적 실업에 해당하는 경우가 생각보다 많다.

구글의 Books Ngram은 1500년부터 2008년까지 출판된 책 520만 권의 데이터베이스를 활용하여 한 용어가 얼마나 많이 사용되었는지를 보여준다. 다음 그래픽은 1800년부터 2000년까지 '러다이트'라는 용어를 Ngram에 넣으면 나오는 그래프이다. 그래프가 갑자기 치솟으면 당시 경제상황이

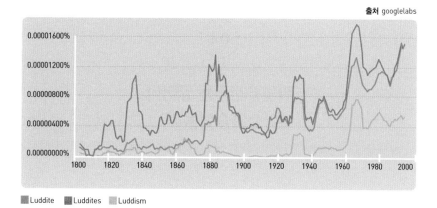

출처 googlelabs

0.00001600%

0.00001200%

0.00000800%

0.00000400%

0.00000000%

1800 1820 1840 1860 1880 1900 1920 1940 1960 1980 2000

■Luddite ■Luddites Luddism

좋지 않아 실업률이 급상승하면서 노동자가 심한 불안감을 느꼈다는 것을 보여준다. 1830년대, 1880년대, 1930년대, 1960년대가 바로 그런 때이다.

러다이트는 기술혐오증technophobia과 동일시된다. 200년 전의 기술혐오증은 지금에 와서도 여전하다. 과거의 러다이트운동은 네오러다이트Neo-Luddite운동으로 비화되고 있다. 요즘도 노동자들은 파업시위를 할 때 공장 내 기계를 비롯하여 기물을 파손하곤 한다. 앞으로 구글의 무인자동차, 아마존의 드론을 비롯하여 로봇, 사물 인터넷, 블록체인, 인공지능이 본격 론칭되면 이런 것도 모두 기계파괴대상이 될 수 있다.

── THINK

1810년에 영국에서 대규모로 발생한 기계파괴운동은 현재에도 얼마든지 재발될 수 있다. 이런 일들이 현재 덜 일어나는 이유는 무엇이라고 보는가?

워털루전투는 얼마나
아슬아슬했을까?

세계사적으로 보면 유명한 '결정적 전투decisive battle'들이 있다. 말 그대로라면 결전決戰, 승부를 완전히 결정짓는 싸움을 말한다. 예를 들면, 영국의 앵글로색슨왕조를 무너뜨리고 노르만왕조를 세운 헤이스팅스전투, 미국 남북전쟁 당시 북군이 승기를 잡은 게티즈버그전투, 제2차 세계대전 때 소련이 독일을 제압한 스탈린그라드전투, 고구려 후예로 당나라 장군이 된 고선지가 이슬람군에 패배하며 당나라의 서역진출이 봉쇄당한 탈라스전투가 바로 결정적 전투에 해당된다.

19세기 초반 유럽에서도 결정적 전투가 있었다. 바로 1815년의 워털루전투이다. 나폴레옹이 엘바섬에서 탈출하여 루이 18세를 쫓아내고 다시 정권을 잡은 후 영국과 프로이센 연합군을 대상으로 전투를 벌였다가 패배한 전투이다. 나폴레옹은 100일 천하를 누리다가 아프리카의 외딴 섬 세인트헬레나로 귀양 가서 그곳에서 생을 마감한다. 한 시대의 천재적인 군사전략가이자, 황제, 영웅이었던 나폴레옹에 대해서는 평가가 다양하지만 한 시대의 풍운아였던 것은 분명하다.

　　나폴레옹은 이탈리아 토스카나 인근의 엘바섬에서 여자 제빵사의 도움으로 1815년 2월 26일 탈출해 3월 1일 남프랑스 코트다쥐르 쥐앙만에 상륙하여 니스, 그르노블을 거쳐 3월 20일 파리에 입성한다. 루이 18세는 제5 보병연대를 그르노블에 보내 나폴레옹을 토벌하려고 했지만 제5 보병연대는 나폴레옹의 카리스마에 눌려 열광하고 만다. 당시 프랑스 최대 일간지인 《르 모니퇴르 위니베르셸Le Moniteur universel》의 1면 헤드라인을 보면 나폴레옹이 7,000명의 군사를 이끌고 남부 프랑스에서 파리로 입성하는 과정에서 세상 민심이 어떻게 변했는지 확실히 들여다볼 수 있다.

　　3월 9일 '식인귀', 소굴에서 탈출

　　3월 10일 '코르시카산産 오거(도깨비)', 쥐앙만에 상륙

　　3월 11일 호랑이, 카르프에 나타나다

　　3월 12일 괴물, 그르노블에 야영

　　3월 13일 폭군, 벌써 리옹에 진입

　　3월 18일 찬탈자, 수도 100킬로미터 지점에 출현

　　3월 19일 보나파르트, 북으로 진격 중! 파리 입성은 절대 불가

　　3월 20일 나폴레옹, 내일 파리 도착 예정

　　3월 21일 나폴레옹 황제, 퐁텐블로 궁에 도착하시다

　　3월 22일 어제 황제 폐하께옵서 충성스러운 신하들을 대동하시고 튈르리 궁전에 납시었다

　　파리에 입성한 나폴레옹은 황제에 복귀하여 새 헌법을 만들고 책임내각제, 양원제를 시행한다. 화들짝 놀란 유럽의 왕정국가 군주들은 자신들이 애써 만든 사회질서가 다시 뒤집히는 것을 막고자 연합군을 구성하여 프랑스에 공세를 취한다. 우리는 영국과 프로이센만 연합군을 구성한 것으로 알고

있지만 자세히 보면 이들 국가 외에도 독일 하노버 선제후국, 브라운슈바이크공국, 나사우, 네덜란드도 합세한다. 나폴레옹도 군대를 구성해 벨기에 워털루에서 대치하게 된다. 나폴레옹의 병력은 7만 3,000명(보병 5만 1,000명, 기병 1만 4,000명, 포병/기술자 8,000명, 대포 250문)인 데 반해, 영국-프로이센 연합군은 11만 8,000명으로 병력이 60퍼센트 더 많았다.

전투가 벌어진 곳은 워털루 남쪽 5킬로미터 지점에 있는 몽생장Mont-Saint-Jean 고지였다. 원래대로 하면 몽생장전투라고 불러야 하지만 영어권 사람이 발음하기가 어려워 워털루전투라 불리게 된다. 워털루전투는 1815년 6월 17일부터 18일까지 이틀에 걸쳐 벌어졌다. 그 지역에서 가장 높은 몽생장 고지는 웰링턴이 차지하고 있었다. 프랑스군은 몽생장 고지를 차지하고자 아래에서 위로 공격을 시작한다. 영국 연합군(6만 8,000명)과 프로이센군(5만 명)을 합치면 프랑스군이 열세였기 때문에 나폴레옹은 각개 격파를 시도한다. 이는 흠잡을 수 없는 전략이었다. 하지만 그것은 마음대로 되지 않는다.

전투 첫날에는 프랑스가 우세했다. 특히 리니전투에서 네 장군이 이끄는 프랑스가 프로이센을 격파해 프로이센에 2만 5,000명의 사상자가 생긴다. 이 과정에서 73세의 프로이센 지휘관 블뤼허 장군은 말이 총에 맞는 바람에 땅에 떨어지고 만다. 프로이센은 혼란에 빠져 퇴각했으나 나폴레옹은 프로이센군을 더 이상 추격하지 않는다. 프로이센군을 완전히 무찔렀다고 생각한 것인데 이는 오산이었다. 나폴레옹은 뒤늦게 그루시 원수로 하여금 3만 4,000명의 군대로 프로이센 군대를 추격해서 영국군과 합류하지 못하게 막으려 한다. 하지만 이 계획은 실패로 돌아가고 다음 날 프로이센군은 다시 프랑스를 공격한다.

나폴레옹은 그다음 날 오전 9시에 영국군을 공격하려고 한다. 하지만 밤사이에 호우가 오는 바람에 땅이 진흙탕이 되고 만다. 그래서 포병이 이동하기에 좋도록 땅이 조금 마를 때까지 시간을 벌기 위해 공격시간을 지체한다. 오전 11시 35분에서야 프랑스군은 공격을 개시한다. 엎치락뒤치락

전투가 벌어지는데 웰링턴은 프랑스의 포격을 피하기 위해 산등성이 뒤편에 위치한다. 그러던 차에 블뤼허의 프로이센군이 오후 2시에 돌아와 전투에 합세한다. 공세를 취하던 프랑스군은 갑자기 수세에 몰려 결국 패하고 만다. 전투를 더 빨리 시작했더라면 혹은 프로이센군이 합류하는 것을 사전에 막았더라면 나폴레옹은 워털루전투에서 이겼을지도 모른다. 아니 밤사이에 비가 오지 않았더라면 나폴레옹은 전투를 일찍 시작하여 웰링턴군을 완전히 제압했을지도 모른다. 이처럼 날씨가 전투 결과를 바꿔 나폴레옹의 운명을 뒤바꾸었다.

프랑스군에서 마지막으로 방어진을 지킨 사람은 장교 캉브론이었다. 승기를 잡은 적 포병대의 집중포화 아래에서, 빗발치듯 무섭게 쏟아지는 총알 아래에서, 방어진은 버티고 있었다. 일제사격이 쏟아질 때마다 방어진의 숫자는 줄어들었으나, 그래도 반격은 계속된다. 분투에 감동한 영국군 장군이 그의 병사들에게 최후의 순간을 제지하면서 외친다. "용감한 전사들이여, 항복하시오!" 그러자 캉브론은 이렇게 대답한다. "메르드Merde!" 똥이나 먹으라는 뜻이다. 경멸이나 거부를 나타낼 때 주로 사용한다. '제기랄' '염병할' '빌어먹을' 등으로 흔히 번역된다.

나폴레옹은 마렝고, 프리틀란트, 아우스터리츠, 바그람, 예나, 라이프니츠 등 많은 전투를 치렀지만, 결국 워털루전투에서 결정적으로 패배하여 그의 시대를 마감한다. 전쟁이 끝난 후 웰링턴은 "이 전투가 가장 아슬아슬했다"라고 회고한다. 역사에 가정법은 없다고 하지만 만약 나폴레옹이 워털루전투에서 이겼다면 어떻게 되었을까? 다만 궁금할 뿐이다.

워털루전투가 끝난 후 전투현장을 정비하는 과정에서 굴곡이 있던 지역을 거의 평지로 만들어버린다. 역사현장이 많이 훼손된 것이다. 몽생장 고지는 현재 완만한 비탈을 따라 집근할 수 있는데, 과거에는 경사가 급해서 접근하기가 어려웠다.

워털루에 대한 문헌은 매우 많다. 빅토르 위고가 쓴《레미제라블》의

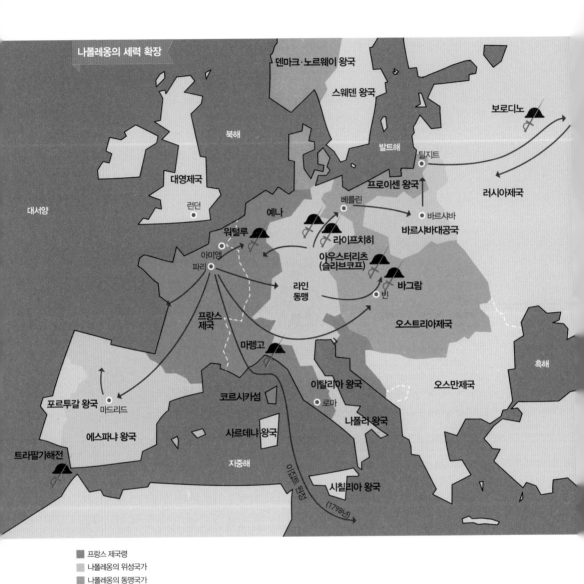

나폴레옹의 세력 확장

덴마크·노르웨이 왕국
스웨덴 왕국
북해
발트해
틸지트
보로디노
러시아제국
대영제국
런던
예나
베를린
프로이센 왕국
바르샤바
워털루
라이프치히
바르샤바대공국
아미앵
파리
아우스터리츠
(슬라브코프)
바그람
빈
오스트리아제국
라인
동맹
프랑스
제국
마렝고
흑해
포르투갈 왕국
마드리드
코르시카섬
이탈리아 왕국
로마
오스만제국
에스파냐 왕국
사르데냐왕국
나폴리 왕국
지중해
이집트 원정
(1798년)
시칠리아 왕국
트라팔가해전
대서양

■ 프랑스 제국령
■ 나폴레옹의 위성국가
■ 나폴레옹의 동맹국가
→ 나폴레옹의 진로

제2부 제1편을 보면 워털루에 대한 글이 좀 긴 에피소드처럼 들어가 있다. 스웨덴의 4인조 혼성그룹 아바는 1974년 열린 유로 비전 송 콘테스트에서 〈워털루〉라는 노래를 가지고 대상을 거머쥔다. 나폴레옹이 워털루전투에서 패

배한 것을 남녀 간의 사랑싸움에 비유한 노래이다. 아바는 이 노래를 콘테스트의 예선에서는 스웨덴어로 부르고 결승에서는 영어로 불렀다.

2016년 영국이 유럽연합에서 탈퇴하려고 할 때 프랑스는 영국에 이처럼 경고했다. "브렉시트는 영국에게 워털루가 될 수 있다Brexit could be your Waterloo." 과거에는 영국이 연합군과 함께 프랑스를 공격했지만 이번에는 프랑스가 연합군과 함께 영국을 공격한다는 의미이다.

워털루라는 이름은 현재 벨기에에만 있는 것은 아니다. 런던 지하철역 이름이기도 하고 영연방 국가인 캐나다 온타리오주와 호주, 뉴질랜드에도 있는 도시 이름이다. 미국에도 여러 주에 걸쳐 워털루 도시가 있다. 네브래스카, 뉴햄프셔, 루이지애나, 미주리, 사우스캐롤라이나, 아이오와, 앨라배마, 오리건, 오하이오, 일리노이, 캘리포니아주 모두에 있다.

——— THINK

세계사적으로 결정적인 전투도 있지만 우리나라 역사를 통틀어 결정적인 전투도 있었다. 어떤 전투들이 있었는지 반추해보자. 그 전투에서 승패가 엇갈렸다면 역사는 어떻게 진행되었을지도 생각해보자.

나폴레옹의 첫 약혼자는 조제핀이 아니었다?

나폴레옹 보나파르트가 처음 결혼한 사람은 조제핀이었다. 하지만 나폴레옹이 첫 번째로 약혼한 사람은 따로 있다. 마르세유에서 비단(실크)을 팔던 상인의 딸인 데지레 클라리였다. 데지레는 나폴레옹과 파혼한 후 프랑스 장군 장바티스트 베르나도트와 결혼했는데 베르나도트가 나중에 스웨덴 왕이 되면서 데지레도 덩달아 스웨덴 왕비가 되었다. 데지레의 언니인 쥘리는 나폴레옹의 형 조제프 보나파르트와 결혼했는데 조제프가 나중에 나폴리 왕과 에스파냐 왕이 되면서 언니도 두 나라의 왕비가 되었다. 데지레와 베르나도트 사이에서 태어난 아이들은 나중에 유럽 여러 나라의 왕실과 결혼하면서 유럽 왕가에서 중요한 역할을 한다.

보나파르트 집안이 1792년 고향 코르시카에서 마르세유로 이사 오면서 나폴레옹과 한 살 많은 형 조제프는 마르세유에서 비단매장을 운영하던 부유한 상인인 클라리 집안의 자매를 알게 된다. 1794년 조제프는 언니 쥘리 클라리와 결혼하고 나폴레옹도 동생 데지레 클라리와 약혼을 한다. 그보다 1년 전인 1793년 나폴레옹은 남프랑스 군항이었던 툴롱에서 뛰어난 대포 솜씨로 왕당파를 격파하여 당시 집권자였던 로베스피에르에게 발탁되며 장군으로 초고속 승진한 상태였다. 로베스피에르가 처형된 후 총재정부에 의해 나폴레옹도 잠시 체포되기는 했지만 곧 풀려나 임무를 맡아 파리로 가게 된다. 나폴레옹과 데지레는 서로 편지를 주고받았으나 나폴레옹이 파리 시내에서 대포로 왕당파를 제압해 큰 공을 세우며 파리에서 유명인물이 된다. 결국 나폴레

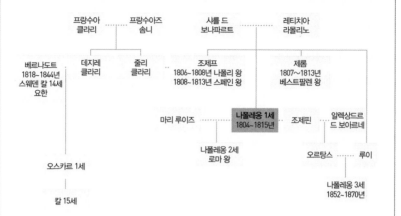

보나파르트 가계도

| 프랑수아 클라리 | 프랑수아즈 솜니 | | 샤를 드 보나파르트 | 레티치아 라몰리노 |

베르나도트
1818~1844년
스웨덴 칼 14세
요한

데지레 클라리 | 줄리 클라리

조제프
1806~1808년 나폴리 왕
1808~1813년 스페인 왕

제롬
1807~1813년
베스트팔렌 왕

마리 루이즈 | **나폴레옹 1세
1804~1815년** | 조제핀 | 알렉상드르 드 보아르네

나폴레옹 2세
로마 왕

오스카르 1세

오르탕스 …… 루이

나폴레옹 3세
1852~1870년

칼 15세

옹은 데지레와 파혼하고서 1796년 귀족 출신의 이혼녀로 자신보다 여섯 살 많은 조제핀 드 보아르네와 결혼한다. 이듬해 나폴레옹은 이탈리아를 정복해 더욱 인기가 치솟는다.

파혼은 했지만 데지레는 나폴레옹의 형인 조제프의 처제였기 때문에 여전히 프랑스 장군들에게 인기가 많았다. 특히 베르나도트 장군은 나폴레옹과 견줄 정도로 대중으로부터 인기를 끌고 있었으므로 나폴레옹은 그가 데지레와 결혼하여 자신을 지지해주기를 원했다. 1798년 두 사람은 결혼을 하고 이듬해 두 사람 사이에서 아들 오스카르가 태어나자 나폴레옹은 아이의 대부가 된다. 1799년 나폴레옹이 브뤼메르 쿠데타를 일으켜 프랑스공화국의 제1통령이 되었을 때 베르나도트는 중립을 취하면서 쿠데타를 묵인한다. 베르나도트가 데지레와 결혼했기 때문에 가능한 일이었다.

1804년 나폴레옹의 황제 즉위로 베르나도트는 곧장 프랑스 원수가 되지만 나폴레옹의 독재를 마음에 들어 하지 않아 두 사람의 관계는 점차 멀어진다. 그럼에도 나폴레옹은 데지레의 남편에게 심한 불이익을 주지는 않는다. 프랑스가 유럽 전체에서 막강한 권력을 발휘하자 스웨덴은 나폴레옹 반대파였을 뿐만 아니라 핀란드를 러시아에게 빼앗긴 무능한 구스타프 4세 아돌프를 폐위시킨다. 대신 칼 13세가 왕위에 오르지만 후사가 없자 스웨덴은 나폴레옹 육군 원수 중 한 명을 왕위계승자로 만들고자 한다.

베르나도트는 예전에 스웨덴군 포로에 대해 관대했었고 독일 영지의 총독 임무를 성공적으로 수행했기 때문에 스웨덴은 베르나도트를 점찍는다. 가톨릭에서 개신교로 개종하는 것에 대해 베르나도트가 승낙하고 나폴레옹도 승낙한다. 그래서 1810년 베르나도트는 스웨덴의 세자가 되어 섭정을 시작한다.

원래 나폴레옹에 반감을 품었던 베르나도트는 섭정이 된 이후 조국 프랑스보다는 스웨덴을 위한 실리적 외교정책을 구사한다. 베르나도트는 1812년에 러시아와 동맹을 맺어 프랑스에 대항하고 나폴레옹의 러시아 원정이 실패하자 반나폴레옹 연합군 진영에 선다. 그래서 나폴레옹은 물론이고 프랑스인들은 그를 배신자로 간주한다. 나폴레옹이 완전히 실각한 후 1818년 베르나도트는 스웨덴 왕, 칼 14세 요한으로 등극한다. 베르나도트의 부인인 데지레도 덩달아 스웨덴 왕비가 되었음은 물론이다. 스웨덴에서 베르나도트 왕가는 200년이 지난 지금까지도 유지되고 있다. 스웨덴에 이 왕가가 들어선 이후로는 전쟁을 한 번도 하지 않았는데, 유럽 강대국들 사이에 놀라운 외교력을 발휘하며 평화를 유지하고 있다.

데지레 클라리는 남편과 함께 스웨덴에 간 이후에도 여건만 허락되면 틈틈이 프랑스에 와서 산다. 스웨덴의 추운 날씨를 좋아하지 않고 스웨덴어를 제대로 구사하지 못하기 때문이다. 그녀의 남편 베르나도트는 1844년에 사망하고, 둘 사이에서 태어난 오스카르 1세는 왕위에 올랐다가 1859년에 사망한다. 손자 칼 15세가 즉위하는 것을 보고 데지레는 그 이듬해에 83세 나이로 사망한다. 데지레의 마지막 말은 '나폴레옹'이었다고 한다.

황후였던 조제핀은 나폴레옹의 아이를 갖지 못해서 1810년 이혼을 당하고 황후 자리에서 물러난다. 그녀는 나폴레옹이 엘바섬에 귀양 가 있던 1814년에 폐렴으로 사망한다. 조제핀은 일찍이 1779년에 프랑스 장교이자 자작이었던 알렉상드르 드 보아르네와 결혼해 아들 외젠과 딸 오르탕스를 낳았다. 오르탕스는 커서 나폴레옹의 동생인 루이 보나파르트와 결혼하여 아들을 낳는데 이 아들이 나중에 나폴레옹 3세가 된다.

나폴레옹은 합스부르크 가문으로 오스트리아 황녀 출신의 두 번째 황후 마리 루이즈와의 사이에서 나폴레옹 2세를 낳는다. 하지만 나폴레옹 2세는 나폴레옹 몰락 후 외가인 오스트리아 빈으로 가서 고난의 시기를 보내다가 21세의 젊은 나이에 사망하고 만다. 대신 나폴레옹의 첫 번째 약혼자인 데지레와 첫 번째 황후였던 조제핀의 자식들은 오히려 여러 유럽 왕가에 자리를 잡는다.

데지레를 심층적으로 다룬 영화로 진 시몬스와 말런 브랜도가 주연을 맡은 1954년 영화 〈나폴레옹과 데지레〉가 있다. 이 영화는 안네마리 셀린코가 쓴 《데지레: 나폴레옹의 첫사랑》을 원작으로 하고 있다.

<hr>

—— THINK

1818년 프랑스 출신의 베르나도트가 칼 14세 요한으로 등극한 이후 지금까지 200년간 베르나도트 왕가의 스웨덴은 전쟁을 한 번도 치른 적이 없었다. 과연 비결이 무엇일지 곰곰이 생각해보자.

비스마르크에 가려진
독일 통일의 선구자는 누가 있을까?

19세기 독일 통일의 최대 공헌자 하면 비스마르크를 가장 먼저 떠올린다. 물론 틀린 말은 아니다. 하지만 그에 앞서 많은 선구자들이 있었다. 독일 연방 우체국은 1989년에 탄생 200주년을 맞이한 독일의 경제학자 프리드리히 리스트를 기려 새 우표를 발매했다. 이 우표의 배경에는 기차가 그려져 있다. 왜 이런 우표 디자인이 나왔을까? 어떤 나라든 우표에 실려 있는 인물은 그 나라 국민이 인정하는 대단한 인물임이 분명하다. 현재 독일은 자타가 공인하는 철도 선진국으로 철도가 모든 국민의 생활 속 깊숙이 스며든 나라인데 이와 어떤 관련성이 있는 것일까?

프리드리히 리스트는 미국에서 5년간 망명생활을 하면서 많은 땅을 보유하는 지주가 된다. 이 과정에서 광산사업과 철도건설사업에도 참여하여 상당한 부를 축적한다. 미국 시민 자격을 지닌 그는 1831년 영사 자격으로 독일에 돌아와 철도부설의 필요성을 역설하는 팸플릿, 〈독일 전체를 연결하는 네트워크의 기초로서 색소니 지방의 철도 시스템〉을 발표한다. 이 팸플릿에서 베를린을 중심으로 함부르크, 쾰른 등 주요 도시를 연결하는 여섯 개의 방사형 간선철도와 뮌헨을 연결하는 철도망을 만들자고 제안한다.

리스트는 베를린을 중심으로 독일 철도 시스템을 통합적으로 건설하면 당시 분열상태의 독일을 통일하는 데 크게 기여할 것이라고 주장한다. 그러면서 독일 전역에 걸친 철도망에 대한 자신의 생각을 담은 지도를 내놓기도 한다. 그의 주장은 상당한 설득력이 있어 그 후 몇 년 사이에 철도가 연이어 개통된다. 1835년에는 뉘른베르크와 퓌르트 간에, 1837년에는 라이프치히와 드레스덴 간에, 1838년에는 포츠담에서 베를린-첼렌도르프 간에 철도가 개통된다. 흥미로운 사실은 그가 제안했던 철도망이 현재 독일 철도망과 매우 흡사하다는 점이다.

리스트는 국가적인 철도 시스템이 만들어지면 네 가지의 이점이 있

프리드리히 리스트가 그린 독일의 철도망

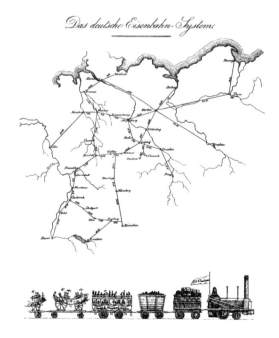

다며 1841년에 출간한《정치경제학의 국민적 체계》에서 자신의 생각을 이렇게 개진한다. 첫째, 철도는 군대이동에 용이하므로 국방에 도움이 된다. 둘째, 철도는 인재, 지식, 기술을 시장에 재빨리 제공하는 데 기여한다. 셋째, 철도는 물자이동을 쉽게 하여 기근현상을 제거하고 생필품 가격안정에 기여한다. 넷째, 철도는 국민들의 일체감을 형성하는 데 기여한다.

철도의 위력을 체감한 프로이센은 1838년 철도법을 제정하여 민영철도의 회계 감사권과 상설 담당 관청을 통한 감독은 물론, 개통 후 30년 이내 국가에서 사들일 권리까지 명시하여 궁극적으로 철도를 국유화할 가능성까지 확보한다. 프로이센은 군사력을 매우 중시했기 때문에 위급상황에서 대규모의 군대와 보급물자의 철도 운송은 매우 효율적인 방법이다. 그래서 민영철도를 사들이는 한편, 새로운 철도노선 건설에도 정부자본을 적극 투입한다. 또 철도가 다양한 철로를 쉽게 오갈 수 있도록 건설 승인 과정에서 노선, 건설기간, 철도차량 규격, 안전기준을 만족시키도록 한다.

이처럼 독일에서 철도 붐이 일면서 철도부설은 물론이고 기관차 제조회사들도 생겨나고, 철도숍railway shop이 군데군데 생기기 시작한다. 철도숍에는 엔지니어, 기계기술자, 건축가 들이 모여 기술을 배우고 훈련도 받는다. 철도가 독일의 산업화 저변을 넓히는 데 크게 기여한 것이다.

철도 붐에 힘입어, 1845년에는 독일 철도 총길이가 3,000킬로미터에 이른다. 1846년에는 독일연방 경계 내에 위치한 철도회사들이 '독일철도연맹'을 결성하여 열차가 한 영주국에서 다른 영주국으로 통과할 때의 운임과 승무원을 통일시켰다. 이처럼 철도 표준화는 당시 영주국별로 달랐던 문화가 서로 소통되고 통일되는 데 크게 기여한다. 1870년대 비스마르크는 철도의 정치적, 군사적 중요성을 인식하고 독일의 모든 철도를 국유화하여 단일한 국영철도체제로 만들려고 노력한다. 결과적으로 보면 독일이 국가적 차원에서 철도의 중요성을 일찍 인식하여 적극 투자한 데에는 선구자 프리드리히 리스트가 결정적인 역할을 한 셈이다.

프랑스혁명이 발발한 1789년에 태어난 리스트는 1816년 독일 뷔르템베르크 왕국에서 행정관청 서기로 시작해 자유주의 내각에서 차관까지 지내고 튀빙겐대학의 경제학 교수가 된다. 하지만 보수파가 집권하자 그는 자유주의자들의 견해를 집약한 입헌군주제 헌법안을 제시하며 투쟁을 하고 급진자유주의 노선의 신문 발행인으로도 활동한다.

1819년 프랑크푸르트에서 결성된 독일상공연맹의 법률고문이 되면서는 독일 전체를 하나의 시장으로 결합시키는 관세동맹운동을 벌이게 된다. 당시 200개 이상의 영토로 분열되어 도량형과 통화가 제각각 달랐던 독일에서 영주국이 서로 관세동맹을 맺어 통행세와 관세를 크게 낮추고 자유무역을 해야 한다고 강하게 주장한 것이다. 당시 독일의 영주국들은 자국의 이익을 위해 다른 영주국에서 들어오는 상품에 대해 높은 관세를 매기고 있었다. 이런 세금이 폐지되면 많은 정부에서 수입이 감소할 것이 불을 보듯 뻔했다. 그는 의원으로 선출되기도 하지만 1822년 자유주의 민족주의 현상을 차단하는 메테르니히 체제에서 반동적인 급진주의 선동가로 체포되어 강제 노동형을 치르고 외국으로 추방을 당하고 만다. 그의 주장은 결국 관철되어 12년 후인 1834년 독일의 영주국가들은 관세동맹을 체결한다. 비스마르크에 의해 1871년 독일이 정치적 통일을 이루기 전에 이룬 경제적 통일의 서막이다.

미국으로 망명한 리스트는 미국 독립전쟁에서 혁혁한 공을 세운 라파예트 장군의 소개에 힘입어 미국의 정치인들에게 알려지면서 저명인사가 된다. 그는 독일계 사람들이 많이 살던 펜실베이니아주에서 땅을 소유하게 되는데 이 땅에서 대량의 석탄이 발굴되어 큰돈을 벌게 된다. 또 독일 신문의 편집활동을 하면서 몇몇 유지들과 철도운하회사를 설립하여 사회 인프라로 철도 및 운하 건설을 추진한다. 1827년 〈새로운 정치경제학 개요〉라는 팸플릿을 통해 선진국인 영국과는 달리 미국이나 독일 같은 후진국은 국가 정책상 보호주의를 펼쳐야 경쟁력 없는 유치산업이 제대로 성장할 수 있다는 보호주의론을 전개하게 된다. 미국 재무장관 알렉산더 해밀턴이 미국의 산업발전을 위해서는 영국식 자유무역이 아니라 자국의 경쟁력 없는 공업을 보호해야 한다고 주장한 유치산업 보호론과 일맥상통한다.

　　미국에서 5년간 망명생활을 하고 1831년 독일로 귀국한 리스트는 독일 통일을 위해 보호산업을 자체적으로 육성하고 국내시장 통합을 위해 철도를 전국적으로 부설하며, 관세동맹을 통해 관세를 통일시키자고 주장한다. 저서《정치경제학의 국민적 체계》에서 자신의 견해를 피력하는데 경제를 정태적인 상태가 아니라 단계별 진화 과정으로 본다. 즉 경제는 수렵 단계, 목축 단계, 농업 단계, 농공상업 단계로 점차 진화하는데 독일은 농업 단계에서 최종 단계인 농공상업 단계로 옮겨가야 한다고 주장한다. 최종 단계에 진입한 국가는 자유무역을 하는 것이 유리하지만 농업 단계에서 농공상업 단계로 진입하기 위해서는 보호관세를 매겨서 자국의 산업을 발전시켜야 한다고 역설한다. 그러면서 자유무역은 영국이 다른 후진국을 발전시키지 못하게 하려는 교묘한 술책이라고 비난한다.

　　리스트는 국가 관점에서 거시적인 경제정책을 체계적으로 제시한 선구자이다. 그는 국민경제, 경제발전 단계, 보호무역, 유치산업 보호, 균형성장, 관세동맹, 사회정책 등 우리가 아직도 즐겨 사용하는 용어를 만들었다. 만약 영국 중심의 주류 고전경제학에서 빠져나오지 못했다면 독일은 19세기 후반에 급성장하여 영국을 따라잡은 경제강국으로 발돋움하지 못했을지도 모른다. 관세동맹처럼 독일의 여러 국가들을 묶어 경제블록을 만들자는 그의 생각은 나중에 유럽 국가들을 묶어 유럽연합을 만드는 데에도 크게 기여했다. 더구나 역사발전 단계에 따라 정책을 달리 구사해야 한다고 주장함으로써 독일 역사학파의 선구자로 평가받고 있다.

　　이처럼 리스트는 독창적인 이론과 참신한 정책을 많이 제시한 선구자였지만 당시 사람들은 생전의 그를 제대로 인정해주지 않았다. 나이가 들어 병마가 그를 괴롭혔고 철도 건설로부터 받은 보상도 적었고, 그나마 있던 미국 재산도 사라졌다. 병마와 가난과 실의에 시달리던 그는 1846년 오스트리아 티롤 지방의 알프스에서 권총 자살로 생을 마감했다. 이처럼 시대를 너무 앞선 선구자는 항상 외롭다. 그러나 시간이 지나며 리스트는 뒤처졌던 독일을 지금의 강력한 독일로 만들고 영국의 주류 경제학 아성을 신랄하게 비판하며 독일 경제학의 위상을 크게 높이는 데 기여한 탁월한 경제학자로 당당히 인정받고 있다.

—— THINK

19세기와 20세기 초반까지 철도는 국가의 매우 중요한 교통 인프라였다. 국방 차원은 물론이고, 사람과 물자의 이동을 용이하게 하여 시장 확대에 크게 기여했다. 20세기 초반 이후 자동차 보급으로 철도의 중요성이 크게 줄어들었지만 20세기 후반 이후 철도의 고속화로 다시 철도 르네상스를 맞았다. 철도의 미래를 전망해보자.

포경업은 왜 19세기 중반에 전성기를 맞았을까?

오일oil 하면 자연스럽게 석유를 가장 먼저 생각하지만 사실 어원을 따져 들어가면 오일이라는 단어는 식물성 오일인 올리브에서 나왔다. 또 동물에서 나오는 오일도 있는데 고래기름이 대표적이다. 바다에 사는 포유류인 고래는 덩치가 크기로 유명한데, 이렇게 덩치가 큰 이유는 피부 밑에 켜켜이 쌓여 있는 지방층 때문이다. 고래는 왜 몸에 지방을 많이 달고 있을까? 지방은 바닷속의 엄청난 압력으로부터 몸을 보호해주기도 하고 보온과 부력, 영양분 저장에도 큰 도움이 되기 때문이다.

사람이 고래를 잡는 이유는 시간이 지나면서 달라졌다. 이누이트와 아메리카 원주민, 노르웨이인, 일본인은 고래고기를 먹기 위해 고래를 잡았다. 18세기 들어와서는 고래기름 때문에 밧줄이 달린 작살을 던져 고래를 잡았다. 이때만 하더라도 땅에서 석유를 본격적으로 채굴하기 전이었고, 조명용으로 등잔을 켤 때 필요한 등유(등잔 기름이라는 의미)나 도시의 어둠을 밝히는 가로등용으로, 또 점차 사용하기 시작한 기계, 특히 시계에 바를 윤활유로 고래기름이 매우 쓸모가 있었다.

이런 용도로는 덩치가 커서 지방층이 많은 향유고래와 참고래가 특히 좋았다. 향유고래는 머리 부분이 툭 튀어나왔는데 이 부분에 있는 뇌유는 매우 좋은 윤활유였고 초나 립스틱, 크레용의 원료로도 좋았다. 포경업자들은 처음에는 이 뇌유를 향유고래의 정액으로 오인하고 향유고래를 'Sperm Whale'이라고 이름 붙였다. 향유고래는 향이 있다고 해서 붙여진 이름인데, 이 고래의 내장에 붙어 있는 장결석은 향기가 진해서 귀중한 향료, 즉 용연향으로 사용되고 있다. 용연향은 용이 흘리는 침이라는 뜻이다. 향유고래는 속도가 느려서 잡기 쉬웠고, 죽은 후에도 물 위에 떠서 포획하기에 좋았다. 참고래(수염고래)의 기름은 지방산과 글리세린의 화합물로, 다른 동식물의 기름과 본질적으로 다르지 않기 때문에 마가린, 비누, 잉크 같은 원료로 사용된다. 참고래는 위턱에 길이가 3미터나 되는 긴 수염이 200개도 넘게 달려 있는데 이 수염은 탄성이 탁월해 드레스의 심, 코르셋처럼 허리를 조이는 심으로도 쓰인다. 이처럼 고래의 기름이나 수염은 윤활유, 등유, 향수, 드레스, 코르셋, 비누, 마가린, 잉크, 초, 립스틱, 크레용 등에 정말 다양하게 쓰인다.

참고래의 기름은 먹을 수도 있어 마가린이나 조리용 기름으로 사용된다. 향유고래 기름은 먹을 수 없어 공업용으로 사용되는데 향수, 비누, 화장품, 양초에 사용된다. 고래 고기는 사람이 먹기도 하고 동물용 사료로도 사용되고, 고래 뼈는 비료로 쓰인다.

이렇게 용도가 다양한 고래를 잡으려는 노력은 18세기와 19세기 초반 절정에 달했다. 특히 미국인들의 고래사냥이 유명한데, 전성기 시절에는 500~700척의 포경선을 타고 연간 7,000마리 이상의 향유고래를 잡기도 했다. 고래를 잡는 포경기지는 주로 뉴잉글랜드와 뉴욕주에 많았는데 50군데에 이르렀다. 이들은 고래를 잡으면 고기는 모두 바다에 버리고 배에 실은 채유시설을 이용해 지방을 끓인 후 기름으로 만들어 기름통에 담았다. 포경선은 대서양, 인도양, 태평양을 돌며 싣고 간 기름통이 다 찰 때까지 2~4년씩이나 항해를 하곤 했다.

1820년부터 1850년까지가 미국 포경업의 전성기였다. 전 세계 포경선 수가 824척에 달하던 1842년, 미국 포경선 수는 594척에 이르러 전체의 72퍼센트를 차지했다. 미국 포경선은 그 후 더욱 늘어나 정점 시기였던 1847년에 736척에 이르렀다. 뉴잉글랜드에서 포경업으로 매우 번성한 곳은 세계 포경의 수도라 불렸던 항구도시 뉴베드퍼드였다. 허먼 멜빌이 1851년에 쓴 소설인 《모비 딕Moby Dick》 속 주인공이 고래를 잡으러 바로 이 뉴베드퍼드에서 출항한다.

1853년 일본을 개항시킨 미국의 윌리엄 페리는 영국에 대항해 미국의 이권과 지배력을 확보하기 위한 목적도 있었지만, 미국 포경선이 악천후 시 피난을 하거나 선체를 수리하고 물, 식량, 석탄을 공급받는 기항지가 필요해서 일본에 개항을 촉구했다. 당시의 증기선은 무게 때문에 석탄을 일주일 치 이상 실을 수 없었다. 그래서 미국 서해안에서 태평양을 건너 중국까지 가려면 중간에 석탄을 공급해줄 항구가 필요했다.

이처럼 지나친 포획으로 고래를 잡기가 점차 어려워졌다. 또 1848년에 캘리포니아 골드러시가 터지면서 많은 사람이 포경보다는 금 채광에 관심을 기울였다. 더구나 1859년 펜실베이니아에서 석유가 채굴되기 시작하면서 석유 공급이 늘어나 고래기름 가격이 폭락한 것도 19세기 후반 포경업의 몰락을 불러왔다.

1982년 국제포경위원회IWC, International Whaling Commission는 고래의 멸종위기를 이유로 들어 포경금지를 결의하여 1986년부터 상업적 포경은 완전히 금지되고 있다. 물론 세계 최대 포경국가인 노르웨이는 아직도 공공연하게 조업을 하고 있고 일본은 과학조사를 한다는 핑계를 대고 포경을 하고 있다. 일본의 한 과학조사선은 남태평양에서 고래를 500마리나 포획했다. 우리나라도 포경을 금지하고 있으나 불법 포획으로 고래고기가 여기저기에서 심심치 않게 보인다.

울산 대곡리에 있는 반구대에 가면 한반도 선사시대 사람들이 바위에 그림을 새긴 암각화가 근처에 있다. 높이 4미터, 너비 8미터 크기의 그림으로 300여 점 정도이다. 이 암각화에는 호랑이, 사슴, 멧돼지, 물개, 거북 등 많은 동물과 사냥꾼, 어부, 무당 같은 사람들이 묘사되어 있다. 또 작살에 맞은 고래, 새끼를 배거나 데리고 다니는 고래도 묘사되어 있는데 고래 묘사는 세계 최초인 것으로 알려져 있다. 1971년에 발견된 이 암각화는 1995년에 국보 제285호로 지정되었고, 2010년 세계문화유산 등재 준비 단계로 잠정 목록에 등재되었다. 반구대 암각화는 그림으로 쓴 최초의 역사책이라는 평가를 받고 있다.

===== THINK

울산 대곡리에 있는 반구대 암각화는 매우 귀중한 야외 박물관이다. 당시에 사람들이 고래를 어떻게 잡았을지 추정해보자. 그리고 물에 잠겨 훼손이 진행된 반구대 암각화를 보존하는 방법에 대해서도 고민해보자.

06

유럽 각국의
근대 국민국가는
어떻게 형성되었을까?

한 국가의 수준은 그 나라 국민의 수준과 같다. 아무리 탁월한 지도자라 하더라도 국민의 전반적인 수준을 대폭 올리는 데에는 한계가 있다. 어리석은 지도자가 나라를 이끌게 하는 것은 사실 그 나라 국민이 어리석거나 용기가 없어서 지도자를 갈아치울 능력이 부족해 그냥 용납했기 때문이다.

절대군주체제에서는 왕의 파워가 매우 크기 때문에 왕의 성격, 취향, 역량에 따라 국가의 성쇠가 좌우된다. 유럽은 근대에 들어와 부르주아 및 시민들에게 점차 시민의식이 생기면서 국가체제를 그들에게 맞게 국민주권 국가로 바꾸어나간다.

영국의 귀족들은 오랜 기간에 걸쳐 다양한 방법으로 왕권을 약화시킨다. 프랑스 내 영지를 많이 잃은 존 왕은 1215년 왕권의 제한과 제후의 권리를 확인한 헌장인 마그나카르타에 서명해야 했고, 1649년 전제적인 찰스 2세는 올리버 크롬웰에 의해 처형된다. 크롬웰 사후 공화정 국가는 다시 전제군주 국가로 바뀌지만 귀족들은 명예혁명을 통해 왕이 권리장전에 서명케

함으로써 입헌군주제와 의회정치가 정착된다. 이렇게 쟁취한 정치적 안정을 기반으로 하여 영국의 경제와 사회는 크게 발전한다.

스위스는 일찍이 1291년에 슈비츠를 비롯한 지역 칸톤들이 모여 스위스연방을 만들면서 독립을 선언하고 1499년 신성로마제국으로부터 완전한 독립국으로 인정받는다. 1848년에는 연방헌법에 따라 연방정부를 구성하면서 국민들이 국가의 주요 정책사안에 참여하는 직접민주주의를 구현하고 있다. 자본주의의 선두주자였던 네덜란드는 에스파냐의 지배에서 벗어나 1588년 공화국을 만들어 독립을 쟁취하고 1648년 독립국가로 공식 인정받는다. 네덜란드는 1815년에 공화정에서 입헌군주제로 바뀌어 지금까지 지속되고 있다.

프랑스는 18세기에 볼테르, 몽테스키외, 디드로, 달랑베르, 루소 등 지식인들을 중심으로 계몽운동이 활발하게 전개되지만 여전히 부르봉 가문의 전제군주 치하에 있었다. 탁월한 계몽사상가였던 볼테르는 절대군주제가 아니라 입헌군주제를 옹호한다. 반면 루소는 그의 저작《사회계약론》에서 일반의지를 가지고 있는 국민들이 왕권에 도전해 평등을 구하라고 역설한다. 루소가 사망한 후 11년째 되던 1789년에 분노에 찬 시민들이 프랑스혁명을 일으킨다. 프랑스혁명의 아버지라 불리는 루소가 쓴《사회계약론》은 로베스피에르의 혁명정부 책상에 항상 놓여 있었다. 루이 16세도 기요틴에 처형을 당하면서 "아, 나는 루소 때문에 죽는구나"라고 말했다는 후문이 들려온다. 프랑스혁명이 내건 자유, 평등, 박애정신이 유럽 전역으로 확산되자, 유럽의 절대군주 국가든 입헌군주 국가든 프랑스혁명의 불똥이 자기 나라에 떨어지지 않도록 혼신의 노력을 기울였다. 나폴레옹 몰락 후 빈체제에 의해 군주국들이 다시 복귀하지만 19세기 내내 1830년 7월혁명, 1848년 2월혁명, 1871년 파리코뮌이 연거푸 일어나 시민이 주도하는 민주주의 대세를 결국 거스를 수 없었다.

절대왕정을 무너뜨리고 국민주권 국가를 탄생시킨 프랑스혁명이

유럽 전체에 끼친 영향은 압도적이다. 프랑스혁명 당시 생긴 프랑스의 삼색기가 아직도 유럽 많은 국가에서 국기로 채택되고 있는 것을 보면 프랑스혁명의 여파를 짐작할 수 있다. 프랑스의 삼색기는 부르봉왕조의 상징인 백합의 흰색과 시민군의 상징인 파란색과 붉은색을 더해 만들어졌다. 국기의 세 가지 색깔은 그 나라의 상징에 따라 달라진다. 그리고 색깔이 세로, 혹은 가로로 그려지기도 하는데 세로로 된 삼색기는 프랑스 국기가 처음이고, 가로로 된 삼색기는 네덜란드 국기가 처음이다.

시민혁명은 시민이 중심이 되어, 특권을 가진 왕이나 귀족이 모든 것을 주관하는 정치제도를 없애고, 모든 사람이 주인이며 자유롭고 평등하다는 신념을 바탕으로 민주정치를 확립하는 데 목적을 두고 있다. 시민혁명이 부르주아 계층에 의한 혁명이라면, 부유한 부르주아보다 가난한 노동계급은 프롤레타리아혁명을 시도한다. 1848년 카를 마르크스와 프리드리히 엥겔스가 《공산당선언》을 발표한 이후, 1871년 세계 최초의 사회주의 자치정부인 파리코뮌이 시민들에 의해 70일간 형성된다.

나폴레옹 3세의 프랑스 제2제국이 프로이센과의 전쟁에서 패하고 티에르가 주도하는 임시정부가 독일과 강화조약을 맺는다. 하지만 알자스와 로렌의 할양, 40억 프랑의 배상금 지불, 독일군의 파리 입성을 조건으로 하여 굴욕적인 강화조약이 맺어졌다는 사실이 알려지자 파리 시민들은 크게 분노한다. 임시정부는 파리가 독일에 포위되었을 때 노동계급으로 구성된 국민방위군에게 나누어주었던 대포를 회수하려 한다. 다소 높은 몽마르트르 언덕에 배치된 대포를 회수하려고 정규군 3,000명이 새벽에 몰래 투입되지만 여성 노동자 루이즈 미셸에게 들킨다. 그녀는 200여 명의 여성 노동자들에게 소총을 지급하고 공격을 저지한다. 정규군을 이끌던 장군은 병사들에게 발포명령을 내렸지만 병사들은 발포를 거부한다. 그래서 티에르의 임시정부는 베르사유로 퇴각하고 만다.

이에 크게 힘을 얻은 파리 시민들은 1871년 3월 파리코뮌을 결성하여 자치정부를 꾸린다. 즉각 야간노동을 폐지하고 공장주가 버리고 간 공장은 노동자가 운영한다. 남편을 여읜 여성에게는 연금을 지급하고 아동교육을 무상으로 제공한다. 이른바 사회주의 정책들이다. 흥미로운 사실은 독일 노동자를 자신들의 노동부 장관으로 임명하는데, 이는 독일 노동계급과의 연대를 강조하기 위한 것이다.

프랑스에 사회주의 정권이 수립된 것에 대해 독일, 영국, 오스트리아·헝가리제국이 매우 불안해했음은 물론이다. 프랑스 임시정부는 이들 주위 국가의 지원을 받아 5월에 파리코뮌 진압에 나선다. 혹독한 진압 과정에서 많게는 5만 명의 사람들이 처형되거나 사망하고 10만 명이 연루자로 체포되어 4만 명이 군사재판에 기소된다. 형이 확정된 사람 중에 7,500명은 남태평양에 있는 프랑스 식민지인 뉴칼레도니아로 유배를 가야 했다. 이와 관련된 영화로 〈루이즈 미셸〉이 있다. 이런 우여곡절을 거쳐 프랑스에는 제3공화정이 세워진다. 파리코뮌은 비록 실패했지만 그 후 유럽의 사회주의 운동에 지대한 영향을 미친다.

러시아 혁명가 레닌은 파리코뮌을 '세계 역사상 최초로 이루어진 노동계급에 의한 사회주의 혁명의 예행연습'이라고 높이 평가한 바 있다. 1917년에는 러시아에서 레닌이 주도한 공산주의 혁명이 성공을 거두어 소비에트연방이 형성된다. 러시아의 공산주의 혁명에 화들짝 놀란 서유럽 국가들은 공산화를 피하기 위해 자유자본주의에서 복지가 크게 강화된 수정자본주의로 점차 돌아서게 된다.

스웨덴에서는 1889년에 사민당이 결성된다. 얄마르 브란팅은 1907~1920년 스웨덴사민당 당수로 있으면서 국가가 국민들에게 집과 같은 역할을 하겠다는 '국민의 집' 전략을 구사하여 1920년 집권에 성공한다. 페르 알빈 한손 사민당 당수가 1932년 집권한 이후 다른 사민당 당수들도 연달아 집권하면서 스웨덴의 복지국가 모델은 1960년대에 완숙단계에 이른다.

동유럽에서도 시민혁명이 일어났다. 1968년 체코슬로바키아에서는 소련의 지배로부터 벗어나기 위해 두브체크를 비롯한 민주혁명 지사들이 '프라하의 봄'이라는 혁명을 일으킨다. 소련군의 진압으로 혁명은 실패하지만 21년 후인 1989년 체코슬로바키아는 하벨을 중심으로 혁명을 일으켜 드디어 공산당 정권이 무너진다. 비폭력이었기 때문에 '벨벳혁명'이라 불리는 이 혁명은 그 이후 동유럽 국가의 민주화 혁명에서 기폭제 역할을 한다.

지금 유럽은 국가마다 체제가 약간씩 다르기는 하지만 공통적으로 국민이 주권을 갖는 민주국가이다. 그동안 압제에 끈질기게 저항한 시민정신과 희생이 있었기에 가능한 결과이다.

─── THINK

개혁보다 혁명이 오히려 쉽다는 말도 있지만 혁명에는 많은 피를 흘리는 참혹함이 불가피하다. 민주적 방식의 개혁이 다소 느리더라도 인내하며 꾸준히 추진해야 한다.

동아시아 국가 중
왜 일본만 개항과 개혁에
성공했을까?

우리나라에는 1875년 일본 운요호가 강화도에 처음 나타났다. 22년 전인 1853년 7월에는 미국의 흑선이 일본 에도만 입구인 우라가浦賀 앞바다에 처음 나타났다. 미국 동인도 함대 사령관장인 매슈 페리가 군함 네 척을 이끌고 왔는데 크기도 클 뿐 아니라 까맸다. 부식과 누수를 막기 위해 선체 표면에 검은 콜타르를 칠한 것이었다. 일본 사람들은 이 흑선을 공포심 반, 호기심 반으로 구경했다. 페리 제독이 태평양을 건너 일본에 온 것으로 생각하기 쉽지만 그는 미국 동부에서 출발해 아프리카, 동남아시아, 중국을 거쳐 일본으로 왔다.

　　　　페리 제독의 일본 연안에서 조난당한 미국 선박 승조원들의 보호와 미국 선박에 연료나 물, 식량을 보충할 수 있는 보급항 제공 요청은 핑계이고, 미국과의 통상 강요가 주목적이었다. 일종의 무력시위였다. 그는 미국의 필모어 대통령의 친서를 일본 측에 전달하고서 이듬해 봄에 다시 올 테니 고민해보라며 시간적 여유를 주었다. 그리고 이듬해 2월에 정말 1,900명의 승조원과 함께 종전의 두 배인 여덟 척의 함대를 거느리고 다시 나타났다.

사실 미국이 일본에 갑자기 관심을 가진 것은 아니었다. 아편전쟁 이후 영국은 난징조약을 맺었고 1844년 미국도 중국과 통상조약을 맺었다. 그러면서 태평양 항로의 중간 기착지로 일본에 관심을 보인 것은 어쩌면 당연했다. 일본도 아편전쟁에서 중국이 참패한 사실을 잘 알고 있었기 때문에 서양 군함의 출몰 동향에 신경을 곤두세우고 있었다.

1854년 2월 페리 제독이 다시 돌아오기 전까지 일본에서는 개국을 둘러싼 의견이 분분했고, 당시 교역을 하고 있던 네덜란드에 조언을 얻기도 했다. 실제 권력을 쥐고 있던 막부는 전쟁을 하지 않으려면 통상조약을 맺을 수밖에 없다고 생각했고, 지방 다이묘들은 극구 반대했다. 막부는 개국하기로 최종 결정하고 이해 3월 미·일 화친조약을 체결했다. 피 한 방울 흘리지 않고 평화적으로 개국한 것이다. 일본은 300여 년 전부터 포르투갈, 네덜란드와 교역을 해왔기 때문에 서구에 대한 지식이 많이 축적되어 조정 안에서 상대적으로 쉽게 개항 결론을 내린 것이다. 이후 1858년에는 통상 폭을 더욱 넓혀 미·일 수호 통상조약을 체결했다. 다섯 개 개항장, 무역의 전면 자유화와 협정 관세 채택, 외국인에 대한 영사재판권 인정이 담겨 있었다.

막부가 조약 체결을 하고 천황에게 칙허를 요청하자 당시 고메이 천황이 이를 거부했다. 이에 조슈 지역을 중심으로 막부에 대한 반대가 거세게 일어났다. 막부의 탄압으로 조슈는 외국 배척을 포기하지만 이후 사쓰마 지역과 함께 막부를 굴복시키고 왕정복고 쿠데타에 성공했다. 260여 년간 이어져 온 도쿠가와막부가 무너지고 1868년 메이지유신이 이루어진 것이다.

일본은 메이지유신 이후 국가체제 전반을 뜯어고쳤다. 우선 지방조직의 번주들이 소유하고 있던 토지와 인민에 대한 세습적 권리를 중앙정부에 모두 반환했다. 또 막부시대의 번을 통폐합해서 3부 72현으로 재정비하여 중앙정부가 직접 임명한 지사를 현에 파견했다. 신분제도도 개혁하여 다이묘와 상층귀족은 화족, 일반무사는 사족, 농공상민은 평민으로 정했다. 군인충당을 위해 징병제도를 실시해 평민 중심의 근대적인 군사제도를 만들었

1853년	매슈 페리가 이끄는 미국의 흑선이 에도만 입구에 등장
1854년	페리 다시 내항, 미·일 화친조약으로 개국
1855년	외국어 학교인 양학소 개설
1858년	미·일 수호 통상조약 체결
1866년	사쓰마·조슈동맹 성립, 후쿠자와 유키치가 《서양사정》 출간
1868년	왕정복고 및 메이지유신, 에도를 도쿄로 개칭, 도쿄~요코하마 간 전신 개통
1869년	판적봉환(번주가 토지를 정부에 반환) 시작
1870년	미국, 프랑스에 재외공관 설치
1871년	폐번치현 조서 공포, 신화폐제도·우편제도 개시, 산발 자유화
1872년	학제 공포, 신바시~요코하마 간 철도 부설, 태양력 사용
1873년	징병령 공포, 지조개정조례 공포, 최초의 근대은행, 제일은행 설립
1877년	국립도쿄대학 개설
1885년	내각제도 확립
1889년	메이지 헌법 공포
1890년	중의원 선거 실시, 제국의회 소집

다. 조세제도도 근대화하여 토지 소유자가 지가의 3퍼센트를 현금으로 정부에 지불하도록 하여 재정운영이 안정될 수 있었다. 화폐제도, 우편제도, 교육제도(소학교, 중학교, 대학교, 사범학교)도 근대화하고 새로운 교통수단으로 철도를 부설하기 시작했다. 기존의 태음력을 포기하는 대신 태양력을 채택하고, 단발령을 공포하여 상투를 자르고 서양식 복장도 착용했다. 서양 사상, 과학기술, 문화예술 등 다양한 분야의 책들이 번역되어 일본에 소개되었다. 이처럼 메이지 정부는 정치, 행정, 군사, 재정, 교통통신, 교육 전반에 걸쳐 개혁을 단행하여 근대적 중앙집권체제를 갖추었다. 1880년대 들어 일본은 새로운 헌법을 만들기 위해 유럽 여러 나라를 방문하며 연구한 결과, 독일식 헌법을

채택하기로 결정을 내렸다. 그래서 1889년 메이지 헌법이 천황에 의해 공포되었다. 내각 중심의 행정권, 귀족원과 중의원으로 구성된 입법권, 재판소 중심의 사법권을 분리하여 삼권분립이 이루어지는 했으나 천황의 권한은 상당히 컸다. 한마디로 천황을 정점으로 한 근대 천황제 집권구조가 이루어졌다. 이 헌법은 1945년 일본제국이 패망할 때까지 지속되었다.

페리 제독은 일본을 방문한 지 3년 후인 1856년에 《중국해와 일본 원정기 Narrative of the expedition of an American Squadron to the China Seas and Japan》라는 책을 출간하며 일본의 제조기술에 대해 이렇게 언급한 바 있다. "일본 직인들의 기술수준은 세계 어느 나라에 견주어도 뒤떨어지지 않는다. 국민들의 발명 능력이 더욱더 자유롭게 발휘될 수 있다면 세계에서 가장 제조업이 발달된 나라와 어깨를 나란히 할 날도 멀지 않을 것이다."

청나라는 두 차례의 아편전쟁과 태평천국운동을 거치고서 개혁의 필요성을 절감하고 1861년부터 양무개혁에 본격적으로 나섰다. 두 나라 모두 불평등조약이었지만 시기상으로만 보면 중국이 일본보다 10년 이상 먼저 개국을 한 셈이었다. 그러나 중국은 기본적으로 중체서용을 추구했다. 유교 관료의 통치, 왕조체제, 전통사회는 그대로 온존시키고 서양기술을 도입하며 개선하자는 것이었다. 즉 정치사회개혁은 외면하고 표면적인 개혁에 그친 형태였다. 반면에 일본은 막부체제에서 천황제로 바뀌면서 정치·경제·사회·문화에 걸쳐 대대적인 수술에 들어갔기 때문에 성공을 거두었다. 중국은 뒤늦게 청일전쟁에서 처참하게 패배한 후 중체서용의 한계를 뼈저리게 느끼고 일본의 메이지유신의 성공을 부러워하여 열심히 연구하고 도입했지만 이미 때는 늦었다. 조선도 김옥균, 박영효, 서재필, 서광범, 홍영식 등 개화파가 수구파를 몰아내고 개화정권을 수립하려 1884년 갑신정변을 꾀하나 3일 천하에 그치고 말았다.

──── THINK

일본은 메이지유신을 통해 근대화에 성공하여 열강 반열에 올랐다. 하지만 청나라는 양무운동과 변법자강운동을 추진했으나 결국 실패하여 망국의 길을 가게 되었다. 당시 일본의 성공과 중국의 실패 사례를 비교하고 이를 조선 말기의 개혁 노력과도 비교해보자.

네팔 용병은
왜 유독 인기가 높았을까?

네팔과 인도는 어떻게 보면 형제국가 같은 관계이다. 물론 인도가 형이고 네팔이 동생이다. 두 나라의 지배적 종교는 힌두교로 같고 문화나 인종 면에서도 상당히 비슷하다. 하지만 면적이나 인구 면에서는 인도가 네팔보다 훨씬 크다. 면적은 22배, 인구는 44배 차이가 난다.

　　소국 네팔은 대국 인도에 대해 몇 가지 면에서 우월감을 가지고 있다. 그중 하나가 인도는 한때 영국의 식민지배를 받았지만 네팔은 그런 어두운 시기를 거치지 않았다는 점이다. 동남아시아의 타이도 인접국가인 베트남, 미얀마, 말레이시아, 캄보디아와는 달리 독립국가를 유지했기 때문에 국가에 대해 자부심이 크다. 네팔과 타이는 자국을 지킬 힘이 어느 정도 있었고, 열강 사이에서 외교력을 발휘하여 완충 지역으로 자리 잡는 데 성공한다. 그런 면에서 중국과 러시아, 일본 사이에 끼어 있던 우리나라 또한 19세기 후반과 20세기 초반에 잘만 했다면 동아시아에서 열강의 완충 지역으로 자리를 잡을 수도 있었다.

네팔은 1768년 고르카 왕국의 프리트비 나라얀 샤에 의해 통일되었다. 이때부터 2008년 공화국이 만들어질 때까지 네팔은 줄곧 왕국이었다. 이 왕국의 구르카 군대는 용감하기로 매우 유명하다. 1814년부터 1816년까지 네팔과 영국 간에 큰 전투가 벌어졌는데 그때 영국이 이기긴 했으나 영국군에 엄청난 사상자가 발생했다. 구르카 군대의 용맹함에 크게 놀란 영국은 포로로 잡힌 구르카 군인들을 영국 동인도회사의 사병으로 편입시켜 전투활동을 하도록 했다. 이들은 나중에 영국군으로 통합되어 제1, 2차 세계대전 때에는 연인원 20만 명의 구르카 용병이 영국군에 편입되어 참전했는데 이때 4만 5,000명이 전사했다. 현재 구르카 용병은 이라크, 아프가니스탄 등에서 영국군 현역으로 일하며 인도, 말레이시아 군대와 싱가포르 경찰로도 활동하고 있다. 퇴역 후 사설경호회사에 고용되어 전장에 다시 투입되기도 한다.

　　과거에는 구르카 용병의 보수가 영국 정규군에 비해 훨씬 낮았지만 이제는 거의 비슷해 네팔인 평균연봉보다 50배 이상이다. 이런 인기에 힘입어 용병 경쟁률이 매우 높다. 외국에서 활동하는 구르카 용병들이 본국으로 보내는 송금액도 매우 커서 현재 네팔 전체 국내총생산GDP의 23퍼센트나 차지한다. 네팔인들은 용병 외에도 한국 등 외국에 나가서 일을 하여 본국으로 돈을 송금하고 있어 네팔 경제에서 중요한 역할을 하고 있다. 우리나라도 독일에 파견된 광부, 간호사가 본국으로 송금을 하고 중동 붐 당시 현지에서 일하던 건설 노동자들이 송금을 하면서 국가경제에 크게 기여한 바 있다.

　　초기 영국군 소속의 구르카 용병은 대부분 네팔의 험준한 산악 지역 '고르카'의 가난한 농가 출신이었다. 구르카란 이름은 지역 이름에서 왔다는 설과 8세기 힌두 전사 '구루 고라크나스'에서 유래했다는 두 가지 설이 있다. 구르카 용병들은 탁월한 체력과 엄격한 규율로 무장해 정글전투와 백병전에 매우 강하다. 용병으로 선발된 구르카의 모토는 "겁쟁이가 되는 것보다는 죽는 게 낫다"이다. 이들은 '쿠크리'로 불리는 45센티미터 길이의 전통 칼을 갖고 전투에 임하는데 "쿠크리를 한번 뽑으면 칼집에 넣기 전에 반드시 피 맛을 봐야 한다"라는 말이 있을 정도이다.

금전적인 이유로 장기복무하는 전문군인들을 용병mercenary이라고 부른다. 용병은 징병제나 모병제로 소집된 군인과 달리 개인적 신념이나 애국심과는 전혀 관련이 없다. 용병의 역사는 매우 길다. 고대 이집트나 페르시아, 그리스에서도 용병을 많이 사용했다. 중장 보병 위주였던 그리스는 스키타이나 크레타섬 출신의 궁병을 용병으로 고용했고, 페르시아의 왕자 소小키루스도 그리스인들을 보병으로 고용했다. 카르타고는 이베리아, 켈트, 나미비아인들을 고용했다. 로마 역시 기병, 투석병, 투창병, 궁수 같은 숙련기술을 보유한 사람들을 많이 고용했다. 그러다가 결국 게르만 용병에 의해 서로마제국이 멸망한다. 동로마제국도 신체 강건한 노르만 출신 사람들을 근위대로 많이 고용했다. 중국도 한나라에서 당나라 시기에 북방 유목민족의 기병을 용병으로 활용했다.

고용주는 자신의 군사적 약점을 보완하기 위해 용병을 고용하는 만큼 단기적으로 많은 효과를 본다. 하지만 용병은 일반적으로 충성도가 낮기 때문에 마키아벨리는 일찍이 이런 말을 남겼다. "용병을 쓰는 것이 최악, 동맹군은 악 그리고 오직 국민병만이 최선." 따라서 충성도가 높다고 평판이 난 용병은 인기가 대단했다. 스위스 용병이 바로 그런 경우이다.

스위스 근위대는 1506년부터 500년간 교황과 교황청이 있는 교황령인 도시국가 바티칸을 지켜왔다. 바티칸은 이탈리아 수도 로마에 있는데 왜 교황이 가진 유일한 군사조직은 스위스인만으로 이뤄졌을까? 이는 신성로마제국(독일)이 이탈리아 지배권을 두고 프랑스와 전쟁을 벌이던 1527년 5월 6일, 스위스 근위병이 보여준 용맹함 때문이다.

카를 5세가 이끄는 신성로마제국군이 '로마의 약탈'을 시작하자, 교황을 보위하는 각국 용병들 모두가 도망쳤는데 스위스 근위대만 홀로 남았다. 당시 클레멘스 7세 교황은 "스위스로 돌아가라"고 권했지만 이들은 오히려 교황이 몸을 피할 수 있도록 격렬히 싸웠다. 1527년 5월 6일 지금의 성

베드로 대성당 인근에서 벌어진 전투에서 스위스 근위병 189명 중 147명이 전사했다. 이들의 희생 덕에 교황은 피신할 수 있었다. 이후 교황청 근위대는 '절대 물러서지 않는 스위스 병사'로만 구성하는 전통이 만들어졌다. 지금도 신입 근위병은 선배들의 희생을 기리기 위해 매년 5월 6일에 충성 서약식을 한다.

19세기에 영국의 동인도회사는 인도인들을 용병으로 고용하고 있었다. 이들 세포이 용병들은 영국 병사에 비해 아주 못한 대우를 받고 있었다. 그러던 차에 총기를 닦는 기름 때문에 1857년 세포이 용병들이 항쟁을 벌이게 된다. 영국인들이 총기를 닦으라고 기름을 배급했는데 그것이 돼지와 소의 기름이라는 소문이 돌아 힌두교도였던 세포이 용병들이 폭동을 일으킨 것이었다. 아주 치열하고 대규모였던 이 항쟁은 2년 만에 막을 내렸지만 영국은 인도 황제에게 책임을 전가해 1526년부터 이어진 무굴제국을 1858년에 멸망시켰다. 동인도회사도 아예 폐지하여 영국이 직접 통치하는 직할지로 바꿔버렸다. 그리고 1877년에는 영국 빅토리아 여왕이 인도의 왕도 겸한다고 선언했다. 이처럼 용병은 역사를 또 한 번 뒤틀었다.

역사적으로 유명한 용병으로는 네팔 구르카 용병, 스위스 용병, 인도 세포이 용병 외에도 프랑스 외인부대, 카자크인 용병, 로디지아군, 블랙워터, 와일드 기스, 플라잉 타이거즈, 사이카슈, 란츠크네히트가 있다. 최근에 와서는 민간군사기업PMC, Private Military Company들이 특수부대 출신들을 고용해 자주 군사활동을 벌이기도 한다. 요즘 용병이라는 말은 프로스포츠 팀에서도 많이 사용한다.

———— THINK

우리나라 프로스포츠 팀(축구, 야구, 농구 등)에서도 외국 용병선수들이 많은 활약을 하고 있다. 스포츠 외에 국방에도 전 세계적으로 용병을 사용한 경우가 많다. 용병을 효과적으로 사용하려면 어떤 노하우가 필요한지 생각해보자.

Tip

이슬람의 여성 복장은 서로 어떻게 다를까?

이슬람 여성의 전통의상

부르카　　　　니캅　　　　차도르　　　　히잡

이슬람 국가의 여성들은 옷으로 얼굴을 가리고 몸도 모두 가리는 경우가 많다. 한마디로 몸을 베일로 온통 감싸는 것이다. 이것이 부르카burka인데, 눈만 내놓는 것은 니캅niqab이라 한다. 부르카가 온몸을 감싸기는 하지만 눈 쪽에는 실과 실 사이가 많이 벌어진 매우 얇은 망사가 붙어 있어 밖을 내다볼 수 있다. 하지만 부르카나 니캅을 쓰면 그 안의 사람을 다른 사람들이 식별하기 어려워 공공안전에 문제가 생길 수 있다. 그래서 2010년 벨기에는 공공장소에서 부르카를 포함해 신원을 확인할 수 없게 하는 옷이나 두건 착용을 금지하는 법안을 통과시켰다. 프랑스에서도 부르카 금지법안이 통과되어 2011년 발효되었다.

이슬람 여성의 복장에는 부르카, 니캅보다 좀 더 개방적인 것도 있다. 페르시아어로는 차도르chador, 아랍어로는 아바야abaya라고 부르는 의상으로 상반신을 감싸되 얼굴은 내놓는 방식이다. 가장 개방적인 의상은 히잡hijab이다. 히잡은 큰 스카프처럼 얼굴은 보여주고 머리와 상반신 앞부분을 가리는 형태이다. 히잡은 개방적인 터키에서 많이 사용되고 있고, 부르카는 가장 보수적인 탈레반이 많은 아프가니스탄이나 21세기 들어 세력이 크게 늘어난 이슬람국가IS에서 애용한다. 니캅은 파키스탄과 모로코에서, 차도르는 이란에서 애용하고 있다. 이슬람 여성에게 히잡을 입으라는 내용은 쿠란의 제24장 '빛의 장' 제31절에서 찾을 수 있다.

"믿는 여성들에게 일러 가로되, 그녀들의 시선을 낮추고 순결을 지키며, 밖으로 드러내는 것 외에는 유혹하는 어떤 것도 보여서는 아니 되느니라. 그리고 가슴을 가리는 머릿수건을 써서 남편과 그녀의 아버지와 남편의 아버지와 그녀의 아들과 남편의 아들과 그녀의 형제와 그녀 형제의 아들과 그녀 자매의 아들과 여성 이슬람과 그녀가 소유하고 있는 하녀와 성욕을 갖지 못한 하인과 그리고 성에 대한 부끄러움을 알지 못하는 어린이 외에는 드러내지 않도록 하라. 또한 여성은 발걸음 소리를 내어 유혹함을 보여서는 아니 되나니 믿는 사람들이여 모두 알라께 회개하라. 그리하면 너희가 번성하리라."

이슬람 여성들이 이런 의상을 입은 이유는 남성으로 하여금 성욕을 느끼지 못하게 하려는 목적이 가장 컸다. 또 햇살이 따가운 이슬람 지역에서 햇빛을 차단해 몸을 지키려는 목적도 있었다. 부르카나 니캅은 매우 더워 보이지만 실제로 착용해보면 생각보다 그리 덥지는 않다. 애초에 이 지방에서 입는 옷 원단이 얇기 때문에 바람이 숭숭 들어온다. 그러나 얼굴과 온몸을 감싸는 부르카와 니캅은 쿠란에 나오는 것보다 훨씬 구속적이라는 비판이 거세다.
17세기까지만 하더라도 상류층 여성이 하류층 여성과 신분을 구분하기 위해 부르카를 과시용으로 입었다. 그러다가 18세기에 일반 여성에게로 급격히 전파되면서 일상복이 되어버렸다. 이처럼 같은 복장이라도 시간이 지나며 사회적, 국제적 인식이 달라진다.

──── THINK
이슬람 여성의 복장은 유럽의 일부 국가에서 테러에 활용되고 자신의 정체성을 드러내 갈등을 부추긴다는 이유로 공공장소에서 착용이 금지되고 있다. 이런 이슬람 복장 착용 금지에 대해 어떻게 생각하는가?

타이는 어떻게 제국주의시대에
동남아시아에서 유일하게
독립을 유지할 수 있었을까?

전 세계에 200개가 넘는 국가가 있지만 세계지도를 펴고 국경선을 보면 어딘가 어색한 경우를 보게 된다. 캐나다 서해안을 보면 알래스카가 해안을 길게 차지하고 있다. 보스포루스해협 건너편의 이스탄불도 어색하게 터키의 영토이고, 터키 해안의 모든 섬은 그리스 영토로 되어 있다. 폴란드 북동쪽의 칼리닌그라드도 러시아 영토인데 러시아의 본토에서 완전히 떨어진 곳에 위치하고 있다.

동남아시아에 위치한 타이의 지도를 봐도 말레이반도로 뻗쳐 내려가는 국경의 모습이 어딘가 어색하다. 국경이 이렇게 된 데에는 다 이유가 있다. 하지만 그 덕분에 타이는 19세기 전 세계적인 제국주의시대에 독립을 유지할 수 있었다. 그 당시 독립을 유지한 나라는 아프리카에서는 라이베리아, 아시아에서는 네팔과 타이뿐이다.

미국에 설립된 미국식민협회는 1842년 해방된 노예를 아프리카로 보내 서아프리카 기니만에 1847년 라이베리아라는 이름의 공화국을 세우게

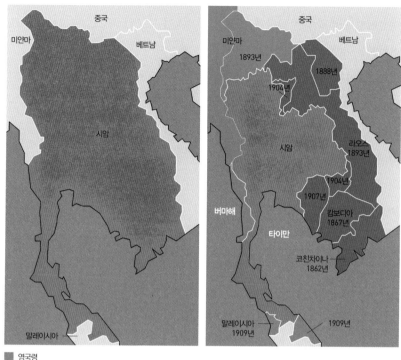

제국주의 국가(영국, 프랑스)에 의한 타이의 영토 축소(1862~1909년)

영국령
프랑스령

한다. 국가 이름도 '자유의 나라'라는 뜻이고 수도도 미국 대통령 먼로의 이름을 따 몬로비아로 정해졌다. 현재 라이베리아는 450만 명의 인구를 가진 나라로 1847년에 건립된 이후 한 번도 식민지였던 적이 없다.

9~13세기 동남아시아의 강자는 크메르이다. 앙코르와트로 대표되는 크메르도 13세기 들어 점차 퇴조를 보이면서 1238년에 불교국가로 수코타이 왕국이 독립해 나가는데 이것이 타이(시암Siam)의 시초이다. 타이의 아유타야왕국이 1350년부터 오랜 기간 위세를 떨쳤으나 옆 나라 미얀마에 의해 멸망하고 1782년에 아유타야군의 총사령관이었던 쭐랄록에 의해 짜끄리왕조가 방콕을 수도로 하여 수립된다. 이 짜끄리왕조는 지금까지도 유지되

고 있다. 19세기 들어 유럽 열강들이 동남아시아에 적극 진출함에 따라 미얀마는 영국의 식민지로, 베트남은 프랑스의 식민지로 속속 전락한다. 하지만 짜끄리왕조의 왕들은 영국과 프랑스 사이에서 고도의 외교를 펼쳐 식민지로 전락하는 것을 막을 수 있었다.

짜끄리왕조의 라마 4세(몽꿋 국왕, 1851~1868년 재위)는 서구 열강 사이에서 타이의 독립을 유지하고 근대화를 위해 많은 노력을 기울인다. 그 결과 1855년 영국과 통상 우호조약을 맺고 문호를 개방하면서 적극적으로 유럽의 학문과 기술을 도입한다. 몽꿋 왕과 왕실의 영국인 교사 애나 레오노웬스 간의 이야기를 그린 〈애나 앤드 더 킹〉(주윤발, 조디 포스터 주연)이라는 영화도 있다.

라마 4세의 아들인 라마 5세(쭐랄롱꼰 국왕, 1868~1910년 재위)는 부역제도와 노예제도를 폐지하고 사법제도와 교육제도를 근대화하고 철도, 통신사업도 추진하며 사회의 모든 방면을 개혁한다. 하지만 이런 개혁 노력에도 불구하고 영국의 무역 이익을 위해 자국의 영토에 주요 조계를 설정해야만 했다.

불평등조약을 감수하면서도 타이는 철저히 전쟁을 회피하고 영토를 할양해주는 데 주력한다. 그런데 이때 소수민족의 영토만 넘겨준다. 영토 할양은 세 차례에 걸쳐 이루어지는데, 1862~1869년에 지금의 베트남 남쪽과 캄보디아의 일부를 프랑스에, 미얀마의 남쪽을 영국에 할양한다. 2차로 1893년에 라오스를 프랑스에, 미얀마의 동부를 영국에 할양한다. 그리고 1904~1909년에는 캄보디아의 일부를 프랑스에, 말레이시아의 북부를 영국에 할양한다. 말레이시아 북부는 프를리스, 크다, 트렝가누, 클란탄 지역인데 말레이 인종이 거주하고 있었다. 빠따니라 불리는 말레이 인종이 거주하는 나머지 지역은 오늘날에도 타이의 영토로 남아 있다. 1909년 마지막 영토 할양이 끝나자 타이의 국토 면적은 종전의 2분의 1 수준으로 줄어든다. 하지만 국민의 단일성은 오히려 높아지면서 훗날 민족주의 운동에 유리한 환경이 된다. 그래도 타이의 면적은 대한민국의 다섯 배나 된다.

라오스는 1828년부터 타이의 지배를 받는데 1893년 프랑스로 넘어가면서 프랑스 보호국이 된다. 그리고 1949년이 되어서야 프랑스로부터 독립한다. 캄보디아는 1863년에 타이령에서 프랑스령으로 바뀌고 1953년 프랑스로부터 독립한다. 미얀마는 1885년 멸망하고 영국령 인도에 편입되는데 1948년이 되어서야 영국에서 독립한다. 프랑스는 라오스를 3등분(비엔티안, 루앙프라방, 참빠삭)해서 통치하고 베트남도 3등분(안남, 통킹, 코친차이나)해서 통치한다.

영국과 프랑스는 타이의 주변국을 식민지화하는 데 힘을 소비하고 타이와의 관계에서는 전쟁을 할 빌미를 찾지 못한다. 대신 영국과 프랑스는 서로가 직접 충돌하는 것을 원치 않아, 결과적으로 타이를 완충 지역으로 두는 것에 합의함으로써 타이는 독립을 유지할 수 있게 된다. 타이는 비록 서구 열강들에게 영토를 할양하지만 다른 나라와는 달리 전쟁을 피하면서 전쟁 패배로 인한 배상금 지불이 필요 없어 근대화에 매진할 수 있었다.

이처럼 타이는 왕실의 기민한 외교정책, 성공적인 근대화 추진, 두 열강 사이의 중간지대라는 지리적 이점을 이용해 서양 열강의 틈바구니 속에서 독립을 유지할 수 있었다. 타이라는 말은 '자유'를 의미하는데 그 이름이 그냥 붙여진 것이 아님을 알 수 있다.

THINK

동남아시아의 타이처럼 전 세계에는 절묘한 외교로 독립을 지켜낸 국가들이 있다. 대한제국 말기에 동아시아의 우리나라도 이런 외교술로 독립을 지켰을 가능성이 있었다고 보는가?

제국주의 유럽 국가들은
아프리카를 어떻게
철저히 분할했을까?

지구에는 여섯 개의 대륙이 있다. 이 중에서 아시아가 가장 넓고 두 번째 넓은 대륙이 아프리카이다. 흥미로운 사실은 아프리카라는 이름이 로마 장군 스키피오 아프리카누스에서 나왔다는 점이다. 스키피오는 지중해 패권을 둘러싼 카르타고와의 오랜 포에니전쟁에서 마침내 이기고 로마의 아프리카 속주로 만들어버린다. 이런 공로로 스키피오 아프리카누스의 이름을 따서 이곳을 아프리카라고 불렀다. 아프리카 속주는 지중해에 면한 아프리카 북부의 일부에 불과했지만 시간이 지나면서 사하라사막을 넘어 광대한 대륙 전체가 아프리카라고 불렸다. 현재 아프리카에는 50여 개 국가가 있다.

원주민들은 포르투갈인들이 아프리카에 왔을 때 기독교 포교나 인도를 가기 위한 경유가 목적이라고 생각했다. 하지만 포르투갈인들은 금, 상아, 노예를 얻기 위해 아프리카에 왔다. 그래서 해안 항구 중심으로 무역거점을 확보하고 내륙 깊숙이 들어가지는 않았다. 여러모로 위험했기 때문이다. 그런데 19세기 들어 유럽 국가들은 정책을 바꾸어 무역거점이 아니라 식민

제국주의 국가들에 의한 아프리카 분할

1880년

모로코
알제리
트리폴리타니아
세네갈
이집트
에티오피아
콩고
앙골라
모잠비크 메리나 왕국
영국
프랑스
포르투갈
에스파냐
이탈리아
독일
벨기에
라이베리아
에티오피아
케이프 식민지
남아프리카공화국

1913년

지로 접근하기 시작했다.

영국인들은 1788년 런던에 아프리카내륙발견협회를 만들어 아프리카 내륙지방을 탐험하기 시작했다. 니제르강, 차드호, 탕가니카호, 빅토리아호까지 탐험했다. 영국인 중 의사 출신인 데이비드 리빙스턴은 남아프리카에서 선교활동을 하다가 1852년부터 세 차례에 걸쳐 아프리카 내륙으로 탐험을 떠났다. 그가 실종되자 미국인 언론인 헨리 모턴 스탠리가 그를 찾아 아프리카를 탐험했다. 스탠리는 탕가니카호 근처에서 리빙스턴을 찾았지만 리빙스턴은 이미 아프리카 주민들과 한마음이 되어 마을을 떠나지 않았고, 결국 그곳에서 죽었다.

그 후 스탠리는 벨기에 왕 레오폴드 2세가 세운 국제아프리카협회의 후원을 받아 더 깊숙이 아프리카 탐험에 나섰다. 스탠리는 1879년 콩고강 주변을 탐험하고 그 일대에 레오폴드빌(킨샤사) 도시를 건설하면서 주변에 살던 원주민 족장들로부터 벨기에 왕의 보호를 받겠다는 동의서까지 받아냈다. 세상 물정 모르는 아프리카인들이었다. 레오폴드 2세는 이 지역을 콩고자유국이라 이름 붙이고 버젓이 자신의 영토로 삼았다.

1854년 세네갈을 이미 식민지로 만든 프랑스는 벨기에의 진출을 보고 1883년에 콩고강 북쪽 지역을 프랑스 보호령으로 만들고 브라자빌을 건설했다. 콩고 바로 근처 지역에서 벨기에와 프랑스가 이처럼 서로 충돌하자 평소 프랑스를 견제하던 영국이 벨기에 편을 들었다. 이에 프랑스가 반발했음은 물론이다. 아프리카에 거점을 많이 확보하고 있던 포르투갈이 국제회의를 열자는 제안을 하여 1884년 당시 강력하던 독일 재상 비스마르크가 유럽 열강 12개국을 베를린에 불러 회의를 열었다. 이 회의에서 열강들은 콩고 지역을 벨기에 레오폴드 2세의 땅으로 공식 인정했다. 그리고 아프리카에서 서로 무역을 방해하지 않기로 결정했다. 또 가장 먼저 무역기지나 선교기지를 만드는 나라가 그 땅을 차지하기로 했다. 대신 군대나 이주민이 그 땅에 반드시 살아야 한다는 단서를 붙였다. 서로 피를 흘리며 싸우지 말고 평화적으로 처리하자는 취지였다. 한마디로 말해 열강들은 아프리카에 이미 원주민이 살고 있었음에도 주인 없는 땅으로 본 것이다. 유럽인들이 과거 아메리카 대륙에 인디언이 이미 살고 있었음에도 주인 없는 땅으로 봤던 것과 마찬가지였다.

베를린회의에서 이처럼 식민정책 가이드라인이 정해지자 프랑스와 영국은 아프리카 식민지화에 본격적으로 나섰다. 프랑스는 이미 알제리(1830년)와 세네갈(1854년)에 거점이 있던 북서아프리카에서 시작하여 동쪽으로 진출하는 횡단정책을 추진했다. 영국은 1881년 막대한 대출금을 갚지 못한다며 수에즈운하 지분을 이집트로부터 빼앗은 것을 계기로 이집트를 점령하고서 남아프리카 쪽으로 진출하는 종단정책을 추진했다. 당연히 교차 지역에서 충돌이 불가피했는데 1898년 수단의 파쇼다가 바로 그 지역이었다. 하지만 두 나라는 군사충돌을 피하기 위해 협정을 체결해 수단의 국경선을 확정 지었다. 영국은 이집트 정부와 수단을 공동으로 통치한다는 협정을 맺었는데 실질적으로는 수단이 영국의 식민지가 된 것이다.

영국은 남진정책을 계속 추진해 우간다, 케냐를 거쳐 남아프리카까지 진출한다. 아프리카 북동쪽에는 현재 잠비아와 짐바브웨가 있다. 이 두 나라는 20세기 초반까지만 해도 북로디지아, 남로디지아라고 불렸다. 로디지아는 로즈의 땅이라는 뜻인데 이 지역을 식민지로 만든 남아프리카공화국 케이프 식민지 총독인 세실 로즈^{Cecil Rhodes}의 이름을 딴 것이다. 현재 미국, 독일, 영연방 국가의 뛰어난 학생 80여 명을 선발해 옥스퍼드대학에서 무료로 공부할 수 있는 기회를 제공하는 로즈 장학금도 바로 세실 로즈의 유언에 따라 1902년에 설립된 로즈장학재단에서 나오는 장학금으로, 빌 클린턴 대통령도 학부 졸업 후 이 장학금을 받았다. 한국인 중에도 수상자가 있다.

영국은 종단정책을 완전히 실현할 수 없었는데 동아프리카의 탄자니아를 독일이 차지했기 때문이다. 독일은 남서아프리카의 나미비아도 무력으로 점령해버리고 르완다와 부룬디도 점령했다. 포르투갈은 앙골라와 모잠비크를, 이탈리아는 소말리아와 리비아를 식민지로 만들었다. 1914년 제1차 세계대전이 일어나기 직전에 드넓은 아프리카 대륙에서 독립국은 에티오피아와 라이베리아뿐이었다. 제1차 세계대전에서 독일이 패하자 독일 식민지였던 탄자니아는 영국이, 르완다와 부룬디는 벨기에가 각각 위임통치를 하게 되었다. 독일 식민지였던 나미비아는 제2차 세계대전 도중 남아프리카연방이 무력으로 점령했는데 실질적으로는 영국이 점령한 것이다.

제2차 세계대전 후에는 위임통치가 신탁통치로 바뀌었지만 이름만 다를 뿐 결국 같은 것이었다. 하물며 에티오피아도 1936년에 무솔리니 파시즘 치하에서 이탈리아의 식민지로 전락하고 말지만 제2차 세계대전 중이던 1943년에 연합군의 도움으로 다시 독립을 이루어냈다. 이때 황제에서 잠시 물러났던 셀라시에 1세는 황제에 복귀한 후 한국전쟁이 일어났을 때 많은 에티오피아 군인을 파병해주었다.

이제 아프리카 국가들은 전부 독립했음에도 불구하고 종족 간 내분이 끊이지 않는다. 이는 유럽 열강들이 과거에 의도적으로 국경을 그었기 때문이다. 끈끈한 종족을 두 나라로 갈라놓았고, 사이가 좋지 않은 종족을 한 나라에 포함시켰다. 종족 구분과 나라 구분이 다르니 분쟁이 불가피하다. 제국주의자들의 교묘한 정책이 아닐 수 없다.

최근 들어 중국이 아프리카에 많은 원조를 해주고 있다. 도로, 철도 같은 인프라는 물론이고 광물자원을 많이 수입하고 있는데, 또 다른 제국주의적 접근방법이라 할 수 있다.

―――― THINK

19세기 후반 남아프리카를 전쟁의 회오리로 몰고 간 세실 로즈를 비롯해 많은 제국주의자들이 있다. 과거와 현재에 어떤 제국주의자들이 있는지 최대한 생각해보자.

유럽에서는
1871~1914년을
왜 '아름다운 시절'이라고 부를까?

유럽인, 특히 프랑스인들은 프랑스-프로이센전쟁(1870~1871년)이 끝나고 제1차 세계대전(1914~1918년)이 발발하기 전까지를 벨 에포크belle époque 시대, 즉 '아름다운 시절'이라고 부른다. 구체적인 연도로 말하자면 1871년부터 1914년까지이다. 이 황금시기가 전 역사를 통틀어 유럽의 최전성기였음은 확실하다. 유럽 내 평화, 풍요, 과학기술 발전, 문화융성, 낙관주의가 이 시기를 지배했기 때문이다.

벨 에포크 시기에는 유럽 안에서 끔찍한 전쟁 없이 평화가 오랜 기간 지속되었다. 유럽 국가들은 서로 이해관계를 조정하여 분쟁을 피하고 유럽이 아닌 국가들을 대상으로 제국주의 정책을 펼쳐 엄청난 부를 창출했다. 예를 들

국가별 벨 에포크 시대

이유	세부 설명
프랑스	벨 에포크시대(1871~1914년)
영국	빅토리아시대(1837~1901년) 에드워드시대(1901~1914년)
독일	비스마르크시대(1871~1890년) 빌헬름 2세 시대(1890~1918년)
미국	도금시대(1869~1896년) 진보시대(1890~1920년대)

어 유럽 국가들이 아시아나 아프리카에 진출할 때는 침략할 국가를 사전 조정하여 서로 충돌하지 않도록 했다. 중국의 2차 아편전쟁이나 의화단운동의 경우에도 서로 공조했다. 2차 아편전쟁에서는 영국과 프랑스가 공동연합작전을 폈고, 의화단운동 때에는 영국, 프랑스, 독일, 러시아, 이탈리아, 오스트리아, 미국, 일본 등 여덟 개 국가가 톈진과 베이징에 함께 사이좋게 진주했다. 1963년에 개봉한 영화 〈북경의 55일〉을 보면 공동 진주 광경을 볼 수 있다.

이때는 혁신적인 기술이 끊임없이 나오던 자본주의 시기여서 과학이 모든 문제를 해결한다는 진보적 역사관이 지배적이었다. 수세식 화장실, 비누, 전화, 무선통신, 철도, 자동차, 전기, 전보 같은 생활편의 제품들이 속속 등장했다. 예를 들면 문학 분야에서는 SF과학소설의 효시인 프랑스 작가 쥘 베른의 《해저 2만 리》나 《80일간의 세계 일주》 같은 소설이 낙관주의를 대표한다.

세계시장의 확대와 과학기술의 발전에 힘입어 프랑스 경제는 계속 팽창했다. 이 시기는 2차 산업혁명이 활발하게 진행되던 때로 에너지, 교통, 통신, 화학, 생물학, 의학, 사진, 영화 등의 분야에서 대대적인 혁신이 진행되었다. 1889년과 1900년에는 파리에서 세계박람회가 계속 열렸는데 대단한 자랑거리였다. 에펠탑도 1889년 세계박람회 개막에 맞추어 선보였다. 처음에는 에펠탑을 흉물이라고 비판받지만 어느새 파리의 상징으로 자리 잡았다.

경제성장으로 벼락부자들이 많이 생기면서 이들을 대상으로 한 고급 라이프스타일 문화도 크게 팽창했다. 최신 유행의 숙녀복을 만들어내는 오트 쿠튀르haute couture 같은 고급 의상점, 막심 드 파리Maxim's de Paris 같은 최고급 레스토랑, 리츠 파리 같은 고급 호텔, 오페라 가르니에 같은 음악당들이 속속 생겨났다. 좀 더 아래층 사람들을 위해 카지노, 비스트로, 카바레도 속속 등장했다. 물랭루주 카바레도 이때 생겨났는데 인기 댄서, 요리사, 의상

디자이너가 사회적 명사로 각광받았다. 철도 확산으로 도빌, 비시처럼 휴식할 수 있는 스파 타운도 큰 인기를 얻었다.

벨 에포크 시기의 문화예술은 대단했다. 미술 분야에서는 인상파, 후기인상파, 야수파, 아르누보와 입체파, 추상파, 표현파의 초기 형태가 등장했다. 일본이나 아프리카의 다문화도 접목되었다. 에두아르 마네, 클로드 모네, 오귀스트 르누아르, 반 고흐, 폴 세잔, 폴 고갱, 앙리 마티스, 앙리 루소, 앙리 드 툴루즈-로트레크, 오귀스트 로댕이 대표적이다. 문학 분야에서는 사실주의, 자연주의, 상징주의, 퇴폐주의가 등장했는데, 기 드 모파상, 에밀 졸라, 토마스 만, 마르셀 프루스트, 샤를 보들레르, 폴 베를렌느, 스테판 말라르메가 활약했다. 음악 분야에서는 카미유 생상, 가브리엘 포레, 모리스 라벨, 클로드 드뷔시, 이고르 스트라빈스키가 대표적이다.

국가별로 보면, 독일제국이, 프랑스 제3공화정이 안정적으로 정치를 하고 있었다. 자본주의와 제국주의를 더 일찍 시작했던 영국은 더 이른 1850년대, 1860년대에 벨 에포크 시기가 시작되었다.

벨 에포크 시기는 그 자체로도 좋은 때였지만 그 이후에 발발한 제1차, 제2차 세계대전과 심각한 불경기로 대표되는 1914~1945년의 고난 시기가 이어지면서 더욱 좋게 느껴졌다. 그때가 너무 좋았기 때문에 현재까지도 벨 에포크 시기에 대한 향수가 남아 있다. 우디 앨런이 감독한 영화 〈미드나잇 인 파리Midnight In Paris〉에서도 벨 에포크를 향한 향수가 절실하게 묘사된다.

벨 에포크 시기는 이처럼 대단했고 후세 사람들에게 향수를 불러일으키지만, 좀 더 내부를 들여다보면 항상 밝았던 것은 아니었다. 프랑스에서는 불랑제 장군이 제3공화정을 전복시키려는 시도가 있었고 유대인 장교 드레퓌스에 대한 편파적 판결과 이로 인한 사회적 갈등이 심했다. 아동, 여성, 외국인 등 값싼 노동력을 착취하면서 빈곤층이 확대되고 값싼 석탄 사용으로 대기환경은 크게 악화되었다. 유럽 국가들이 아시아, 아프리카를 전방위로 착취함에 따라 식민지로 전락하는 국가들에게 벨 에포크 시기는 한마디로 악몽이었다. 이처럼 평가는 어디까지나 상대적이다.

왜 중앙아시아 국가 이름에는 '스탄'이 붙을까?

지도를 펴놓고 중앙아시아 지역을 들여다보면 '스탄stan'으로 끝나는 국가들이 연달아 보인다. 우리에게 익숙한 파키스탄, 아프가니스탄을 비롯하여 카자흐스탄, 우즈베키스탄, 투르크메니스탄, 타지키스탄, 키르기스스탄 등 일곱 개 국가가 하나의 묶음으로 보인다. '스탄'은 페르시아어로 지역 혹은 나라를 의미한다. 현재 이들 국가는 모두 이슬람 국가이지만 이슬람교도들이 들어오기 전까지만 해도 아케메네스왕조와 사산조페르시아 등 페르시아인들의 지배를 받았다.

특히 남쪽의 파키스탄과 아프가니스탄을 제외한 북쪽의 5개국은 중앙아시아에 해당한다. 이 지역은 동서 문화교류의 생명줄이었던 초원길과 비단길이 지나는 곳에 위치하여 대륙의 오아시스 역할을 했다. 중앙아시아라는 이름을 처음 사용한 사람은 19세기 중반 독일의 지리학자인 알렉산더 훔볼트였다. 중앙아시아 권역을 상당히 넓게 본 그는 동쪽으로는 만주 지역 싱안링산맥에서 서쪽으로는 카스피해까지, 남쪽으로 히말라야산맥에서 북쪽으로 알타이산맥까지를 중앙아시아로 보았다.

중앙아시아 5개국은 페르시아인의 지배를 받다가 7세기 말에 침입한 이슬람왕조인 우마이야왕조와 아바스왕조의 지배를 받으며 점차 이슬람화되었다. 당나라는 실크로드를 따라 중앙아시아까지 진출했다. 고구려를 패망시킨 후 우리나라에 안동도호부를 설치한 당나라는 서쪽의 중앙아시아에는 투루판을 중심으로 안서도호부를 설치했다. 안서 절도사가 된 고선지는 당나라 허베이 출생이지만 아버지는 고구려인 고사계로

러시아

아스타나

카자흐스탄

카스피해

우즈베키스탄

타슈켄트

알마티

비슈케크

키르기스스탄

바쿠

투르크메니스탄

타지키스탄

중국

아슈하바트

두샨베

테헤란

카불

이라크

이란

아프가니스탄

바그다드

이슬라마바드

인도

쿠웨이트

파키스탄

델리

당나라 번장이었다. 고구려 유민 고선지는 아버지를 따라 장군이 되어 지금의 우즈베키스탄의 타슈켄트를 거점으로 하는 석국의 왕을 생포하게 된다. 그는 석국의 왕을 당나라 수도인 장안에 보냈는데 당 현종이 그를 죽이고 말았다. 그래서 아바스왕조의 이슬람 국가들이 연합을 해서 당에 대반격을 취했다. 그 결과 751년 현재 키르기스스탄에 위치한 탈라스전투에서 고선지는 대패하고 말았다. 이 전투로 인해 당나라는 파미르고원 서편의 중앙아시아 거점을 많이 상실했을 뿐 아니라 종이를 만드는 제지술까지 이슬람과 서방으로 누출시키게 된다. 당나라 군대에 있던 제지술을 아는 기술자들이 이슬람군에게 생포되었기 때문이다. 그래서 종이 전파 경로인 페이퍼로드 루트를 보면 탈라스가 들어가 있다.

11세기 들어 튀르크계 이슬람왕조인 셀주크제국과 오스만제국이 중앙아시아를 지배하면서 이슬람화는 더욱 공고해졌다. 이 중에 타지키스탄만 페르시아계 민족이 주를 이루고 나머지 4개국은 대부분이 튀르크계 민족이었다.

19세기 들어 중앙아시아는 러시아 남하정책의 대상이 되었다. 사실 러시아의 남하정책 대상지는 흑해, 중국, 태평양 등 매우 광범위했다. 줄기차게 남진하려는 러시아와 이를 막으려는 영국 간에 벌어진 중앙아시아에서의 100년간의 알력을 그레이트 게임 great game이라 한다. 그레이트 게임은 보통 1813년의 러시아-페르시아조약부터 시작하여 1907년의 러시아-영국 우호조약까지 100여 년 기간에 벌어졌다. 영국 동인도회사 웨일스 기병대의 6대 대공의 정보장교 아서 코놀리가 당시 이 용어를 처음 사용했는데, 영국 소설가 러디어드 키플링이 1901년에 출간한 소설 《킴Kim》을 통해 널리 알려졌다. 《그레이트 게임》이라는 제목의 책도 있다.

20세기 들어 소련이 중앙아시아 지역을 합병했을 때 '튀르크족의 땅'이라는 뜻에서 이 전체를 투르키스탄이라 불렀다. 하지만 나중에 소련이 해체될 무렵에는 결집력을 약화시키기 위해 일부러 5개 국가로 강제 분리시켰다. 이후 튀르크계 국가의 맹주를 자처하는 터키를 중심으로 한 범튀르크주의와 페르시아제국의 영광을 간직한 이란 중심의 범이란주의가 아직까지 팽팽하게 맞서고 있다.

──── THINK

'스탄'처럼 어떤 땅, 국가를 일컬을 때 공통적으로 사용되는 단어로 또 무엇이 있는가?

TREND·W❋RLD·HIST❀RY

PART

7

현대시대

1910~1990년

중국의 마지막 황제 푸이는
왜 세 번이나 황위에서
폐위되었을까?

전 세계 역사에 많은 황제가 있었지만 세 번 즉위했다가 세 번 폐위된 사람은 없었다. 첫 즉위 이후 정치적 이유로 폐위되었다가 복위된 황제는 있지만 두 번 폐위된 경우는 매우 드물고 이런 과정이 세 번이나 발생한 적은 전무하다. 그런데 청나라 마지막 황제인 선통제가 바로 그런 희귀한 경우이다.

> 1908년 12월 2일~1912년 2월 12일(대청 선통제)
> 1917년 7월 1일~1917년 7월 12일(대청 선통제)
> 1934년 3월 1일~1945년 8월 18일(만주국 강덕제)

청나라 말기였던 1908년 서태후(자희태후)는 사망할 무렵 광서제의 후계자로 푸이를 지명한다. 그래서 애신각라 푸이는 출생 2년 10개월 만에 청나라 12대 황제 선통제로 즉위하게 된다. 성년이 된 후손을 후계자로 삼을 수 있었지만 끝까지 권력을 놓기 싫어 한 서태후가 아주 어린 나이의 푸이를 일부러 후계자로 정한 것이다. 섭정은 푸이의 아버지 순친왕이 맡고 전 황제였던 광서제의 황후인 융유태후가 실권을 쥐게 된다.

베이징의 자금성 태화전에서 즉위식이 거행될 때 푸이가 울음을 터뜨리자 섭정왕인 순친왕이 이렇게 달랜다. "울지 마세요. 곧 끝납니다. 곧 끝나요." 이 말을 들은 대신들은 대청제국의 불길한 징조라고 한마디씩 하는데 대청제국은 정말 그로부터 3년 3개월이 지난 후에 멸망한다. 2,220여 년에 이르는 중국 역사를 통틀어 무려 500여 황제가 즉위하는데 푸이가 가진 선통 연호는 중국 황조의 마지막 연호이다.

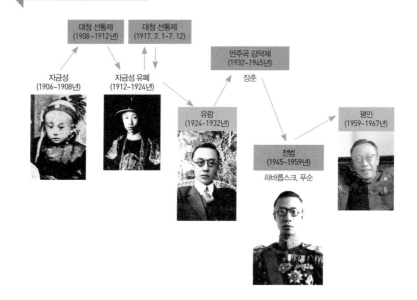

푸이의 일생(1906~1967년)

섭정에 오른 순친왕은 지나치게 세력이 큰 북양대신 겸 직예총독 위안스카이를 견제하기 위해 1909년 실각시킨다. 하지만 1911년 10월 우창에서 발생한 봉기를 진압하기 위해 융유태후는 하는 수 없이 위안스카이를 총리대신에 임명하고 순친왕은 섭정에서 물러난다. 혁명가 쑨원이 난징에서 중화민국을 세워 임시 대통령에 취임하지만 청국을 무너뜨릴 수는 없었다. 그래서 쑨원은 위안스카이가 청국을 멸망시키면 자신의 대통령직을 그에게 넘길 수 있다고 깜짝선언을 한다. 이에 위안스카이는 융유태후를 설득하여 1912년 2월 11일 선통제를 퇴위시키는 데 성공한다. 이로써 286년간 중국을 통치한 청나라 황조가 문을 닫는다. 하지만 청 황조가 위안스카이와 타협하여 황제 퇴위 후 우대조항을 얻어내 선통제는 황제 존호를 유지하고 베이징 황궁에서 계속 머물 수 있게 된다.

중화민국 대총통에 오른 위안스카이는 주위의 아부와 자신의 욕심에 눈이 멀어 1915년 12월 황제에 즉위하여 국호를 중화제국으로, 연호를 홍헌으로 정한다. 그러나 북양군벌을 비롯한 국내외의 반발로 1916년 3월에 퇴위하고 세 달 후 급사하고 만다. 1917년 제1차 세계대전 중 독일에 선전포고를 하는 문제로 대총통 뤼위안훙은 총리 돤치루이와 권력투쟁을 벌이는 과정에서 돤치루이를 해임한다. 그러자 돤치루이는 자신을 추종하는 각 성의 군벌들을 부추겨 중앙정부로부터의 독립을 선포하도록 한다. 다급한 뤼위안훙이 급히 장쉰에게 병력을 이끌고 베이징으로 오도록 부탁한다. 청국 지지자였던 장쉰은 베이징을 장악한 후 청나라 조복을 입고 캉유웨이 등과 함께 자금성에 들어가 푸이를 황제에 복위시킨다. 공화정을 무너뜨리고 청나라를 다시 일으킨 이 사건을 '정사복벽'이라 한다.

쑨원을 비롯하여 전국 각지에서 황제 복위에 반대하는 운동이 벌어진다. 뤼위안훙은 복벽에 협력하는 것을 거절하고 병력을 보유하고 있던 돤치루이는 일본의 재정지원을 받아 톈진에서 군사를 일으켜 장쉰의 군대를 격파하고 베이징을 장악한다. 이에 푸이는 7월 12일 다시 퇴위를 발표한다. 두 번째 퇴위이다. 그 전에 가지고 있던 우대조항은 그대로 유지하기로 합의를 보아 푸이의 자금성 생활은 종전과 같이 유지된다.

1924년 펑위샹이 실권을 장악하자 11월 5일 자금성의 황제 경비부대를 해산시키고 황제로 하여금 자금성에서 나가도록 통지한다. 청 황실의 우대에 관한 조항도 수정하여 황제 존호도 폐지된다. 출궁 후 푸이는 베이징의 순친왕부에 기거하다가 1924년 11월 일본의 비호를 받아 베이징의 일본 공사관으로, 1925년 2월 톈진의 일본 조계의 장원으로 거처를 옮긴다. 이로써 푸이와 중화민국의 관계는 멀어지고 푸이와 일본의 관계는 밀접해진다. 푸이는 일본의 도움을 받아 중화민국을 무너뜨리고 청국을 다시 복원시키기를 내심 희망한다. 실제로 1931년 8월 푸이는 일본 육군대신 미나미 지로에게 편지를 보내 복벽에 대한 그의 열망을 전하기도 한다.

1931년 9월 일본 관동군은 만철 폭파 사건이 중국의 장쉐량 군대에 의해 발생했다고 조작하여 만주사변을 일으킨다. 만주를 장악한 일본 관동군의 도이하라 겐지가 푸이에게 만주국 원수 취임을 제안함에 따라 1932년 만주국 집정에 취임하고 1934년 3월에는 만주국 황제인 강덕제로 즉위한다. 만주국 황제로 재위하면서 푸이는 일본 천황 히로히토의 초대를 받아 일본을 국빈으로 두 번 방문하고 일본에 협조적인 정책을 많이 실행한다. 실질적으로는 관동군에 의해 지배되고 있었기 때문에 푸이는 괴뢰정부의 허수아비 황제에 불과했다.

1945년 일본이 연합군에 항복하자 푸이는 일본 비행기를 타고 일본으로 탈출하여 미국에 항복하려 하지만 비행기 이륙 직전에 소련 공수부대에 사로잡혀 포로가 된다. 하바롭스크 강제수용소에 5년간 수감되는데 이때 도쿄에서 열린 극동국제군사재판에 나와 증언하기도 한다. 불톤 그는 자신의 책임을 회피하기 위해 자신이 일본 제국주의 침략의 희생자임을 애써 증명하려고 한다.

1949년 중국공산당이 중국을 통일하여 중화인민공화국을 세우자 푸이는 다른 전범 800명과 함께 소련에서 중화인민공화국으로 송환된다. 중국에 송환되면서 푸이는 처형당할 것을 매우 두려워한다. 수감번호 981번으로 푸순 전범관리소에 수감된 푸이는 마오쩌둥과 저우언라이의 적극적인 교화 노력에 따라 재교육을 받는다. 제국주의에 물든 푸이는 초기에는 사상 재교육에 매우 비판적이었으나 점차 공산당의 진정성에 감화되어 모범수가 된다. 1959년 전범 특사 조치에 의해 사면되어 마침내 평민이 된다. 저우언라이의 추천으로 중국 과학원이 운영하는 베이징 식물원에서 정원사로 근무하다가 좀 지나 제4기 전국인민정치협상회의 문사연구위원회의 전문위원이 되어 문사자료를 연구한다. 중국공산당이 푸이와 일부 황족에 대해 이처럼 관용적인 정책을 취한 이유는 새로 생긴 중화인민공화국이 인류적이고 관대하다는 이미지를 전 세계에 알리고 싶었기 때문이다.

문화대혁명이 시작된 1966년 푸이는 신장암에 걸리는데 병원에서 청조 황제라는 반혁명적 출신 때문에 홍위병의 공격을 염려하여 그의 입원을 거부하기도 한다. 저우언라이의 지시로 병원에 입원하지만 이듬해 베이징 병원에서 사망한다. 그는 10대 때부터 성불구였기 때문에 황후와 여러 후궁이 있었음에도 아이를 갖지는 못한다.

푸이의 일생 동안 중국에서 발생한 주요 사건

대청(1908~1912년)		중화민국(1912~1949년)		중화인민공화국(1949~1967년)	
1908년	광서제, 자희태후 (서태후) 사망	1912년	중화민국 건국	1949년	중국 통일
1911년	신해혁명	1913년	북양정부 시작	1950년	한국전쟁 개입
1912년	대청 멸망	1915년	중화제국 건립	1958년	대약진운동
		1916년	위안스카이 사망	1966년	문화혁명
		1917년	복벽사건		
		1919년	5·4운동		
		1924년	자금성 퇴궁 사건		
		1928년	국민정부 시작 (장제스, 중국 통일)		
		1931년	만주사변		
		1937년	중일전쟁		
		1946년	공산당-국민당 싸움		
		1949년	중화민국, 타이완으로 축출		

푸이는 1957년 푸순 전범관리소에 있으면서 자서전으로《나의 전반생》을 써 1964년에 출간한다. 책의 영어명은《From Emperor to Citizen》이다. 푸이의 일생을 다룬 영화로는 베르나르도 베르톨루치 감독의 〈마지막 황제〉(1987년)가 있고, 중국에서 60부작 드라마로 만든 〈마지막 황제〉도 있다. 이 드라마는 역사적 사실을 기반으로 하여 매우 신경 써서 제작된 훌륭한 작품이다. 1919년부터 1924년까지 푸이의 영국인 가정교사였던 레지널드 존스톤은 자신의 체험을 토대로《자금성의 황혼Twilight in the Forbidden City》이라는 제목의 책을 출간한다.

═══ THINK

청의 마지막 황제 선통제(푸이)를 우리나라 대한제국의 마지막 황제 순종이나 영친왕의 험난한 일생과 당시 시대적 상황을 비교하여 살펴보자.

레닌이 설마 책 제목을 표절했다고?

두 명의 저자가 쓴 같은 제목의 책

니콜라이 체르니솁스키의 《무엇을 할 것인가?》	블라디미르 레닌의 《무엇을 할 것인가?》

1867년판 속표지	1902년 오리지널 커버

이 세상의 유명한 책들 중에는 제목이 같은 경우가 드물다. 하지만 예외가 있다. 니콜라이 체르니솁스키(1828~1889년)의 《무엇을 할 것인가?Чтоделать?》와 블라디미르 레닌(1870~1924년)의 《무엇을 할 것인가?Чтоделать?》가 바로 그런 경우이다. 체르니솁스키가 1862년부터 페트로파블롭스크 수용소에 투옥된 동안에 집필한 이 소설은 1863년에 출간된 이후 사회주의 이념을 최초로 구현한 소설로 평가받고 있다. 소설은 출간 당시는 물론이고 1917년 러시아혁명이 성공한 후에도 러시아 지식인(인텔리겐치아)과 청년들로부터 대단한 인기를 얻는다.

1840년대 아버지 세대의 인텔리겐치아들은 차르의 억압적인 체제와 농노제하에서 분노가 치미는 것을 간신히 참으면서 위로부터의 혁명을 꿈꿔온다. 하지만 러시아가 1856년 크림전쟁에서 패배하고 1861년에 공포된 농노해방령과 토지개혁령이 민중을 속이는 기만임이 드러나자 민중은 크게 실망한다. 그래서 1860년대 아들 세대의 인텔리겐치아들은 아버지 세대의 '누구의 죄인가?'라는 무력한 비판의식에 그치지 않고 '무엇을 할 것인가?'로 근본적인 행동 전환을 하게 된다. 당시 체르니솁스키가 쓴 사회평론과 연이어 나온 소설이 러시아인의 인식 전환에 결정적인 역할을 하게 된다. 이 책의 마지막 부분을 보면 이런 글이 나온다.

"태양이 떠오르면 그림자가 물러가듯
어둡고 괴로웠던 마음은 사라지리라.
빛과 따스함과 진한 꽃향기가
어둠과 절망을 몰아내리니
타락과 부패의 냄새는 사라지고
장미의 향기가 온 천지에 진동하리라."

이 책은 나중에 더욱 유명해지는데 러시아혁명의 수훈갑인 블라디미르 레닌이 이 책을 매우 좋아하기 때문이다. 레닌은 이 소설에 대해 이렇게 말한 바 있다. "이 소설은 나를 완전히 압도했다. 당신의 전 생애를 내걸어도 좋을 만한 훌륭한 소설이다. 체르니솁스키의 가장 위대한 공적은 올바른 마음가짐을 지닌 진지한 사람은 누구나 다 혁명가라는 것을 보여주고 있을 뿐만 아니라, 한 걸음 더 나아가서 혁명가는 어떤 종류의 사람이어야 하며, 어떤 행동규칙을 준수해야 하고, 어떻게 그의 목표를 수행해나가야 하며 어떤 수단으로 그것을 달성해야 하는가를 보여주었다는 데 있다." 한마디로 말해 참여적 사회주의 리얼리즘 소설이었던 것이다.

레닌은 체르니솁스키의 전집과 마르크스-엥겔스 전집을 서가에 나란히 꽂아두고 틈만 나면 읽는다. 프랑스혁명 당시 로베스피에르가 루소의 《사회계약론》을 항상 책상에 올려놓았던 것과 비슷하다. 하물며 레닌은 1902년에 출간한 자신의 책 제목마저도 '무엇을 할 것인가?'로 정한다.

───── THINK

역사상 유명한 혁명가들이 평소 자신의 혁명정신을 고취시키기 위해 어떤 책들을 애독했는지 알아보자.

(02)

제정러시아 관료의 아들이었던 레닌은 어떻게 러시아혁명을 주도하게 되었을까?

1917년 제정러시아를 굴복시킨 블라디미르 레닌은 러시아혁명을 성공시킨 열혈 혁명가이자 지성인이다. 1870년 제정러시아 관료의 아들로 태어난 레닌은 공부를 곧잘 했지만 17세 때 매우 따랐던 형이 차르였던 알렉산더 3세 암살 미수 사건으로 교수형을 당하자 큰 충격을 받는다. 그의 형은 법정에서 소신에 찬 발언을 했던 것으로 유명하다. "나에겐 불쌍하고 가여운 러시아 인민을 돕겠다는 목표 외엔 아무것도 없다. 그 목표를 위해 정직하게 행동했기 때문에 아무것도 두렵지 않다. 조국을 위한 죽음보다 훌륭한 죽음은 없다." 그의 형은 21세에 처형된다.

레닌은 카잔대학을 다니다 학생시위로 퇴학을 당한 후 상트페테르부르크대학에서 법학을 공부한다. 잠시 변호사 생활을 했지만 마음은 이미 그곳에 있지 않았다. 무정부주의자들이 산발적으로 벌이는 개인적 차원의 암살테러로는 효과가 없다고 판단하고 아예 체제전복을 근본적인 해결책으로 믿는다. 그래서 마르크스주의 서클에 가입하여 1893년부터 노동운동, 반체제운동을 하다가 시베리아로 유배를 가게 된다. 1897년부터 1899년까지 수감되는데 이때 레닌은 엄청난 양의 책을 독파하며 1899년《러시아의 자본주의 발전》을 탈고한다. 당시 공산주의자들 사이에서 경제발전 수준이 낮은 러시아에서는 공산주의 혁명이 어렵다는 것이 일반적 견해였다. 그러나 레닌은 이 책에서 러시아는 이미 전 세계 자본주의 체제의 일부이므로 공산주의 혁명이 얼마든지 가능하다고 주장한다. 레닌의 경우에서 보듯이 억압적인 정부는 뛰어난 혁명가를 수감시키면 절대로 안 된다. 이들은 수감기간을 자신을 정리하고 책을 쓰는 시간으로 활용해 감옥에서 나온 후 세상에 지대한 영향을 미치기 때문이다.

출옥한 레닌은 1900년에 스위스로 망명하게 되는데 망명생활은 무려 17년이나 지속된다. 레닌은 스위스에서 러시아사회주의노동자당 건설계획을 구상한다. 그것이 1901년 5월에《불꽃(이스크라)》에 기고한〈무엇으로부터 시작할 것인가?〉이다. 그리고 이 글을 더욱 구체적으로 쓴 것이 책《무엇을 할 것인가?》이다. 이 책은 당시 러시아에서 사회주의 운동을 하는 여러 조직에 많이 배포되었고 레닌과 '불꽃' 노선이 승리하는 데 크게 기여한다. 러시아 정부가 여러 도시에서 사회민주주의자들을 체포하기 위해 수색할 때 레닌의 책이 매우 많이 나온 것을 보면 이 책의 막강한 위력을 알 수 있다.

레닌은 시드니 웹, 비어트리스 웹 부부 같은 영국 사회주의자나 에두아르트 베른슈타인 같은 독일 사회주의자의 경제주의를 신랄하게 비판한다. 당시 영국에서는 노동운동이 점차 쇠퇴하고 있었는데, 이는 세계시장에서 독점적 지위를 차지하는 영국에서 노동자계급의 일부가 부르주아지에 의해 매수되었기 때문이라고 지적한다. 영국 본국에서 노동자계급의 상층부가 식민지 노동자계급의 착취에 간접적으로 편승하는 노동귀족이 되었다고 비난한다.

레닌은 단순히 노동자의 자생적인 의식에만 맡겨두어서는 사회주의로 이행할 수 없다고 본다. 즉 노동자계급의 해방은 단순히 노동조합을 중심으로 하는 임금인상이나 근로조건 개선요구와 같은 일상적인 경제투쟁만으로는 불가능하고, 혁명적 계급의식을 교육시키는 지도부가 따로 있어야 한다고 주장한다. 혁명적 전위(아방가르드)조직의 필요성을 역설한 것이다.

　　책의 인기에 힘입어 볼셰비키와 멘셰비키의 대립구도가 형성된다. 1903년 런던에서 열린 러시아사회민주노동당 2차 당대회에서 레닌은 소수 정예의 당원들이 노동자를 이끄는 당을 만들어 당장 기존권력을 전복시켜 집권하자고 주장한다. 반면에 마르토프는 개방적이고 합법적이고 민주적인 대중정당을 주장하면서, 러시아는 자본주의가 더 발전한 후에 점진적으로 사회주의 국가가 될 수 있다고 주장한다. 레닌은 다른 정당과의 협력을 거부한 데 비해, 마르토프는 다른 정당과의 협력도 가능하다고 여긴다. 투표 결과는 레닌의 승리였다. 자신들의 안이 채택된 레닌파는 다수파라는 뜻의 볼셰비키가 되고, 마르토프의 소수파는 멘셰비키가 된다.

　　이처럼 레닌의 사상은 1917년에 프롤레타리아혁명으로 이어지고, 1919년 국제공산주의운동기구인 코민테른 창립까지 이어진다. 이런 와중에 레닌의 책《무엇을 할 것인가?》는 혁명의 교과서가 된다. 레닌은 카를 마르크스 이후 가장 위대한 혁명 사상가이자 역사상 가장 뛰어난 혁명 지도자로 꼽히고 있다.

　　레닌은 1902년에《무엇을 할 것인가?》를 출간한 이후 여전히 스위스에 체류하면서《제국주의: 자본주의 최고의 단계》를 1916년에 발간한다. 책 제목에서 알 수 있듯이 자본주의는 경쟁 자본주의에서 독점 자본주의로 발전하고, 이것이 더 발전하여 세계체제가 되면 제국주의가 된다는 것이다. 레닌이 보기에, 독점기업과 금융자본의 지배가 확립되어 있고 상품 수출보다는 자본 수출이 현저하게 중요하며 국제 트러스트들 간의 세계분할이 시작되고 자본주의 거대열강에 의해 지구상의 영토분할이 완료되는 상태의 자본주의가 바로 제국주의라는 것이다. 제국주의 체제에서는 빨리 발전하는 부분과 뒤처진 부분의 격차가 벌어져 거대한 체제의 연결고리 중에 제일 약한 연결고리가 끊어지면 드디어 자본주의가 붕괴되고 사회주의 체제가 도래한다고 본다.

이 책은 존 홉슨의《제국주의론》, 루돌프 힐퍼딩의《금융자본론》, 로자 룩셈부르크의《자본축적론》, 카를 카우츠키의《초제국주의론》의 영향을 받아 탄생한다. 레닌은 자신의 책《제국주의》가 독창적인 업적은 아니고 기존 문헌들의 내용을 재구성했다고 솔직하게 말한 바 있다. 레닌은 우리가 통상적으로 알고 있는 좁은 의미의 경제학자나 이론가는 아니다. 단지 사회주의 혁명가 입장에서 당시 정세를 파악하고 그것을 이론적인 명제들과 효과적으로 연결시킨다. 레닌은 이론가이자 실천가이다.

레닌은 국수주의에 사로잡힌 국가 간의 전쟁을 반대한다. 제1차 세계대전 당시 유럽의 사회주의 정당들은 막상 전쟁이 발발하자 노동자계급의 국제적 연대라는 대의명분을 버리고 애국주의 입장에서 각자의 국가가 내건 전쟁결의에 동의한다. 제1차 세계대전 당시의 독일이 바로 그런 모습이었다. 그래서 레닌은 이런 애국주의 입장을 강하게 비판하면서 전쟁을 내전으로 바꾸고 이를 다시 혁명으로 전환시켜야 한다고 역설한다.

드디어 1917년 2월 러시아에서 혁명이 일어난다. 로마노프 전제정권이 식량, 토지, 전쟁 문제를 제대로 해결하지 못하자 분노한 대중이 노동자, 군대와 합세하여 혁명을 일으킨 것이다. 3월 니콜라이 2세가 퇴위한 후 지식인과 부르주아의 지지를 받는 멘셰비키 주도의 케렌스키 임시정부가 집권한다. 러시아와 전쟁 중이던 독일은 러시아의 이러한 정치적 혼란이 전쟁 국면 전환의 적기라 판단하고 스위스 취리히에 있던 레닌으로 하여금 4월 비밀리에 기차를 타고 독일, 스웨덴, 핀란드를 거쳐 러시아에 잠입하도록 조치를 취한다. 레닌은 4월에 러시아 수도 상트페테르부르크에 몰래 들어가는 데 성공한다.

새로 들어선 케렌스키 임시정부는 노동자, 농민, 군인의 지지를 받는 소비에트와의 사이에서 갈등이 생긴다. 또 소비에트 안에서도 볼셰비키

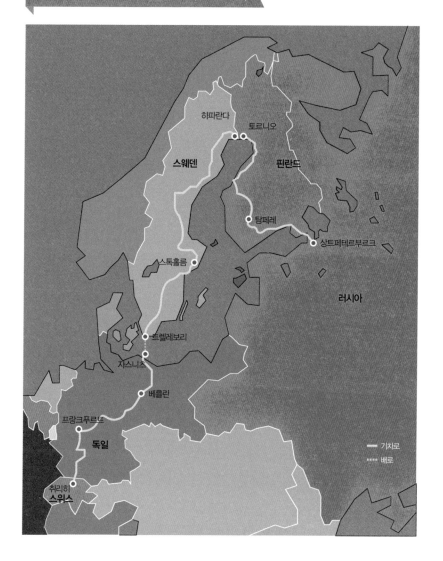

레닌이 스위스에서 러시아로 잠입한 경로(1917년 4월)

하파란다
토르니오
스웨덴
핀란드
탐페레
상트페테르부르크
스톡홀름
러시아
트렐레보리
자스니츠
베를린
프랑크푸르트
독일
── 기차로
▪▪▪▪ 배로
취리히
스위스

와 멘셰비키 간의 갈등이 심해진다. 케렌스키 임시정부가 레닌에 대해 체포 명령을 내리자 레닌은 핀란드로 도피하는데 이 와중에《국가와 혁명》이라는 책을 저술한다. 이처럼 레닌은 혁명수행 과정에서 책을 최대한 활용한다.

레닌의 책과 단호한 행동에 매료된 스탈린과 트로츠키의 도움을 받아 그해 10월 레닌은 볼셰비키가 주도하는 무장봉기로 드디어 혁명을 완수한다. 볼셰비키는 12월에 전쟁 중이던 독일과 휴전협정을 맺는다. 그 후 레닌의 혁명사상은 마오쩌둥, 호치민, 티토, 카스트로 등 선진국이 아닌 국가에서 걸출한 혁명가를 배출시켜 20세기 전반에 걸쳐 공산주의 체제 국가가 속속 만들어지는 데 크게 기여한다.

—— THINK

전 세계 최초의 사회주의 혁명이 자본주의가 많이 발전한 서유럽 국가가 아니라 상대적으로 뒤처진 러시아에서 일어나 성공한 것에 대해 어떻게 생각하는가? 레닌으로 하여금 스위스에서 러시아로 잠입하게 한 독일의 비밀작전은 독일의 기대처럼 성공을 거두었다고 생각하는가? 외국과 전쟁을 치르는 중에 내전이 일어나 전쟁을 중단한 다른 사례가 있는지 찾아보자.

'세계대전'이라는 용어는 누가 만들었을까?

'세계대전'이라 부를 만한 전쟁으로는 어떤 것이 있을까? 20세기 초반에 연달아 일어난 제1차 세계대전(1914~1918년)과 제2차 세계대전(1939~1945년)일 것이다. 그리고 앞으로 언젠가 일어날지도 모르는 제3차 세계대전도 생각날 것이다.

'세계대전World War'이라는 용어는 1848년 스코틀랜드 신문인 〈피플스 저널〉이 처음 사용했다. 그러면 제1차 세계대전, 제2차 세계대전이라는 말은 누가 처음 만들었을까? 〈타임〉지가 1939년 6월 12일 기사를 쓰면서, 1914~1918년 전쟁은 WW1이었고 앞으로 유사한 전쟁이 발생하면 WW2가 될 것이라고 예언했다. 1939년 9월 4일 영국과 프랑스가 독일에 선전포고를 하자 일주일 후인 9월 11일 〈타임〉지는 WW2를 정식으로 기사에 언급했다. 하지만 덴마크 신문인 〈크리스텔릭트 다그블라드〉가 제2차 세계대전이 발발한 다음 날 "어제 오전 11시에 제2차 세계대전이 발발했다"라고 신문 1면에 처음 언급했으니 〈타임〉지보다 먼저 사용한 셈이다.

세계대전이란 세계대국의 대부분이 참여하고 여러 대륙에서 전쟁을 벌여 크나큰 피해를 남기는 그런 전쟁이 아닐까? 그런 의미에서 제1차, 제2차 세계대전은 충분히 그 조건들을 충족시킨다. 미국, 영국, 독일, 프랑스, 러시아, 중국, 일본 등 강대국들이 많은 지역에서 전쟁을 벌여 상상을 뛰어넘는 피해를 입혔기 때문이다. 사상자를 보더라도 이전 전쟁에 비해 압도적이다. 너무 광범위한 지역에서 살육이 진행되었기 때문에 사실 정확한 추산이 불가능하다.

세계대전까지는 아니지만 세계적 전쟁이라 할 수 있는 것으로는 알렉산드로스전쟁, 십자군전쟁, 몽골전쟁, 유럽인의 아메리카 정복전쟁을 비롯하여, 17세기 이후 유럽 국가들을 중심으로 치러진 30년전쟁(1618~1648년), 에스파냐 왕위계승전쟁 (1701~1714년), 오스트리아 왕위계승전쟁(1740~1748년), 7년전쟁(1756~1763년), 나폴레옹전쟁(1803~1815년)이 있다. 하지만 규모 면에서 세계전쟁이라 할 수는 없다. 유라시아 대륙에서 비교적 오랜 기간에 걸쳐 진행된 몽골 정복전쟁(1206~1368년)에서는 3,000만~4,000만 명의 사상자가 발생했다고 추정하고 있다.

제1차, 제2차 세계대전에서 이렇게 피해가 컸던 이유는 단순히 광범위한 지역에서 많은 나라가 전쟁에 개입했기 때문만은 아니다. 당시 첨단기술로 개발된 무기를 이용한 현대적 총력전total war이고, 군인뿐 아니라 민간인도 모두 동원된 전쟁이었다. 특히 제1차 세계대전 중 프랑스와 독일 국경에서 지루하게 벌어진 참호전은 정말로 많은 사람을 죽인 소모전이었다. 서구인들에게 정신적으로도 큰 충격을 주었다. 19세기 후반 이후 가장 문명화되었다고 자부한 서구인들이 자기들끼리 벌인 참혹한 전쟁으로 스스로 야만인과 다름없다는 것을 여실히 증명해 보였기 때문이다.

제3차 세계대전의 대결구도

==== THINK

만약 제3차 세계대전이 발발하면 누가 제일 먼저 이 사실을 보도할까? 아마도 트위터나 페북으로 보도하지 않을까? 국가 표시가 되어 있는 세계지도를 놓고 제3차 세계대전을 일으킬 만한 국가들과 반대 측 국가들을 나름대로 구분해보자.

03

제1차, 제2차 세계대전은
왜 쌍둥이일까?

제1차, 제2차 세계대전은 원인과 결과 측면에서 서로 긴밀하게 연결되어 있다. 20년 간격으로 발생한 제국주의 전쟁으로 독일이 전쟁을 도발했다가 중간에 미국의 개입으로 패배했다는 것이 공통점이다. 독일은 영국, 프랑스, 러시아, 미국에 비해 국가통일이 늦게 이루어지기도 했지만 통일의 수훈갑인 비스마르크가 제국주의적 확장을 추구하지 않았다. 하지만 1888년 독일 황제로 등극한 빌헬름 2세는 자신과 의견 차이가 많은 비스마르크를 1890년 은퇴시킨 후 영국, 프랑스를 따라 제국주의적 확장을 서슴지 않고 진행했다. 제1차 세계대전 발발 이전에도 알게 모르게 독일과 영국, 프랑스 간의 간접적인 충돌은 있었다. 남아프리카에서 발발한 보어전쟁에서 독일은 네덜란드계 보어인들을 지원했고, 모로코사건에서도 영국과 프랑스에 대항하여 모로코를 지원했다.

세르비아인이 오스트리아·헝가리제국의 프란츠 페르디난트 황태자 부부를 저격했을 때만 해도 이 저격사건이 큰 전쟁으로 번질 것이라 예측

○ 현대시대 · 1910~1990년

395

했던 사람은 많지 않았다. 범슬라브주의에 따른 러시아 개입, 삼국동맹에 따른 독일 개입, 삼국협상에 따른 프랑스와 영국의 개입으로 전쟁은 일파만파 번져나갔다. 국가 간의 연대동맹은 평화유지에 기여하는 것이 사실이지만 일단 전쟁이 일어나면 국지적 전쟁을 세계전쟁으로 급속하게 확산시키는 촉발제가 되어버린다. 독일의 레닌 투입 계획대로 러시아혁명이 성공해 러시아는 전쟁에서 빠져나오지만 더욱 강력한 미국이 개입하면서 승리는 연합국 편으로 기운다.

제1차 세계대전의 숨은 조력자였던 미국의 우드로 윌슨 대통령은 1918년 1월 평화원칙 14개조를 발표했다. 그는 민족자결주의, 국제연맹 창설도 주장했지만 무엇보다도 승리 없는 평화로 귀결 짓자고 강조했다. 승리자, 패배자 없이 함께 평화롭게 잘 살자는 것이었다. 1918년 11월 전쟁을 마무리 짓기 위해 파리강화회의가 시작되기 전까지만 하더라도 윌슨의 평화원칙은 많은 환영을 받았다. 그러나 막상 회의가 시작되자 영국과 프랑스는 윌슨에게 반기를 들었다. 프랑스의 상 조르주 클레망소 수상은 전쟁기간 중 국토가 큰 피해를 입어 독일로부터 배상받기를 원했고, 영국의 데이비드 로이드조지 수상 또한 독일의 전쟁재발을 근본적으로 막기 위해 안전보장을 강력하게 원했다.

당사국들이 자신의 이해를 반영하려고 목소리를 높이자 시간이 지나면서 미국의 이상주의적 평화보다는 프랑스와 영국의 현실주의적 이해관계를 반영한 베르사유조약이 1919년 체결되었다. 이로써 독일은 영토의 상당 부분과 해외 식민지와 이권을 모두 상실했으며 병력 징집권을 잃고 중포와 탱크, 거함도 보유할 수 없게 되었다. 더구나 승리한 연합국에게 1921년 5월 1일까지 5억 달러에 이르는 막대한 전쟁배상금을 지불해야만 했다. 프랑스와 영국이 마음껏 욕심을 부렸던 것이다.

베르사유조약 회의장에 영국 재무성 대표로 참가했던 존 케인스도 강한 불만을 표출했다. 케인스는 극렬한 복수심에 사로잡혀 독일의 자산을 몰수하고 감당할 수 없는 배상금을 요구하는 데 혈안이 된 연합국의 대표들에게 환멸을 느꼈다. 그는 베르사유조약이 조인되기 사흘 전에 발표한《평화의 경제적 귀결》에서 이 평화조약은 진정한 평화가 아니라 패전국 독일의 경제붕괴라는 결과를 가져올 것이며, 이는 곧 패전국 국민들의 복수심을 자극하여 새로운 극단주의의 길로 빠지게 할 것이라고 경고했다. 그의 예언은 정말 현실로 나타났다.

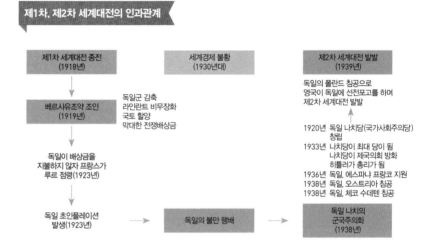

제1차, 제2차 세계대전의 인과관계

제1차 세계대전 종전
(1918년)

베르사유조약 조인
(1919년)

독일군 감축
라인란트 비무장화
국토 할양
막대한 전쟁배상금

독일이 배상금을
지불하지 않자 프랑스가
루르 점령(1923년)

독일 초인플레이션
발생(1923년)

세계경제 불황
(1930년대)

독일의 불만 팽배

제2차 세계대전 발발
(1939년)

독일의 폴란드 침공으로
영국이 독일에 선전포고를 하며
제2차 세계대전 발발

1920년 독일 나치당(국가사회주의당)
창립
1933년 나치당이 최대 당이 됨
나치당이 제국의회 방화
히틀러가 총리가 됨
1936년 독일, 에스파냐 프랑코 지원
1938년 독일, 오스트리아 침공
1938년 독일, 체코 수데텐 침공

독일 나치의
군국주의화
(1938년)

전쟁 후 독일세국이 붕괴되고 바이마르공화국이 들어섰지만 이러한 족쇄 때문에 무력감을 드러내지 않을 수 없었다. 실제로 독일이 배상금을 갚지 못하자 1923년 프랑스와 벨기에는 독일 루르 지역을 무력으로 점령하기도 했다. 그 결과 독일에서는 미증유의 초인플레이션이 발생해 경제가 대혼란에 빠졌고, 연합국에 대한 국민의 불만이 하늘을 찔렀다. 더구나 1929년부터 시작된 전 세계적인 경제 불황은 그렇지 않아도 취약한 독일을 더욱 짓눌렀다.

제1차 세계대전 후 미국의 우드로 윌슨은 국제평화를 위해 국제연맹을 창설하자고 제안했다. 하지만 막상 미국과 소련은 참여하지 않은 채 프랑스와 영국의 주도 아래 국제연맹이 결성되었다. 1926년에는 독일도 가입했지만 국제연맹의 조정 능력이 한계에 부딪히면서 무력함을 드러냈다. 결국 독일인들은 국수주의적이지만 강단 있게 정책을 추진하는 히틀러가 정권을 잡도록 허락했다. 히틀러가 정부 주도하에 경제 확장정책을 펴서 거의 완전고용 상태에 이르게 하고 대외적으로도 독일인의 자존심을 높여주자 그의 정권 기반은 더욱 공고해졌다. 자만심에 빠진 히틀러는 결국 제2차 세계대전을 일으키고 말았다.

1929년 세계 최대 경제대국이던 미국의 월가에서 증시가 폭락한 후 미국 연방준비위원회가 통화긴축정책을 구사하자 세계는 불황으로 하염없이 빠져들어 갔다. 사실 1930년대 대공황은 20세기 들어 자본주의의 최대 위기였다. 주가 80퍼센트 폭락, 상업은행 30퍼센트 파산은 물론이고 산업 생산량 30퍼센트 하락, 25퍼센트대의 실업률이라는 수치를 보면 당시 상황이 얼마나 심각했는지 가늠할 수 있다. 당시 미국 루스벨트 대통령이 뉴딜정책을 통해 사회간접자본에 대한 정부지출을 크게 확대했으나 효과는 제한적이었다. 영국, 프랑스 등 서유럽 국가 상황도 나쁜 것은 매한가지였다. 과감한 정부지출, 고속도로 건설, 전쟁 준비에 매진했던 독일만 예외적으로 완전고용 상태였다. 그러니 히틀러에 대한 독일 국민들의 지지가 대단할 수밖에 없었다.

1930년대 경제상황이 상당 기간에 걸쳐 밑바닥에서 벗어나질 못하자, 그동안 시장을 지배하던 자유방임주의 시장경제 이론에 대한 회의가 팽배해졌다. 고전학파 경제학자들이 줄곧 자본주의경제 시스템에는 스스로 교정능력이 있다고 주장해왔기 때문이었다. 현실 문제를 해결하지 못하는 경제학자에 대한 원망이 드셌다. 한마디로 신고전파 경제학의 위기였다. 자본주의 체제를 아예 공산주의나 사회주의 체제로 바꾸자는 의견도 속속 등장했다.

이때 케인스가 대규모 실업, 대불황 같은 난국을 타개할 설득력 있는 거시정책을 들고 나왔다. 대불황의 원인은 총수요가 크게 부족하기 때문이니 팽창적 재정정책을 구사하자는 것이었다. 당시까지만 해도 신고전파의 주류 경제학에서는 정부재정을 적자, 흑자도 아닌 균형상태로 유지시켜야 한다는 주장이 지배적이었다. 그런데 케인스는 경기부양을 위해 정부재정을 대규모 적자로 바꾸는 것이 불가피하다고 설파했다. 케인스는 53세였던 1936년에 발간한 책《고용, 이자 및 화폐의 일반이론》(이하《일반이론》)에서 그의 거시경제 이론을 개진하면서 정책적 제안도 내놓았다. 즉, 불황 탈출을 위해 저축감소 유도에 의한 총수요 증대, 적자재정 정책, 확장적 통화정책, 단기적 성과 중시, 금본위제 폐지 등을 주장했다.

케인스는 비자발적 실업의 가장 큰 원인을 유효수요의 부족에서 찾았다. 유효수요는 돈은 없지만 그냥 사고 싶은 수요가 아니라 실질 구매력이 있는 수요를 말한다. 수요는 소비와 투자, 정부지출로 이루어지는데, 경기가 나빠서 소비와 투자가 제대로 살아나지 않으면 공공투자 같은 정부지출을 늘려 마중물로 삼자고 케인스는 주장했다. 재정적자가 발생하더라도 단기적으로 유효수요가 늘어나면 상품이 잘 팔리니 기업이 공장이나 기계에 투자를 하고 고용을 늘릴 것이라고 했다. 취업자가 늘어나 소득이 늘면 소비도 늘어나니 유효수요가 더욱 늘어난다는 것이다. 정부지출 같은 유효수요가 일단 늘어나면 파급효과로 투자, 고용, 소득, 유효수요가 연달아 증가한다는 주장이었다.

당시《일반이론》이 출간되었을 때 나치 독일은 이 책에 대대적으로 환호했다. 케인스가 국가를 불황에서 벗어나게 하는 경제운용에서 정부 역할을 매우 강조했기 때문이다. 어떤 면에서 독일은 이미 케인스의 확장적인 재정정책을 구사하여 경제를 호황으로 이끌고 있었다. 1936년 케인스는《일반이론》의 독일어판을 내면서 서문에 이런 글을 쓰기도 했다. "강력한 국가 지도력을 갖춘 전체주의 국가에서는 거시경제학이 특히 유용하다." 여기에서 강력한 국가 지도력은 다름 아닌 아돌프 히틀러였다.

케인스는 제1차 세계대전 후 강대국이 전후 처리를 잘하지 못해 큰 문제를 겪은 데서 교훈을 얻어 제2차 세계대전 이후에는 똑같은 실수를 반복하지 말 것을 매우 강조했다. 그는 금과 달러에 기초한 고정환율 제도를 확립하고 국제통화기금IMF과 세계은행을 설립하기로 한 브레턴우즈협정 설계에 적극 개입했다. 자본주의는 기본적으로 불안정하다고 믿었기 때문에 강대국이 기금을 내서 공동으로 경제 문제에 대처하는 시스템이 중요하다고 본 것이다. 실제로 이 두 국제기관은 아직도 국제금융에서 중요한 역할을 수행하고 있다. 케인스의 선견지명이 아니었다면 우리는 전후 30년(1945~1973년)의 전무후무한 호황기를 맞이하지 못했을지도 모른다.

제2차 세계대전에서 처절하게 패한 후 독일은 인접국가들에게 진정으로 사죄하고 경제부흥에 매진하여 다시 유럽의 중심국가가 되었다. 현재 가장 신뢰하는 국가를 꼽으라면 독일이 단연 1위이다. 과거 독일 총리를 훌륭하게 역임했던 헬무트 슈미트는 2011년 사민당 전당대회에서 이런 발언을 하여 큰 호응을 얻은 적이 있다. "독일은 전범국가라는 역사적 부채를 안고 있다. 유럽에서 독일이 강했을 때는 항상 비극이 일어났다. 지금 독일이 다시 강해짐에 따라 유럽의 불안이 커지고 있다. 우리는 이러한 불안을 누그러뜨려야 한다." 과연 독일이 앞으로도 이런 바람직한 입장을 계속 견지할 것인지 지켜보자.

—— THINK

앞으로 제3차 세계대전이 일어난다면 제1차, 제2차 세계대전과 어떤 연결고리가 있을지 생각해보자. 예를 들어 자신들의 많은 과오를 인정하는 독일과 달리 일본은 자국이 제2차 세계대전의 원인 제공자가 아니라 피해자라고 생각하고 있다.

하나의 유럽, 유럽연합은 어떻게 결성되었을까?

현재 유럽연합^{EU}은 유럽 국가의 대부분을 회원국으로 하고 있다. 간신히 명맥을 유지하는 유럽자유무역연합^{EFTA}은 한때 세력을 과시한 적도 있었지만 이제는 회원국이 스위스, 노르웨이, 아이슬란드, 리히텐슈타인 등 4개국에 불과하다. 러시아는 벨라루스, 몰도바 그리고 중앙아시아 국가들과 함께 독립국가연합^{CIS}을 형성하고 있다. 유럽연합은 미합중국처럼 강력하지는 않지만 유럽을 결속시키는 데 크게 기여한다. 유럽의 이런 단합된 모습은 과거에도 있었다.

　　세계 모든 지역의 국가들은 이합집산을 한다. 유럽의 역사를 거슬러 올라가면 로마제국은 브리튼섬을 비롯한 서유럽, 남유럽, 동유럽의 남부인 발칸반도는 물론이고 북아프리카와 서아시아도 포함했다. 비잔틴제국은 한때 로마제국의 영역 대부분을 장악하기도 했지만 그 후 남유럽과 동유럽의 남부 지배에만 만족해야 했다. 프랑크제국은 서유럽과 중유럽을 통합했고, 신성로마제국과 합스부르크제국은 중유럽과 동유럽 일부를 통합했다. 잠시이

제국	관할 지역과 국가
로마제국	북유럽, 독일, 동유럽을 제외한 유럽
비잔틴제국	발칸반도(슬로베니아 제외), 이탈리아 남부, 키프로스
프랑크제국	프랑스, 베네룩스, 독일, 오스트리아, 스위스, 체코, 헝가리, 슬로베니아, 크로아티아, 이탈리아 북부
신성로마제국	독일, 베네룩스, 알프스, 체코(보헤미아, 모라비아), 폴란드 서부, 이탈리아 북부, 슬로베니아
합스부르크제국	오스트리아, 체코, 슬로바키아, 폴란드 남부, 헝가리, 슬로베니아, 보스니아 헤르체고비나, 루마니아 서부

기는 했지만, 나폴레옹의 프랑스와 히틀러의 독일은 유럽의 대부분을 장악했다. 그리고 소련은 동유럽 대부분과 남유럽의 일부를 점유했다.

유럽주의, 유럽 통합주의라는 것이 있다. 유럽인들이 공통적으로 가지고 있는, 국가의 정체성을 초월한 규범과 가치로 하나의 유럽인임을 강조하는 것을 말한다. 19세기와 20세기 초반까지만 하더라도 유럽 국가들은 나름대로 전 세계에 식민지를 보유하고 있었으므로 유럽 통합주의가 발붙일 공간이 아예 없었다.

하지만 제2차 세계대전으로 인해 상황이 급변했다. 패전국인 독일, 이탈리아는 물론이고 승전국인 영국, 프랑스도 상처뿐인 영광이라는 사실을 뼈저리게 느꼈다. 더구나 미국과 소련 중심의 세계구도가 만들어지자 유럽에서는 서로 평화롭게 협력하려는 유럽 통합주의가 고개를 들었다.

1950년 5월 9일 장 모네가 구상한 석탄 및 철광석 채굴을 위한 프랑스-독일(서독) 간의 공동사무소 설치에 관한 계획을 당시 프랑스 외무부 장관이던 로베르 쉬망이 쉬망선언을 통해 공식 건의했다. 그래서 최초로 유럽공동체에 대한 생각이 유럽 국가 간에 토론되기 시작했다. 이 역사적 사건을 기념하기 위해 5월 9일을 유럽의 날로 지정하여 지금도 이어오고 있다. 1951년

가입 연도	유럽연합 회원국(총 28개국)
1957년	네덜란드, 서독(독일), 룩셈부르크, 벨기에, 이탈리아, 프랑스
1973년	덴마크(그린란드 제외), 아일랜드, 영국
1981년	그리스
1986년	에스파냐, 포르투갈
1995년	스웨덴, 오스트리아, 핀란드
2004년	라트비아, 리투아니아, 몰타, 슬로바키아, 슬로베니아, 에스토니아, 체코, 키프로스, 폴란드, 헝가리
2007년	루마니아, 불가리아
2013년	크로아티아

프랑스, 독일, 이탈리아, 벨기에, 네덜란드, 룩셈부르크 등 6개국이 석탄 및 철광석 채굴에 관한 조약을 체결함으로써 유럽석탄철강공동체ECSC가 탄생했다.

그 후 1957년 유럽경제공동체EEC, 1967년 유럽공동체EC로 확대 발전되다가 1993년 마스트리흐트조약에 의해 유럽연합EU이 정식 설립되었다. 2017년 기준 유럽연합 회원국은 28개국, 총인구는 5억 명에 이르며 전 세계 국내총생산GDP의 23퍼센트를 차지한다.

2000년대 들어 기존 회원국인 서유럽, 중유럽 국가들보다 상대적으로 낙후된 동유럽 국가들이 연달아 가입하면서 여러 문제점들이 발생하고 있다. 동유럽의 저렴한 노동력이 서유럽, 중유럽으로 몰려오면서 서유럽, 중유럽 국가들이 실업난을 겪고, 동유럽 국가 역시 자국의 우수한 인재들이 빠져나가 국가발전에 어려움을 겪고 있는 것이다.

2008년 세계 금융위기 이후 남유럽 국가는 심각한 재정위기를 겪으면서 유럽연합으로부터 구제금융을 지원받는다. 특히 그리스 상황이 심

유럽안보협력기구

유럽이사회		북대서양조약기구(NATO)		
유럽연합 (EU)		영국		

셍겐조약

유로 사용 지역		베네룩스 포르투갈 독일 에스파냐 프랑스 이탈리아 그리스		러시아 우크라이나 크로아티아 마케도니아 보스니아/ 헤르체고비나 세르비아 몬테네그로 알바니아 몰도바 조지아 아제르바이잔 아르메니아
아일랜드	오스트리아 핀란드		아이슬란드	
	스웨덴	덴마크	노르웨이	
	키프로스 몰타	발트삼국 슬로베니아 폴란드 슬로바키아 헝가리 체코		
	안도라 산마리노 리히텐슈타인 스위스 모나코	불가리아 루마니아 터키		
	바티칸	미국 캐나다		타지키스탄 벨로루시 투르크메니스탄 카자흐스탄 키르기스스탄 우즈베키스탄

* 셍겐조약: 유럽 각국이 공통의 출입국 관리 정책을 사용하여 국경 시스템을 최소화해 국가 간의 통행에 제한이 없게 하는 조약

각하여 유로EURO를 국가 통화로 사용하는 유로존에서 그리스가 탈퇴하는 그렉시트Grexit가 큰 국제금융 이슈로 부각되었으나 이제는 마무리된 상태이다. 2016년 들어서는 영국 이슈가 갑자기 불거진다. 영국이 2016년 국민투표에 의해 유럽연합에서 탈퇴하는 브렉시트Brexit가 결정된다. 2017년 프랑스 대통령 선거에서는 프랑스의 유럽연합 탈퇴를 반대하는 에마뉘엘 마크롱이 대통령에 당선되면서 위기에 휩싸였던 유럽연합이 당분간 안정궤도에 진입한다. 이를 계기로 유럽연합은 앞으로 경제, 문화, 정치적으로 더 상화된 형태를 갖추어나갈 전망이다.

셍겐조약은 유럽연합 회원국 간에 자유로운 인적교류를 목적으로 하고 있어, 셍겐조약 가입 국가끼리는 한 국가를 여행하는 것처럼 자유롭게

이동할 수 있다. 셍겐조약 가입국 사이에는 별도의 출입국 심사가 없으며, 이동할 때 여권이나 비자가 필요하지 않다. 하지만 최근 들어 중동에서 난민이 많이 몰려들면서 유럽 각국이 국경심사를 강화함에 따라 셍겐조약의 유효성에 대한 우려가 일고 있다.

——— THINK

영국 이후 앞으로 유럽연합에서 탈퇴할 가능성이 큰 국가로 어떤 곳이 있는지 예측해보자. 영국과 그리스의 탈퇴를 브렉시트(Brexit), 그렉시트(Grexit)라고 하는데 슬로베니아가 탈퇴하면 슬로배니시(Slovanish), 체코는 체크아웃(Czechout), 이탈리아는 이탈리브(Italeave), 핀란드는 피니시(Finish), 벨기에는 바이지움(Byegium)이라고 부를 수도 있을 것이다. 유럽연합의 다른 국가에도 이런 의미 있는 이름을 재미 삼아 붙여보자.

전 세계 국가의 수는
몇 개일까?

전 세계에는 과연 국가가 몇 개나 있을까? 국가 개수를 산정하는 기관에 따라 그 숫자가 다르다. 2018년 기준으로 국제연합UN은 193개국, 국제축구연맹FIFA은 211개국, 세계은행IBRD은 229개국으로 추산한다. 비독립국을 포함하여 국제법상에서 인정하는 국가는 모두 242개국에 이른다.

예를 들면 바티칸시국은 국가로 인정받고 있지만 국제연합에는 아직 가입하지 않았다. 아프리카 북서부 해안에 있는 서사하라는 1976년 '사하라 아랍 민주공화국'이라는 이름으로 독립을 선언했지만 북쪽 인접국인 모로코와 아직 영토분쟁 중이라 정식 독립국으로 인정받지 못하고 있다.

국제연합이 1945년 10월 24일 처음 창설되었을 때 가맹국은 28개국에 불과했다. 곧 호응이 이어져 1945년 말 51개국, 1950년 60개국으로 늘어났다. 그 후 아시아, 아프리카에서 독립하는 신생국가들이 급증하면서 1960년 99개국, 1980년에는 154개국으로 늘어났다. 우리나라도 1991년 들어서 북한과 함께 국제연합 가맹국이 되었고, 2000년에는 189개국으로 늘어났다. 2011년에 가입한 남수단을 마지막으로 하여 2018년 기준 193개국에 이른다.

국제연합 가입 국가(2018년 현재)

가입 연도	가맹국 누적 수 (증가분)	새로운 가맹국
1945. 10. 24 창설 당시	28개	아르헨티나, 칠레, 중국, 쿠바, 덴마크, 도미니카공화국, 이집트, 엘살바도르, 프랑스, 레바논, 룩셈부르크, 뉴질랜드, 니카라과, 파라과이, 필리핀, 폴란드, 러시아, 우크라이나, 영국, 미국, 사우디아라비아, 벨라루스, 브라질, 시리아, 터키, 아이티, 이란, 체코슬로바키아
1945. 10. 25~ 1949년	59개(+31)	1945. 10. 25~12. 31 벨기에, 오스트레일리아, 볼리비아, 아프가니스탄, 캐나다, 콜롬비아, 에콰도르, 에티오피아, 그리스, 네덜란드, 노르웨이, 과테말라, 온두라스, 인도, 이라크, 멕시코, 파나마, 우루과이, 베네수엘라, 페루, 라이베리아, 코스타리카, 남아공(23개) 1946~1949년 아프가니스탄, 아이슬란드, 타이, 스웨덴, 파키스탄, 예멘, 미얀마, 이스라엘(8개)
1950~1959년	82개(+23)	인도네시아, 알바니아, 오스트리아, 핀란드, 일본, 모로코, 수단, 튀니지, 네팔, 요르단, 포르투갈, 아일랜드, 이탈리아, 루마니아, 에스파냐, 스리랑카, 불가리아, 캄보디아, 가나, 말레이시아, 기니, 헝가리, 라오스, 리비아
1960~1969년	126개(+44)	알제리, 자메이카, 르완다, 잠비아, 베냉, 바르바도스, 보츠와나, 브룬디, 부르키나파소, 카메룬, 중앙아프리카, 차드, 콩고, 코트디부아르, 콩고민주공화국, 적도기니, 말라위, 모리타니아, 몽골, 시에라리온, 탕가니카, 몰타, 감비아, 몰디브
1970~1979년	152개(+26)	앙골라, 피지, 오만, 카타르, 베트남, 사모아, 파푸아뉴기니, 바레인, 바하마, 독일연방공화국, 독일민주공화국, 방글라데시, 그레나다, 부탄, 카보베르데, 코모로, 도미니카연방, 솔로몬군도, 세인트루시아, 지부티, 기니비사우
1980~1989년	159개(+7)	바누아투, 짐바브웨, 벨리즈, 브루나이, 세인트빈센트, 안티구아, 세인트크리스토퍼
1990~1999년	188개(+29)	리히텐슈타인, 나미비아, 안도라, 아제르바이잔, 크로아티아, 팔라우, 조선인민공화국, 대한민국, 에스토니아, 라트비아, 리투아니아, 마셜군도, 미크로네시아, 몰도바, 우즈베키스탄, 산마리노, 보스니아—헤르체고비나, 키리바시, 나우루, 통가,
2000~2009년	192개(+4)	스위스, 세르비아(유고), 투발루, 티모르—레스테
2010년~현재	193개(+1)	남수단

═══ THINK

현재 전 세계적으로 200여 개의 국가가 있다. 이 중에 여러분은 얼마나 많은 국가 이름을 알고 있는지 점검해보자.

각 나라의 국부는
어떤 사람일까?

전 세계 많은 국가 가운데 대다수 국민이 애정을 보이며 인정하는 국부國父가 있는 국가는 과연 얼마나 될까?

미국은 미합중국의 첫 번째 대통령인 조지 워싱턴을 국부로 인정하고 있다. 미국 건국의 아버지The Founding Fathers of the United States로는 벤저민 프랭클린, 토머스 제퍼슨, 존 애덤스 등 많지만 이 중에 조지 워싱턴만을 국부The Father of His Country라고 부른다. 조지 워싱턴의 생가가 있는 버지니아주 포토맥 강 변의 마운트 버넌에 가면 왜 미국인들이 그를 국부로 인정하는지 잘 알 수 있다. 그가 영국과의 독립전쟁에서 계속 이기자 사람들은 한때 그를 왕으로 옹립하려고까지 했다. 하지만 조지 워싱턴은 이를 거부하고 마운트 버넌으로 돌아가 농부로 살았다. 그리고 1789년 미합중국의 초대 대통령으로 옹립되었다.

남미에도 조지 워싱턴 같은 국부가 있다. 바로 남미의 국부, 시몬 볼리바르이다. 그는 에스파냐의 식민지였던 라틴아메리카의 북부 지역(현재 베네수엘라, 콜롬비아, 에콰도르, 파나마)을 에스파냐로부터 해방시키고 1819년 그란콜롬비아^{Gran Colombia}(정식 이름은 콜롬비아공화국^{The Republic of Colombia})를 세워 초대 대통령을 지냈다. 그는 남미의 에스파냐 식민지 전부(페루, 아르헨티나, 칠레 포함)를 아울러 미국처럼 연방제로 운영하는 대콜롬비아공화국을 꿈꾸었다. 하지만 당시 국내외의 복잡한 역학관계 때문에 실현시키지는 못했다. 미국도 그란콜롬비아가 자신의 경쟁국가로 부상할 것을 우려해 원치 않았다. 그가 죽은 후 1831년 그란콜롬비아는 와해되어 콜롬비아, 베네수엘라, 에콰도르, 파나마로 나뉘었다. 남미의 국가 볼리비아는 1825년 그의 이름 볼리바르를 따라 나라 이름을 정했다.

현대 중국인들에게는 쑨원이 국부이다. 중국 본토에 있는 중화인민공화국의 중국인들에게도 쑨원이 국부이고 타이완에 있는 중화민국의 중국인들에게도 쑨원이 국부이다. 우리나라를 예로 들면 남한과 북한 사람 모두가 인정하는 국부인 셈이다. 쑨원은 현대 중국 건국의 아버지이다. 그는 불굴의 혁명정신으로 전근대적이고 쇠망해가던 청국을 무너뜨리고 공화정인 중화민국을 만든 사람이다. 중국 내 혁명세력과 외세를 이용해 청국을 무너뜨리고 중국 내 군벌을 토벌하여 중국 전체를 통일시키려 했던 현대 중국의 풍운아이다. 그가 주도했던 혁명은 수없이 실패했고 생전에 중국 전체를 통일시키지도 못했기 때문에 실패한 혁명가로 불리기도 한다. 하지만 쑨원이 없었더라면 현대 중국은 지금의 형태로 만들어지지 못했을 것이다. 특히나 그가 1925년에 죽기 2년 전, 즉 1923년에 이미 공산화된 소련과의 제휴 및 중국 내 국공합작을 이뤄내지 못했다면 중국은 지금과 전혀 다른 형태로 흘러갔을지도 모른다.

이처럼 국부로 칭송받는 인물을 보면 왕정에서 벗어나 새로운 공화정을 수립하거나 식민지 종주국이나 다른 국가로부터 독립해 새로운 국가를 세운 사람이 상당히 많다. 터키의 국부는 무스타파 케말 아타튀르크인데 성 '아타튀르크'는 터키어로 '터키인의 아버지', 즉 아예 '국부'라는 뜻을 지닌다.

미국: 조지 워싱턴
(영국에서 독립)

네덜란드:
빌럼 오라녜
(에스파냐에서 독립)

폴란드:
레흐 바웬사
(소련에서 독립)

이란: 아야톨라
호메이니(이슬람 국가)

몽골:
수흐바타르
(공산화)

중국:
쑨원
(청 타도,
중화민국 건국)

파키스탄:
무함마드
알리 진나
(인도에서
독립)

쿠바:
피델
카스트로
(공산화)

이탈리아:
주세페
가리발디
(통일)

라오스:
수파누봉(공산화)

이집트:
가말 압델 나세르
(영국에서 독립)

팔레스타인:
야세르
아라파트
(건국)

인도:
마하트마 간디
(영국에서
독립)

콜롬비아: 시몬 볼리바르
(에스파냐에서 독립)

싱가포르:
리콴유
(영국에서 독립)

우루과이:
후안 안토니오 라바예하
(브라질에서 독립)

남아공: 넬슨 만델라
(인종차별 철폐,
평등선거로 당선된 최초 대통령)

인도의 마하트마 간디, 이집트의 가말 압델 나세르, 싱가포르의 리콴유는 영국으로부터 독립을 주도한 인물이다. 후안 안토니오 라바예하는 브라질로부터 독립해 우루과이를 세웠다. 무함마드 알리 진나는 인도에서 독립하여 이슬람 국가인 파키스탄을 세웠고, 아야톨라 호메이니도 이란 왕정을 무너뜨리고 새 체제의 정통 이슬람 국가를 만들었다. 다비드 벤구리온은 팔레스타인 지역에 복귀하여 이스라엘 국가를 1,900여 년 만에 재건국했다. 이러한 이스라엘 재건국에 반대하여 어렵게 팔레스타인 국가를 세운 야세르 아라파트 또한 팔레스타인의 국부이다.

건국을 하지는 않았지만 민주주의 체제를 확립한 인물도 국부로 인정받는다. 소련의 압제에서 벗어나 자국을 민주국가를 만든 폴란드의 레흐 바웬사, 논란이 있지만 체코의 바츨라프 하벨이 있고, 아파르트헤이트에서 벗어나 흑인과 백인이 동등한 국가를 만든 남아공의 넬슨 만델라도 국부이다. 반대로 공산주의 체제를 확립한 인물도 국부이다. 쿠바의 피델 카스트로, 베트남의 호치민, 라오스의 수파 누봉이 그렇다. 세계에서 두 번째로 공산주의 국가를 건국하는 데 크게 기여한 담딘 수흐바타르도 몽골혁명의 아버지이다.

이들 국부는 대부분 20세기 인물인데, 더 오래된 인물도 있다. 19세기에 이탈리아 통일을 이룬 주세페 가리발디, 17세기에 네덜란드 독립을 이루어낸 빌럼 오라녜가 있다.

이처럼 국부라는 칭호는 보통 건국에 크게 기여한 사람을 이르는 데 사용된다. 그렇다고 해서 나라의 건립자에게만 주어지는 것은 아니다. 실질적으로 나라를 세운 것이나 다름없는 업적으로 많은 존경을 받는 정치인에게 붙이기도 한다. 한번 국부로 인정받았다고 해서 계속 국부로 남는 것은 아니다. 국가체제가 바뀌면서 국부 자리에서 내려오기도 한다. 또 국민 간에 의견수렴이 제대로 되지 않아 국부가 아예 없는 국가도 많다.

===== THINK

중국의 혁명가 쑨원은 본토의 중화인민공화국과 타이완의 중화민국 모두로부터 국부로 공식 인정받고 있다. 반면에 우리나라에는 국부로 공식 인정받는 인물이 없다. 왜 그런지 생각해보자.

영국에서 여왕은 얼마나 있을까?

다른 나라와 달리 영국에는 유명한 여왕들이 많다. 엘리자베스 1세는 16세기 후반에 에스파냐의 무적함대를 무찌르면서 당시 뒤처졌던 영국의 위상을 드높였다. 빅토리아 여왕은 19세기 후반에 전 세계를 호령하던 대영제국의 자랑스러운 상징이었다. 여왕의 권한이 막강했던 엘리자베스 1세 때와는 달랐지만 빅토리아 여왕은 당시 영국을 대표하는 인물로 손색이 없었다. 현재 영국 여왕인 엘리자베스 2세도 실권은 없지만 영국의 상징이다. 2016년에 여왕의 90주년 생일을 기념해 3개월간 긴 축제를 열었으나 불평하는 영국민은 별로 없었다. 영국의 위상을 높이고 외국인 관광이 크게 늘어 경제에도 도움이 된다고 굳게 믿기 때문이다.

엘리자베스 1세는 45년간 재위했고, 빅토리아 여왕은 64년, 엘리자베스 2세 또한 현재 2018년까지 66년째 재위 중이다. 그래서 우리는 영국 여왕은 오래 살고 오래 재위하며 이 세 사람뿐인 것으로 종종 오해한다. 하지만 영국에는 또 다른 세 명의 여왕이 있었다. 메리 1세, 메리 2세, 앤 여왕이 바로 그들이다. 그러니까 영국의 역대 여왕은 통틀어 여섯 명이다.

메리 1세는 영국 역사상 최초의 여왕이다. 헨리 8세와 캐서린 왕비 사이에서 태어난 그녀는 여왕으로 등극할 때까지 우여곡절의 시간을 보낸다. 캐서린 왕비는 아라곤 출신으로 로마가톨릭교도이고 딸 메리도 그렇다. 아버지 헨리 8세가 캐서린과 이혼하고 앤 불린과 재혼하면서 메리는 고난에 빠진다. 앤 불린에게서 이복 여동생 엘리자베스가 태어나자 메리는 왕위계승권도 빼앗기고 수모를 겪는다. 그래서 그녀는 엘리자베스를 매우 싫어한다. 헨리 8세와 에드워드 6세에 이어 메리 1세로 등극한 메리는 아버지가 만든 성공회를 부정하고 로마가톨릭으로 복귀해 성공회 성직자들과 개신교 신자들을 대거 처형한다. 그래서 '피의 메리Bloody Mary'라는 별명이 붙었고 지금까지도 같은 이름으로 불리는 칵테일이 있다. 메리는 모두의 반대를 무릅쓰고 에스파냐의 펠리페 2세와 결혼하는데 이때 메리의 나이는 38세, 한참 연하였던 펠리페의 나이는 27세였다. 그녀가 5년 재위한 후에 엘리자베스 1세가 왕위를 물려받으면서 영국은 다시 성공회를 국교로 받아들인다.

엘리자베스 1세는 독신으로 45년간 재위하면서 큰 업적을 남긴다. 여왕이어도 통치를 얼마든지 잘할 수 있다는 것을 영국 국민에게 여실히 보여준다. 그녀는 성공회를 국교로 선포하기는 했지만 끔찍한 종교분쟁을 싫어했기 때문에 로마가톨릭교와 개신교를 아량 있게 포용한다. 왕권을 행사하면서도 추밀원과의 관계를 균형 있게 유지하고, 경제정책도 현명하게 집행한다. 해적 프랜시스 드레이크를 전폭 지원하여 에스파냐의 무적함대를 격파해 영국 해군의 위상을 드높인다. 아메리카에 식민지를 개척하면서는 자신의 별명 '버진virgin'을 따서 '버지니아'라 이름 붙인다. 또 재위 말년인 1600년에 동인도회사를 만드는데 이 회사는 향후 아시아와의 무역에서 큰 역할을 한다. 문화적으로는 엘리자베스시대에 셰익스피어 문학이 꽃을 피운다.

그 전까지 영국은 유럽의 후진국이었지만 여왕의 통치에 힘입어 점차 선진국으로 발돋움한다. 그녀는 독신이라 '처녀여왕The Virgin Queen'이라는 별명도 있었지만 정치를 잘했기 때문에 '훌륭한 여왕 베스Good Queen Bess'라는 별칭으로 불리기도 한다. 엘리자베스 1세에게는 후사가 없었으므로 튜더왕조는 문을 닫고 스코틀랜드의 제임스 5세가 영국의 제임스 1세로 즉위하면서 스튜어트왕조가 시작된다.

메리 2세는 스튜어트왕조 제임스 2세의 딸이다. 제임스 2세가 로마가톨릭을 국교로 정하고 전제정치를 하려 하자 영국 국민이 반대하며 개신교 신자인 메리 2세를 지지한다. 그래서 영국 의회는 명예혁명을 통해 메리 2세와 네덜란드공화국의 통령이자 남편인 윌리엄 3세를 공동 왕으로 추대한다. 메리 2세가 1694년에 먼저 사망한 후에는 윌리엄 3세가 잠시 단독통치를 한다. 메리 2세의 여동생은 1702년 윌리엄 3세에 이어 앤 여왕으로 즉위한다.

앤 여왕은 12년간 재위하면서 어렸을 때부터 친구였던 사라 제닝스의 남편인 말버러

영국의 역대 여왕

연도	1500년대		1600년대		1700~1800년대	1900~2000년대
왕가	튜더왕조 (1485~1603년)		스튜어트왕조 (1603~1714년)		하노버왕조 (1714~1901년)	윈저 왕조 (1917년~)
여왕 재위 기간	메리 1세 (1553~1558년) 5년	엘리자베스 1세 (1558~1603년) 45년	메리 2세 (1689~1694년) 5년	앤 (1702~1714년) 12년	빅토리아 (1837~1901년) 64년	엘리자베스 2세 (1952년~)
생존	42세	70세	32세	49세	82세	

*1901년 영국에서 독일의 색스-코부르크-고타 왕가가 시작되었으나 제1차 세계대전 중 독일에 대한 영국인의 반감 때문에 이름을 윈저 왕가로 바꿈.

공작 존 처칠에게 잉글랜드 총사령관 등 많은 역할을 준다. 말버러 공작은 네덜란드, 에스파냐, 프랑스와의 전쟁을 승리로 이끌어 영토를 많이 확장한다. 특히 프랑스와의 전쟁을 통해 아메리카 땅을 많이 확보한다. 제2차 세계대전 당시 수상이었던 윈스턴 처칠이 존 처칠의 후손이다. 또한 앤 여왕은 1707년 잉글랜드와 스코틀랜드를 정식 통합하여 그레이트브리튼 왕국의 최초 군주가 된다.

앤 여왕은 브랜디를 무척 좋아해 '브랜디 낸Brandy Nan'이라는 별명까지 붙는다. 비만이 매우 심해 어디를 가더라도 가마를 타고 다니고 궁전 안에서 이동할 때도 경비대장의 도움을 받아 휠체어를 타고 다닌다. 그녀가 죽고 나서 앤 여왕의 먼 친척인 하노버 선제후 게오르크 루트비히가 조지 1세로 즉위하여 스튜어트왕조는 단절되고 하노버 왕조가 시작된다.

1837년부터 1901년까지 64년간 재위한 빅토리아 여왕 시기를 '빅토리아시대'라 부른다. '해가 지지 않는 나라'로 불렸던 대영제국의 최전성기와 일치한다. 1851년에 런던에서 열린 세계박람회는 당시 세계 최고 수준의 영국 기술을 마음껏 보여주었다. 그녀는 영국 군주로서는 최초로 1877년 인도제국 황제로 등극하기도 한다. 또 혼맥을 통해 많은 유럽의 왕가와도 연결되어 있어 '유럽의 할머니the grandmother of Europe'라고도 불린다.

그녀가 보유하고 있던 혈우병 인자가 다른 유럽 왕가들로 퍼져 러시아 왕가의 몰락을 부르기도 한다. 빅토리아 여왕의 외손녀인 헤센의 알릭스는 러시아의 니콜라이 2세와 결혼하는데 그들 사이에서 태어난 아들 알렉세이 로마노프가 바로 혈우병 환자이다. 러시아 왕가가 아들을 고치기 위해 괴승 그레고리 라스푸틴을 궁정에 들이는 바람에 러시아는 대혼란을 겪으며 파멸하게 된다. 이처럼 국가 간의 왕가 혼맥은 엉뚱하게 다른 나라의 운명을 결정짓기도 한다.

1952년 즉위 이후 현재 생존해 있는 엘리자베스 2세의 재위 시기는 식민지 상실과 다른 강대국의 부상으로 인한 영국 파워의 급속한 약화로 특징지을 수 있다. 엘리자베스 2세는 2018년 현재까지도 생존함으로써 빅토리아 여왕의 재위기간인 64년을 이미 추월했다.

── THINK

16세기 이후 현재까지 영국 역사를 보면 여왕이 재위할 때 정치가 안정되고 국력이 강한 경우가 많았다. 왜 그랬는지 이유를 생각해보자.

왜 인류 역사의
최대 호황기는
1950~1973년일까?

인류 역사상 경제성장률이 가장 높았던 시기는 언제일까? 18세기 후반에 영국이 산업혁명을 일으켰다고는 하지만 당시 경제성장률은 1퍼센트 정도였다. 영국의 경제학자 앵거스 매디슨이 대륙별, 기간별로 추산한 1인당 경제성장률을 비교해보자.

1820년부터 1998년까지 서유럽, 미국, 동유럽, 구소련, 일본, 동아시아 16개국의 1인당 연평균 실질 GDP 증가율을 보면 지역과 관계없이 1950~1973년 기간의 경제성장률이 가장 높다. 특히 일본은 8퍼센트를 넘고, 서유럽도 4퍼센트를 넘는다. 미국만 2.45퍼센트이고 다른 지역 모두 3퍼센트대이다. 1870~1913년 기간이 전반적으로 호황이었다지만 대다수 지역에서 경제성장률은 1퍼센트대에 머물러 있다. 가장 높은 미국이 1.82퍼센트에 그쳤다. 1973~1998년 기간에는 두 차례에 걸친 오일쇼크의 여파로 경제성장률이 크게 줄어들었다.

지역	1820~1870년	1870~1913년	1913~1950년	1950~1973년	1973~1998년
미국	1.34	1.82	1.61	2.45	1.99
서유럽	0.95	1.32	0.76	4.08	1.78
동유럽	0.63	1.31	0.89	3.79	0.37
구소련	0.63	1.06	1.76	3.36	-1.75
일본	0.19	1.48	0.89	8.05	2.34
동아시아 16개국	-0.10	0.49	-0.08	3.83	3.30

출처 Angus Maddison, The World Economy: Historical Perspective, OECD, 2001

1950~1973년에는 왜 지구 최대 호황을 구가했을까? 첫째, 제1차, 제2차 세계대전을 치르면서 미국을 제외한 전 지역이 대부분 파괴되었다. 주택, 관공서, 공장 같은 건물은 물론이고 가구, 기계 등 물적자산도 많이 파괴되어서 원래 수준으로 되돌리려는 전후 복구수요가 많았다. 이런 재건수요는 일시적 경제성장은 설명해줄 수 있지만 지속적인 성장의 이유가 되기는 힘들다.

전쟁으로 피해를 입은 국가들이 나라를 재건할 당시 미국의 마셜플랜에 의한 재정적 지원이 큰 힘을 발휘했다. 미국 입장에서는 서유럽의 경제가 신속하게 회복되지 않으면 결국 공산화될 것이라는 우려가 많았다. 마셜플랜을 유럽에 효과적으로 집행하기 위해 1948년 유럽경제협력기구OEEC가 설립되고 1961년에는 시장경제와 민주주의를 공유하는 국가 간 정책 협의체인 경제협력개발기구OECD로 개편되어 미국과 캐나다도 회원국으로 가입했다. 미국과 캐나다는 서유럽 국가들의 방위를 위해 북대서양조약기구NATO도 결성하는데 이로써 서유럽 국가들은 방위비 부담이 크게 줄어들어 경제부흥과 발전에 매진하는 계기가 마련되었다.

미국이 기술혁신과 경제성장을 거듭하는 사이 다른 지역은 전쟁피해를 수습해야 했기 때문에 국가 간 격차가 심했는데 1950~1973년 기간 동안 따라잡기 현상이 나타나며 다른 국가의 경제성장률도 크게 상승했다. 이 기간에 미국의 성장률이 가장 낮은 것이 이를 방증한다. 미국 대비 프랑스와 독일의 1인당 소득수준을 보면 1950년에는 50퍼센트 수준이었는데 1973년에는 80퍼센트 수준으로 크게 올랐다. 따라잡을 때는 벤치마킹할 국가나 기업이 있기 때문에 비용을 적게 들이면서 따라 할 수 있었다.

1950~1973년 기간에는 이전과 다른 산업에서 기술혁신이 많이 이루어졌다. 특히 전자산업에서의 기술혁신이 독보적이었다. 텔레비전, 카세트, 냉장고, 세탁기, 빨래 건조기, 청소기, 다리미, 믹서 같은 내구소비재의 기술혁신이 뛰어나게 이루어져 이들 가전이 저렴한 가격에 많이 공급되었다. 가구소득이 늘면서 소비자가 내구소비재를 사들이자 관련 산업은 더욱 규모가 커졌다. 영화를 비롯한 엔터테인먼트 산업도 크게 확장되었다.

상품수요가 많아지면 기업들이 생산을 늘리고 싶어도 노동력이 부족해 임금이 치솟아 물량을 제대로 공급할 수가 없다. 국가 내부를 들여다보면 농업부문의 인력이 도시의 제조업이나 서비스업으로 대거 이동했고, 여성의 경제활동 참여가 크게 늘었다. 여권 신장, 가사노동의 부담을 줄여주는 가전제품의 등장, 피임기술의 발달로 인한 출산율 저하가 여성 노동력 증가의 원인이었다. 미국에서 여성의 노동 참가율은 1950년에는 25퍼센트였는데, 1973년에는 42퍼센트로 급증했다. 그리고 선진국 경우 1960년대부터 개발도상국으로부터 이민을 많이 받아 노동력 공급에 애로를 겪지 않았다. 알제리 노동자는 프랑스로, 파키스탄 노동자는 영국으로, 한국과 터키 노동자는 독일로 이주했다.

제2차 세계대전 말인 1944년 주요 선진국들이 만나 이룬 브레턴우즈 체제는 향후 세계경제를 굳건히 하는 데 크게 기여했다. 이 체제는 다자주의적 세계화를 새로운 국세질서의 핵심으로 삼고, 금과 태환할 수 있는 미국 달러를 중심으로 국가 화폐 간 고정환율을 정해 외환시장을 안정적으로

운영하고 자유무역 기조를 확립시켰다. 세 개의 핵심적 국제기구를 설립했는데 국제통화기금IMF, 국제부흥개발은행IBRD, 관세 및 무역에 관한 일반 협정GATT이 바로 그것이다. 1945년에 설립된 국제통화기금은 외환의 안정적 공급을 위해 국가에 긴급자금을 단기적으로 충당해주는 역할을 했고, 국제부흥개발은행은 전쟁 피해 복구, 전후 경제부흥, 저개발국의 경제개발을 위해 자금을 중장기적으로 대출해주었다. 연이어 1947년에 설립된 GATT는 국가 간 관세 및 비관세 장벽을 철폐하고 무역을 증진시키는 것이 목적이었다.

이처럼 전 세계적인 무역, 금융 규제완화와 더불어 대륙별로 규제완화를 추구하는 지역경제 협력체도 많이 생겨났다. 유럽의 경우 유럽결제동맹, 유럽석탄철강공동체, 유럽경제공동체 같은 조직이 연달아 생겨 상품은 물론이고 서비스, 노동, 자본의 자유로운 역내 이동을 촉진시켰다.

1950~1973년 사이의 과도한 성장으로 에너지 수요가 폭증한 가운데 1973년 미국이 지원하는 이스라엘과 아랍국가 간에 중동전쟁이 발발하자 석유수출국기구OPEC가 원유생산을 크게 줄여 석유가격이 급등했다. 이때 1년 사이에 석유가가 네 배나 오르는데, 이른바 1차 오일쇼크이다. 1979년 2월 이란혁명이 발발하여 팔라비 국왕 중심의 왕정제가 폐지되고 이슬람 근본주의 종교 지도자 아야톨라 호메이니가 주도하는 신정국가가 들어서면서 석유가격은 더욱 급등했다. 1973년까지는 배럴당 3달러 이하였는데 1980년에는 30달러를 넘어섰다. 이로 인해 물가가 오르고 실물경제는 위축되는 스태그플레이션 현상이 지속되었다. 이런 경제 급변 시기에 우리나라 박정희 대통령이 최측근 김재규에게 암살당했다. 이런 정치적 위기는 1980년대 초 경제적 위기를 더욱 악화시켰다.

===== THINK

빅뱅 이후 현재까지 전 세계적으로 최대 호황을 구가한 시기는 1950~1973년 기간이다. 왜 그랬는지를 생각해보고, 앞으로 이런 호기를 과연 다시 맞을 수 있을지 생각해보자.

15세기 르네상스 이후
창조성이 가장 높은
서양화는?

유럽에서는 르네상스 시기 이후 현재까지 수많은 미술조류가 생겨났다. 바로크, 로코코, 신고전주의, 낭만주의, 사실주의, 자연주의, 인상주의 그리고 20세기 들어서는 상징주의, 아르누보, 입체주의, 초현실주의, 표현주의, 팝아트, 추상표현주의, 구성주의, 미니멀아트, 바이오아트 등 정말 다양하다. 이런 새로운 조류는 기존 조류에 저항하는 하나의 혁신이었다. 혁신에 대한 반응이 좋으면 그 조류는 오래 지속되었고, 반응이 시원치 않으면 홀연히 사라졌다. 혁신성이 뛰어나면 새로운 조류의 그림을 제안한 사람은 명성을 얻었고, 특히 물꼬를 튼 첫 번째 그림은 더욱 진가를 인정받았다.

그림에 대한 평가는 주로 미술 비평가와 화상, 컬렉터 들이 맡았다. 하지만 평가자도 사람인지라, 자국 작가 그리고 자국 작품에는 호평을 하는데 반해 후진국 작가나 작품에 대해서는 악평을 쏟아내기가 쉽다. 즉 후광효과 때문에 평가에 편향이 생기는 것이다. 그래서 고민한 결과, 좀 더 객관적인 미술품 평가방법이 생겨났다. 비주얼 알고리즘과 인공지능을 장착한 컴퓨터로 미술작품의 창조성을 측정하는 분석 툴이 개발된 것이다. 그리고 이런 방법으로 얻은 결과가 실제 미술작품 가격에도 이미 영향을 끼치고 있다.

　　미국 뉴저지주의 럿거스대학 내 '아트와 인공지능 연구소Art and Artificial Intelligence Laboratory'의 컴퓨터 과학자인 아메드 엘가멀과 바박 살레는 2015년에 대단한 논문 〈미술작품의 창조성 정량화Quantifying Creativity in Art Networks〉를 발표했다. 이들에 따르면 미술작품의 창조성을 판단하는 기준은 두 가지이다. 특정 작품이 이전 작품에 비해 얼마나 다른지를 보여주는 독창성originality과 이후 작품에 끼친 영향력influential value이 바로 그것이다. 그리고 각 작품의 피사체, 공간, 재질, 형상, 형태, 색상, 색조, 선, 움직임, 통일성, 조화, 균형, 대비, 패턴, 붓놀림 등 여러 평가기준을 가지고 작품의 창조성 정도를 정량화했다.

　　이들은 온라인에 공개되어 있는 위키아트wikiart paintings의 데이터 세트를 이용했다. 위키아트는 1400년부터 2000년까지 27개 양식(추상화, 비잔틴, 바로크 등)과 45개 장르(초상화, 풍경화 등)에 걸쳐 화가 1,119명의 회화, 조각작품 81,449점의 이미지를 보유하고 있다. 저자는 이 중에 조각, 그라피티, 설치, 행위, 사진 등 분석에 적합하지 않은 장르를 제외시켜 62,254개의 서구회화를 데이터 세트로 정했다. 중국, 한국, 일본, 인도 작품들은 여기에 포함되지 않았다.

　　이런 평가방식에 따라 6만 점이 넘는 미술작품에 대해 100점 만점의 창조성 점수creativity score를 산정했다. 그 결과 횡축은 연도, 종축은 창조성 점수로 하여 하나의 그래프가 완성되었다. 점은 특정 작품의 점수를 표시한다. 결과는 예상과는 달랐다. 어떤 결과가 나왔을까? 16세기의 레오나르도 다빈치, 미켈란젤로, 17세기의 디에고 벨라스케스, 요하네스 페르메이르, 19세기의 클로드 모네, 20세기의 조지아 오키프, 로이 리히텐슈타인의 작품은 매우 창조적인 것으로 나왔다.

　　하지만 세잔의 작품은 예상외로 점수가 낮게 나왔고, 우크라이나 출

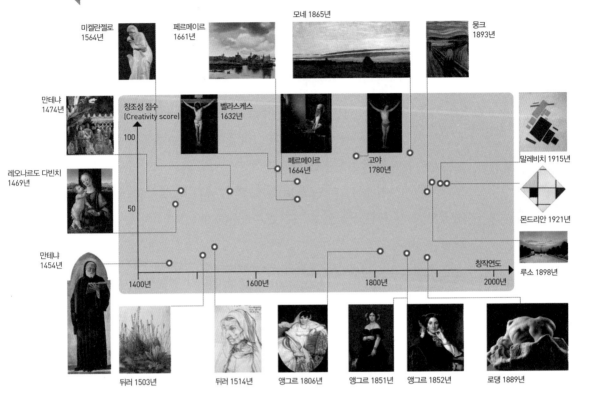

미켈란젤로
1564년

페르메이르
1661년

모네 1865년

뭉크
1893년

만테냐
1474년

창조성 점수
(Creativity score)

벨라스케스
1632년

말레비치 1915년

100

페르메이르
1664년

고야
1780년

레오나르도 다빈치
1469년

몬드리안 1921년

50

만테냐
1454년

창작연도

루소 1898년

1400년   1600년   1800년   2000년

뒤러 1503년   뒤러 1514년   앵그르 1806년   앵그르 1851년   앵그르 1852년   로댕 1889년

출처 Ahmed Elgammal, Babak Saleh, Quantifying Creativity in Art Networks (2015. 6)

신의 화가 카지미르 말레비치는 점수가 매우 높게 나왔다. 말레비치의 그림
은 원 하나 혹은 사각형 하나처럼 모두 극한의 추상적이고 기하학적인 형태
이다. 그는 자신의 그림을 절대주의(쉬프레마티슴suprématisme)라 불렀다. 인공지
능이 말레비치의 작품을 높이 평가하자 그의 작품가격은 실제로 상승했다.
미술 비평가 아닌 인공지능에 의한 작품평가가 작품가격에 영향을 미치는
시대에 접어든 것이다. 말레비치의 일생이 궁금하다면 알렉산드르 미타 감
독의 2014년 러시아 영화 〈샤갈-말레비치Chagall-Malevich〉를 보기 바란다. 자본
주의적 샤갈과 사회주의적 말레비치가 절친한 동료에서 어떻게 점차 갈등관

계로 변모하는지 엿볼 수 있다.

　　엘가멀과 살레의 미술작품 창조성 평가의 대상에 동양화, 한국화는 포함되지 않았다. 동양화 평가에는 서양화와는 다른 기준이 필요하므로 이에 맞는 비주얼 알고리즘 개발이 필요하다고 본다.

　　4차 산업혁명의 핵심 중 하나인 인공지능과 관계없이 아트의 장르는 끊임없이 새롭게 생겨나고 있다. 칠판에 그리는 블랙보드 아트, 거리를 캔버스 삼아 분필로 그리는 스트리트 초크아트, 먼지가 쌓인 자동차 창유리에 그리는 더스트아트, 모래를 손으로 치워가며 그리는 샌드아트, A4 종이로 작품을 만들어내는 A4 페이퍼아트가 있다. 그림을 그리는 재료는 물감뿐만 아니라 커피, 블루진, 플라스틱으로 얼마든지 다양해질 수 있다. 오래된 타자기로 타자를 치며 그림을 만드는 타이프라이터 아트도 있고, 문신을 하는 타투아트, 바람이나 손으로 작품을 움직이게 하는 키네틱아트도 있다. 미술 장르에서는 상상력이 한계일 뿐이다.

─── THINK

아트에서는 창조성이 핵심이다. 블랙보드 아트, 더스트아트, 샌드아트, A4 페이퍼아트 외에 어떤 창조적인 미술 장르가 나타날 수 있는지 주위를 둘러보자. 그리고 직접 새로운 미술 장르를 개척해보자.

TREND·WORLD·HISTORY

PART

8

동시대

1990~2030년

4차 산업혁명은
인간의 삶에
어떤 변화를 가져올까?

최근 들어 4차 산업혁명 열풍이 거세게 일고 있다. 인공지능, 사물 인터넷, 블록체인, 빅데이터, 딥러닝/머신러닝, 로봇, 자율자동차, 드론 배송, 가상현실/증강현실, 나노기술, 3차원 프린팅, 재생에너지, 합성생물학 등이 대표적으로 거론되는 기술이다. 4차 산업혁명이라 함은 그 전에 이미 1차, 2차, 3차 산업혁명이 있었음을 말해준다. 18세기 후반과 19세기 초반의 증기기관을 중심으로 한 산업혁명이 1차이고, 19세기 후반과 20세기 초반의 내연기관 및 전기 중심의 산업혁명이 2차이다. 그리고 20세기 후반의 컴퓨터 및 인터넷, 무선전화 중심의 산업혁명이 3차이다.

　　현재 4차 산업혁명이 3차의 연속인가 아니면 새로운 혁명인가에 대한 의견이 분분하다. 어떤 사람은 기존 인터넷기술의 확장으로 치부하기도 하고, 다른 사람은 인공지능을 중심으로 전 세계를 저성장 늪에서 구해낼 또한 번의 점프라며 많은 기대를 품기도 한다. 어느 쪽이 맞는가에 대한 평가는 앞으로 얼마나 혁신성이 지속적으로 나타나느냐 그리고 얼마큼 경제성장의 견인차가 되느냐에 따라 달라진다. 기대 밖의 탁월한 성과가 나오지 않으면 4차 산업혁명은 3차의 점진적 연속으로 그치고 말 것이다. 반대로 예상 밖의 성과가 속출해 세계를 크게 바꾼다면 4차 산업혁명이라 부르는 게 마땅하다. 따라서 향후 진행 과정을 지켜보고 역사가들이 평가하도록 맡겨두자.

　　3차 산업혁명은 한마디로 말해 정보통신기술 중심의 디지털혁명이라 할 수 있다. 트랜지스터, 컴퓨터, 무선전화 개발 같은 하드웨어 발명은 물론이고 이진법에 기초한 프로그래밍으로 만들어진 응용 소프트웨어 개발과 인터넷 확산이 핵심이다. 이런 하드웨어와 소프트웨어의 개발과 확산은 경제적 효과를 자아냈을 뿐 아니라 교육과 정치에도 지대한 영향을 끼쳐 사회의 민주화 변혁을 유도했다. 우리는 블로그, 마이크로 블로그, 위키피디아, 소셜 네트워크 서비스SNS, 손수 제작물UCC 등을 통틀어 소셜미디어라 부른다. 이 소셜미디어는 사람들의 소통력을 크게 높여 사회 전반에 막대한 영향을 끼친다.

　　2001년 1월 17일 필리핀에서는 조지프 에스트라다 대통령에 대한 탄핵재판이 한창 진행되고 있었다. 필리핀 국회 내의 친親에스트라다 의원들은 그에게 불리한 주요 근거를 재판에서 제외하기로 했다. 이 결정이 발표되고 두 시간이 채 안 되어서 대통령이 무죄판결을 받을 수 있다는 것에 분개한 수천 명의 필리핀 국민이 마닐라의 중심부인 EDSA 거리에 집결했다. "Go 2 EDSA. Wear blk"라는 문자 메시지를 받은 사람들 상당수가 이 시위에 참여한 것이다. "검은 옷을 입고 EDSA 거리로 모이자"라는 메시지였다. 대규모의 시위대가 짧은 시간 안에 집결하자 필리핀 국회의원들은 긴장했고, 결국에는 에스트라다 대통령에게 불리한 사실을 증거로 채택하기로 마음을 바꿨다. 그리고 사흘 후 대통령이 자리에서 물러났다. 이 사건은 문자 메시지라는 소셜미디어의 힘으로 한 국가의 지도자가 자리에서 물러난 첫 사례였다.

　　소셜미디어는 2011년 이집트에서도 30년간 독재집권한 무바라크 대통령을 권좌에서 끌어내리는 데 크게 기여했다. 당시 구글 임원이었던 와

엘 고님은 페이스북 페이지를 개설해 사람들과 의견을 나누며 이집트혁명에 불을 지폈다. 이 페이스북을 보고 영향을 받은 사람들이 주위 사람들에게 입소문을 내면서 혁명의 횃불은 더욱 활활 타올랐다. 2016년 말과 2017년 초에 걸쳐 대한민국에서 일어난 촛불혁명도 카톡이나 페이스북 같은 소셜미디어가 없었다면 그 위세가 그리 파괴적이지는 않았을 것이다.

인터넷과 소셜미디어는 이처럼 막강하기 때문에 전체주의 국가들은 인터넷을 무서워하며 이를 통제하려고 한다. 중국에서는 이미 인터넷이 많이 확산되었지만 애써 이를 통제하고 있다. 역설적으로 중국은 시진핑 집권 2기를 맞아 디지털을 통해 공산주의 체제를 강화하겠다는 디지털 레닌이즘을 기치로 내걸기도 했다. 북한은 자국 내 인터넷 통제의 정도가 훨씬 심해 세계에서 유례가 없을 정도이지만, 최고 실력의 해커를 길러내 전 세계의 기밀정보를 수집하고 있다.

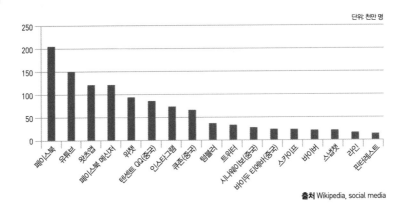

소셜미디어의 사용자 계정 숫자(2017년 8월 기준)

단위: 천만 명

출처 Wikipedia, social media

4차 산업혁명을 일으키는 여러 기술 중에 우리는 인공지능에 가장 관심이 크다. 미국 회사인 아이로봇iRobot은 인공지능을 장착한 청소기를 만든다. 진공청소 기능이 있는 동그란 룸바 시리즈도 있고, 걸레를 부착할 수

기업 내 사용 목적으로 본 소셜미디어의 중요성

소셜미디어 유형	연구개발	마케팅	고객 서비스	판매	인적자원	조직
블로그	◑	◑	◑			
기업 네트워크					●	●
협업 프로젝트	●					
기업 소셜 네트워크	◑				◑	●
포럼	◔	◔	●			
마이크로블로그	◔	◔			◔	
사진 공유		◑				
제품, 서비스 리뷰	◔	◑		●		
소셜 북마킹		◑				
소셜 게임		◑				
소셜 네트워크	◔	●	◑		◔	◔
비디오 공유		●	◔			
가상세계	◔	◑		◔		

공란: 없음 혹은 거의 없음 ◔ 낮음 ◑ 중간 ◕ 높음 ● 매우 높음

출처 Aichner, T. and Jacob, F. (March 2015). "Measuring the Degree of Corporate Social Media Use". International Journal of Market Research 57 (2): 257~275.

있는 네모난 브라바 시리즈도 있다. 귀여운 사이즈의 브라바는 방 여기저기를 혼자 돌아다니며 물걸레질을 한다. 테이블 위에 큐브를 놓아두면 큐브가 방 전체의 구조를 파악해 브라바가 어디로 갈지를 지시한다. 브라바는 움직이다가 장애물을 만나면 날쌔게 피해 다른 쪽으로 방향을 튼다. 만약 이 청소기에 사람과의 대화기능이 더해진다면 정말로 애완견 역할을 충분히 할 수 있을 정도이다. 아이로봇 회사의 청소기는 물이 가득 찬 풀장도 청소한다. 풀장 바닥까지 내려가 이물질을 빨아들이고, 물 위에 떠 있는 낙엽 같은 이물질도 빨아들인다. 풀장 관리를 귀찮아하는 사람들이 많은데 이런 허드렛일을 인공지능 청소기가 말끔하게 해결하는 것이다.

의료 분야에서는 최근 컴퓨터화된 의학computerized medicine이 핫이슈이다. 의사가 해야 할 일들을 인공지능 컴퓨터가 해치우는 것이다. IBM은 인공지능 시스템인 왓슨Watson으로 2013년부터 의료지원 서비스를 시작했는데, 수술보다는 진단에 먼저 적용하고 있다. 우리나라 의대에서는 졸업을 하

면 레지던트를 시작할 때 전공을 정한다. 요즘은 의료 인공지능의 여파로 영상진단학과 병리학 지원율이 가장 많이 떨어진다. 다른 전공에도 다각도로 영향을 미칠 것으로 보인다. 길병원은 의사들의 반대에도 불구하고 IBM의 왓슨 시스템을 서둘러 도입해 병원 전반에 적용하고 있다. 우리나라의 빅3 종합병원을 이기기 위해서는 이런 과감한 도전이 절실하다고 본 것이다.

이처럼 모든 것이 자동화, 지능화되면 사람이 할 일은 갈수록 줄어들 것이 뻔하다. 실업률은 갈수록 올라가고, 실업수당 등 복지수요는 더욱 늘어날 것이다. 그래서 이들에게 기본소득을 주어야 한다는 주장이 일고 있다. 이런 기본소득 개념은 토머스 모어의 1516년 책《유토피아》에서 처음 제시된 바 있다. 절도를 퇴치하려면 정부가 공동체의 모든 구성원에게 최소수입을 보장할 필요가 있다는 논리이다. 18세기 말 콩도르세와 토머스 페인도 빈곤 퇴치를 위해 기본소득의 필요성을 주장했고 공상적 사회주의자들과 존 스튜어트 밀도 개진한 바 있다. 이제 고도의 기술발달로 인해 자본 중심으로 사회가 성장하면 할 일 없는 사람들이 크게 늘어나 기본소득에 대한 쟁점은 더욱 뜨거워질 것이다.

⸺ THINK

현대사회에서 정보통신기술이 발달해 관련 제품이 아무리 많이 나와도 이것 하나가 차단되면 아무 쓸모가 없어진다. 이것은 무엇인가?

● 김민주의 트렌드로 읽는 세계사

430

페이팔 창업자가 만든
팰런티어 테크놀로지는 어떤 기업일까?

페이스북 회사의 창립 과정을 보여주는 영화 〈소셜 네트워크〉를 보면 마크 저커버그가 첫 외부 투자가에게 회사 지분을 매각하기 위해 미팅하는 장면이 나온다. 이 외부 투자가가 바로 피터 틸이다. 그때 그는 페이스북 회사의 지분을 10.2퍼센트 보유하게 되고 2012년 페이스북이 상장되면서 피터 틸은 큰 부를 축적한다. 그는 2005년 창업한 파운더스펀드를 통해 스페이스X, 링크드인 등 유망 벤처에 초기 투자하며 미국에서 막강한 벤처 투자가로 맹활약하고 있다. 피터 틸, 일론 머스크, 맥스 레브친을 비롯하여 페이팔 출신 사람들이 미국 실리콘밸리에서 사업가, 투자가로 맹활약하고 있는데 이들 큰손을 페이팔 마피아라 부르곤 한다.

온라인 결제회사 페이팔의 공동 창업자인 피터 틸은 페이팔을 위해 사기방지 소프트웨어를 개발했다가 이를 토대로 2003년 팔로알토에 팰린티어 테크놀로지Palantir Technologies, Inc.를 설립한다. 팰런티어는 2005년 CIA를 첫 고객으로 확보한 후 정부 첩보기관(CIA, FBI, 미 국방부, 미 국가안국, 해병대, 공군 특수작전사령부, LA 경찰국 등), 금융기업(JP모건, 시티은행, HSBC은행, 취리히보험 등), 일반기업(인튜이트, 허시 등), 비영리단체(카터센터 등)로부터 프로젝트를 맡아 급성장해왔다. 창업 초기에는 첩보 중심의 정부기관 프로젝트가 대부분을 차지했지만 2010년 JP모건을 최초 민간기업 고객으로 확보한 이후에는 민간기업 프로젝트가 훨씬 많아 전체 매출의 4분의 3을 차지하고 있다.

팰런티어는 미국 정보기관을 위해 이슬람 지도자 오사마 빈 라덴의 은신처를 끈질기게 추적하는 첩보 프로젝트를 수행한 것으로 알려져 있다. 오사마 빈 라덴은 여러 지역을 돌며 몰래 도피생활을 했는데 팰런티어가 그와 관련된 모든 데이터를 수집해 특정 지역에 그가 숨어 있을 가능성을 확률로 표시한 중동 지도를 보여줘 2011년 정보기관이 그를 잡는 데 크게 기여했다. 빅데이터 수집과 분석도 좋지만 압축한 정보를 일목요연하게 보여주는 시각화visualization가 얼마나 중요한지 알 수 있다. 인포그래픽의 대표적 성공 사례이다.

금융기관에서 일하는 트레이더들은 회사 차원의 가이드라인을 준수하며 트레이딩을 해야 한다. 하지만 자신의 리스크 한도를 벗어나 수상한 거래를 하다가 금융기관 전체를 위기에 빠뜨리기도 한다. 이런 참사가 일어난 데는 개인 트레이더의 무모함도 있지만 회사 시스템 부재도 큰 이유이다. 팰런티어는 이러한 악덕 트레이더를 적발하는 감시 소프트웨어를 개발해 금융기관에 판매하고 있다.

이 회사의 홈페이지www.palantir.com를 보면 첫 페이지에 이런 슬로건이 나온다. "products built for a purpose" 즉, 고객의 의도에 맞는 맞춤형 상품을 만들어준다는 것이다. 팰런티어의 주요 상품에는 고담Gotham, 메트로폴리스Metropolis가 있다. 고담은 고객기업의 빅데이터를 통합하여 관리, 분석해 관련성과 패턴을 찾아내는 소프트웨어이다. 메트로폴리스는 고객 데이터뿐만 아니라 어떠한 종류의 정량 데이터든 수집하고 강화하여, 모델링과 분석을 해주는 소프트웨어이다.

갈수록 정보는 폭발적으로 늘어나고 있다. 이런 빅데이터를 적절하게 수집하여 자사의 목적에 맞도록 모델링하여 분석해 활용하려는 수요 또한 급속히 늘고 있다. 팰런티어는 첩보(테러리스트, 마약조직 핵심인물, 해커조직 추적), 금융(부정거래 적발 및 방지, 고객의 리스크 측정, 사이버 보안, 세금환급 사기꾼 적발), 재난방지(재난 대비, 위기대응, 질병 전파 대응), 의료 제약(헬스케어, 제약 연구개발), 소비재 기업(소비자 행동패턴 파악) 등 다양한 분야로 고객사 영역을 넓히고 있다. 팰런티어는 2016년 현재 직원이 2,000명을 넘어섰으며, 기업 가치는 200억 달러에 이른다. 4차 산업혁명 시대에 미래지향적 기업의 전형이다.

---— THINK

이제 IT(정보기술)시대는 가고 DT(데이터기술)시대가 온다고 알리바바 창업자 마윈은 말한다. DT시대의 대표적 기업으로 팰런티어 테크놀로지 외에 어떤 유망한 기업들이 있는지 알아보자. 또 DT기업을 직접 창업해보는 것은 어떤지.

독일은 왜 여전히
장인정신을 중요시할까?

유럽을 지역별로 구분할 때 보통은 서유럽, 남유럽, 동유럽, 북유럽으로 나누곤 했다. 하지만 최근 들어 중유럽 카테고리가 새로 등장했다. 중유럽은 독일을 중심으로 오스트리아, 스위스 그리고 동쪽의 폴란드, 체코, 슬로바키아, 헝가리를 포함한다. 물론 중유럽의 핵심국가는 독일이다. 독일 경쟁력의 중요한 원천 중 하나는 미텔슈탄트^{Mittelstand}라고 불리는 중소기업이다. 2017년 독일의 중소기업은 모두 364만 개로 전체 기업 수의 99.6퍼센트, 고용 인원은 79퍼센트나 되며, 매출액은 35퍼센트에 이른다.

이런 중소기업들 중 특히 강한 강소기업을 히든 챔피언^{Hidden Champion}이라 부른다. 헤르만 지몬은 대중에게 잘 알려져 있지 않으면서 매출액이 일정 규모(40억 달러) 이하의 기업으로 세계시장에서 1~3위의 시장점유율을 차지하는 기업을 히든 챔피언으로 정의한다. 그가 집계한 수치에 따르면 독일의 히든 챔피언은 1,307개로 단연 1위이다. 미국은 336개, 일본은 220개, 오스트리아는 116개, 스위스는 110개이다. 한국은 23개에 불과하다. 히든 챔피언들이 생산하는 제품을 보면 첨단기계류나 대형시설, 장비부터 나사못, 액자, 모자 등 소소한 제품까지 그 범위가 매우 다양하다. 이런 배경에는 독일 특유의 전문기술 직업 관련 제도인 마이스터 제도가 있다. 마이스터 제도는 도제식 직업교육을 통한 숙련인력 양성에 방점을 둔다. 영어로 마스터 Master에 해당하는 마이스터 Meister는 어떤 한 분야에 있어 최고 경지에 이른 전문가, 즉 장인을 일컫는다.

독일의 교육제도

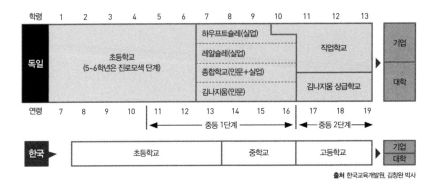

출처 한국교육개발원, 김창완 박사

독일의 교육제도는 유치원부터 시작하여 4년의 기초학교와 5~6년의 중등학교 과정을 거친다. 고등학교에 해당하는 직업학교를 졸업하면 양성훈련에 들어가 3~5년 후 기능사 자격인 게젤레 Geselle를 취득할 수 있다. 더 나아가 마이스터가 되고 싶으면 계속 훈련 과정에 들어가야 한다. 4~6년간 현장실습을 하고 네 과목 필기시험을 패스하면 20대 후반의 나이에 드디어 마이스터 자격증을 따게 된다. 독일 연방정부는 기술 장인에 해당되는 200여 분야의 마이스터 자격증을 공식 인정해주고 있다.

직업학교에 들어가면 일주일에 1~2일은 학교에서 수업을 받고, 3~4일은 기업 현장실습을 통해 학교에서 배운 내용을 곧바로 적용해본다.

더구나 학생들은 해당 기업으로부터 숙련된 정규직 임금의 3분의 1에 해당하는 보수까지 받는다. 직업학교 학생들은 현장실습을 한 기업에 나중에 대부분 채용된다. 마이스터가 되면 사업체를 운영하거나 회사의 경영진이나 직업학교 교사로 일한다. 최고 단계인 마이스터 자격증을 취득하면 높은 임금을 보장받고 사회에서 존경도 받으므로 안정되고 보람 있는 삶을 영위한다. 이처럼 다양한 분야의 장인을 길러내는 독일의 직업교육 시스템은 독일 제조업 경쟁력의 아주 중요한 원천이다.

스위스, 이탈리아, 오스트리아, 일본에서도 국가경제에서 장인이 차지하는 비중이 상당하다. 같은 분야의 장인들이 클러스터 형태로 집중적으로 모여 있어 시너지를 창출한다.

저명한 경제사학자 카를로 M. 치폴라는 책《시계와 문명》에서 1300년부터 1700년 사이에 유럽에서 시계 장인들이 이루어낸 혁신이 어떻게 유럽 근세문명을 만들어냈는지를 보여주고 있다. 정밀기계의 대표인 시계산업은 처음에 독일 남부의 아우크스부르크와 뉘른베르크에서 시작하여 프랑스의 블루아, 파리, 리옹 그리고 제네바와 런던으로 확산되었다. 현재는 스위스가 대표적인 시계산업의 허브로 자리 잡았다. 스위스에는 시계 제작, 수리, 판매, 정비 등 27개에 달하는 다양한 교육 프로그램을 제공하는 시계 전문학교들이 있다. 2~4년 과정도 있고 3~9개월의 단기교육 과정도 있는데, 졸업 후 명품시계 회사에 입사하기도 한다.

이탈리아에서도 장인 양성교육이 활발하다. 특히 지역별로 특화된 클러스터가 이탈리아 기업 경쟁력의 핵심 포인트이다. 예를 들면 벨루노에는 안경, 바실리카타에는 가구, 코모에는 실크, 카르피에는 니트 의류, 파르마에는 식품, 마르케에는 가죽기업들이 몰려 있어 시너지를 올리고 있다.

우리나라 사람들은 자영업 창업을 많이 하지만 폐업률 또한 매우 높다. 기술 및 노하우 부족과 지나친 경쟁환경 탓이다. 최근 들어 청년 실업률 급증으로 독일식 직업교육의 필요성이 대두되고 있지만 사회 전체가 이를 뒷받침하지 않으면 정착되기 어렵다. 안정적인 직업학교 체계, 실습과 채용 과정에서 기업의 적극적인 동참, 마이스터의 높은 수입, 사회적 인식 전환이 모두 이루어져야 직업학교가 제대로 빛을 발할 수 있다.

THINK

우리나라는 독일과 달리, 히든 챔피언 기업, 즉 강소기업이 많이 부족하다. 역사문화, 교육제도, 금융 관행, 사회인식 등 여러 관점에서 근본적인 이유를 찾아보고 해결방안을 강구해보자.

행복산업, 설득산업, 신뢰산업처럼
새로운 산업 분류는 왜 나오지 않을까?

산업을 분류하는 통상적인 방법이 있다. 농림수산업을 1차 산업, 제조업을 2차 산업, 서비스업을 3차 산업이라 한다. 좀 더 세분하면 전자산업, 제약산업, 에너지산업, 유통산업, 미디어산업, 금융산업, 자동차산업, 건설산업, 통신산업, 엔터테인먼트산업, 관광산업, 외식산업 등이 있다. 하지만 급변하는 현실에서 꼭 이렇게 구태의연하게 산업을 나눌 필요가 있을까? 특히 고용 측면에서 보면 기존의 산업 분류방식에 얼마나 큰 의미가 있을까? 행복산업, 설득산업, 신뢰산업 같은 새로운 산업 분류를 시도해보는 것은 어떨까?

요즘은 행복에 대한 관심이 많기 때문에 앞으로는 행복산업이 매우 중요해질 것이다. 쇼핑을 하다 보면 피곤해지니 쇼핑객의 행복도를 높여주는 서비스가 있다면 좋지 않을까? 미국 패서디나시의 파세오 패서디나Paseo Pasadena라는 쇼핑센터에는 사람들이 많이 다니는 통로에 마사지 서비스를 해주는 곳이 있다. 쇼핑을 하다가 피곤하면 약간의 돈을 내고 즉석에서 마사지를 받는 것이다. 물론 지나가는 행인들은 그 광경을 그대로 보게 된다.

사람들은 지진, 쓰나미, 태풍, 홍수 같은 재난을 당하면 망연자실하게 된다. 재난구조 조직은 이재민이 대피할 곳과 먹을 것에만 신경을 쓰고 심리적 공황에 대해서는 별로 관심을 두지 않는다. 미국에서는 이런 재난이 발생하면 심리치료사가 파견되어 이들의 정신적 상처를 어루만져준다. 이때 심리치료사는 행복산업의 중요한 선봉자이다.

이렇게 새로운 관점에서 세상을 보면 행복산업 외에 설득산업도 있을 수 있다. 우리는 이 세상을 살아가는 데 설득력이 중요하다는 사실을 너무나 잘 안다. 상대방을 잘 설득할 수 있으면 세상을 한결 수월하게 살 수 있고 수익도 덩달아 생긴다.

어떤 업종이 설득산업에 들어갈까? 우선 광고대행사, 홍보대행사가 해당한다. 광고주 대신에 광고와 이벤트, 홍보물을 만들어 소비자가 광고주의 상품을 구매하도록 설득하는 일을 하기 때문이다. 회사의 목적이 관철되도록 관련 업계와 정부기관에 로비를 하는 로비스트들도 설득산업 종사자이다. 보험상품을 판매하는 재무설계사, 홈쇼핑 채널에서 상품을 소개하는 쇼호스트, 아웃바운드 콜을 담당하는 콜센터 직원도 설득산업에 종사 중이다. 의뢰인으로부터 소송 의뢰를 맡아 대신 변론을 하는 변호사도, 다른 사람에게 호감 가는 외모와 이미지를 만들어주는 성형외과 의사나 이미지 컨설턴트도 마찬가지이다.

많은 사람이 경청하는 공간에서 프레젠테이션을 잘해 높은 평가점수를 받을 수 있도록 프레젠테이션 컨설팅을 해주는 회사도 있다. 평창이 2018년 동계올림픽을 유치하려 했을 때 우리나라 프레젠테이션을 성공적으로 수행한 스포츠 마케팅 에이전시 헬리오스 파트너스가 좋은 예이다. 이처럼 설득산업의 예를 들다 보면 주변의 상당수 직업이 설득과 관련돼 있다는 것을 다시 한 번 실감하게 된다. 경영컨설팅업, 카운슬링업, 자선을 위한 모금업도 당연히 설득산업에 속한다.

미국의 경제학자 데이비드 맥클로스키는 1999년 미국 근로자가 일하는 시간의 26퍼센트가 상업적 목적의 설득과 관련되어 있다고 추정했다. 그는 법조인, 홍보 전문가, 종교인은 자신의 시간 전부를 설득에 사용하고 기자와 상담 전문가는 75퍼센트, 경찰과 사회과학자는 50퍼센트의 시간을 설득에 사용한다고 가정하여 이런 숫자를 산출했다. 우리는 과연 일하는 시간의 몇 퍼센트를 설득에 사용하고 있는지 점검해보자.

행복산업, 설득산업 외에 신뢰산업도 유망하다. 어느 조직이 신뢰할 만하다고 자신을 직접 내세울 수 있지만 제3자가 조직의 신뢰성을 객관적으로 평가하고, 인증해줄 수도 있다. 전문가가 소비자들의 의견을 광범위하게 조사하여 조직을 평가하고 순위를 매길 수도 있다. 또한 그 조직이 위험에 빠지지 않도록 리스크 관리를 해줄 수도 있다. 최근에는 평판이 매우 중요하므로 다양한 채널을 통해 조직의 평판이 추락하면 다시 복원시켜주고 지속적으로 오르도록 하는 평판관리 서비스도 각광받고 있다.

이처럼 새로운 관점에서 세상을 보면 앞으로 어떤 산업이 유망해질지 곰곰이 생각해 보자.

신뢰산업의 종류

방재사업	평판관리사업
인증사업	예측사업
설득사업	평가사업

═══ THINK

광고업, 컨설팅업, 회계업 등 기존의 구태의연한 산업 분류가 아니라 우리가 고민하면 기존 산업을 재편해서 행복산업, 설득산업, 신뢰산업, 스토리텔링 산업, 안전산업 등 새로운 산업 이름을 얼마든지 만들 수 있다. 그 산업의 선두주자가 되도록 직접 창업을 해보자.

동아시아 국가가
세계패권을 거머쥘
날이 올까?

동아시아 국가 하면 한반도의 대한민국과 북한을 비롯해 중국, 일본, 몽골이 포함된다. 아직 논란이 있기는 하지만 홍콩, 마카오, 타이완도 들어간다. 동아시아는 예전에는 서양 관점에서 가장 동쪽이라는 의미로 극동이라 부르기도 했고, 동남아와 구분하기 위해 동북아라 부르기도 했다. 동북아에는 러시아령 북아시아도 있기 때문에 현재는 동아시아East Asia가 일반적으로 사용되고 있다.

물론 문화적으로 보면 현재 중국에 포함되어 있는 티베트와 위구르, 내몽골이 빠지고, 러시아의 연해주와 베트남이 들어와야 한다. 하지만 지리적으로나 국가 관점에서 볼 때 대한민국, 북한, 중국, 몽골, 일본이 일반적으로 동아시아로 간주된다.

1880년까지만 하더라도 중국의 경제력은 세계 최대였고 1990년에 7위까지 추락했다가 2000년부터 다시 2위로 올라섰다. 일본은 1990년에 세계 2위까지 올라섰지만 2010년에는 다시 4위로 하락했다. 한국은 고도성장을 거듭해 2000년에는 15위, 2010년에는 14위까지 올라섰으나 앞으로는 그리 낙관적이지 않다. 중국은 2위를 넘어서 이제 1위를 넘보고 일본은 4위, 한국은 14위여서 동아시아의 경제력은 역사상 최강이다.

문제는 동아시아가 이런 경제력을 토대로 패권도 거머쥘 수 있는가이다. 패권은 경제력 외에도 군사력, 외교력이 뒷받침되어야 한다. 일본은 제2차 세계대전 패전 이후 일본의 공산화를 두려워한 미국 덕분에 경제가 크

세계 15대 경제강국의 순위(1870~2010년)

[구매력평가(PPP) 기준 GDP]

	1	2	3	4	5	6	7	8	9	10	11	12	13	14	15
2010	미국	중국	인도	일본	독일	러시아	브라질	프랑스	영국	이탈리아	인도네시아	멕시코	에스파냐	**한국**	캐나다
2000	미국	중국	일본	독일	인도	러시아	프랑스	이탈리아	브라질	영국	멕시코	인도네시아	에스파냐	캐나다	**한국**
1990	미국	일본	소련	서독	이탈리아	프랑스	중국	영국	브라질	인도	멕시코	캐나다	인도네시아	에스파냐	사우디아라비아
1980	미국	소련	일본	서독	중국	프랑스	이탈리아	영국	브라질	인도	멕시코	캐나다	에스파냐	인도네시아	아르헨티나
1970	미국	소련	일본	서독	중국	영국	프랑스	이탈리아	인도	브라질	캐나다	멕시코	에스파냐	아르헨티나	네덜란드
1960	미국	소련	서독	서독	중국	일본	프랑스	인도	이탈리아	브라질	캐나다	멕시코	아르헨티나	인도네시아	네덜란드
1950	미국	소련	영국	서독 영국	중국	인도	프랑스	이탈리아	일본	캐나다	브라질	아르헨티나	멕시코	인도네시아	에스파냐
1940	미국	소련	독일	영국	중국	인도	일본	프랑스	이탈리아	인도네시아	독일	캐나다	아르헨티나	에스파냐	브라질
1930	미국	중국	독일	소련	영국	인도	프랑스	이탈리아	일본	인도네시아	에스파냐	폴란드	캐나다	아르헨티나	네덜란드
1920	미국	중국	영국	인도	독일	러시아	프랑스	이탈리아	일본	폴란드	인도네시아	에스파냐	캐나다	아르헨티나	벨기에
1910	미국	중국	독일	인도	영국	러시아	프랑스	이탈리아	일본	폴란드	인도네시아	에스파냐	벨기에	캐나다	아르헨티나
1900	미국	중국	영국	인도	독일	러시아	프랑스	이탈리아	일본	폴란드	에스파냐	인도네시아	벨기에	보헤미아	멕시코
1890	미국	중국	인도	영국	러시아	독일	프랑스	이탈리아	일본	폴란드	에스파냐	인도네시아	벨기에	보헤미아	네덜란드
1880	중국	인도	미국	영국	러시아	독일	프랑스	이탈리아	일본	에스파냐	인도네시아	폴란드	벨기에	보헤미아	네덜란드
1870	중국	인도	영국	미국	러시아	독일	프랑스	이탈리아	일본	에스파냐	인도네시아	폴란드	벨기에	보헤미아	네덜란드

출처 Angus Maddison; Groningen Growth and Development Centre, University of Groningen, The World Economy: Historical Statistics, OECD, 2004

게 성장했고, 군사력이 아직도 미국의 손에 놓여 있다. 일본은 우리에게 아주 까칠한 존재이지만 국가 이미지는 전 세계적으로 나쁘지 않다. 중국은 막강한 경제력으로 군사력을 크게 강화했으나 아직 미국과 대적할 단계는 아니다. 또 중국은 전 세계를 대상으로 경제원조나 무역을 통해 아프리카를 비롯한 많은 국가에 도움을 주어 국가 이미지가 크게 좋아지고 있다. 기본적으로 대륙국가인 중국은 동중국해, 남중국해를 넘어 드넓은 태평양, 인도양으로 진출하려 하는데 견제를 받아 애로가 많다.

동아시아가 세계패권을 쥐려면 전 세계인에게 문화적 공감대가 형성되어야 한다. 종교적인 측면에서 일본의 신도와 중국의 유교 및 도교는 아직 전 세계인의 공감대를 크게 얻고 있지 못하다. 중국은 공자학원을 전 세계에 전파시켜왔지만 미국, 유럽에서는 문화적인 이유로 한계에 부딪히고 있다. 일본어와 중국어도 점차 퍼지고 있기는 하나 막강한 영어 파워에 밀린다. 국가의 민주주의, 투명성, 반부패성 같은 덕목도 세계인의 공감대를 형성하는 데 매우 중요한데, 중국은 이런 면에서 아직도 크게 부족하다. 미국, 유럽식 자본주의를 '블루 자본주의blue capitalism'라고 한다면 중국식 자본주의는 '그레이 자본주의gray capitalism'라고 한다. 단독정당인 공산당이 지배하는 상태에서 자본주의가 굴러가고 있기 때문이다.

동아시아가 세계패권을 쥐는 데 가장 큰 장애 요인은 사실 내부적인 이유인 중국과 일본 간의 첨예한 갈등에 있다. 지난 150년간 중국과 일본은 서로 부침이 엇갈렸다. 청일전쟁부터 시작해 20세기 초반에 일본이 중국 본토를 공격하면서 상황은 최악으로 치닫는다. 더구나 아직까지도 양국 간에는 인식 차이가 커서 일본은 중국에게 과거 역사에 대한 사죄도 제대로 하고 있지 않다. 전쟁을 치르다 보면 그 정도의 피해는 어느 나라나 마찬가지라는 이유에서이다. 인접국가에 대한 독일 지도층의 진정성 있는 사죄와는 천양지차이다. 타이완 부근의 센카쿠와 댜오위다오열도를 둘러싼 영토분쟁도 여전히 진행 중이다. 일본은 2012년에 아예 센카쿠를 국유화한다고 발표까지

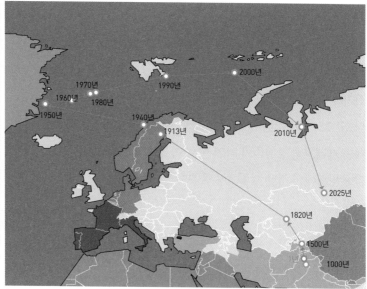

출처 Mckinsey Global Institute analysis using data from Angus Maddison; University of Groningen, The Economist, 2012

한다. 일본은 군사적 자위력을 비롯해 미국으로부터 벗어나려 하지만 여전히 한계를 보이며 중국도 경제력에 맞게 군사력을 과시하고자 하나 여러 이유로 자제하는 상황이다. 북한은 핵폭탄으로 미국, 일본에 무력시위를 하고 중국과 러시아가 뒤에서 어느 정도 지원 중이다. 2018년 들어 김정은과 도널드 트럼프 간의 북미정상회담이 싱가포르에서 개최되어 동아시아 긴장이 크게 완화되었다. 중국은 북한이 너무 미국 쪽으로 기울 것이 두려워 북한에 대한 지원을 크게 늘리고 있다.

　　지난 2,000년 동안 세계경제의 중심은 어떻게 바뀌었을까? 앵거스 매디슨의 장기 GDP 데이터를 토대로 맥킨지글로벌연구소가 만든 지도를 보자. 1년에는 아프가니스탄과 파키스탄 접경 지역이 세계경제의 중심이었는데 1000년까지는 별 변화가 없다. 중국, 인도, 유럽, 이슬람이 나름 균형을 이루기 때문이다. 그러다가 영국의 1차 산업혁명이 진행된 1820년까지 경제 중심이 유럽을 향해 북서쪽으로 천천히 이동한다. 유럽과 미국 경제가 팽창하면서 1913년까지 북서쪽으로 더욱 빨리 이동한다. 그 후 1950년까지 북미와 중남미 시장이 급팽창하면서 방향이 남서쪽으로 기운다. 하지만 1950년 이후에는 유럽이 다시 강력해지고 일본이 커지면서 북동쪽으로 방향을 틀었다가 1990년 이후에는 중국과 인도가 커지면서 아시아 남동쪽으로 내려온다. 앞으로 2025년까지는 남동 방향 이동이 지속될 것으로 예측한다. 그 후에는 세계경제 중심축이 과연 어느 쪽을 향할까? 당분간 인도의 급성장으로 남동 방향에서 정남 방향으로 움직이지 않을까?

—— THINK

앵거스 매디슨의 추계에 따르면 세계경제에서 아시아가 차지하는 비중은 1820년 56퍼센트였다. 그후 계속 추락하여 1900년 28퍼센트, 1950년에는 18퍼센트에 불과했다. 이후 1970년 23퍼센트, 2000년 38퍼센트로 다시 상승했다. 2025년에는 49퍼센트로 예상하는데 2050년에는 과연 어떻게 될지 각자 예측해보자.

한국 역사에는
몇 번의 르네상스가
있었을까?

최근 들어 우리나라 경제는 내·외부 환경의 급변에도 불구하고 부족하나마 나름 성장하고 있다. 1960년대나 1980년대의 고도성장 시기와는 큰 차이가 있지만 GDP가 3퍼센트 내외로 증가 추세이다. 문제는 앞으로 경제가 더욱 악화되면 어떻게 되느냐는 것이다. 한국사회가 이제 피크^{peak}를 과연 지났는 가에 대한 고민도 늘고 있다.

수치화가 가장 쉬운 경제 분야를 보자. 1953년부터 현재까지 경제 성장률 추이를 보면 1960년대 후반과 1980년대 중반이 가장 높다. 그래프를 보면 1969년에 14.5퍼센트, 1986년에 11.2퍼센트를 기록해 두 개의 봉우리를 형성하고 있다. 그 이후에는 장기 성장률이 지속적으로 하락하고 있다.

사회를 보는 여러 각도 가운데 민주주의는 중요한 사회지수이다. 영국의 〈이코노미스트〉지는 매년 민주주의 지수를 발표한다. '선거 과정과 다양성', '정부 기능', '정치 참여', '정치 문화', '시민 자유' 등 다섯 개 지표에 따라 점수를 주고 이를 바탕으로 총점을 매긴다. 총점이 8점 이상이면 '완전

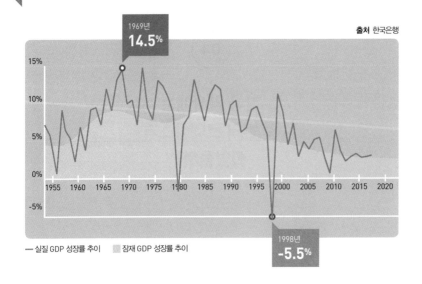

한국경제의 장기성장 추세(1953~2017년)

출처 한국은행

1969년
14.5%

1998년
-5.5%

— 실질 GDP 성장률 추이 　　▨ 잠재 GDP 성장률 추이

한 민주주의' 국가, 6점 이상 8점 미만이면 '미흡한 민주주의' 국가, 4점 이상 6점 미만이면 '혼합형', 4점 미만이면 '권위주의 체제'로 분류한다.

2017년 국가별로 보면 노르웨이가 10점 만점에 9.87이어서 거의 완벽한 민주주의를 구가하고 있고, 2위, 3위도 아이슬란드, 스웨덴으로 북유럽이 초강세이다. 일본 7.88(23위), 미국이 7.98(21위)로 미흡한 민주주의 국가이며 한국은 프랑스와 함께 8.00(20위)이다. 중국은 훨씬 떨어져 3.17로 136위이며 북한이 1.08로 167개 국가 중에 167위로 꼴찌를 면치 못하고 있다. 4점 미만은 모두 권위주의 체제 국가이다.

2006년 7.88로 31위였던 우리나라는 2012년 8.13으로 20위까지 올라갔으나 그 후 박근혜 정권 들어 계속 하락하여 2016년에는 7.92로 24위까지 후퇴했다. 박근혜 내통령이 탄핵으로 물러나고 문재인 정권이 들어선 2017년에는 8.00으로 20위로 다시 반등했다.

그러면 문화의 피크는 지났을까? 다행히도 문화는 현재 계속 성장

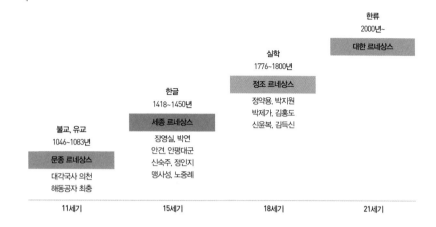

한류
2000년~

대한 르네상스

실학
1776~1800년

정조 르네상스

정약용, 박지원
박제가, 김홍도
신윤복, 김득신

한글
1418~1450년

세종 르네상스

장영실, 박연
안견, 안평대군
신숙주, 정인지
맹사성, 노중례

불교, 유교
1046~1083년

문종 르네상스

대각국사 의천
해동공자 최충

| 11세기 | 15세기 | 18세기 | 21세기 |

하고 있고 향후 전망도 그리 흐리지 않다. 문화융성은 문화 천재 몇 사람이 불쑥 튀어나온다고 금방 이루어지는 것이 아니다. 정치, 경제, 국방, 외교, 사회, 과학기술 등 여러 부분이 궤도에 올라 잘 자리 잡아야 문화가 꽃을 피운다. 우리나라는 고려시대부터 지금까지 네 번의 문화 르네상스가 있었다.

고려시대 문종 시기에는 불교의 대각국사 의천, 유교의 해동공자 최충으로 대표되는 문종 르네상스(1046~1083년)가 있었다. 문종은 흥왕사를 창건하고 팔관회, 연등회를 부활시켜 불교를 크게 융성케 하면서도 유교의 발전도 동시에 꾀했다. 문종은 고려의 11대 임금으로 강감찬 장군이 요나라의 침입을 막은 현종 대부터 이어져오던 고려 역사의 황금기를 꽃피웠고, 고려 문벌귀족 정치를 완성했다.

조선시대 전반기에는 세종 르네상스(1418~1450년), 후반기에는 정조 르네상스(1776~1800년)가 있었다. 세종 르네상스 시기에는 박연, 장영실, 신숙주, 정인지, 맹사성, 노중례, 안견, 안평대군이 활약했다. 숙종과 영조를 이은 정조 르네상스 시기에는 정약용, 박지원, 박제가, 김홍도, 신윤복, 김득신이 활약했다. 조선 4대 풍속화가 하면 단원 김홍도, 혜원 신윤복, 긍재 김득신, 오원 장승업을 드는데 장승업을 제외하고 세 명이 모두 정조시대에 활약했다.

통일신라시대로 거슬러가면 성덕왕 르네상스(702~737년)도 꼽을 수 있다. 우리나라에서 대왕이라는 칭호가 붙는 왕은 세종대왕과 광개토대왕뿐인데, 때로 정조대왕, 문종대왕, 성덕대왕이라고 부르기도 한다. 이제 2000년대 들어 한국 르네상스가 화려하게 전개되고 있다. 지금의 르네상스를 무엇이라 이름 붙일 수 있을까? 한류 르네상스, 한강 르네상스, 대한 르네상스, 서울 르네상스도 후보군에 있다.

우리나라의 과거 르네상스는 250~300년을 터울로 한번 시작하면 30년 정도 지속되는 경향을 보인다. 지금의 대한민국 문화는 단순히 국내에 국한되지 않고 외국인들에게 큰 영향을 미치면서 한류^{Hallyu, Korean Wave}를 떨치고 있다. 한류는 1990년대 말을 즈음해 일본, 중국 등 동아시아 및 동남아시아 지역에서 주로 드라마를 통해 시작되어 이후 K팝^{K-pop}으로 분야가 확장되었다. 2010년대에는 동아시아를 넘어 중동, 중남미, 동유럽, 러시아, 중앙아시아로 넓어졌으며, 최근에는 북미와 서유럽, 오세아니아로도 급속히 확산되고 있다. 분야별로 보면, 공연, 영화, 음식, 관광, 미술, 문학, 의상, 캐릭터, 스포츠 등 전방위로 확산되는 중이다. 수출상품에 있어서는 자동차, 스마트폰, 화장품이 주력을 이룬다. 모처럼 다가온 이번 한류 르네상스가 얼마나 오래 지속될지는 전적으로 우리에게 달려 있다.

━━▶ THINK

우리 역사에는 네 번의 르네상스가 있었다고 언급했는데, 시간을 거슬러 백제, 고구려, 고조선시대로 간다면 언제를 르네상스 시기로 볼 수 있는지 생각해보자. 또한 현재 진행되고 있는 네 번째 르네상스 시기를 어떻게 하면 더욱 오랫동안 지속시킬 수 있을지 고민해보자.

05

난민 문제를 해결하기 위해
국제사회는 어떤 노력을
기울이고 있을까?

사람들은 여러 이유로 거처를 옮긴다. 일거리와 먹을거리, 좀 더 나은 삶을 찾아 옮기기도 하고 정치적인 핍박이나 자연재해를 피하기 위해 자발적으로 혹은 강제적으로 옮기기도 한다.

한국전쟁 당시 이북에서 이남으로 넘어온 사람들을 피란민이라 불렀다. 예전에는 피란민이라 부르던 것을 이제는 난민이라 한다. 전쟁이나 테러, 정치적 박해, 빈곤, 기근, 자연재해를 피해 다른 나라로 망명한 사람을 난민이라 부른다.

최근 몇 년간 시리아내전으로 시리아와 인근 국가 사람들이 유럽으로 물밀듯이 몰려들어 국가 간 문제로 비화되었다. 국경을 폐쇄하거나 망명을 받아주더라도 일정 공간의 난민촌에만 거주하도록 하고 있다. 홍수, 쓰나미, 지진, 산사태, 화산폭발 같은 자연재해로 이주한 사람을 환경난민이라 부른다.

구체적으로 어떤 사람이 난민일까? 유엔난민협약 제1조를 보면 알 수 있다. 난민難民, refugee은 국제법상 인종, 종교, 민족, 특정 사회집단의 구성원 신분, 또는 정치적 의견을 이유로 박해를 받을 우려가 있어 모국의 보호를 원치 않는 사람을 말한다. 그래서 전쟁으로 인한 피란민이라고 무조건 난민은 아니다. 이 난민협약은 1951년부터 제정되어 국제적 효력을 가지고 있는데, 우리나라는 1991년에 와서야 이 협약에 비준했다.

2015년 경우를 보면, 유엔난민기구에 등록된 전 세계의 난민 수는 1,548만 3,893명이다. 난민 분포를 보면, 아프리카(439만 명)와 유럽(436만 명, 터키 포함)에 난민이 가장 많다. 아시아에 355만 명, 중동과 북아프리카에 268만 명, 미주에도 50만 명의 난민이 있다. 출신을 보면 터키(254만 명)가 가장 많고, 파키스탄(156만 명), 레바논(107만 명) 순서이다. 한국은 1,463명이 등록되어 있다.

꼭 이런 유엔난민협약에 의해 규정된 난민이 아니라도 역사적으로 난민들은 정말 다양하고 많았다. 위그노에게도 종교자유를 주었던 낭트칙령이 1685년 퐁텐블로칙령에 의해 폐기되자 프랑스 내에 거주하던 위그노들은 인접국가인 스위스, 네덜란드, 영국, 독일로 모두 피란을 갔다. 러시아를 포함해 동유럽에 살던 유대인들도 20세기 초반에 인종적 탄압으로 미국으로 많이 망명, 이주했다.

기술력이 뛰어난 장인과 상인이 많았던 위그노들이 프랑스에서 탈출하면서 인력 유출은 프랑스 경제에 큰 타격을 입힌 반면, 인접 국가들의 경제에는 지속적으로 활력을 주었다. 유대인들이 유럽에서 미국으로 탈출하면서 전후 미국의 경제성장에 크게 기여했음은 잘 알려진 사실이다. 이처럼 난민은 유입된 국가에 부담을 주기도 하지만 난민이 들어왔을 때 오히려 그 나라 경제에 박차를 가하게 되는 경우도 있다.

이처럼 역사상 다양한 이유로 많은 난민이 발생했지만 난민을 보호하기 위한 국제적 협력은 1919년에 처음 이루어진다. 1917년 러시아혁명이 발발하고 이로 인해 1921년까지 내전이 이어져 150만 명의 난민이 발생한다. 국제연맹에 난민고등위원회가 설립되자 프리드쇼프 난센이 난민고등판무관이 되어 전쟁포로 송환과 러시아 난민 구제에 나섰고 국적이 없는 난민을 위해 '난센 여권'도 발급한다. 원래 탐험가이자 과학자였던 난센은 난민 구제 등 인도주의적인 활동을 국제적으로 인정받아 1922년 노벨 평화상을 수상한다. 터키가 지배하던 소아시아에서 1915년부터 1923년에 걸쳐 학살 위협을 받아 피란을 가던 아르메니아인들도 난민고등위원회의 보호대상이 된다.

1930년에는 아예 난센의 이름을 딴 난센국제난민사무소가 설립되어 난민들에게 난센 여권을 발급해주었고 이런 활동을 인정받아 1938년 이 기관은 노벨 평화상을 수상한다. 1949년 들어서는 난민의 권리와 복지를 보호하기 위해 유엔 산하에 유엔난민고등판무관사무소^{UNHCR}가 설립되는데, '유엔난민기구$^{UN\ Refugee\ Agency}$'라 불리기도 한다.

그동안 노벨 평화상을 가장 많이 받은 기관은 세 번을 수상한 국제적십자사이다. 유엔난민고등판무관사무소는 총 두 번으로 1954년, 1981년에 받았다. 1938년에 노벨 평화상을 수상한 난센국제난민사무소까지 포함하면 난민 관련 기구가 세 번을 수상한 셈이다. 또 1922년 노벨 평화상을 받은 프리드쇼프 난센의 개인적 수상까지 포함하면 네 번으로 늘어난다. 이처럼 난민 구제는 전 세계 평화와 인권 보호를 위해 매우 중요한 이슈이다.

⟹ THINK

최근 예멘 출신 이슬람 난민의 제주도 유입 이슈에서 보듯이 우리나라는 외국 난민을 받아들이는 데 매우 인색하다. 여러분이 시민단체 마케팅 담당자라 생각하고 난민들을 더 받아들이자는 취지의 광고를 어떻게 기발하게 만들면 좋을지 고민해보자.

어떤 사람들이 노벨상을 받았을까?

노벨상에 대한 세상 사람들의 인지도와 신뢰도는 대단하다. 노벨상 수상자는 당사자 개인은 물론이고 가문, 학교, 도시, 국가에 대단한 명예를 안긴다. 분야별로 유명한 상에도 노벨상이라는 수식어를 붙이곤 한다. 예를 들면 필즈상은 수학 분야의 노벨상이라 하고 프리츠커상은 건축 분야의 노벨상이라 부른다.

첫 시상을 한 1901년부터 2017년까지 117년간 585차례에 걸쳐 모두 923명의 사람과 조직이 노벨상을 수상했다. 분야는 물리학, 화학, 생리학/의학, 문학, 평화, 경제학 등 여섯 분야로 나뉜다. 1901년부터 2017년까지 분야별 노벨상 수상자 수는 물리학상 207명, 화학상 178명, 생리학/의학상 214명, 문학상 114명, 평화상 104명과 24개 조직, 경제학상 79명이다.

노벨상은 한 번 받기도 정말 어려운데, 마리 퀴리나 라이너스 폴링처럼 한 사람이 두 번을 수상하기도 했다. 마리 퀴리 집안에서는 남편, 딸, 사위까지 상을 받아 노벨상 가문으로 불려도 전혀 손색이 없을 정도이다. 개인 외에는 24개 조직이 노벨상을 받았는데 모두 평화상 분야에 몰려 있다. 유엔난민기구, 유럽연합, 기후변화에 대한 정부 간 협의체IPCC, 국제사면기구, 그라민 은행, 핵무기폐기국제운동ICAN이 이에 해당한다.

수상자를 국적별로 보면 미국이 265명으로 압도적 1위이다. 영국이 84명으로 2위, 독일이 63명으로 3위, 프랑스가 51명으로 4위이다. 그다음으로 스웨덴, 일본, 캐나다/네덜란드, 러시아/이탈리아/스위스 순서이다. 유럽 국가의 수상자 수를 모두 합치면 미국의 수상자 수를 넘어선다. 사실 유럽 국경은 심하게 변했기 때문에 국가별 집계가 좀 어렵다. 흥미로운 사실은 지금은 사라진 오스트리아−헝가리제국(크로아티아, 슬로베니아, 체코, 보스니아/헤르체고비나, 우크라이나, 폴란드, 이탈리아 포함)의 경우 수상자가 17명에 이른다. 그리고 오스트리아만 해도 별도로 14명이나 된다.

노벨상 수상자의 국적별, 대학별 분포(1901~2017년)

순위	국가	순위	대학
1위	미국(265명)	1위	하버드(36명)
2위	영국(84명)	2위	스탠퍼드(21명)
3위	독일(63명)	3위	시카고(20명)
4위	프랑스(51명)	3위	MIT(20명)
5위	스웨덴(29명)	5위	칼텍(19명)
6위	일본(25명)	6위	버클리(18명)
7위	캐나다(18명)	6위	컬럼비아(18명)
7위	네덜란드(18명)	8위	케임브리지(17명)
9위	러시아(17명)	9위	프린스턴(14명)
9위	이탈리아(17명), 스위스(17명)	10위	옥스퍼드(9명)

대학별로 노벨상 수상자의 배출 분포를 보면 하버드대학이 36명으로 가장 많다. 그에 이어 스탠퍼드대학이 21명, 시카고대학과 MIT가 각각 20명, 칼텍이 19명, 버클리대학과 컬럼비아대학이 각각 18명이다. 케임브리지대학이 17명, 프린스턴대학이 14명으로 그 뒤를 잇고 있다. 이처럼 미국 대학이 압도적인 강세를 보인다.

노벨상을 받은 여성 하면 보통 마리 퀴리만을 떠올리지만 통산 48명의 여성이 노벨상을 받았다(물리 3명, 화학 5명, 생리/의학 13명, 문학 14명, 평화 17명, 경제 1명). 이 중 마리 퀴리만 물리학상과 화학상까지 두 번을 수상했다. 경제학상은 여성으로는 유일하게 엘리너 오스트롬만 수상했다. 남녀 관점에서 보면 엄청난 불평등이 있는 셈이다. 2001년부터 2017년 사이에 노벨상을 수상한 여성이 19명에 이르므로 앞으로 남녀 불평등은 다소 완화될 전망이다.

노벨상을 시상할 당시 정부의 정치적 탄압으로 구금상태에 있던 수상자도 세 명 있었다. 나치 독일 시기에 평화주의자이자 언론인이었던 카를 폰 오시에츠키를 비롯하여, 미얀마의 아웅산 수치, 중국의 류샤오보가 그랬다. 류샤오보는 간암으로 감옥에서 고통받다가 막바지에 병원으로 옮겨져 2017년 사망했다.

―――― THINK

우리나라의 노벨상 수상자로는 평화상을 받은 김대중 대통령밖에 없다. 향후 노벨상 수상 가능성이 큰 한국인을 물리학상, 화학상, 생리/의학상, 문학상, 평화상, 경제학상 분야로 나누어 생각해보자.

우주개발은
왜 필요할까?

영화 〈그래비티〉를 보면 주인공 샌드라 불럭이 대기권 밖 우주선에서 일하다가 우주 쓰레기와 충돌하여 조난당하는 모습이 나온다. 영화에서 샌드라 불럭은 직업이 무엇이기에 우주선에서 일을 하고 있었을까? 영화 대사에 직업이 언급되는데 이를 눈치채는 사람은 거의 없다. 샌드라 불럭은 우주생물학자였다. 외계에 생물체가 존재하는지를 조사하기 위해 허블 망원경이 탑재된 우주선에서 일을 하고 있었던 것이다. 지상에서 망원경을 보면 대기 때문에 시야가 흐려져서 대기권 밖으로 망원경을 올려 보낸 것이었다.

우리나라는 우주에 대해 막연한 호기심은 있지만, 실질적인 투자나 산업은 그리 발달되어 있지 않다. 물론 당장 현실성이 떨어지는 허황된 우주산업보다는 수익을 더 낼 수 있고 정치적으로 중요한 산업에 사회적 지출이 더 많이 할애되기 때문일 것이다. 또 미국 같은 강대국이 우주항공 기술과 산업을 독점하기 위해 우리나라에서 이 분야가 커지는 것을 원치 않아서이기도 하다.

하지만 중장기적으로 보면 상황은 달라질 수 있다. 어떻게 하면 똑똑한 인재들이 우주에 더욱 관심을 보이고 정부가 투자를 늘릴 수 있을까? 그러려면 우주의 가치를 여러 시각에서 바라볼 필요가 있다. 수익이 나는 성장산업 창출, 고등교육을 받은 인재들의 고용 창출, 실생활에 도움이 되는 기술개발에 대한 기여 등과 같은 시각을 고려해야 한다.

우주에 더 많은 관심을 보이고 투자해야 하는 이유는 생각보다 많다.

첫째, 우주는 사람들의 무한한 호기심 대상이다. 지구에 살고 있는 우리는 하늘의 해와 달, 별을 수시로 보면서 저 하늘 너머에는 과연 무엇이 있을까 하고 자연스럽게 상상의 나래를 편다. 더구나 때때로 혜성이 나타나 꼬리를 물고 하늘을 가로지르면 우주에 대한 신비감은 더욱 증폭된다. 과거에는 혜성이 나타나면 반란이나 전쟁, 전염병의 징조로 보곤 했다. 혜성의 색깔에 따라 해석이 달랐는데, 붉은 혜성이 나타나면 도적이 창궐한다고 보았고, 흰 혜성이 나타나면 장군이 반역을 일으킨다고 보았다. 그 외 파란 혜성, 노란 혜성에 대해서도 해석이 각기 다르다. 시간이 지나면서 사람들은 우주가 그저 호기심의 대상이 아니라 우리에게 직간접적으로 영향을 끼친다는 사실을 알게 되었다.

둘째, 우주는 우리의 생존과 생활에 영향을 미친다. 지구는 우주의 미약한 일부이기 때문에 우주의 변화에 따라 영향을 받을 수밖에 없다. 태양 폭발로 인한 흑점 때문에 통신장애가 발생하기도 하고, 혜성이 가까이 오면 지구와 충돌할 가능성도 있다. 또 가능성은 적지만 외계 생명체가 침략해 올 수도 있다. 따라서 우주상황을 면밀히 연구하여 이런 변화를 예측하고 필요하면 대응해야 한다. 불행히도 현재는 대응을 해봤자 대부분 부질없는 경우가 많다.

셋째, 우주는 지구에 심각한 문제가 발생했을 때 피난처로 요긴하게 쓸 수 있는 보험이다. 지구가 이내 멸망할 가능성은 희박하지만 혹시 지구에 혜성이나 큰 운석이 떨어져 지구의 축이 흔들릴 수도 있고, 대형지진이 발생하거나 기후변화로 인해 지구에 생명체가 살지 못하게 되는 등 지구에서 탈출할 이유가 생길 수도 있다. 그러면 지구가 아닌 다른 행성으로 가야 하는데 이를 위해서는 우주에서 생명체가 살 수 있는 곳에 대해 잘 알아야 한다. 최근까지 화성을 대안으로 연구했지만 이제 포기하는 분위기이다. 대신 목성의 많은 위성 중 하나인 유로파Europa를 대안으로 검토하기 시작했다. 달보다 약간 작은 이 위성은 표면이 온통 얼음으로 뒤덮여 있는데 그 밑이 물로 가득 차 있을 것으로 보인다.

넷째, 우주는 첨단국가 이미지의 상징이다. 그래서 우주를 둘러싸고 각 국가가 경쟁 중이다. 우리가 잘 알듯이 소련이 1957년 스푸트니크라는 인공위성을 세계 최초로 발사하자 충격에 휩싸인 미국이 우주개발을 국가의 중요한 의제로 삼고 적극 투자한다. 이른바 스푸트니크 쇼크였다. 소련은 이로 인해 과학기술 강국 이미지를 세계인에게 확실히 인지시켰고, 미국은 그 후 지대한 투자와 노력을 통해 달에 사람을 먼저 보내면서 소련을 능가하는 과학기술 강국으로 입지를 굳혔다. 최근에는 중국도 우주선을 발사하고 우주정거장을 만들면서 중국이 단지 고도로 경제성장만 하는 국가가 아니라는 것을 확실히 알려주었다. 러시아는 2012년 흑해 연안의 소치에서 동계올림픽을 치르면서 러시아의 우주정거장에서 성화를 봉송하는 이벤트를 연출하기도 했다.

다섯째, 우주는 지하자원의 보고이다. 지구의 인구는 이제 76억 명을 넘어섰다. 이런 추세라면 앞으로 100억 명을 넘기는 것은 시간문제이다. 이런 인구 규모를 지탱하려면 지하자원을 비롯하여 많은 에너지와 자원이 필요한데 지구의 것만으로는 역부족이다. 그래서 지구에서 가까운 다른 위성으로부터 에너지나 자원을 공급받으면 좋다. 예를 들면, 현재 희토류에 대한 수요가 크게 늘고 있는데 만약 달에 희토류가 많다면 달에 굴착장치와 정제장치를 보내서 우주선을 통해 지구로 희토류를 들여올 수도 있을 것이다.

여섯째, 우주는 이제 본격적인 성장산업이다. 한국에서는 실감 못하겠지만 미국에서는 확실한 산업이다. 부가가치 측면에서도 그렇고 고용 측면에서도 그렇다. 전 세계 우주산업의 규모는 2013년 300조 원, 2017년에는 700조 원, 2020년이면 1,000조 원에 이를 것으로 추정되고 있다.

칼텍Caltech은 현재 제트추진연구소JPL를 운영하고 있는데 JPL은 미국항공우주국NASA의 달착륙선, 화성탐사선 등 각종 우주선의 연구개발과 운용, 보수를 책임지고 있다. 우주산업에는 미국 정부가 많은 보조를 하지만 최근에는 민간기업이 우주선을 개발하고 우주 물류 서비스를 제공하고 있다.

버트 루탄은 1982년에 스케일드 컴퍼지츠Scaled Composites라는 항공회사를 설립해 우주 항공기인 스페이스십원SpaceShipOne, 스페이스십투SpaceShipTwo를 만들었다. 〈타임〉지가 2013년에 올해의 기업가로 선정한 일론 머스크도 2002년 우주 물류 서비스인 스페이스엑스SpaceX를 론칭해 현재도 운영하고 있다.

일곱째, 우주산업은 그 자체로도 유망한 산업이지만 우주기술을 개발하다가 나온 기술이 우리의 현실생활에도 접목되어 사용되기도 한다. 더 먼 우주를 보기 위해 허블 우주 망원경을 포함하여 망원경 기술이 개발되었다. 우주선을 쏘아 올리는 기술을 개발하다가 항공기 기술이 발전했고, 우주선의 우주인과 커뮤니케이션을 하려다 보니 무선통신기술이 개발되었다.

우주와 관련된 직업, 기업, 산업

점성술　우주선 부품　우주 군대
우주 광업　우주 생물학
운석 사냥꾼　우주 물류
우주선 발사　우주 호텔
우주선 제조　우주관광
우주복 소재　우주 콘텐츠

우리나라에서는 코오롱이 소재산업에 관심을 보이며 우주복에 사용되는 소재를 만드는 데 투자하고 있다. 매우 바람직한 투자 방향이다. 혹시 완벽한 우주복을 만들지 못한다 하더라도 많은 시행착오를 거치면서 일상생활에서 사용될 수 있는 혁명적인 신소재를 개발할 수도 있기 때문이다.

THINK

극한적 상황의 우주에 필요한 기술을 개발하려다가 파생적으로 만들어진 기술, 상품으로 또 어떤 것이 있는지 찾아보자. 또한 현존하는 기술로 우주산업에 적용할 수 있는 기술은 어떤 것이 있는지 찾아보자.

과연 우주장례를 할 날이 올까?

일을 하기 위해 우주에 가는 것 말고 흥미와 체험을 만끽하기 위해 우주에 가는 것을 우주여행 혹은 우주관광이라 할 수 있다. 2001년에 캘리포니아의 부호 데니스 티토가 2,000만 달러를 내고 우주여행을 했는데 이것이 최초의 민간 우주여행이다. 2002년 에는 남아공 사업가 마크 셔틀워스가, 2005년에는 미국 사업가 그리그 올슨이 우주여 행을 떠났다.

지상에서 얼마나 올라가야 우주일까? 국제항공연맹FAI은 고도 100킬로미터 이상을 우주로 분류한다. 지구 표면부터 올라가자면 대류권(0~20킬로미터), 성층권(20~50킬로 미터), 중간권(50~80킬로미터), 열권(80~1,000킬로미터), 외기권(1,000킬로미터 이상)으로 나뉜다. 따라서 열권까지 가야 진짜 우주라 할 수 있다. 성층권까지는 로켓 없이도 열 기구와 비행기로 올라갈 수 있다. 월드뷰 엔터프라이즈사는 열기구를 이용해 30킬로 미터 고도까지 올라가는 상품을 개발하고 있다.

죽으면 새가 되어 훨훨 날아다니고 싶다고 말하는 사람들이 많다. 새는 못 되더라도 지상에서 가장 높은 곳에 묻히면 새에 버금가지 않을까? 2007년 영화 〈버킷 리스트 The Bucket List〉에서 암에 걸린 주인공 카터와 에드워드는 죽기 전에 꼭 하고 싶은 것 들을 리스트로 만들어 세계 여행을 떠난다. 그들은 스카이다이빙, 세렝게티에서 사자 사냥하기, 무스탕 셀비로 카레이싱하기, 눈물 날 때까지 웃기 등 많은 체험을 하면서 버킷 리스트를 하나씩 지운다. 버킷 리스트에서 딱 하나 남은 것이 '장엄한 광경 보기'

였는데, 두 사람이 죽은 후 에드워드의 비서가 히말라야 꼭대기에 올라가 그들의 유골함이 담긴 커피 캔을 놓고 온다. 그리고 버킷 리스트에서 마지막으로 남은 항목을 펜으로 지운다.

우주여행의 종류

종류	특성	여행상품	비용
성층권 여행	50킬로미터 이내의 고도까지 다녀옴	월드뷰 엔터프라이즈사가 열기구를 사용해 30킬로미터까지 올라가는 상품 개발 중	
준궤도 여행	100킬로미터 고도까지 우주선을 타고 올라가 몇 분 동안 우주에 머물다가 내려옴	XCOR 에어로 스페이스사가 상품 개발 중(국내 예천천문우주센터가 우주여행 상품 예약자를 받고 있음)	
궤도 여행	국제우주정거장에서 며칠 지내다 내려옴	스페이스 어드벤처사가 러시아와 계약을 맺어 소유즈 로켓을 사용해 올라감	1,800만 달러 (200억 원)
달 여행	달의 궤도를 한 바퀴 돌고 내려옴	스페이스 어드벤처사의 여행상품으로, 개조된 소유즈 로켓을 타고 달 궤도를 여행함. 달 착륙은 하지 않음	1억 5,000만 달러 (1,700억 원)
화성 여행	화성 궤도를 한 바퀴 돌고 돌아옴	일론 머스크의 스페이스X테크놀로지가 2026년 목표로 여행상품을 추진 중	50억 달러 (5조 7,000억 원)

이처럼 사람은 살고 있을 때나 죽은 이후에도 하늘을 갈망한다. 그렇다면 어차피 다가올 우주시대에 우주여행이 점차 일반화될 터인데 우주장례를 미리 생각하고 준비해야 하는 것은 아닐까? 우주장에 대한 수요가 과연 있을까? 수요가 있다면 과연 어떤 이유에서일까?

첫째, 사람들은 기본적으로 우주에 대한 호기심이 있으나 공기와 중력이 없는 우주에 나가는 것에 공포심을 가지고 있다. 신체가 허약하면 가고 싶어도 갈 수가 없다. 하지만 죽은 후에는 이러한 공포감이 사라지므로 비용만 허락한다면 우주장을 하고 싶은 사람들이 분명 있을 것이다.

둘째, 지구는 우주의 일부이긴 하지만 죽은 후에는 훨씬 광활한 우주로 돌아가고 싶은 욕구가 있다. 모든 인간에게는 혼백이 있다. 혼은 하늘로 가지만 백은 땅으로 간다. 하지만 백도 하늘로 보내고 싶어 하는 사람들도 있을 것이다. 우주장을 하면 백을 혼과 함께 하늘로 보낼 수 있다.

셋째, 매장을 하여 분묘를 남기면 자식들이 묘를 관리해야 하는 부담이 있다. 집안에 대를 이어줄 자녀가 없거나 묘를 관리해야 하는 자녀의 부담을 줄이려면 우주장이 적격이다.

그렇다면 우주장에는 어떤 다양한 형태가 있을까?

첫째, 화장을 한 다음 분말유골을 우주에 뿌리는 방법이 있다. 그러면 먼지가 되어 우주에 떠다니는 것이다. 지구상의 먼지도 사실 알고 보면 빅뱅 이후 우주에 떠다니던 먼지이다. 분골을 담은 캡슐을 우주왕복선에 담아 올려 보낸 다음 캡슐을 우주에 던지는 것이다. 2012년 스페이스X는 첫 민간 상업로켓인 팰컨 9호를 발사했는데 그 로켓 안에는 화물도 있지만 308명의 유골이 담긴 캡슐도 있었다. 우주에 뿌려진 유골캡슐은 최소 10년에서 최대 240년 동안 지구 주위를 시속 2만 7,000킬로미터로 떠돌다가 유성처럼 불타면서 지상으로 추락하게 된다. 당시 우주장 비용은 한 명당 3,000달러였다. 미국 스페이스서비스사의 자회사인 셀레스티스사, 캐나다의 컬럼비아 론칭 서비스도 우주장 사업에 진출했다.

기존에는 인공위성에 유골을 담기 위해 별도의 장치를 탑재했는데 이것이 인공위성의 무게를 늘려 연료를 더 소모시키고 위성 내 공간 배치에도 어려움이 있었다. 그런데 인공위성 안에는 인공위성의 무게중심과 관성 모멘트를 조절하기 위한 필수장치로 밸러스트ballast가 이미 들어 있다. 그래서 이제는 유골을 안치하는 용기로 밸러스트를 사용하고 있어 별도의 공간이 필요 없다.

유골을 아예 멀리 달까지 보낼 수도 있다. 유골을 달 탐사기에 실어 달 표면으로 보내는 것이다. 2016년 이 우주장의 상품가격은 250만 엔(2,500만 원)이었다. 일본의 긴가銀河스테이지 회사도 달 표면에 유골을 보낼 운송 서비스를 추진하고 있다.

유골을 로켓으로 쏘아 올리지 않고 애드벌룬에 띄우는 방법도 있다. 미국 켄터키주 렉싱턴에 있는 메소로프트Mesoloft 회사는 애드벌룬에 유골을 탑재해 23킬로미터 상공에서 뿌려준다. 애드벌룬에는 고프로GoPro 카메라가 설치되어 우주장의 전 과정을 찍어서 유족들이 영상을 간직할 수 있도록 해준다. 실시간 기상예보를 활용해 재가 뿌려지는 패턴을 예측하여 유해가 세계 각지로 흩어지는 장면까지 보여준다. 이 우주장 가격은 3,000달러이고 지역을 정하면 8,000달러이다. 일본 도지키현 우쓰노미야에 있는 벌룬공방 회사는 직경 2미터의 풍선 속에 화장한 유골을 넣은 뒤 우주에 올려 보낸다. 이 풍선은 성층권 고도(20~50킬로미터)까지 올라간 뒤 터지면서 유골이 하늘에 뿌려진다.

둘째, 본인이 원한다면 유골이 아니라 시신을 로켓에 실어 우주로 보내는 방법이 있다. 우주선에 산소는 필요 없고 진공상태로 보내면 된다. 이는 매장 형태로서 우주선이 관이자 묘인 셈이다.

셋째, 살아 있는 사람이 로켓을 타고 우주여행을 즐긴 다음 산소가 떨어지면서 자연스럽게 죽는 형태도 있을 수 있다. 이는 법적으로 문제가 있기 때문에 실행에 옮기기는 쉽지 않다.

넷째, 이 세 가지 방법 모두 혼자 하면 비용이 상승하므로 여러 명이 함께 가는 방법도 있다. 그러면 비용은 n분의 1이 될 것이다. 앞으로 우주장 비용은 훨씬 줄어들겠지만, 아무래도 초기에는 재정 능력이 뛰어난 부자만이 우주장을 치를 수 있을 것이다. 우주장 비용은 과연 얼마나 들까? 세 가지 방법 중에 첫째보다는 둘째, 둘째보다는 셋째 방법의 비용이 더 들 것이다.

지금 우주에는 지구 궤도를 비롯해 오래되어 기능이 정지된 인공위성, 발사로켓의 하단부, 부식이나 충돌로 인한 파편 등 수많은 우주 쓰레기가 날아다니고 있다. 우주장이 대중화되면 이를 위한 로켓이 많이 발사되면서 우주 쓰레기 문제가 더욱 대두될 것이다. 우주에 뿌려진 유골 자체는 최종적으로 지구의 인력에 의해 대기권으로 빨려들면서 타버리기 때문에 우주 쓰레기에 대한 걱정을 하지 않아도 된다. 아직까지 우주장에 관한 법적규제는 없는 상태이다. 하지만 앞으로 우주장이 더욱 보급되면 국제기구에서 관련 법을 제정하려는 움직임을 보일 것이다.

═══ THINK

매장, 화장 같은 전통적인 장례방식 외에 우주장, 빙장처럼 신기술을 활용한 장례방법으로 어떤 것이 있고, 이를 실행에 옮기고 있는 회사와 장례비용까지 구체적으로 알아보자.

세계사책에
등장하는 직업에는
어떤 것이 있을까?

우리는 어릴 때부터 세계사책을 많이 봐왔다. 세계사책에 많이 등장하는 사람들의 직업에 대해 혹시 관심을 가져본 적이 있는가? 세계사책에 등장할 정도의 사람이라면 세계 역사를 좌지우지했던 사람임이 분명하다. 그런 인물이라면 그가 가진 직업 또한 세계 역사의 흐름에 중요한 역할을 했을 것이다.

아마도 세계사책에서 가장 많이 등장하는 직업은 왕이 아니었을까? 현대에 와서는 대통령이나 수상이 많이 등장하지만 인간이 국가를 형성해 운영해온 지난 5,000년 동안 한 국가의 최고 권력자인 왕이나 황제가 많이 등장한 것은 어찌 보면 당연한 일이다. 또 왕에게 도전했지만 실패한 2인자, 혁명가, 개혁가, 반란가, 암살자 들도 많이 나온다. 왕을 둘러싼 궁정 내의 왕비, 후궁 그리고 재상, 책사, 환관도 등장한다. 세계사책에는 전쟁 이야기가 줄곧 나오므로 전쟁을 지휘하는 장군, 제독도 많이 나온다. 그리고 종교의 중요성 때문에 성인, 교황, 추기경, 목사, 승려 같은 종교 지도자도 많이 등장한다.

　　과거에는 1차 산업이 차지하는 비중이 매우 컸다. 1차 산업 종사자에는 노예, 농노, 농부, 어부, 광부가 있었다. 농부 중에도 자신의 토지를 보유하는 자영농이 있고, 토지를 빌려서 농사를 짓는 차지농이 있다. 착취를 도저히 견디지 못하면 이들은 생존을 위해 약탈자로 변모하여 도적, 해적, 의적이 되기도 했다.

　　세계사에서 경제가 차지하는 비중이 상당히 크므로 상인, 장인, 탐험가, 발명가, 과학자, 금융자본가, 기업가 들도 많이 등장한다. 이들은 자본주의 시대에 접어들면서 더욱 빈번하게 나온다.

　　세계사의 물꼬를 바꾸는 데는 사상의 역할이 상당히 중요하다. 그래서 사상가, 철학자, 종교가, 역사가도 다양하게 등장한다. 문필가, 화가, 건축가, 영화 제작자, 영화감독 및 행동으로 보여주는 시민운동가, 환경운동가도 있다.

　　이 세상에는 얼마나 많은 직업이 있을까? 물론 정답은 없다. 인구가 늘고 삶의 방식이 달라지면서 직업이 점차 분화되어 직업의 개수는 분명히 증가해왔다. 중국 당나라 때에는 36가지 직업에 대한 기록이 있었다. 북송시대 주휘의《청파잡지》를 보면 육고기, 해산물, 양념, 과일, 생선, 분가루, 맞춤옷, 약재상, 관 짜는 가게, 골동품, 도자기, 검시관, 전통악기, 서커스, 구두 등 직업에 관련한 기록이 나온다. 서가의《청패유초》를 보면 360가지 직업에 대한 이야기가 니온다.

　　20세기 초 중국에 담배회사들이 많이 생겨나면서 판촉용으로 담배 한 갑을 사는 사람들에게 그림 한 장을 증정하곤 했다. 사은품 성격의 이런 그림을 담배 그림(연화)이라고 한다. 중국 고전소설인《홍루몽》《수호지》, 경극의 얼굴 분장, 동식물, 희극 인물, 미인도도 있었지만 360개 직업을 그린 연화도 있었다. 펑순메이라는 사람은 이런 그림들을 매우 많이 모은 그림 수집가였다.

연화는 당시에는 그냥 재미였을지 모르지만 시간이 지나면서 그때 풍속을 보여주는 매우 귀중한 자료가 되었다. 그 가치를 인식하고 이런 직업 그림을 토대로 쓰인 책이《중국의 360가지 직업》이다. 그림은 간단하지만 이 책의 두 저자인 란샹과 펑이요우는 직업의 기원, 발전, 전설, 변화, 창시자, 에피소드, 민족의 정서 등을 함께 소개한다.

이런 직업들은 시대가 지나면서 기술발전이나 산업변화로 수요공급에 따라 없어지기도 하고 새로 생기기도 했다. 과거에 정말 많았던 유모가 이제는 거의 사라졌지만 대신 보모에 대한 수요는 여전하고 고령화 추세로 환자나 노인을 돌봐주는 간병인, 간호사, 간호조무사에 대한 수요는 늘고 있다. 전화교환원, 식자공, 타자원, 굴뚝 청소원, 변사, 물장수, 엘리베이터 걸, 여자 차장 등은 사라진 대표적인 직업이다.

우리나라에서는 통계청이 1963년부터 한국표준직업분류^{KSCO,} Korean Standard Classification of Occupations를 개정 고시하는데 2017년에 7차 수정 고시를 했다. 2017년 직업 분류를 살펴보면 대분류는 10개, 중분류는 52개, 소분류는 156개, 세분류는 450개, 세세분류는 1,231개이다. 매번 발표할 때마다 퇴장하는 직업도 있지만 전체적으로는 분류 개수가 점차 늘어나고 있다.

이번 7차 개정의 특징은 4차 산업혁명과 정보통신 기반 기술의 융복합 분야, 문화 콘텐츠 분야, 저출산·고령화에 따라 수요가 급증한 사회 서비스 분야 등에서 직업구조의 동태적 변화를 반영했다.

과거에 항상 그랬듯이 기술변화는 우리 직업에 세 가지 방향으로 영향을 끼친다. 기술변화로 인해 대체되는 직업, 보완되는 직업, 신설되는 직업이 바로 그것이다. 무인주차 기술이 생기면 주차원이라는 직업이 아예 사라진다. 기술변화에 힘입어 사람의 생산성이 올라가는 직업도 있는데 수리공이 그렇다. 마지막으로 기술변화의 영향으로 증강현실/가상현실 기획자와 기술자 같은 직업이 새로 생긴다. 4차 산업혁명이 우리를 짓누르는 요즘, 이처럼 세 가지 방향에서 앞으로 사라질 직업과 생기는 직업에 대해 각자 심각하게 고민해보자.

━━━ THINK

과거 1차, 2차, 3차 산업혁명으로 인해 사라진 직업, 뜨는 직업으로 어떤 것들이 있었는지 점검해보고, 그 공통적인 특성을 찾아 현재 진행되고 있는 4차 산업혁명에 적용해보자. 그리고 사라질 직업, 다가올 뜰 직업을 각자 도출해보자.

2030년 세계의 모습은?

둔한 기록이 총명한 기억보다 낫다

'둔필승총鈍筆勝聰'이라는 말이 있다. 둔한 기록이 총명한 기억보다 낫다는 의미이다. 기록하지 않은 것은 모름지기 기억되지 않는 법이다. 그래서 사마천은 궁형을 당했지만 아버지의 가업을 이어《사기》를 기필코 써냈다. 역사는 과거를 반추하여 현재에 살아남고 미래를 개척하는 데에 많은 도움이 된다. 역사의 진정한 목적은 단지 과거와 현재와의 대화에 그치는 것이 아니라 미래에 투영하는 것에 있다.

조지 오웰은 이런 말을 남겼다. "과거를 지배하는 자는 미래를 지배한다. 현재를 지배하는 자는 과거를 지배한다." 앞 문장은 잘 알겠는데, 뒤 문장은 어떤 의미일까? 현재의 지배자가 어떤 형태로든 과거를 왜곡한다는 뜻이다. 우리는 그동안 동아시아에서 일본의 역사왜곡, 중국의 역사왜곡을 많이 목격했고, 하물며 우리나라에서도 집권자의 이해관계와 역사인식에 따라 역사교과서를 집권자의 입맛에 맞게 요리하려는 시도가 수없이 자행되었다. 이런 시도는 성공하기도 했고 좌절되기도 했다. 우리가 알고 있는 역사는 이미 상당히 왜곡되어 있는데 그걸 모르고 정사라고 열심히 배우고 있는지도 모른다. 아무리 역사가 승자의 기록이라 하더라도 정도껏 해야 한다.

역사의 왜곡을 막으려면 어떻게 해야 할까? 가장 과격한 방법으로는 역사를 심하게 왜곡한 역사책을 분서갱유 식으로 없애버리면 되는데 이 또한 문제가 많다. 두 번째 방법으로, 왜곡된 역사책을 없애지는 않되 통렬하게 비판하는 책을 쓰거나 여러 매체를 통해 건설적으로 비판하는 것이 있다. 세 번째 방법은 자신이 옳다고 생각하는 바를 아예 새로운 역사책으로 쓰는 것인데, 시간이 지나며 어떤 역사책이 남는가는 후손의 선택에 달려 있다. 김부식이 쓴《삼국사기》가 왜곡되었다며 일연이《삼국유사》를 따로 썼는데 각각 정사와 야사의 대표 역사책으로 현재 인정받고 있다. 내가 쓴 이 책은 기존의 세계사를 바로잡겠다는 거창한 취지로 쓴 책은 아니지만 여러분이 세계사를 더 재미있고 쉽게 이해하는 데 도움이 되었기를 바란다.

자본주의를 고발한 브라질 다큐멘터리 사진작가, 세바스치앙 살가두

물론 역사를 꼭 글로만 기록하는 것은 아니다. 사진도 아주 훌륭한 기록물이다. 세바스치앙 살가두는 브라질 출신의 탁월한 다큐멘터리 사진작가이다. 그의 사진집인 《노동자들Workers: An Archeology of the Industrial Age》을 보면 처참한 환경에서 사역을 하는 노동자들의 정말 리얼한 군상이 포착된다. 살가두는 1986년에 직접 브라질 세라 펠라다 금광을 찾아 그곳에서 처절하게 일하는 광부의 모습을 사진에 여과 없이 담았다. 아주 큰 금광 구덩이에서 수만 명의 광부가 사금이 섞인 진흙이 든 자루를 어깨에 메고 줄을 지어 하염없이 긴 사다리를 타고 올라가는 광경이다. 영락없이 땀을 뻘뻘 흘리며 일하는 일개미들 모습이다. 가난한 민중의 피와 땀을 동원하고, 자연을 파괴한 대가로 돈을 버는 자본가의 모습을 하나의 사진으로 생생하게 느낄 수 있다.

1986년 당시 세바스치앙 살가두는 명망 있는 사진가들의 모임인 매그넘 포토스 회원이었는데 이 사진으로 인해 그의 인기는 더욱 치솟는다. 그가 젊었을 때부터 사진을 찍었던 것은 아니다. 브라질에서 경제학을 공부하다가 브라질 군부의 정치적 탄압을 피해 파리대학에 가서 농업경제학을 공부한다. 그런 후 국제커피협회에 들어가 세계 커피시장을 분석하다가 아프리카에 간 것을 계기로 아내로부터 선물받은 카메라를 들고 사진을 찍기 시작한다. 평소 세상에 대해 문제의식이 많았던 그가 복잡다단한 세상을 예리하게 사진에 담아내며 프리랜서 사진작가로 전업한 것이다.

그는 고향인 브라질 아이모레스로 돌아와 무분별한 벌목과 광산개발로 황폐해진 땅을 목격하고 1999년부터 250만 그루의 토종나무를 심어 국립공원을 만들어낸다. 프랑스 프로방스 지방의 황무지를 숲으로 일구어낸장 지오노의 작품《나무를 심은 사람》이야기를 방불케 한다. 다큐멘터리 사진작가이자 환경운동가인 그의 일생을 담은 다큐멘터리 영화로 〈제네시스: 세상의 소금Genesis: The Salt of the Earth〉도 있으니 꼭 한번 보기 바란다.

2030년의 비극적인 시나리오

자, 그러면 2030년이 되면 세상은 어떻게 변모해 있을까? 현재보다 좋아진 모습일까? 아니면 여러모로 더 쇠락한 모습일까? 별로 큰 변화가 없을지도 모른다.

인간은 누구나 살다가 죽는다. 어찌 보면 우리는 행성으로 잠시 여행을 왔다가 떠나는 셈이다. 그런데 자칫 잘못하면 죽음과 함께 자연스럽게 행성을 떠나는 것이 아니라 온갖 노력을 다해서 죽기 전에 가까스로 이곳을 탈출해야 할지도 모른다. 우리가 다른 행성으로 갔다가 나중에 다시 지구로 오면 영화 〈혹성 탈출〉처럼 인간이 정말 지배종족 침팬지 치하에서 노예나 좀비처럼 생존하고 있을까?

제2차 세계대전이 끝난 지 2년이 지난 1947년 알베르트 아인슈타인은 이런 이야기를 한 적이 있다. "제3차 세계대전에 대해서는 알고 싶지 않다. 제4차 전쟁 때에는 막대stick와 돌stone을 가지고 싸울 것이다." 그는 제3차 세계대전이 일어나면 원자탄으로 인류문명이 거의 파괴될 것으로 보았다.

사실 핵무기 이슈는 먼 나라 이야기가 아니라 바로 우리의 문제이다. 최근 들어 긴장이 좀 완화되었지만 휴전선 너머의 북한 정권은 원자탄을 탑재한 장거리 미사일을 계속 발사하여 한국은 물론 미국, 일본, 중국 등 세계를 긴장케 하고 있다. 북한은 핵보유국으로 인정을 받아 현재 정권 유지에 도움이 되게 하고 무역, 금융 등 여러 국제적 제약에서 벗어나 정상적인 국가를 운영하려고 한다. 북한의 생존전략이다. 현재 핵확산금지조약NPT에 의해 핵보유국으로 정식 인정받은 국가는 미국, 러시아, 영국, 프랑스, 중국 등 5개 강대국뿐이다. 1960년대에 체결된 NPT에 의해 핵보유국은 다른 나라에 핵무기를 넘기지 못하고, 비보유국은 핵무기 개발 자체를 할 수 없다. 현재 인도, 파키스탄, 이스라엘은 NPT에 가입하지는 않았으나 사실상 비공식 핵보유국이다. 정상적인 경우에는 핵무기가 동원되지 않겠지만 일순간의 오판으로 한 나라가 핵무기를 쏜다면 다른 국가들도 마구 쏘아댈 것이다. 그러면 우리는 석기시대로 돌아가게 된다.

　　핵무기 이외에 인류재앙의 원인으로 또 무엇이 있을까? 자연재해만 봐도 많다. 발아래의 땅에서는 지각변동으로 인한 지진이 우려되고 머리 위에서는 화산폭발 가능성이 상존한다. 먼 하늘 아래로 운석이 갑자기 떨어질 수 있고 영화 〈우주전쟁〉에서처럼 정체를 알 수 없는 외계인이 성큼성큼 들어설지도 모른다. 바다로 눈길을 돌리면 기후변화로 인해 바다의 해수면이 조금씩 계속 상승하면서 우리 발을 적시고 있다. 또 조류독감처럼 박테리아와 바이러스로 인한 전염병이 언제 보이지 않게 우리를 포위할지 모른다. 살충제 같은 화학물질 때문에 꿀벌이 대거 폐사하면서 식량생산이 급감해 우리의 먹거리를 심각하게 위협할 가능성도 크다. 18세기 지진과 쓰나미로 리스본이 파괴되는 모습을 목격한 볼테르의 지적처럼 엄밀히 말하면 자연재해라는 표현은 적절치 않다. 자연의 변화는 지구 탄생 이후 항상 있어왔던 것이다. 다만 인간이 문명이라며 여기저기에 만든 것들이 자연의 변화로 인해 망가지고 인명피해를 입을 뿐이다. 결국 모두 인재人災이다.

　　꼭 자연재해가 아니더라도 인간의 탐욕, 지배욕 때문에 끔찍한 전쟁이 일어나 지구가 엉망이 될 수도 있다. 역사적으로 세계패권이 바뀌면 큰 전쟁이 일어나곤 했다. 2030년 무렵에는 미국과 중국이 세계패권을 둘러싸고 쟁패를 치를 가능성이 농후하다. 미국은 일본과 함께, 중국은 러시아와 함께 동맹할 것이다. 해양세력과 대륙세력 간의 대결이다. 한국은 어느 편에 설까? 이변이 없으면, 북한은 대륙 편이고 남한은 해양 편이다. 이처럼 한반도는 지각이 부딪치는 불의 고리에 있어 대혼란이 예상된다. 북한과 남한 간의 전쟁은 내전인 동시에 세계전이다. 프랑수아 페늘롱은 이렇게 말했다. "모든 전쟁은 내전이다. 왜냐하면 모든 인류는 형제이기 때문이다." 맞다. 모든 전쟁은 내전이다. 특히 침팬지가 보기에는 더욱 그렇다. 인류가 멸망하면 침팬지는 이렇게 말할 것이다. "한심한 인간들. 자기들끼리 열나게 싸우다가 결국 끝났어. 쯧쯧. 덕분에 우리는 잘 살고 있지만."

역사책도 많이 보고 다크 투어도 많이 다니고

인류의 자랑스러운 업적이 남아 있는 곳을 찾아가보고 배우는 여행을 그랜드 투어grand tour 혹은 브라이트 투어라고 부른다. 이와 반대로 인류가 남긴 어두운 흔적이 남아 있는 곳을 찾아가는 여행은 다크 투어dark tour라고 한다. 다크 투어 장소로는 학살, 암살, 전쟁, 감옥, 묘지, 슬럼, 유배 유적지에 그치지 않는다. 과거 문명을 몰살시켰거나 향후 우리의 문명을 크게 위협하는 곳을 찾아가는 것도 다크 투어이다.

　　예를 들면 화산폭발로 도시가 완전히 파괴된 폼페이 유적지도 있고, 원자력발전소 화재로 도시가 쑥대밭이 된 우크라이나 체르노빌 현장도 있다. 또 기후변화로 인해 지구 온도가 올라가 커다란 빙하들이 바다로 떨어지는 알래스카 해안지역도 있다. 해수면 상승을 막기 위해 베네치아 해변에 모세 프로젝트로 설치한 거대한 물막이 현장도 있다. 또 지각판이 점차 벌어지는 모습을 여실히 볼 수 있는 아이슬란드 싱벨리어 국립공원 현장도 리얼하다. 현재까지 지구에 떨어져 남아 있는 가장 큰 운석으로는 8만 년 전 아프리카 나미비아에 떨어진 호바 운석이 있다. 미국 애리조나주에는 운석으로 인해 지표면에 접시 모양으로 움푹 팬 운석 충돌구가 있다.

　　다크 투어는 전쟁이나 테러, 인종 말살, 재해로 인한 비극적인 역사

현장에 찾아가 반성을 하고 교훈을 얻는 시공간 여행이다. 현장에 가서 당시 처참하게 죽은 사람들에게 연민의 정도 느끼고 이런 일을 저지른 가해자에게 공분도 느낀다. 한편으로는 당시 현장에 없었기에 천만다행이라며 안도감을 느낄지도 모른다. 분명한 것은 이런 끔찍한 일이 다시 일어나지 않도록 재발방지를 해야겠다고 다짐하는 사회교육 현장이 된다는 점이다. 나는 모든 일이 잘 풀려서 2030년에는 지금보다 많이 좋아지기를 분명 기대한다. 하지만 상황이 이상하게 꼬여 지구가 지금보다 현저히 나빠지는 것을 원치 않기에 에필로그에서는 비관적인 부분에 지면을 더 할애한다.

지난 1,000년간 우리나라의 행복 시기와 불행 시기

세계사책을 보며 오랜 기간을 조망하다 보면 이 시기에 살았던 사람은 그래도 행복했고, 저 시대에 살았던 사람은 정말 불행했을 것 같다는 생각을 하게된다. 유럽인들은 1870년대부터 제1차 세계대전까지가 얼마나 풍요롭고 좋았기에 아름다운 시대라는 의미의 벨 에포크라 이름 붙였을까? 반면에 9세기, 10세기의 시대는 얼마나 비참했기에 유럽인들이 암흑시대라는 의미로 다크 에이지dark age라 이름 붙였을까?

시선을 우리나라로 돌려보자. 1000년 이후 우리나라에는 네 번의 르네상스 시기가 있었다. 11세기 고려 문종 시기, 15세기 조선 세종 시기, 18세기 조선 정조 시기, 20세기 말~21세기 초 대한민국 시기가 바로 그렇다. 이 시기에 살았던 사람들은 다른 시기에 살았던 사람들보다 더 풍요롭고 행복하게 지냈다.

그렇다면 1,000년간 우리 역사상 언제 적 사람들이 가장 불행했을까? 지역 따라 사람 따라 다르겠지만 세 시기를 꼽지 않을 수 없다. 사람 수명을 65세라 가정해보자.

우선, 조선 말기 1890년에 태어나 1955년까지 살았던 사람들이 있다. 이들은 어렸을 때 청일전쟁과 러일전쟁을 치르고 청년, 장년에는 일제강점기에서 핍박을 받으며 살았고 노년에는 한국전쟁을 치렀다. 1580년에 태어나 1645년까지 살았던 사람도 불행했을 것이다. 10대에 임진왜란과 정유재란, 40대에 정묘호란, 50대에 병자호란을 겪었다. 고려 후반에 살았던 사람들도 불행했을 것이다. 1230년에 태어난 사람은 1231년 이후 30년간 몽골과의 질긴 항쟁을 지켜봐야 했고 1270년 무신정권 몰락 후에는 나이 40대부터 몽골의 직접 지배를 받아야만 했다.

　앞으로 100년이 지나 우리가 살고 있는 시대가 이런 불행한 시기로 평가받지 않았으면 하는 마음이 간절하다. 독자 여러분은 2020~2050년이 어떤 시기가 될 것으로 보이는지 상상의 나래를 펼쳐 각자 생각해보기 바란다.

참고자료

가오훙레이 저, 김선자 역, 《절반의 중국사: 한족과 소수민족, 그 얽힘의 역사》, 메디치미디어, 2017년

개빈 멘지스 저, 박수철 역, 《1434: 중국의 정화 대함대, 이탈리아 르네상스의 불을 지피다》, 21세기북스, 2010년

개빈 멘지스 저, 조행복 역, 《1421 중국, 세계를 발견하다》, 사계절, 2004년

고려대학교 중국학연구소 저, 《중국지리의 즐거움》, 차이나하우스, 2012년

곡금량 편저, 김태만·안승웅·최낙민 역, 《바다가 어떻게 문화가 되는가: 21세기 중국의 해양문화 전략》, 산지니, 2008년

기쿠치 요시오 저, 이경덕 역, 《결코 사라지지 않는 로마, 신성로마제국》, 다른세상, 2010년

김낙년 외 저, 《한국의 장기통계: 국민계정 1911-20 10》, 서울대학교출판문화원, 2012년

김동환·배석 저, 《금속의 세계사》, 다산에듀, 2015년

김민주 외 저, 《유럽세력의 해상팽창과 대항해시대》, 문화재청 국립해양문화재연구소, 2017년

김민주 저, 〈미술의 창조성과 초상화의 혁신〉, 《한국미술품감정 학술연구집》, 한국미술품감정협회, 2017년

김민주 저, 〈미술작품의 창조성 평가와 미술의 파급효과〉, 《한국미술품감정 학술연구집》, 한국미술품감정협회, 2016년

김민주 저, 《Let's 유럽 컬처 코드와 비즈 스토리》(이러닝), 에듀캐스트, 2017년

김민주 저, 《다크 투어》, 영인미디어, 2017년

김민주 저, 《레고, 상상력을 팔다》, 미래의창, 2016년

김민주 저, 《북유럽 이야기》, 미래의창, 2014년

김민주 저, 《시티노믹스》, 비즈니스맵, 2010년

김민주 저, 《자본주의 이야기》, 미래의창, 2015년

김서형 저, 진선규 그림, 《빅히스토리 12: 농경은 인간의 삶을 어떻게 변화시켰을까?》, 와이스쿨, 2015년

김유석 저, 《국기에 그려진 세계사》, 틈새책방, 2017년

김종래 저, 《유목민 이야기》, 꿈엔들, 2005년

김철민 저, 《역사와 인물로 동유럽 들여다보기》, 한국외국어대학교출판부, 2011년

김학관 저, 《손중산과 근대중국》, 집문당, 2004년

김학관 저, 《차이나 링컨: 중국사를 바꾼 기독교인 대통령 손중산》, 킹덤북스, 2012년

노나카 이쿠지로 저, 박철현 역, 《왜 일본 제국은 실패하였는가?》, 주영사, 2009년

노트케르 저, 이경구 역, 《샤를마뉴의 행적》, 지만지, 2016년

닐 맥그리거 저, 김희주 역, 《독일사 산책》, 옥당, 2016년

대런 애쓰모글루·제임스 A. 로빈슨 저, 최완규 역, 《국가는 왜 실패하는가》, 시공사, 2012년

데이비드 랜즈 저, 안진환·최소영 역, 《국가의 부와 빈곤》, 한경비피, 2009년

데이비드 워시 저, 김민주·송희령 역, 《지식경제학 미스터리》, 김영사, 2008년

데이비드 커비·멜루자-리자 힌카넨 저, 정문수 역, 《발트해와 북해》, 선인, 2017년

레이황 저, 김한식 외 역, 《1587 만력 15년 아무 일도 없었던 해》, 새물결, 2013년

로버트 C. 앨런 저, 이강국 역, 《세계경제사》, 교유서가, 2017년

로버트 하일브로너·윌리엄 밀버그 저, 홍기빈 역, 《자본주의 어디에서 와서 어디로 가는가》, 미지북스, 2010년

마윈 저, 최지희 역, 《마윈, 내가 본 미래》, 김영사, 2017년

몽골비사 세계전파재단 저, 박원길 역, R. 바크첸겔 그림, 《몽골비사》, 2017년

미셸 리 저, 《런던 이야기》, 추수밭, 2015년

미야자키 마사 저, 오근영 역, 《공간의 세계사》, 다산초당, 2016년

미야자키 마사카츠 저, 김진연 역, 《처음부터 다시 읽는 친절한 세계사》, 제3의공간, 2017년

바이하이진 편저, 김문주 역, 《여왕의 시대: 역사를 움직인 12명의 여왕》, 미래의창, 2008년

박승찬, 《중세의 재발견》, 도서출판길, 2017년

박태균 저, 《베트남 전쟁》, 한겨레출판, 2015년

박흥수 저, 《달리는 기차에서 본 세계: 기관사와 떠나는 철도 세계사 여행》, 후마니타스, 2015년

배경한 저, 《동아시아 역사 속의 신해혁명》, 한울아카데미, 2013년

볼프강 쉬벨부쉬 저, 박진희 역, 《철도 여행의 역사》, 궁리, 1999년

브라이언 M. 페이건 저, 최파일 역, 《바다의 습격》, 미지북스, 2017년

비제이 마하잔 저, 이순주 역, 《아랍 파워》, 에이지이십일, 2013년

빔 벤더스·홀리아노 리베이로 살가두 제작, 〈제네시스: 세상의 소금〉, 2014년

사토 마사루 저, 신정원 역, 《흐름을 꿰뚫는 세계사 독해》, 역사의아침, 2016년

서울대학교 공과대학 저, 《축적의 시간》, 지식노마드, 2015년

서정복 저, 《살롱문화》, 살림, 2003년

세바스치앙 살가두 저, 이세진 역, 《세바스치앙 살가두, 나의 땅에서 온 지구로》, 솔빛길, 2014년

송병건 저, 《세계화의 풍경들》, 아트북스, 2017년

슈테판 츠바이크 저, 곽복록 역, 《어제의 세계》, 지식공작소, 2014년

신동준 저, 《인물로 읽는 중국현대사》, 인간사랑, 2011년

신시아 브라운 저, 이근영 역, 《빅 히스토리》, 바다출판사, 2017년

신웬어우 외 저, 허일·김성중·최운봉 역, 《정화의 배와 항해: 중국의 대항해자》, 심산출판사, 2005년

아나톨 칼레츠키 저, 위선주 역, 《자본주의 4.0》, 컬처앤스토리, 2010년

안네마리 셀린코 저, 고정아 역, 《데지레: 나폴레옹의 첫사랑》, 서커스, 2007년

안정애 저, 《중국사 다이제스트 100》, 가람기획, 2012년

안토니 파그덴 저, 추미란 역, 《전쟁하는 세상》, 살림, 2009년

앤드류 리즈 저, 허지은 역, 《도시, 문명의 꽃》, 다른세상, 2017년

양돈선 저, 《기본에 충실한 나라, 독일에서 배운다》, 미래의창, 2017년

양동휴 저, 《유럽의 발흥: 비교경제사 연구》, 서울대학교출판문화원, 2014년

에드가 앨런 포 저, 홍성영 역, 《우울과 몽상》, 하늘연못, 2002년

에드워드 글레이저 저, 이진원 역, 《도시의 승리》, 해냄출판사, 2011년

에드워드 돌닉 저, 노태복 역, 《뉴턴의 시계: 과학혁명과 근대의 탄생》, 책과함께, 2016년

에릭 클라인 저, 류형식 역, 《고대 지중해 세계사》, 소와당, 2017년

역사미스터리클럽 저, 안혜은 역, 《지도로 읽는다: 미스터리 세계사》, 이다미디어, 2016년

염복규 저, 《서울의 기원 경성의 탄생》, 이데아, 2016년

옌 충니엔 저, 장성철 역, 《청나라, 제국의 황제들》, 산수야, 2014년

오쓰카 노부카즈 저, 송태욱 역, 《호모 이그니스, 불을 찾아서》, 사계절, 2012년

오형규 저, 《경제로 읽는 교양 세계사》, 글담출판, 2016년

왕중추 저, 김영진 역, 《중국사 재발견》, 서교출판사, 2015년

윌리엄 T. 로 저, 기세창 역, 《하버드 중국사: 청 중국 최후의 제국》, 너머북스, 2014년

유발 하라리 저, 김명주 역, 《호모 데우스》, 김영사, 2017년

유발 하라리 저, 조현욱 역, 《사피엔스》, 김영사, 2015년

유시민 저, 《국가란 무엇인가》, 돌베개, 2017

음성원 저, 《도시의 재구성》, 이데아, 2017년

이광수 저, 《네루의 세계사 편력 다시 읽기》, 나름북스, 2015년

이근 외 저, 《국가의 추격, 추월, 추락》, 서울내학교출핀문화원, 2013년

이덕일 저, 《조선이 버린 천재들》, 옥당, 2016년

이석연 저, 《모든 사람을 위한 빅뱅 우주론 강의》, 사이언스북스, 2017년

이언 모리스 저, 이재경 역, 《가치관의 탄생》, 반니, 2016년

이언 모리스 저, 최파일 역, 《왜 서양이 지배하는가》, 글항아리, 2013년

이영석 저, 《지식인과 사회 : 스코틀랜드 계몽운동의 역사》, 아카넷, 2014년

이재규 저, 《문학에서 경영을 만나다: 통섭, 문학과 경영》, 사과나무, 2011년

이재희 저, 《현대미술의 경제학》, 탑북스, 2016년

이정희 저, 《동유럽사》, 대한교과서주식회사, 1987년

이종찬 저, 《난학의 세계사》, 알마, 2014

E. J. 오페르트 저, 신복룡 외 역, 《금단의 나라 조선》, 집문당, 2000년

자와할랄 네루 저, 최충식·남궁원 역, 《세계사 편력》, 일빛, 2005년

장 셀리에·앙드레 셀리에 저, 임영신 역, 《시간여행자의 유럽사》, 청어람미디어, 2015년

장미셸 카트르푸앵 저, 김수진 역, 《제국의 충돌》, 미래의창, 2015년

장진퀘이 서, 남은숙 역, 《흉노제국 이야기》, 아이필드, 2010년

장한업 저, 《단어로 읽는 5분 세계사》, 글담출판, 2016년

장항석 저, 《판데믹 히스토리: 질병이 바꾼 인류 문명의 역사》, 시대의창, 2018년

전웅 저, 《유배, 권력의 뒤안길》, 청아출판사, 2011년

정성진 저, 《마르크스와 세계경제》, 책갈피, 2015년

제니퍼 웰시 저, 이재황 역, 《왜 나쁜 역사는 반복되는가?》, 산처럼, 2017년

제러미 리프킨 저, 안진환 역, 《3차 산업혁명》, 민음사, 2012년

제인 브룩스 저, 박지훈 역, 《인간이 만든 빛의 세계사》, 을유문화사, 2013년

조 지무쇼 저, 안정미 역, 《지도로 읽는다: 한눈에 꿰뚫는 전쟁사 도감》, 이다미디어, 2017년

조너선 라이언스 저, 김한영 역, 《지혜의 집, 이슬람은 어떻게 유럽 문명을 바꾸었는가》, 책과함께, 2013년

조너선 해스컬 · 스티언 웨스틀레이크 저, 조미현 역, 《자본 없는 자본주의》, 에코리브르, 2018년

조셉 콘래드 저, 오경희 역, 《유럽, 이성의 몰락》, 새로운제안, 2017년

조엘 모키르, 김민주 · 이엽 역, 《성장의 문화: 현대 경제의 지적 기원》, 에코리브르, 2018년

조지 오웰 저, 이한중 역, 《나는 왜 쓰는가》, 한겨레출판, 2010년

존 미클스웨이트 · 에이드리언 울드리지 저, 유경찬 역, 《기업의 역사》, 을유문화사, 2004년

주경철, 《대항해시대: 해상 팽창과 근대 세계의 형성》, 서울대학교출판부, 2008년

최성락 저, 《말하지 않는 세계사》, 페이퍼로드, 2016년

카를 마르크스 · 프리드리히 엥겔스 저, 권혁 역, 《세계 역사를 바꾼 위대한 선언: 공산당 선언》, 돋을새김,
    2010년

카를로 M. 치폴라 저, 최파일 역, 《시계와 문명》, 미지북스, 2013년

케빈 켈리 저, 이한음 역, 《인에비터블 미래의 정체》, 청림출판, 2017년

클라우스 슈밥 저, 김민주 · 이엽 역, 《클라우스 슈밥의 제4차 산업혁명 The Next》, 새로운현재, 2018년

클로테르 라파이유 저, 박세연 역, 《글로벌 코드》, 리더스북, 2016년

토마 피케티 저, 장경덕 외 역, 《21세기 자본》, 글항아리, 2014년

톰 존스 저, 승영조 역, 《우주에서 살기, 일하기, 생존하기》, 북트리거, 2017년

파스칼 보니파스 · 위베르 베드린 저, 강현주 역, 《지도로 보는 세계》, 청아출판사, 2017년

파토 원종우 저, 《태양계 연대기》, 유리창, 2014년

패트릭 기어리 저, 이종경 역, 《메로빙거 세계: 한 뿌리에서 나온 프랑스와 독일》, 지식의풍경, 2002년

펄 S. 벅 저, 은하랑 역, 《중국을 변화시킨 청년 쑨원》, 길산, 2011년

피터 틸 · 블레이크 매스터스 저, 이지연 역, 《제로 투 원》, 한국경제신문사, 2014년

피터 프랭코판 저, 이재황 역, 《실크로드 세계사》, 책과함께, 2017년

필립 코틀러 · 허마원 카타자야 · 후이 덴 후안 저, 김민주 · 이엽 역, 《마켓 4.0 시대 이기는 마케팅》,
    한국경제신문사, 2017년

핑루 저, 김은희 · 이주노 역, 《걸어서 하늘 끝까지: 쑨원과 쑹칭링의 혁명과 사랑》, 어문학사, 2013년

하워드 블룸 저, 김민주 · 송희령 역, 《천재 자본주의 vs 야수 자본주의》, 타임북스, 2011년

하종문 저, 《일본사 여행》, 역사비평사, 2014년

한석정 저, 《만주 모던》, 문학과지성사, 2016년

허버트 조지 웰스 저, 김희주 · 전경훈 역, 《H. G. 웰스의 세계사 산책》, 옥당, 2017년

헤이르트 홉스테이더 저, 차재호 · 나은영 역, 《세계의 문화와 조직》, 학지사, 1995년

호승 저, 박종일 역, 《아편전쟁에서 5.4운동까지》, 인간사랑, 2013년

홍문숙 · 홍정숙 저, 《중국사를 움직인 100대 사건》, 청아출판사, 2013년

홍익희 저, 《홍익희의 유대인 경제사 세트》(전10권), 한스미디어, 2017년

홍훈 저, 《경제학의 역사》, 박영사, 2014년

Adam Art–Davis (ed.), History from the dawn of civilization to the present day, third edition, DK, 2015

Alfred Znamierowski, The World Encyclopedia of Flags, Lorenz Books, 2014

Big History Institute, Big History, DK, 2016

Catherine Merridale, Lenin on the train, Metropolitan Books, 2017

David McCullough, 1776, Simon & Schuster, 2006

Erin Meyer, The Culture Map, Public Affairs, 2014

Erin Meyer, The Culture Map, PublicAffairs, 2016

Hermann Kinder and Werner Hilgemann, The Anchor Atlas of World History, Volume 1, Anchor Books, 1974

Joel Moykr, A Culture of Growth: The Origin of the Modern Economy, Princeton University Press, 2017

John Lennon, Malcolm Foley, Dark Tourism: The Attraction of Death and Disaster, Contiuum, 2000

John Waywood, The Complete Atlas of World History, Volume 3, Routledge, 2014

Klaus Schwab, Nicholas Davis, Shaping the Fourth Industrial Revolution, World Economic Forum, 2018

Marshall Sahlins, Stone Age Economics, Routledge, 2017

Niall Kishtainy, A Little History of Economics, Yale University Press, 2017

OECD, Chinese Economic Performance in the Long Run, 960–2030, Paris, October 2007

Ray Hamilton, A Short History of Britain in Infographics, Summersdale Publishers, 2017

Reg Grant (ed.), The History Book, DK, 2016

Robert H. Nelson, Economics as Religion from Samuelson to Chicago and Beyond, The Pennsylvania State University, 2014

Sabastiao Salgado, Workers: An Archeology of the Industrial Age, Aperture, 1993

Shepard B. Clough, European Economic History, McGraw–Hill, 1968

Wlillam H. McNeill, History of Western Civilizations: A Handbook(6th ed.), The University of Chicago Press, 1986

Yat–sen Sun, Kidnapped in London: Being the Story of My Capture By, Detention at and Release From the Chinese Legation, London, Forgotten Books, 2017